研究生教育"十二五"规划教材

车辆与交通环境仿真

熊 坚 编著

科 学 出 版 社

北 京

内容简介

本书基于车辆与交通环境一体化的思想，根据车辆、交通、环境的系统特征，从车辆机械系统、控制系统到交通、景观系统，再到"人-车-路-环"驾驶模拟系统，介绍了各类系统的建模与仿真方法。主要内容包括：系统仿真的基本特征与方法、连续系统和离散系统的建模与仿真方法、车辆与控制系统仿真、交通流仿真及"人-车-路-环"驾驶系统仿真，最后介绍驾驶模拟实验应用案例。

建模是仿真的重要手段，更是研究问题的一种基本方法。本书注重系统的本质特征，本着理论联系实际、少而精的原则，力求系统、简明地介绍各类系统的建模和仿真方法。为了便于读者理解，书中每一章均配有若干实例，并在每一章结尾处提供思考题。

本书可作为车辆工程、交通工程及相关专业的本科生或研究生的教学用书，也可作为车辆或交通工程专业技术人员的参考书。

图书在版编目（CIP）数据

车辆与交通环境仿真/熊坚编著. —北京：科学出版社，2018.2
研究生教育"十二五"规划教材
ISBN 978-7-03-055434-5

Ⅰ. ①车… Ⅱ. ①熊… Ⅲ. ①车辆工程-仿真-研究生教育-教材
②交通工程-仿真-研究生教育-教材 Ⅳ. ①U27②U491

中国版本图书馆 CIP 数据核字(2017)第 279319 号

责任编辑：毛 莹 邹 杰 / 责任校对：郭瑞芝
责任印制：吴兆东 / 封面设计：迷底书装

科学出版社 出版
北京东黄城根北街 16 号
邮政编码：100717
http://www.sciencep.com

北京建宏印刷有限公司 印刷
科学出版社发行 各地新华书店经销

*

2018 年 2 月第 一 版 开本：787×1092 1/16
2018 年 11 月第二次印刷 印张：20
字数：475 000

定价：98.00 元
（如有印装质量问题，我社负责调换）

前　言

车辆与交通系统一直是仿真技术重要的应用领域。随着现代智能技术和物联网技术在车辆与交通工程领域的应用，车辆与交通系统将变得越来越复杂，并具有一体化的发展趋势。

从系统的观点来看，道路交通具有从点到面、从局部到整体、从微观到宏观一体化的特点。但由于分属的领域不同，过去车辆系统和交通系统从来都是分开研究的，在仿真系统的研究与开发中，它们具有明确的边界线。车辆系统研究的重点在车辆动力学及控制上，与交通的边界线一般限于道路条件；而交通流的研究重点在车辆之间的关系上，与车辆的边界线一般止于车辆的基本运动，即只把车辆看作一个会运动的"点"，研究一系列"点"的速度(或加减速)特性、排队特性、跟驰特性、换道特性和超车特性等。此外，在研究方法上，两者也具有明显的区别：车辆系统属于连续系统，采用的是连续系统的建模与仿真方法；而交通流系统大多属于离散系统，采用的是离散系统的建模与仿真方法。在更大的宏观交通系统层面上，则采用密度函数或流量函数(连续系统)来表示车辆的速度或流量。另外，从研究对象的尺度来看，两者也不相同：车辆系统的研究尺度比较小，如车辆的动态响应，系统要精确到零部件，时间要精确到毫秒级，而交通流系统研究对象和时间的尺度则要大得多。

然而，车辆在道路上行驶时，并不是一个独立存在的系统，它处于一个特定的交通环境之中。它与道路上的其他机动车、非机动车、行人或交通设施、地域环境都存在一种交互的关系，只不过这种关系一直是由驾驶人来处理的。智能技术和物联网的出现使车辆正朝着智能化、网联化的方向迅速发展，并最终达到自动驾驶的目的。通过辅助驾驶系统或自动驾驶系统实现车辆的智能控制，使车辆系统与道路交通环境的研究不再是互不相关的、独立的，而是逐步实现车辆与交通环境的一体化。因此，车辆系统与交通系统过去存在的研究边界必然要被打破。

本书基于车辆与交通环境一体化的思想，根据车辆系统、交通系统、景观环境系统的特征，分别介绍连续系统、离散系统、虚拟现实系统的建模与仿真方法。具体地，针对车辆系统的组成，分别介绍车辆系统、控制系统和人机系统的建模与仿真；针对道路交通流特征，分别介绍机动车流的行驶模型及跟车、换道、超车、排队和行人模型；针对道路环境特征，介绍道路交通环境三维虚拟场景的建模及实现方法。作为上述 3 种系统的综合应用，介绍"人-车-路-环"驾驶模拟系统及应用方法。该系统最早把车辆系统与道路交通及环境系统结合起来，并以真实驾驶人作为系统的一部分，实现由真人控制的车辆-交通-环境实时驾驶仿真。最后介绍驾驶模拟系统的几个应用实例。

早期的驾驶模拟系统主要针对车辆的模拟，交通环境的模拟较为简单。随着车辆与交通环境一体化进程的推进，驾驶模拟系统中的交通与环境模拟将得到快速的发展，连续-离散混合系统仿真、不同尺度系统的联合仿真等技术将成为新的发展方向。

系统建模是仿真的重要手段，更是研究问题的一种基本方法。几乎所有科学和工程技术问题的研究都会涉及系统的建模技术或方法。仿真无非是采用系统更全面、模型更精确、求解更多样、范围更广泛、对象更通用、数据处理更规范、可视化程度更高、操作界面更友好的计算机应用系统。本书并不以某种仿真语言或仿真平台(软件)为主体进行介绍，也不追求系统仿真的全面性和复杂性，而是着眼于系统的本质特征、原理和方法介绍各类对象的建模与仿真方法。

全书共 10 章。其中，熊坚撰写第 1 章、第 4～6 章、第 9 章、第 10 章，参与撰写第 2 章、第 3 章、第 7 章；贾现广撰写第 2 章；郭凤香撰写第 3 章；秦雅琴撰写第 7 章，参与撰写第 3 章、第 10 章；万华森、江良华撰写第 8 章；杨秀建参与撰写第 5 章；万华森参与撰写第 9 章。全书由熊坚统稿。本书的出版得到了昆明理工大学研究生院的支持，书中的文字和图表处理得到了研究生朱荔、鲍彦苞、季芳、梁超、王秀圣、田竞、张静的协助，在此一并致谢。

由于作者水平有限，书中难免存在不足之处，敬请读者批评指正。

熊　坚

2017 年 9 月于昆明

目　　录

第 1 章　系统与仿真方法

1.1　系统描述

1.1.1　系统的含义

"系统"对应的英文单词是 system，它源自希腊语 system。系统一词最早出现于古希腊原子论创始人德谟克利特(公元前 460 年～公元前 370 年)的著作《宇宙大系统》。该书明确地论述了系统的含义："任何事物都是在关联中显现出来的，都是在系统中存在的，系统关联每一事物，而每一关联又能反映系统关联的总貌。"这是对系统最早的定义，但系统真正作为一个科学的概念，进入科学领域是在 20 世纪 40 年代，在美国工程设计中应用了这一概念。到 20 世纪 50 年代以后，系统概念的科学内涵才逐步明确，并在工程技术的系统研究和管理中得到了广泛的应用。

如今，系统已经是人们熟悉的一个术语，正如 G·戈登在其著作的《系统仿真》一书中所说："系统这个术语已经在各个领域用得如此广泛，以至于很难给它下一个定义。"在各种领域中，无论是科学家、工程师或专业技术人员或管理者，在描述一个对象时都会经常使用"系统"这个术语。当他们提到某一个具体的系统时，一般都知道该系统指的是什么以及它们是如何工作的。然而，系统是一个涉及面十分广泛、内涵十分丰富的概念。由于不同领域和学科所研究的对象不同、问题不同、目标不同，从而对系统的侧重也有所不同。因此，人们从不同的出发点和角度给出了很多对系统不同的定义，对系统的理解造成了一定的混乱。

实际上，撇开对象的不同，系统具有共性。一种普遍认可的对系统的定义是：系统是具有特定功能的、相互间以一定规律联系的物体的总体。

1.1.2　系统的共性

虽然不同对象的系统在结构和性质上不同，但抽象来看，系统具有如下共性。

1. 系统的整体性

系统至少由两个要素组成。例如，一个杯子和它的盖子可组成一个系统。世界上一切事物、现象、概念都可以构成系统，大到宇宙、小到一个细胞都可以构成一个系统；构成系统的要素可以是单一事物，也可以是由一群事物组成的小系统。因此，所谓系统的整体性是相对的，即系统的大小、组成部分的多少是相对的；任何系统都可以是一个更大系统下的子系统，同时它也可能包含若干个更小的子系统。例如，某条城市道路是由车道、路口、车辆、行人等构成的一个"线状"系统，相对于多条"线状"系统的城市区域构成的"网状"系统,该"线状"系统为其子系统,而灯控路口又可成为"线状"系统下的"点状"子系统。

掌握系统相对的整体性特征,在研究中把实际对象进行"系统化"时,就可以根据研究目标设计相对应的系统作为研究对象。

这里,有两种设计系统的基本方法,即自上而下的方法和自下而上的方法。在自上而下的设计中,设计者从高层的抽象模型逐渐向下分解至原子级水平模型;在自下而上的设计中正好相反,设计者从单个的原子开始,由局部到整体,逐级建立起抽象的结构模型,上一级模型的元素可能就包含了下一级的模型。

2. 系统的边界性

正因为系统整体性所具有的相对性,可以把某个系统看成从一个更大的系统中隔离出来的一个"子系统",这个"子系统"与更大的系统之间便存在一个边界,即系统的边界。边界确定了系统的范围,也将系统与周边环境区分开来。系统与外部环境的物质、能量和信息交流则是通过系统的边界进行的。

任何研究对象都有边界,在确定研究对象的系统组成时,就要明确其边界。通过边界一方面确定了研究的有效范围,另一方面确定了系统与外界的关系,在此基础上,进一步明确了系统的输入和输出信息及可能存在的干扰因素。

3. 系统组成要素的相关性

系统的要素之间,要素与整体之间,甚至要素与外界之间都存在着一定的有机联系,从而使系统在自身内部及系统与外部之间形成一定的结构和秩序。特别是当系统的目的性或功能性确定以后,这种要素之间的关联性就更加明确了。例如,一个杯子和它的盖子之间是有关联的,盖子可以防尘和保温,它们构成一个系统,是以装水和保温为目的的;而一支笔和一个杯子之间没有关联性,因此,它们不构成一个系统。

了解系统组成要素的相关性,那么在理论研究中建立系统时,可以选取对系统整体有较大相关性的要素,放弃那些无关或相关性较小的因素,从而提高研究的有效性。

4. 系统的功能性或目的性

系统是一个各要素有机联系的整体,并具有不同于各个部分的新功能。没有统一功能的要素集合体不能构成一个系统。例如,一堆拆散的机器零部件不能构成一个系统,只有当它们按照一定的关系装配起来,完成一些特定功能的时候,才构成一个系统。所以,系统是相互关联的要素的一个集合,它与外部环境交互完成特定功能。从某种意义来说,系统的整体性就是系统的功能性,因为没有功能的整体性是没有意义的。

相对于系统的功能性,用于理论和工程研究而建立的系统则具有一定的目的性。没有目的建立的系统是没有意义的,系统要素的选取与系统的目的性密切相关。

1.2 系统的属性与研究

1.2.1 自然系统与工程系统

系统的定义和共性特征虽然是明确的,但它是一个抽象的概念,可以泛指一切对象,包括自然界和工程界的一切事物。自然系统是以自然物为要素形成的系统,如宇宙系统、生态系统、森林系统、人体系统等。由人类制造、建设的系统称为工程系统,如车辆系统、运输系统、交通系统、管理系统等。实际上,很多系统都是由自然系统与工程系统组合而成的,如水坝生态系统,既包含了大坝建设工程的元素,又包含了水流区域的生态元素;又如高速公路景观系统,既包含了道路构造物、交通设施等元素,又包含了地貌、植被等元素。

1.2.2 真实系统与模型系统

人们对自然界事物的认识是一个渐进的过程,在描述事物时会采用简化的手段,并将系统"模型化",从而形成"模型系统"。即人们在探索自然界的规律时,其研究对象是自然界各种各样的"真实系统",当人们用某种方式把"真实系统"描述下来时,就不可避免地将"真实系统"简化成了"模型系统"。因此,模型系统具有明确的意图和动机。同样,人们出于对自身环境的改造和生活的需求,不断地设计出自己的"工程系统",如水利工程和交通工程等。在研究工程系统时,同样需要把工程"真实系统"简化为工程"模型系统"。需要指出,"模型系统"与"系统模型"的概念是不同的,"模型系统"是指人们对研究对象(真实系统)的一种描述,而"系统模型"是对"模型系统"进行具体建模后的结果。

因此,"系统"一词通常有两种含义:一种是指现实中的"真实系统",另一种是指由人建立的"模型系统"。实际上,自然界是一个整体,是人类通过不同的视点看到的自然界不同元素组成的系统,或者设计出了满足自己需求的工程系统。从这个意义上来说,所谓的"系统"都是人造的系统。

系统与模型的概念及相互关系在过去一直比较模糊。模型是在系统的基础上建立的,但需要对模型进行简化,这种简化模型的过程,其实质就是对系统进行简化的过程。但只顾及简化模型就会忽略对系统特征的认识。如简化模型后,就容易忽略系统边界和适用范围的变化,甚至忽略一些重要的系统元素,影响研究的完整性。因此,笔者提出模型系统的概念,就是要在系统建模之前,先对系统进行必要的分析和简化,以形成系统的研究范围和外部条件,完成模型系统后才是具体的建模过程。

人们在研究任何问题时所建立的系统都是模型系统,仿真系统也不例外。本书后面所讲的系统也都是指模型或仿真系统。

值得注意的是,在建立对象的模型系统时,一般会根据建模的目的和要求进行不同程度的简化或假设,因此,模型系统是带有一定的主观性的。

1.2.3　相关研究

每一个系统都有三个基本的部分：输入、输出、系统描述。任何一个系统，如果任意两个部分确定求第三部分，就意味着不同的研究方法，如表 1-1 所示。

表 1-1　系统、输入、输出三者的应用关系

系统确定部分		求取部分	研究方法
输入	系统	输出	分析
输入	输出	系统	设计
系统	输出	输入	控制

科学家常采用实验分析的方法来研究自然界的规律。根据这一观点，系统是自然界存在的某一部分，人们将它提出来就是为了掌握其自身的特性和规律，即研究在给定输入信息下它会产生什么样的响应(输出)，或是针对一个特定的条件，通过实验和数据分析，寻求该系统某输入、输出因素的因果或相关关系，进一步用科学的方法对这种因果或相关关系进行模型假设和验证。这是目前基础研究领域采用的主要方法，研究者可据此发表论文，甚至获得自然科学奖励。

工程师则从另外的角度看问题。对工程师来说，对给定的条件(输入)和技术指标(输出)，他需要做的是如何设计出理想的满足输出条件的产品(系统)。当然理论上设计出产品是一回事，实际加工出具有一定输入条件的产品是另一回事。工程中的绝大多数问题是设计问题，因此工程师是社会产业发展的主力军。

管理者或控制工程师的角度又不同。无论是管理工厂、计算机网路，还是工程控制，系统已经存在了。对工厂而言，系统的输出——直接的(如年产量)或间接的(如利润)要求是明确的；对工程控制对象，系统的输出指标、精度是明确的。因此，工厂管理者的职责就是制定规则或控制方法，控制成本(输入)以到达理想的产出(输出)；控制工程师的职责就是确定控制方法，控制输入参数，达到理想的输出结果。大到社会和一个单位的管理，小到一个工程上的控制器，控制的基本原理是一样的，即对给定的系统，通过对输入参数的控制来实现理想的输出特性。

以上三种观点单独来看都是正确的，已有很多相关专著。但这些专著往往只从自身学科的观点注重从某一个方面论述，而不像系统科学家可以从各个方面来认识这个问题。

1.3　系统模型的特征

一般意义上，模型(Model)是一种对对象的替代，用于代表其对象以便得到更好的定义。模型不是对原对象的复制，而是根据不同的使用目的，选取原对象的若干方面进行本质的抽象和简化。如前所述，系统模型是对系统模型化的结果。简单来说，系统模型就是将系统内部某种特定的关系用一种抽象的形式来表示。通过对系统模型化可以描述系统的本质和内在的关系。

系统模型可分为物理模型和数学模型两大类。物理模型是用相似理论建立的实物模型；数学模型是用数学方程描述系统内部物理变量之间的关系。由于数学模型应用方便，可以包含所有学科和领域，因此，在现实系统研究中大量采用的是数学模型。本书后面介绍的模型系统若没有专门指出，都指的是数学模型。

1.3.1　系统模型的输入-输出特征

系统模型是从环境中隔离出来的一个"整体"，可以把它看成一个"黑箱"，如图 1-1 所示。系统模型最重要的一个特征是系统具有明确的输入和输出，系统是通过边界与外界环境联系的。通常将外部环境对系统的作用或影响称为系统的输入，而将系统对外部环境的作用或影响称为系统的输出。

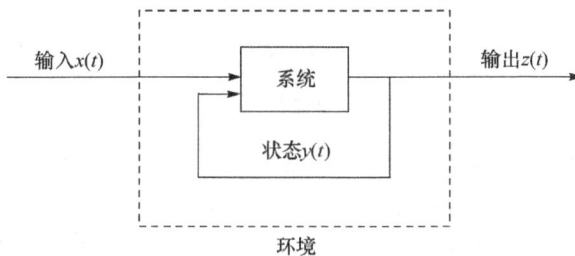

图 1-1　系统框图

将外界环境对系统所有的作用和影响精简为一组 m 维随时间变化的实数向量：

$$x(t) = [x_1(t) + x_2(t) + \cdots + x_m(t)] \tag{1-1}$$

则把 $x(t)$ 称为输入向量；$x_i(t)$ 称为输入信号。

同样，系统通过边界对外界环境的作用简化为一组 n 维随时间变化的实数向量：

$$z(t) = [z_1(t) + z_2(t) + \cdots + z_n(t)] \tag{1-2}$$

则把 $z(t)$ 称为输出向量；$z_i(t)$ 称为输出信号。

1.3.2　系统模型的状态特征

系统的输入和输出之间是通过系统来转换的，系统的这种转换关系可以用系统的状态变量、状态方程和输出函数来表示。

设系统状态向量为

$$y(t) = [y_1(t) + y_2(t) + \cdots + y_p(t)] \tag{1-3}$$

则把 $y(t)$ 称为系统状态向量；$y_i(t)$ 称为系统状态变量。输入变量、输出变量和状态变量可构成系统的状态方程。状态方程反映了系统的状态特征。

需要指出，任何系统都存在状态特征，但并不是所有系统都可以用状态向量来表示，后面会看到，在现实世界中，很多系统由于其内部机理错综复杂，不能明确地描述它们的状态特征，暂时只能用"黑箱"代表系统的内部，通过输入、输出特性研究系统的因果关系。

1.4 系统模型的类型

现实世界中有各种各样的系统,其类型主要表现在系统的输入、输出和系统特征上。根据系统输入、输出及系统特征,系统模型可分为以下几类。

1.4.1 静态系统

如果系统的输出信号只是输入信号的代数函数,这个系统称为静态系统或称零阶系统。此时,系统状态不随时间变化。

系统的状态方程和输出函数可分别由如下两个代数方程来表示:

$$\begin{cases} y(t) = f_1(x(t)) \\ z(t) = f_2(x(t), y(t)) \end{cases} \tag{1-4}$$

对于特定的 f_1, f_2,系统状态 $y(t)$ 可以是显式,存在函数 g,使

$$z(t) = f_2(x(t), f_1(x(t))) \equiv g(x(t)) \tag{1-5}$$

静态系统是模型系统中最简单的系统。很多复杂的模型系统中包含了若干静态子系统,有的动态系统根据需要也可以简化为静态系统。

例 1.1 一个带有电阻的电路系统如图 1-2 所示,其中,R_1、R_2 为电阻。系统只有一个信号输入和一个信号输出。

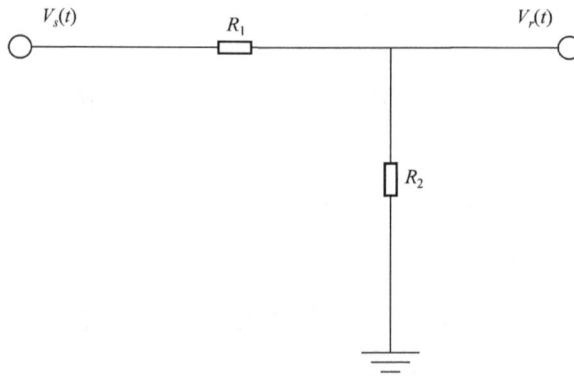

图 1-2 电阻电路系统

设输入、输出为

$$\begin{cases} x(t) = V_s(t) \\ z(t) = V_r(t) \end{cases} \tag{1-6}$$

根据欧姆定律,有

$$z(t) = \frac{R_2}{R_1 + R_2} x(t) \tag{1-7}$$

若选择状态变量为电流，根据式(1-7)，状态方程和输出方程分别为

$$\begin{cases} y(t) = \dfrac{1}{R_1 + R_2} x(t) \\ z(t) = y(t) R_2 \end{cases} \tag{1-8}$$

若选择状态变量为输出，式(1-8)也可以表示为

$$\begin{cases} y(t) = \dfrac{R_2}{R_1 + R_2} x(t) \\ z(t) = y(t) \end{cases} \tag{1-9}$$

由此可见，状态方程的选择不是唯一的。

1.4.2　动态系统

如果系统的状态方程是微分或差分方程，则将该系统称为动态系统或一阶(二阶、高阶)系统。动态系统是随时间变化的，因此，自然界中的系统绝大多数都是动态系统。下面以实例说明动态系统的特征。

例 1.2　一个带有电阻和电容的电路系统如图 1-3 所示。其中，R 为电阻，C 为电容。

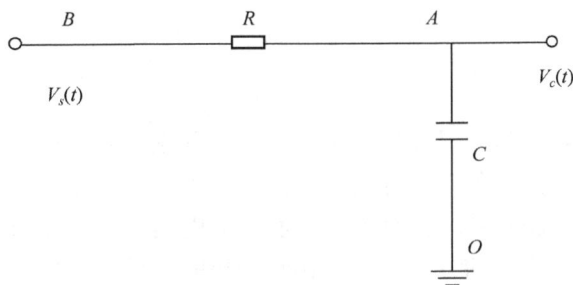

图 1-3　电阻电容系统

系统中，由于电容器是一个储能元件，系统是动态的。同例 1.1 一样，设输入、输出为

$$\begin{cases} x(t) = V_s(t) \\ z(t) = V_c(t) \end{cases} \tag{1-10}$$

根据普通物理电容的特性，电路 B、A 中的电流为

$$i = C \frac{\mathrm{d}V_c}{\mathrm{d}t} \tag{1-11}$$

则有

$$V_s(t) = RC \frac{\mathrm{d}V_c}{\mathrm{d}t} + V_c(t) \tag{1-12}$$

定义系统状态变量 $y(t)$ 如下

$$y(t) = V_c(t)$$

则系统状态方程为

$$x(t) = RC\frac{\mathrm{d}y(t)}{\mathrm{d}t} + y(t) \tag{1-13}$$

定义系统的状态为输出，则有

$$\begin{cases} \dfrac{\mathrm{d}y(t)}{\mathrm{d}t} = \dfrac{1}{RC}(x(t)-y(t)) \\ z(t) = y(t) \end{cases} \tag{1-14}$$

或写为

$$\begin{cases} \dot{y}(t) = \dfrac{1}{RC}(x(t)-y(t)) \\ z(t) = y(t) \end{cases} \tag{1-15}$$

数字求解时，写成差分的形式：

$$\begin{cases} y(t_0) = y_0 \\ y(t_i) = y(t_{i-1}) + \dot{y}(t_i)\Delta t, \quad i=1,2,\cdots,n \\ z(t_i) = y(t_i) \end{cases} \tag{1-16}$$

1.4.3 控制系统

在现实中有一种系统是通过控制来运行的，这种系统称为控制系统。控制系统一般由控制器、执行器和被控对象三部分组成，如图 1-4 所示。输入作为一种控制目标，通过控制器生成必要的控制参数，控制参数一般为弱电信号，需要通过特定的执行器完成对系统的控制，使其按规定的方式运行，达到理想的目标。这种控制系统称为开环控制系统。开环控制是最简单的一种控制方式，其特点是控制量与被控制量之间只有向前通路而没有反向通路，或者说，系统的输出量对系统的控制作用没有影响。由于控制作用的传递路径不是闭合的，故称为开环控制系统。

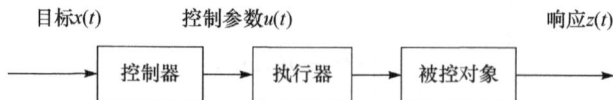

图 1-4 开环控制系统

在实际中，被控对象由于受到各种环境运行误差的影响，或受到系统外界信号的干扰，系统的响应会偏离理想目标。为了消除这一偏差，通常增加一个反馈环节，将系统响应信号反馈到控制器，由控制器在反馈信号与控制目标信号进行对比的基础上决定控制参数，从而达到精确控制的目的，如图 1-5 所示。这种控制系统由于增加了从输出到输入的反馈路径，形成闭合路径，故称为闭环控制系统。

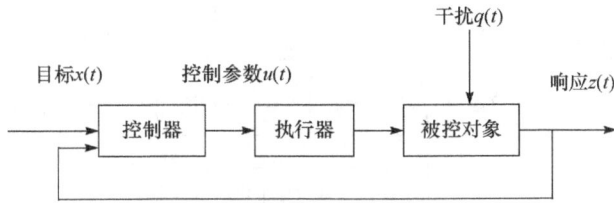

图 1-5　闭环控制系统

闭环控制系统能够抵制系统受到的多种干扰,且对系统内部元件参数的波动或误差不甚敏感。需要注意的是,闭环控制系统的反馈信号必须与目标信号属于同类可比信号,若输出信号与目标信号不一致,则需要进行相应的转换。

例 1.3　直流电动机的开环控制系统。直流电动机是通过电压控制其转速的,如图 1-6 所示。电位器、放大器和电动机组成控制系统,电动机为被控对象。这是一个典型的开环系统,其控制方式为:通过调整电位器的滑臂位置改变控制电压值 u_r(给定值),从而改变功率放大器的输出电压 u_a,最终改变电机的转速 ω。系统中,电位器相当于控制器,放大器相当于执行器,电动机为被控对象。

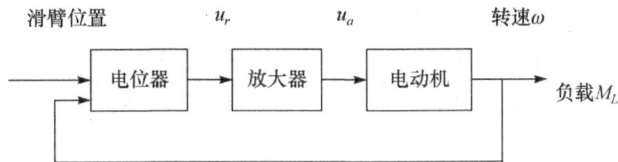

图 1-6　电机转速开环控制系统

根据电路及电机原理,相关数学模型如下。

放大器模型:

$$u_a = K_a u_r \tag{1-17}$$

其中, K_a 为放大器放大倍数。

忽略电动机电枢绕组的电感,电动机模型为

$$T_m \frac{\mathrm{d}\omega}{\mathrm{d}t} + \omega = \frac{K_a}{K_e}u_r - \frac{T_m}{J}M_L \tag{1-18}$$

其中, T_m 为电动机时间常数; K_e 为电势系数; J 为电机转动惯量。

式(1-18)反映了控制信号 u_r 与电动机转速 ω 之间的关系。

例 1.3 说明对于一个控制系统,它的系统模型是由控制器模型与被控对象模型组合而成的。

例 1.4　直流电机的闭环控制系统。当电动机负载受到扰动时,开环控制不能满足对电动机的精确控制,这时需要进行闭环控制,如图 1-7 所示。从电动机输出端引出转速信息通过测速电机转换为电压 u_T,与控制电压 u_r 对比,作为放大器的输入,从而实现对电动机的精确控制。

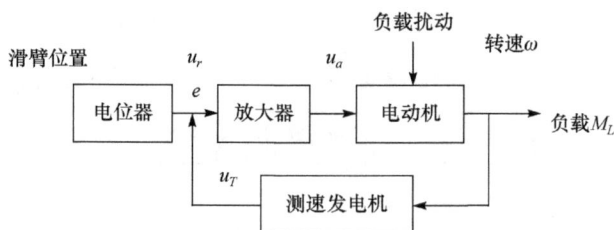

图1-7　电动机转速闭环控制系统

相关数学模型如下。

放大器模型：

$$e = u_r - u_T \tag{1-19}$$

$$u_a = K_a e \tag{1-20}$$

电机模型同式(1-20)。

测速发电机模型：

$$u_T = K_T \omega \tag{1-21}$$

将式(1-19)、(1-20)代入式(1-21)得

$$\frac{T_m}{(1+K)}\frac{\mathrm{d}\omega}{\mathrm{d}t} + \omega = \frac{K_a}{K_e(1+K)}u_r - \frac{T_m}{J(1+K)}M_L \tag{1-22}$$

其中，$K = \dfrac{K_a K_T}{K_e}$ 为各部分静态放大倍数的乘积。

比较式(1-18)和式(1-22)，可以看出，闭环控制后，系统时间常数均减少了$(1+K)$倍，意味着加快了过渡过程，同时使干扰影响减少了$(1+K)$倍。

从上面的例子可以看到，控制系统可以由若干元件组成。这些元件各自有不同的数学模型，最后可形成一个总的数学模型。当系统比较复杂时，采用这种方法有时很不方便，尤其不能看清系统内部的结构和数据关系。

1.4.4　离散系统

例1.1～例1.4所描述的系统称为连续系统，即系统的输入、输出和状态变量是随时间连续变化的。连续系统的模型是由表征系统变量之间关系的方程来描述的，其中动态系统的模型可由微分方程或差分方程表示，仿真结果表现为系统变量随时间变化的历程。

在现实中还有一类系统，与连续系统在性质上完全不同，这类系统中的输入、输出和状态变量在时间与空间上都是离散的，并以事件作为系统状态变化的行为。如道路交通流的形成、物流传送系统等都可看成离散的事件系统。在该类系统中，各事件以某种顺序或在某种条件下发生，并且大多具有随机的性质，或者是系统的输入变量具有随机性，或者是系统的状态值具有随机性，系统的状态变量由事件的发生来表述，仿真结果是具有统计特征的事件历程。下面先看两个例子。

例 1.5 图 1-8 为一工厂传送带系统 A。传送的箱子均匀地分布在传送带上,且每 5s 到达分拣出口一只箱子。若箱子的重量为 10kg、15kg、20kg 三种规格,且随机分布在传送带上。设 10kg、15kg、20kg 的箱子数量分别占箱子总数的 40%、20% 和 40%,如何建立该系统的仿真模型?

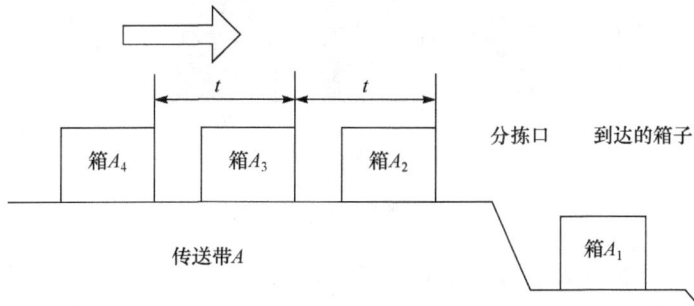

图 1-8　等时传送带系统

这里系统的输入是分布在传送带上的箱子,w 是箱子的重量,为随机变量,取值为 $w \in \{10, 15, 20\}$,$\{10, 15, 20\}$ 为 w 的样本空间,表示 w 可能的重量,箱子的重量分布如表 1-2 所示。

表 1-2　箱子的重量分布

w/kg	10	15	20	所有重量
$P(w)$	0.4	0.2	0.4	1.0

根据前面描述,每 5s 到达一个箱子,则箱子是以连续等步长时间 $t=5k(k=1,2,\cdots)$ 有规律到达。

因为到达箱子的重量是不确定的随机数,因此我们希望模拟出在第 k 个时间点到达箱子的重量。这可以通过随机数发生函数 RND 来实现。RND 可以作为在 (0<RND<1) 区间分布的随机变量发生器。下面一段程序可以对到达箱子的重量进行预测。

```
for k=1 to n
    r=RND
    if r<0.4 then w(k)=10
    if 0.4<r<0.6 then w(k)=15
    if r>0.6 then w(k)=20
next k
output w(k)
```

这个系统很简单,系统的状态变量就是输出变量。

这个仿真程序的意义和价值在于,它既模拟出箱子到达时重量的随机性这一现象,又符合到达箱子重量的统计特征。正是模拟箱子重量的统计特征与实际箱子重量的统计特征的吻合程度构成了该系统仿真的准确性。对上述仿真程序进行 100 次运算后,将不同重量箱子出现的频次进行统计,并与理想频次对比,结果如图 1-9 所示。

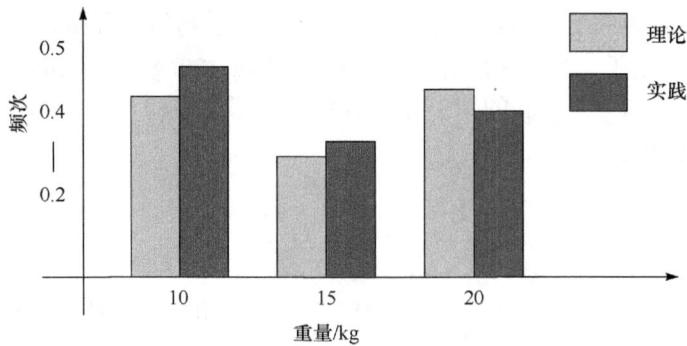

图 1-9　箱子到达重量仿真统计图

例 1.6　在例 1.5 传送带 A 下面，再增加一级短程传送带 B，如图 1-10 所示。在传送带 B 上，可连续分布三个箱子，之后依次到达分拣口。现在，我们不关心到达分拣口的每一个箱子的重量，而是传送带 B 上三个箱子的重量。设传送带 B 的输入为 $x(k)$，输出为 $z(k)$。显然，传送带 B 的输入 $x(k)$ 正是例 1.5 传送带 A 的输出 $w(k)$、$w(k-1)$、$w(k-2)$。若时间从零开始，箱子依次从传送带 A 到传送带 B，当第三个箱子到达传送带 B 时，计算传送带 B 上三个箱子的总重量。此时，前面两个箱子的重量已经确定，而第三个箱子的重量是不确定的。

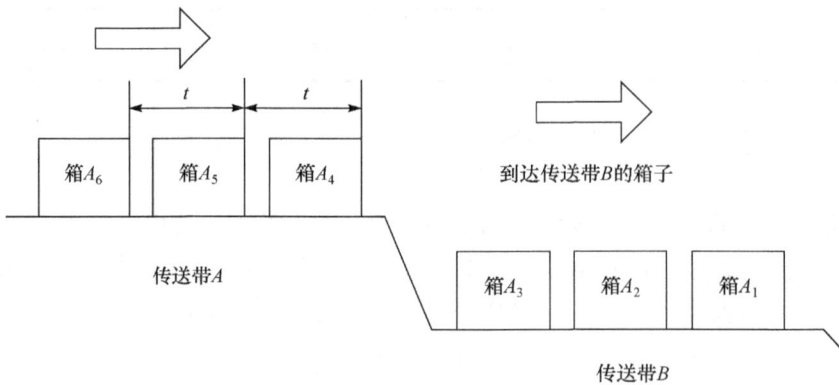

图 1-10　等时两级传送带系统

系统模型可以描述如下：

$$z(k) = \begin{cases} x(1), & k=1 \\ x(1)+x(2), & k=2 \\ x(k)+x(k-1)+x(k-2), & k>2 \end{cases} \quad (1\text{-}23)$$

显然，式(1-23)为二阶差分方程，并有两个初始条件，可重写为：

$$\begin{cases} z(k) = x(k)+x(k-1)+x(k-2) \\ z(1) = x(1) \\ z(2) = x(1)+x(2) \end{cases} \quad (1\text{-}24)$$

系统仿真程序如下。

```
    for k=1 to n
r= RND
  if r<0.4 then x(k)=10
if 0.4<r<0.6 then x(k)=15
if r>0.6 then x(k)=20
if k=1 then z(k)=x(1)
if k=2 then z(k)=x(1)+x(2)
if k>2 then z(k)=x(k)+x(k-1)+x(k-2)
next k
```

在程序循环中的前 4 行，正是例 1.5 中单个传送带 A 箱子到达的仿真模型，后 3 行描述了本例传送带 B 的仿真模型。

例 1.5 与例 1.6 的系统的状态变量是有区别的。在例 1.5 的系统中，只有唯一的状态变量 $w(k)$，只要知道了 $w(k)$，系统的结果就知道了，而在例 1.6 的系统中，状态变量不仅包含 $w(k)$，还包含 $w(k-1)$、$w(k-2)$。因此，式(1-24)是二阶差分方程。

在例 1.1 和例 1.5 的系统中，状态上具有相同的性质，即系统无记忆状态，它不需要记住系统参数在仿真时刻之前的状态值。这种无记忆的系统称为静态系统，或零阶系统。在例 1.2 和例 1.6 的系统中，状态上具有相同的性质，即系统有记忆状态，它们都需要记忆单元。其中，例 1.2 的系统需要一个记忆单元，它需要记住输出参数的上一个值 $y(t_{i-1})$（参见式 1-16）；例 1.6 的系统需要两个记忆单元，它需要记住输入参数的上两个值 $x(t-1)$、$x(t-2)$（参见式 1-24）。这种有记忆的系统称为动态系统，有一个记忆单元的系统称为 1 阶系统，有两个记忆单元的系统称为 2 阶系统。

此外，在例 1.1 和例 1.2 中，系统输入变量、输出变量和系统状态变量都是随时间连续变化和可预测的，这种系统称为连续系统或确定性系统；在例 1.5 和例 1.6 中，箱子的重量是随机变化的，这种系统可称为离散系统或不确定性系统，其系统模型称为概率模型。

1.4.5　事件驱动系统

前面给出的例 1.1～例 1.6 是基于时间驱动的系统。从例 1.5 和例 1.6 的仿真程序中可以看到，在连续变量 k 值循环体内计算系统的事件响应是按等时驱动的。相对于系统的等时驱动，还有一类系统，其驱动系统变化的不是等时的驱动，而是以某种事件的发生来驱动系统的，而这种事件发生的时间是随机的。因此，这种系统称为事件驱动系统。绝大多数离散系统属于事件驱动系统。

例 1.7　仍与例 1.5 类似的传送带，这时传送带上的箱子是相同的，而每个箱子到达分拣口的时间间隔是随机的，如图 1-11 所示。此时，研究的问题是：在某一时间段内，到达箱子的数量是多少？

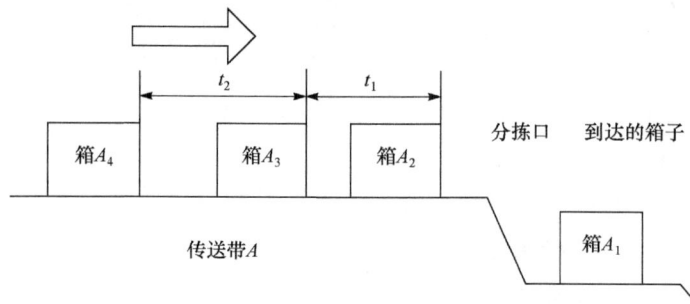

图 1-11　基于事件驱动的传送带系统

　　设输入为箱子到达这一事件，输出为时间 t 内箱子到达的数量 $N(t)$，系统仿真程序如下。

```
t₀=0
for k=1 to n
tₖ=tₖ+RND
next k
for t=0 to tₙ step h
 for k=1 to n
        if tₖ₋₁< t <tₖ then N=k
    next k
    print t,N
next t
```

　　程序中，k 为箱子到达事件；n 为到达箱子预设总数量；t_n 为模拟总时间；h 为模拟时间步长；N 为到达箱子数。

　　在例 1.7 中，设定时间间隔为 h，使 h 时间段内到达的箱子不多于 1 个时，则箱子在给定时间内到达数量的概率服从泊松分布。例 1.7 的离散系统模型广泛应用于管理或工程实践中的排队现象。如交通系统中，要确定一定时间内车辆到达灯控路口的数量，就可根据车辆到达路口的概率计算放行前车辆的排队长度，从而优化路口的控制周期。

1.5　系统的建模方法

　　系统模型是用来收集系统有关的信息和描述系统有关的实体，也就是说，模型是为了产生系统行为数据的一组指令，它可以用数学公式、图、表等形式表示。人们日常生活和工作中经常使用模型，例如，建筑模型、汽车模型等实体系统的仿制品，它们可以帮助人们了解建筑造型、汽车式样等；教学中使用的原子模型可帮助学生形象地理解原子结构；经济分析中使用的文字、符号、图表、曲线等可为分析者提供经济活动运行状况及特征等信息。它们虽然形式各异，但都具有共同的特点，例如，模型是对实际系统中的实体和真实系统的特征进行的抽象；模型是对系统某些本质方面进行的描述；模型反映被研究系统的实体、属性和活动之间的联系，提供被研究系统的描述信息，体现系统的整体特征。

要对系统进行有效的分析和研究，就必须采取一定的方法首先对所研究的系统进行建模，然后才能借助所建立的模型对系统进行定量的或者定性与定量相结合的分析。系统的模型是研究和掌握系统运行规律的有力工具，是认识、分析、设计、预测、控制实际系统的基础，也是解决系统问题必不可少的技术手段。

为了研究系统，从理论上讲可以用实际系统来做实验，但鉴于经济、安全的考虑，人们不希望在真实的系统上进行实验，而是希望在模型上进行。系统未建立之前，为了预见它的性能，用实际系统做实验也是不可能的。因此，研究系统必须借助于系统的模型。

在研究分析系统的过程中，把建立描述系统特征和行为的数学模型的过程称为系统建模。对于不同的系统对象，有不同的建模方法。常见的数学建模方法有如下几种。

1.5.1　机理建模法

机理建模法又称为分析法、解析法或理论建模法。该方法是针对系统的内部结构和特性有明确的认知，即所谓的"白箱"系统而言的。在一定的条件下，根据系统中各部分或者元件所遵循的客观(物理、化学、生物学、经济学等)规律和运行机理，列写出其微分方程式，进而形成数学模型的过程，称为机理建模法，由此建立的模型称为机理模型。采用这种方法建模时，要求建模者必须深入掌握和了解各种系统的客观规律。

机理建模法的一般步骤如下。

(1) 分析系统构成部件或元件的工作原理和作用，确定其输入量和输出量，并根据需要设置一些中间变量。

(2) 将系统分解为若干个环节，根据各环节的客观规律写出各环节的微分方程。

(3) 联立各环节的数学表达式，消去中间变量，整理出只含有输入量和输出量的方程，即为系统的数学模型。

例 1.1～例 1.4 中的模型都属于机理模型。

1.5.2　实验建模法

机理建模法的前提是对系统的内部结构和机理有较为明确的认知。但有一类系统，由于系统的复杂性，很多时候，人们并不知道或不完全知道系统内部的工作情况，这时，通常把这类系统看成一个"黑箱"，并把这个系统从环境中隔离出来，只留出了一个入口点，称为输入，一个出口点，称为输出，如图 1-12 所示。这类系统可以通过实验的方法来观察它的某一种"行为"，或是输入和输出的一种"因果关系"，或是描述在"时间基"下，输出的"轨迹"。因此，这类系统一般是通过实验法来研究其特性的。

图 1-12　黑箱系统

实验法又称为系统辨识法。如果一个系统允许进行实验观察，则可以采用实验法进行建模。在进行实验建模时，首先人为的给系统施加某种特定的输入信号，记录系统的基本输出响应，然后根据测得的输入-输出响应数据，采用一定的辨识方法，确定出系统的模型形式，再通过对实验参数的拟合进一步而获得完整的数学模型。通过实验法建立的模型有时称为经验模型。采用实验法辨识出的系统模型在实际应用过程中，有时需要对模型的参数重新进行标定，使模型的应用更符合实际的情况。

例 1.8 汽车轮胎的侧偏模型。

汽车在转向时，车轮并不是沿车轮的正切线方向滚动而是偏转一个角度，称为车轮的侧偏角。侧偏角对汽车的行驶动态特性有很大的影响。因此，轮胎侧偏模型是汽车动力学模型重要的基础模型之一。

汽车车轮是由橡胶充气轮胎构成的。汽车转向时由于侧向力的作用，轮胎发生侧向变形从而产生了侧偏角，由于轮胎的变形机理较为复杂，因此可以把轮胎系统看作一个"黑箱"，通过轮胎实验机测定轮胎侧向力 F_y 与侧偏角 α 的关系，实验数据如图 1-13 所示，其中，横坐标表示轮胎的侧偏角，纵坐标表示轮胎的侧向力；实验点表示不同侧向力下所对应的侧偏角关系。根据实验点即可确定轮胎的侧偏模型。

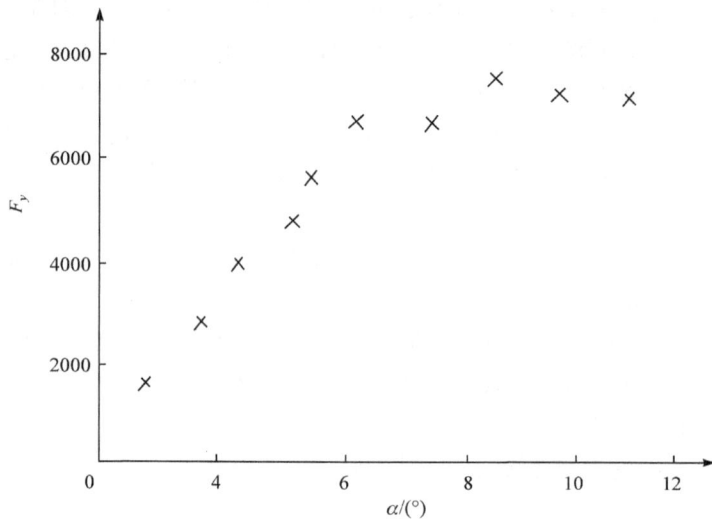

图 1-13 某一轮胎侧向力与侧偏角的关系

观察实验数据，当轮胎侧偏角比较小时($\alpha < 6°$)，对数据进行线性回归，得

$$F_y = -1000\alpha \tag{1-25}$$

通过对轮胎进行多次实验后可知，当轮胎的侧偏角比较小时，侧向力与侧偏角具有线性关系，即

$$F_y = k\alpha \tag{1-26}$$

式(1-26)即轮胎侧偏线性模型。k 称为侧偏刚度，不同的轮胎可通过实验重新标定。

当轮胎的侧偏角比较大时，要采用非线性模型来表示轮胎的侧偏特性。有人提出了

如下非线性模型:

$$F_y = a(1 - e^{-b\alpha}) \tag{1-27}$$

其中, a, b 为模型系数, 可通过实验确定。

不同侧偏角范围的两种轮胎模型比较如图 1-14 所示。

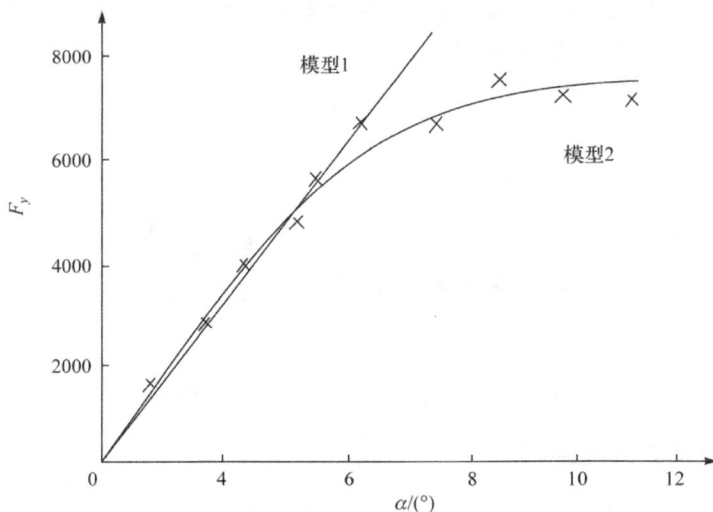

图 1-14　两种轮胎侧偏模型

轮胎模型一直是车辆动力学研究的重要基础, 出现了很多相关模型。也有学者通过有限元等理论方法建立轮胎的机理模型, 但更多的方法是采用半经验模型, 即构造出一种理论模型, 再通过实验确定其相关参数。

1.5.3　统计分析法

对于那些属于"黑箱", 但又不允许直接进行实验观察的系统(如非工程系统), 可以采用数据收集和统计的方法来建模, 用于分析系统中各因素之间的相关性。根据观察数据, 一般先假设模型结构, 再通过统计数据计算出模型系数, 并逐步进行修正来构造与观察对象相关的数学模型。道路交通模型大多采用数据统计分析的方法来建立相关性模型。

例如, 道路线形是交通事故重要的影响因素之一, 特别是在公路上行驶的汽车, 由于运行速度比较快, 道路线形特征对车辆的运动特性、驾驶人的心理感受等都会产生直接或间接的影响; 对不合理的线形, 在直接诱因下发生交通事故的概率会增加。目前人们已经知道, 道路的曲率和纵坡对事故发生的概率都有较为明确的相关性, 但从机理上不易建立相关的数学模型, 也不能通过实验观察的方法来建立模型。解决这类问题, 一般是采用数据统计的方法, 即通过收集历史数据的方法进行回归分析, 从而建立起相关的数学模型。

例 1.9　交通事故与道路纵坡的相关性。

将道路纵坡按不同坡度分为若干区间,分别统计各坡度区间内发生交通事故的次数。

图 1.15 所示为某一区域和时段内的坡度与事故统计的点状图及拟合曲线图。根据统计数据点状特征，可选择指数模型，通过数据拟合求出模型的相关系数。

设 Y 为该直线区段内的预测事故数，X 为坡度，建立的相关事故模型为

$$Y = 1.5401e^{1.4724X} \tag{1-28}$$

模型的相关系数 $R^2 = 0.8323$，模型曲线如图 1-15 所示。根据采集数据的有效范围，式(1-28)模型的适用范围为 1%<X<4%。

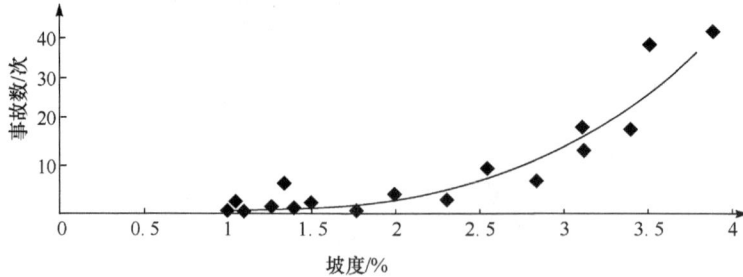

图 1-15　交通事故与道路坡度相关模型

1.5.4　机理-实验混合建模法

有一些工程性质较强的系统，在建模的过程中往往需要采用理论和实验方法进行混合建模。在实际中，有许多这样的情况，组成系统中的某些结构的运行机理是已知的，而另一部分未知或过于复杂，尚不能用理论模型解决，但可采用实验或统计的方法获得相关关系，这时就可以对已知部分采用机理建模，对未知部分采用实验建模的方法，对该系统的整体进行混合建模。例如，在汽车操纵动力学建模中，对汽车的刚体组成部分可采用刚体动力学原理建立相关模型，而对于轮胎与地面之间的关系部分则可采用实验建模的方法，由两者组成系统的整体模型。在道路交通系统中，也有许多模型需要混合建模。例如，从例 1.10 可以看到用混合建模方法对道路交通流量、速度和密度三者关系建立的模型。

例 1.10　路段上交通流量、速度、密度三者之间的关系模型。

交通流量、速度、密度三个参数是描述交通流基本特征的主要参数。这三个参数之间相互联系、相互制约。为了研究它们之间的关系，引入流体理论，建立描述交通流特征的数学模型。但是，公路上的交通流情况受到人、车、路、环等很多因素的影响，而且许多因素是不确定的，比纯流体问题复杂得多。尤其是交通流速度和密度之间又是一种以观测数据为基础的经验模型，因此，交通流特征模型就是在机理和观察数据基础上建立的混合模型。

图 1-16 为某一路段的交通流的自由流情况，车辆由 B 向 A 行驶。有关交通流的三个特征参数定义如下。

(1) 流量：单位时间通过道路横断面的车辆数。

(2) 速度：路段区间上车辆的速度。

(3) 密度：道路单位长度上的车辆数。

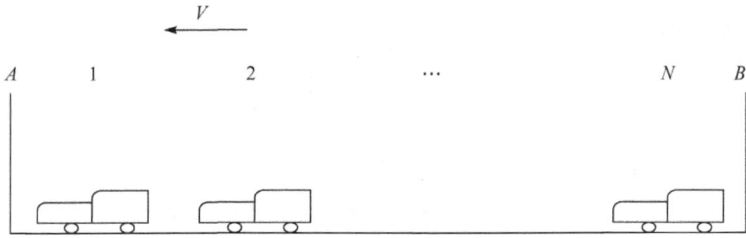

图 1-16　路段交通流示意图

　　根据以上定义,流量、速度、密度三者之间的关系是确定的。设从 B 到 A 的路段长度为 $L(\mathrm{m})$,在该路段上的车辆数为 N(辆),车辆密度为 K(辆/km),区间车速为 $V(\mathrm{km/h})$,车辆通过 A 断面的流量为 Q(辆/h)。根据流体理论,路段上的车流密度为:

$$K = \frac{N}{L} \tag{1-29}$$

车辆从 B 断面行驶到 A 断面所用的时间为:

$$t = \frac{L}{V} \tag{1-30}$$

则车辆通过 A 断面的交通量为:

$$Q = \frac{N}{t} \tag{1-31}$$

合并式(1-29)~式(1-31)得

$$Q = \frac{N}{t} = \frac{N}{L}V = KV \tag{1-32}$$

式(1-32)表示了流量、速度、密度之间的一种机理关系。

　　但是,这种机理模型不能完全代表交通流在实际中的情况。因为在实际中,车辆的速度与车辆的密度不是独立的,而存在一定的相关性。实际上,车辆的密度对车辆的速度是有制约的,车辆的密度越大,能够行驶的车速就越低。但是,交通流中车辆速度与密度的这种关系较为复杂,目前尚不能获得相关的机理模型,因此只能通过观测数据统计得到。例如,格林希尔兹(Greenshields)在对大量观测数据进行分析之后,提出了车辆速度-密度的单段式线性关系模型:

$$V = a - bK \tag{1-33}$$

其中,a、b 为常数。当 $K=0$ 时,V 值可以达到理论最高车速,即畅行速度 V_f,代入式(1-33)得

$$a = V_f$$

当车辆密度达到最大值,即 $K = K_j$ 时,车速 $V=0$,代入式(1-33)得

$$b = \frac{V_f}{K_j}$$

将 a、b 代入式(1-33)得

$$V = V_f - \frac{V_f}{K_j} K = V_f \left(1 - \frac{K}{K_j} \right) \tag{1-34}$$

把式(1-34)代入式(1-32)得

$$Q = KV = KV_f \left(1 - \frac{K}{K_j} \right) = V_f \left(K - \frac{K^2}{K_j} \right) \tag{1-35}$$

式(1-35)就是由机理模型(式(1-32))和观测模型(式(1-34))联合建立的模型，表示了交通流量与密度的二次函数关系，如图 1-17 所示。

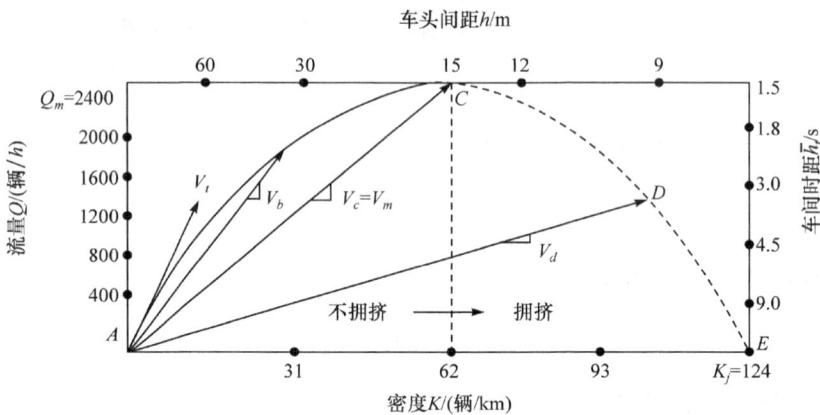

图 1-17 交通流量-密度曲线图

1.5.5 离散系统建模法

离散事件系统是受事件驱动的、系统状态跳跃式变化的动态系统，系统的迁移发生在一串离散事件点上。这种系统往往是随机的，具有复杂的变化关系，因此难以用常规的微分方程、差分方程等模型来描述，一般只能用流图或网络图描述。对实际问题而言，如果应用理论分析方法难以得到解析解，那么仿真技术无疑为解决这类问题提供了有效的方法。

社会经济活动中，广泛存在这种离散事件系统，如交通管理系统、库存管理系统、生产调度系统、市场系统、电话系统以及计算机和通信网络系统等。离散事件系统中引起状态变化的原因是事件，通常状态变化与事件的发生是一一对应的。事件的发生没有持续性，可以看作在一个时间点上瞬间完成的，事件发生的时间点是离散的。如在超市里，设顾客人数为状态变量，只有当顾客到达或顾客接受服务结束时状态变量才会改变，且顾客到达的时间与服务的时间都是随机的。

由于离散事件系统状态的变化是从一个值跳跃到另一个值，不存在任何中间值，而且这类系统的变化往往带有随机性质，因此，与连续事件系统不同，离散事件系统内部的状态变化是随机的，很难用函数的方式来描述系统内部状态的变化，只能寻找系统内部状态变化的统计规律。系统的内部状态只在离散的随机时间点上发生变化，且状态在

一段时间内保持不变。所以，在建立离散事件模型时，只要考虑系统内部状态发生变化的时间点和发生这些变化的原因，而不用描述系统内部状态发生变化的过程。在例 1.5 和例 1.6 中，到达箱子的重量就是随机的，在例 1.7 中，到达箱子的数量是随机的。

在进行离散事件系统的研究与仿真中，首要的问题是系统建模。对于模型的建立，从不同角度能够形成多种不同的方法体系，产生多种形式的模型设计方法。

根据事件发生时间对所考察对象演变过程是否有必要纳入研究范围而言，可划分成以下几种模型。

(1) 不带时标的模型：包括有限状态自动机模型、Petri 网络模型、过程代数模型、时序逻辑模型等。

(2) 带时标的模型：包括赋时 Petri 网络模型、TIM/RTIL 模型、双子代数模型、排队网络模型、马尔可夫(Markov)链与 GSMP 模型等。

另外，根据系统输入信息及状态演变的确定/不确定性，分成确定性模型和随机模型；也可根据状态变化的量化特征，分成逻辑(定性)模型和数量(定量)模型等。

从现有模型的形成过程看，离散事件系统建模的常用方法主要有排队论方法、网络图或事件图法、形式语言与自动机方法、随机过程(如马尔可夫过程和 GSMP 过程)描述法和抽象代数(如双子代数、极小代数、极大代数)方法等。

1.5.6　连续-离散混合建模法

一个实际系统是离散的还是连续的，就确定了它的不同的建模方法。根据不同的研究目的，同一个现实系统可以在一种场合下用离散模型描述(这时它是离散事件系统)，而在另一种场合下用连续模型描述(这时它是连续事件系统)。例如，一个微观交通系统，如果关注的是多个车辆的速度、换道、转向等车辆状态，则认为系统是离散的；如果需要深入分析车辆的加速、转向等动态行为与时间的关系，则认为系统是连续的。有时，在一个系统中，存在离散和连续混合的情况，例如，在微观交通流系统中，车辆的转向、超车、跟随状态可以按离散系统建模，而车辆在不同状态之间的过渡运动则采用连续系统建模，形成连续和离散状态的混合模型。

1.6　系统模型的适用范围

由于系统模型化是基于研究目的和研究范围来考虑的，因此系统模型的功能是有限的。换句话说，任何一个模型系统都有它的适用范围，超出这个范围，系统模型就不起作用了。

1.6.1　由简化模型产生的适用范围

简化模型会限制模型的适用范围。模型是对系统有目的抽象和表征，必然涉及对系统的简化，在简化模型的同时也就限制了系统的部分功能。例如，在汽车动力学研究中，若要研究汽车直线行驶的基本性能，可将汽车车轮简化为一个刚性的滚动模型，而该模型就不适用于汽车的转向动态性能的研究。若要研究汽车的转向运动的动态性能，就必须考虑轮胎的侧向变形，就要采用轮胎的侧偏模型，这时不能将轮胎简化为刚性模型。线性化是简化模型的一种常见的方法，有利于解析模型或对模型进行理论推导。非线性系统的线性化处理的实质是将系统的运动范围限制在系统稳态平衡点的附近，如汽车轮胎侧偏模型。在研究汽车转向特征时，可将轮胎侧偏特性线性化，它只适合研究汽车在小转向角下的转向特征；若要模拟汽车在极限工况下的转向运动(如有大的侧滑运动)，则必须采用轮胎的非线性模型。

1.6.2 由实验或统计数据产生的适用范围

有的系统模型是建立在特定的实验或统计数据之上的。由于实验条件的限制或统计数据的来源有限，从而限制了模型的使用范围。如在道路交通事故影响相关影响性分析中，相关性因素对事故的影响模型一般是根据历史事故统计数据统计分析后得到的。在统计过程中，数据范围的有效性就构成了模型的有效范围,若超出数据统计范围，模型一般是不能用的。另外，一些根据实验数据建立的数学模型，也因为实验的控制条件确定了模型的有效性范围。

1.7 系 统 仿 真

"仿真"对应的英文单词是 simulation，也可以译为模拟。为了与模拟计算机(Analog Computer)的 Analog(模拟)以示区别，1979 年，在规范术语和译名时，我国专家建议将 simulation 译为"仿真"，并一直沿用至今。但随着计算机数字仿真技术的迅速发展，模拟计算机很快消失，所以现在"仿真"和"模拟"在我国是混用的。

除了物理模型，系统仿真是通过数值求解系统模型的一种特定形式。系统仿真是为了实现对现有系统或假想系统在计算机上的模拟试验。因此，系统仿真不是研究问题的终级目标，而是为了达到相关研究目的而采用的一种试验手段或工具。

1.7.1 系统仿真的分类

系统仿真的类型很多，可根据模型的形态、特征和模拟时间来进行分类。

1. 根据系统模型的形态来分

1) 物理仿真

采用物理模型进行的仿真称为物理仿真。其方法是利用相似原理制作小比例模型，用此模型进行模拟实验。物理仿真的优点是直观、形象；缺点是成本高、限制多。如水利大坝模型，通过制作小比例水流、水坝实物模型，模拟不同水压下坝体应力变化；汽车风洞实验，可以采用小比例实物模型，在风洞中模拟车辆的迎风阻力；又如道路交通沙盘模型在模型中增加控制系统和行驶的小车，可以模拟车辆的运行状况。这些都属于物理仿真的范畴。

2) 数字仿真

采用数学模型进行的仿真称为数字仿真。即用数学的方法描述系统中参数之间的关系，反映系统的主要特性，再通过计算机数字计算，求解出系统的响应。数字仿真的优点是方便、灵活、经济、无风险，并可实现通用化；缺点是受限于建模技术，有的系统模型不易建立。数字仿真是目前应用最广泛的一种科学研究方法，目前绝大多数商业或专业仿真软件都属于数字仿真。

3) 半实物仿真

系统中既有物理模型又有数学模型进行的联合仿真称为半实物仿真。半实物仿真的优点是系统中原理或规律比较清楚的部分可以用数学模型代替，而相对比较复杂，难以建立数学模型的部分可以用物理模型代替。如汽车制动防抱死系统(ABS)，可以将它的控制器(实物)和车辆动力学数学模型结合起来进行仿真实验，验证控制算法的有效性。有些具有人机界面系统的仿真，常常用物理模型代替操纵界面，而系统的其他部分用数学模型。如汽车驾驶模拟系统，可以把驾驶舱、操纵机构、驾驶员作为实物和真人模型，而对车辆、道路交通环境建立相关的数学(图形、图像)模型，从而实现对人-车-路-环的联合仿真。

2. 根据系统的模型特征来分

1) 连续系统仿真

对应于 1.4 节系统模型的类型，基于连续系统模型的仿真称为连续系统仿真。连续系统是指系统的状态随时间连续变化。连续系统的数学模型大多是由微分方程、差分方程来表示。在自然或工程系统中很多物理现象属连续系统。如电路系统、机械动力学系统、生态系统等都是连续系统。需要注意的是，连续系统的状态随时间连续变化，不等于说系统的时间也必须是连续，如差分方程的时间就是离散的，但也属于连续系统。实际上，在对连续系统进行计算机数字计算时，必须对模型进行离散化处理(如需确定计算时间的步长)，模型的微分方程最后也要变为差分方程。因为是根据时间的变化来推动系统状态的变化，所以，连续系统仿真属于时间驱动的仿真。

2) 离散系统仿真

基于系统离散模型的仿真称为离散系统仿真。离散系统是指系统的状态(事件)在离散时刻的随机变化，或系统状态的变化(事件)发生在随机的离散时刻。后者因系统状态(事件)的变化不是由时间的变化引起，而是由事件的发生(状态变化)而引起，因此这类仿真也称为事件驱动仿真。离散系统由于存在随机变量，系统模型也称为概率模型。例如，排队系统、电话呼叫系统就属于离散系统。很多交通系统也属于离散系统，如交通流的产生，人流的产生等。

3) 连续-离散混合仿真

系统中既含有连续模型，又含有离散模型，这类系统的仿真称为连续-离散混合仿真。如交通流仿真系统中，车辆的运行或跟车可以采用连续模型，而车流的产生可以采用离散模型，形成一种更为逼真的混合仿真系统，一些较大的混合系统的仿真需要多台计算机联网并行运算才能实现多系统的同步仿真。

3. 根据模拟时间的实时性来分

真实系统在现实中是随实际时间而变化的,而模型系统在仿真系统中是随仿真时间变化的,很多时候是非实时的。根据实际时间与仿真时间的比例关系,可将系统仿真分为实时系统仿真和非实时系统仿真。

1) 实时系统仿真

仿真时间与实际时间同步的系统仿真称为实时系统仿真,或称在线系统仿真。当系统中有物理模型或实物模型时,一般应采用实时仿真。这是因为,物理或实物模型的动态响应是实时的。驾驶模拟器就是典型的实时仿真系统,因为驾驶员和车辆操纵机构的响应都必须在实时下才能工作。为了实时运算,就要对系统数学模型的时间步长的"步速"有要求,即"步速"必须小于等于实时步长,并且系统每一步的运算是由计算机的时钟来触发的。只有这样,才能保证系统仿真的时间与实时同步。

2) 采样控制系统仿真

采样控制系统是一种常见的实时系统。采样系统一般由两部分组成:一部分是连续部分(被控对象);另一部分是离散部分(数字调节器或数字控制器)。对连续系统而言,它增加了数字控制器、采样器和保持器。这与连续系统求解时的离散化是不同的,连续系统仿真时,人为地加进了虚拟采样开关和保持器(数值求解方法);而在采样系统里,采样开关和保持器是作为物理实体存在的。对这类采样系统的仿真,一般有两种方法:一种是将连续部分的微分方程和离散部分的差分方程分别处理,各自采用不同算法和时间步长;另一种是将系统的连续模型部分和离散模型部分做统一处理,如采用相同的算法或步长。在采样控制系统中,由于采样信号和控制信号都是离散信号,只有在采样时刻才有值,而连续部分的输入和输出在任何时刻都是时间的连续函数。因此,系统中传递的信号既有时间连续的信号,又有时间离散的信号。对这类系统进行仿真时,除了要熟悉连续部分的仿真方法,还要考虑如何实现离散部分的仿真,如何选取各自的步长等问题。

3) 非实时系统仿真

仿真时间与实际时间不同步的仿真称为非实时仿真。非实时仿真其实是根据系统自身的运算速度或步长要求确定仿真时间的。因此,仿真时间可能比实际时间长,也可能比实际时间短。实际上,非实时仿真的运算步速是由模型运算速度和系统内部循环决定的,而不是由时钟触发的。因此,非实时仿真也称为离线仿真。

1.7.2　仿真实验

仿真实验是在系统模型的基础上,通过数字运算方法,在计算机上进行的模拟运算。

由于受设备、成本费用、实验风险等条件限制,实际中开展一些实验非常困难,甚至是不可能的。相比之下,仿真实验具有很大优势,主要体现在以下几个方面。

(1) 在系统分析中,应用仿真的方法,可以更好地理解系统所起的作用,并可在给定理想目标的条件下对系统参数进行优化。例如，通过对路网交通流的仿真，可以了解信号控制系统对交通拥堵压力的均分作用，并对系统控制信号进行优化。

(2) 在设计一个新的工程系统时，应用仿真技术可以使设计者在建造这个系统之前就对它的特性进行预测，特别对于复杂、高价、危险的系统更为有效。如车辆防撞控制系统，设计之初就可对它的控制器进行大量的仿真试验，确保其有效后，才能进行实车试验。

(3) 仿真是唯一能使人们在各种实验室条件下对非线性系统进行任意分析的技术；现实中大量系统的运动是非线性的，如车辆在极限情况下的侧滑运动、交通流的拥堵特征等。通过模拟其变化的过程可实现对系统特性的分析。

(4) 用于人员培训。包括技能培训和业务培训，如航天员、飞行员、车船驾驶人的模拟培训，电厂、化工厂等企业复杂控制系统操作人员的业务培训等，既可节约大量资金，又可保障人员安全。

随着计算机仿真和建模技术的发展，仿真软件在很多领域已发展成为用于科学研究或生产的通用工具，已成为现代科技人员采用的重要手段之一。

1.7.3　系统仿真结构图

系统仿真最终由数学模型来精确描述，但是在数学描述之前，用一种形象的图形来表示系统模型的组成、结构和信息流程是必要的。而且用图形来表现系统的仿真结构直观易懂，深受人们欢迎。当然，由于系统模型的形式非常多，不可能用一种图的形式来表现所有系统的模型结构。这里介绍一种常见的系统仿真结构图来表现系统仿真的流程。

如图 1-18 所示，系统仿真流程图有两个基本实体：一个是信号及流向——由直线段加箭头来表示；另一个是信号转换器——由方框、圆形或其他几何形状表示。

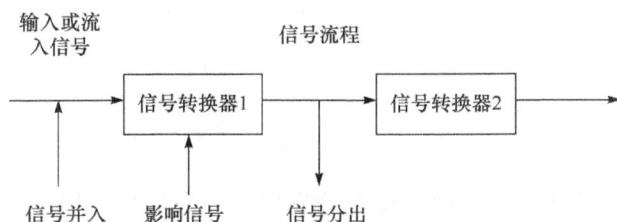

图 1-18　仿真系统结构图

系统仿真结构图应能说明系统的输入-输出、相关的影响因素、系统内部信号的传递环节、信号流程等。系统各个信号的传递环节，即系统的数学模型由信号转换器来表示，如果采用运动微分方程的形式，只能表现系统各个转换器之间的信号流程；如果采用具有显式的代数方程，则仿真结构图不仅可以表现出信号的流程，还可以表现出信号与转换器之间的量化关系。

自然和工程系统中大多数系统具有微分环境，通过拉氏变换可以把微分方程变成代数方程，因此，引入传递函数的概念，信号转换器就可以转换成传递函数，系统仿真结构图就可由系统的传递函数结构图来表示。传递函数结构图能够清楚地反映出系统内部结构和相关参数之间的关系，尤其对控制系统的仿真是常用的分析方法。

例 1.11 将例 1.4 直流电机转速控制用传递函数结构图表示。

设直流电机空转时 $M_L = 0$，对电机的微分方程式(1-22)进行拉普拉斯变换，变为代数方程：

$$\frac{T_m}{(1+K)}s\omega(s) + \omega(s) = \frac{K_a}{K_e(1+K)}u_r(s)$$

传递函数为一阶积分环节：

$$H_d(s) = \frac{\omega(s)}{u_r(s)} = \frac{1/K_e}{T_m s + 1}$$

同理，放大器传递函数为比例环节：

$$H_a(s) = \frac{u_a(s)}{e(s)} = K_a$$

$$e(s) = u_r(s) - u_T(s)$$

测速发电机的传递函数为比例环节：

$$H_a(s) = \frac{u_T(s)}{\omega(s)} = K_T$$

由各元件的传递函数及信号流向即可组成系统的结构图，如图 1-19 所示。

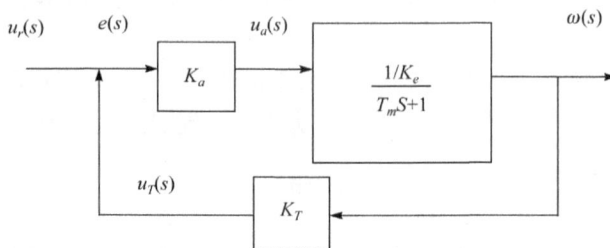

图 1-19　电机闭环控制系统结构图

由此可见，通过拉普拉斯变换，把微分方程转换为代数方程，系统各元件的数学模型可表示为传递函数，最后可把系统结构关系图与数学模型结合起来，形成系统仿真结构图，既能表明系统中信号流动的情况，又能直观地了解每个元件的特征及对系统性能的影响，并把复杂系统的原理图简化为框图的绘制。

1.8　仿真的校核、验证和认可

应用仿真技术对系统进行分析和研究的一个基础性与关键性的问题是将系统模型化，即系统模型化是系统仿真的核心问题。因此，建立正确、可靠、有效的仿真模型是保证仿真结果具有较高可信度的关键和前提。系统建模与仿真的校核、验证和认可(Verification, Validation, Accreditation, VVA)是提高仿真结果的置信度的重要方法，也是仿真领域的一个重要前沿课题。

校核是确定仿真系统是否准确地代表了开发者的概念描述和设计过程；验证是从仿真系统应用目标出发，确定仿真系统代表真实世界准确程度的过程；认可是官方正式地接收仿真系统能够为专门的应用服务的一种资格认可。校核、验证、认可是三个既相互独立又相互联系的过程，校核解决"是否正确建立了仿真系统"的问题，验证解决"是否建立了一个正确的、有效的仿真系统"的问题。仿真系统的确认是在校核与验证的基础上，由相关主管部门或行业组织鉴定确认该仿真系统作为一种实用科学研究工具或手段的可行性。

1.9　仿　真　软　件

仿真软件是实现各类仿真系统的终极工具，是一类面向各个学科领域仿真用途的专用软件。仿真软件的特点是面向问题、面向用户。仿真软件的功能一般应包括模型的描述和处理、仿真输入参数(数据)的前处理、输出结果(数据)的后处理、仿真运行及监控等4个基本部分。随着现代计算机仿真技术及图形处理技术的飞速发展，仿真软件极为丰富，形式多样。从仅提供计算机数值求解的通用仿真程序，到模拟具体研究对象的专业仿真软件，再到面向一类问题的通用专业仿真软件；仿真软件面向的问题也从局部问题逐渐扩展到全局问题，从微观问题扩展到宏观问题以及微观、宏观的一体化；从软件的独立化到通用化、模块化、组装化；从数字化结果输出到实体动画输出；从单向的仿真到交互的虚拟现实；从仿真软件使用的单机化扩展到网络化。目前各行业、各学科都出现了大量的专业仿真软件，为广大的科学工作者和专业技术人员提供了有效的科学研究和设计分析手段。虽然仿真软件形式多样，但从软件的实现方法来看，仿真软件可分为以下三个层次。

1.9.1　仿真程序

仿真程序一般是采用通用的计算机语言编制的具体问题指向较为专用、单一的仿真软件，一般由专业公司开发，如车辆动力学仿真软件、微观交通流仿真软件等。这类仿真软件应包括上述模型的描述和处理、仿真输入数据的前处理、输出数据的后处理、仿真运行及监控等4个基本部分。早期仿真程序采用的语言多为 Basic 和 FORTRAN，基本为数字显示，界面单一、枯燥；而现在采用的语言一般为 VisualC++，开发环境得到极大提升、操作界面友好、可视化强。

例如，在交通行业领域较为流行的微观交通流仿真软件 VISSIM 就是由德国 PTV 公司开发的微观交通仿真软件，它是一种微观的、时间驱动的、基于驾驶行为的仿真软件，界面友好，可视化强，用于城市道路和公路的交通流仿真分析；它对交通流的描述以单个车辆为基本单元，车辆在公路上的跟车、超车以及车道变换等微观行为都能得到较为真实的反映，成为分析和评价交通基础设施建设中各种方案的交通适应性情况的重要工具之一。

1.9.2　仿真工具

仿真工具是面向问题的一种专用仿真语言或仿真环境，它是在通用计算机语言(如FORTRAN、C、VisualC++或汇编语言)的基础上针对问题描述研制出的一种专用仿真手段，如MATLAB/Simulink。MATLAB是由美国MathWorks公司发布的主要面对科学计算、可视化以及交互式程序设计的高科技计算环境。它将数值分析、矩阵计算、科学数据可视化以及非线性动态系统的建模和仿真等诸多强大功能集成在一个易于使用的视窗环境中，为科学研究、工程设计以及必须进行有效数值计算的众多科学领域提供了一种全面的计算或仿真工具。Simulink是MATLAB的扩展，它是实现动态系统建模和仿真的一个软件包，是面向模型框图的仿真建模语言，只要将系统模型表示成系统仿真结构图，就可以通过Simulink实现系统的仿真运算。Simulink可以面向任何问题，只要建立了系统相关的数学模型，通过建立结构图就可以实现对系统的仿真运算，目前是世界上应用最为广泛的仿真软件。

还有一类仿真工具更为专业化和模块化，如由美国MSC公司开发的机械系统动力学自动分析软件ADAMS，是目前机械行业应用最为广泛的机械系统动力学仿真软件。借助ADAMS提供的强大的建模功能、卓越的分析能力和灵活的后处理手段，可以建立复杂机械系统的"功能数字化样机"。ADAMS是模块化的，由基本模块、扩展模块、接口模块、专业领域模块及工具箱5类模块组成。基本模块包括用户界面、求解器和后处理模块，是软件数据处理和运算的基础工具；扩展模块用于进行各种工程问题的分析(如液压、振动、线性化、动画、实验设计、装配等)；专业领域模块是针对特定产品的仿真模块(如轿车、轮胎、发动机、驾驶人等)。

1.9.3　一体化仿真环境

一体化仿真环境是指从设计到产品检验的一系列软件工具的集合。产品设计一般包括初步设计、建模、仿真分析、设计修改、产品校验等环节，涉及多个功能软件，如产品开发中的建模软件、设计实验软件、仿真执行软件、结果分析软件等。各功能软件之间存在信息联系，只有通过把它们集成起来形成一体化的仿真环境，才能提高仿真效率，形成基于仿真数据为核心的一体化仿真环境。例如，建筑行业目前流行的建筑信息模型(Building Information Modeling, BIM)，是以建筑工程项目的各项相关信息数据作为基础，建立起三维的建筑模型，通过数字信息仿真模拟建筑物所具有的真实信息。它具有信息完备性、信息关联性、信息一致性、可视化、协调性、模拟性、优化性和可出图性八大特点。它不是简单地将数字信息进行集成，而是一种数字信息的应用，并可以用于设计、建造、管理的数字化方法。这种方法支持建筑工程的集成管理环境，可以使建筑工程在其整个进程中显著提高效率、大量减少风险。

计算机硬件向超高速、大容量、微型化及网络化方向的发展，对仿真软件的设计开发正产生深刻的影响。仿真软件开发所采用的技术和手段，已从程序结构化、模块化设计发展到工程化、可视化、网络化和分布交互式的设计方法。用于各专业领域的专用仿真软件、仿真工具得到了越来越广泛的应用。

1.10　思　考　题

1. 分别列举一个现实中的连续系统和离散系统，画出系统构成图，并从系统的组成分析该系统的整体性、边界性、相关性和目的性。

2. 举例说明真实系统与模型系统的关系以及模型系统的特征。

3. 简述机理建模法和实验建模法的区别与主要应用范围。

4. 简述连续系统建模方法与离散系统建模方法的主要区别。

5. 举例说明系统模型误差的主要来源。

6. 说明仿真程序与仿真工具的主要区别和用途。

7. 简述仿真实验的基本方法和优缺点。

参 考 文 献

康凤举, 杨惠珍, 高立娥, 等, 2010. 现代仿真技术与应用[M]. 2 版. 北京: 国防工业出版社.

刘藻珍, 魏华梁, 2014.系统仿真[M]. 北京: 北京理工大学出版社.

任福田, 刘小明, 2001. 论道路交通安全[M]. 北京: 人民交通出版社.

任福田, 刘小明, 荣建, 2008. 交通工程学[M]. 2 版. 北京: 人民交通出版社.

苏春, 2014. 制造系统建模与仿真[M]. 2 版. 北京: 机械工业出版社.

王划一, 2001. 自动控制原理[M]. 2 版. 北京: 国防工业出版社.

王晓原, 杨新月, 张敬大, 2010. 交通流微观仿真与驾驶人行为建模理论及方法[M]. 北京: 科学出版社.

韦有双, 杨湘龙, 王非, 2004. 虚拟现实与系统仿真[M]. 北京: 国防工业出版社.

肖田元, 范文慧, 2010. 系统仿真导论[M]. 2 版. 北京: 清华大学出版社.

张晓华, 2006. 系统建模与仿真[M]. 2 版. 北京: 清华大学出版社.

HORTON DN, CROLLA D A,1984. The handling behavior of off road vehicles[J]. International journal of vehicle design.

SEVERANCEF L, 2001. System modeling and simulation: an introduction[M]. Chichester: John Wiley& Sons Ltd.

第 2 章　连续系统的建模与仿真

　　系统仿真由于系统模型性质的不同,分为连续系统仿真和离散系统仿真两大类。两类系统无论在建模理论还是运算方法上都有很大的差异。连续系统仿真是在数学模型的基础上,通过计算机数字求解的方式实现对系统的仿真运算。由于在仿真过程中,连续系统的状态变化是在计算机时间步长的驱动下连续发生的,因而连续系统的仿真方式是时间驱动的。本章介绍连续系统建模与仿真的方法。

2.1　连续系统的建模

　　从第 1 章 1.4 节中我们已经看到一类系统,它的状态变化是基于时间驱动的。实际上在现实世界中,无论是物理现象还是生物现象,它们的状态变化都是基于时间的。对这类系统的仿真,无论是自然界的现象还是工程上的问题,研究它们的变化规律,首先建立相关数学模型是非常重要的。

　　这一类模型一般具有以下重要特征。

　　(1) 系统的变化基于连续时间或离散化时间。因此,它们的数学形式表现为微分方程或差分方程。

　　(2) 这些系统或是自治的系统,或是有输入信号。这种输入信号是一种基于连续时间或离散化时间或有规则时间的输入。

　　(3) 这类系统一般含有质量、惯性或滞后的储能元件,所有系统的状态变化常常具有滞后特征,导致其数学模型的表现形式为微分方程或差分方程。

　　(4) 系统的输入信号可以是确定性的,也可以是随机的。

　　如前所述,模型系统是从环境中隔离出来的一个"整体",模型系统最重要的一个特征是系统具有明确的输入和输出,系统是通过边界与外界环境联系的。通常将外部环境对系统的作用或影响称为系统的输入。这就带来一个问题,即输入信号是否来自另一个模型,它们之间是什么关系?因此系统建模首先要解决的问题是对系统本身的建模——它是如何处理输入信号的?它的内部变化机制是怎样的?其次要解决的问题才是对输入信号的建模。

　　对系统建模的核心思想是对系统行为精确的数学描述,如微分方程、差分方程或微分-差分方程。采用模块化的观点,则系统可由若干部分子系统组成,而每一个子系统又有自身的输入-输出特性,当然,这是在系统设计时就确定了的。但重要的是每一个子系统都能应用现有技术建立数学模型。需要指出的是,虽然基于时间的输入信号在理论上是确定的模型,但这是一种理想的信号模型,在实际中的输入信号常常是在确定信号的基础上叠加了噪声信号的,因此也称为附加噪声模型。一旦对系统的建模工作完成,通过计算机编程就可实现对系统行为的仿真实验，进一步可实现对系统参数的敏感性分析或对系统结构的优化研究。

2.1.1　自治系统

现实中很多时间驱动系统都是动态的，而不是简单的静态结构。为了建立动态系统的模型，要采用微分方程，因为导数描述了系统状态参数的变化率。例如，牛顿定律描述物体的运动是以动量的状态变化——即物体质量与速度的乘积对时间的变化率 $\mathrm{d}(mv)/\mathrm{d}t$ 来表述的。系统的运动可以由内部信号，也可以由外部信号来驱动。如典型的二阶振动系统：

$$\ddot{y} + B\dot{y} + Dy = x(t) \tag{2-1}$$

方程(2-1)左边表示系统状态参数 y 和 $\dot{y}$ 的变化情况，而方程右边的 $x(t)$ 表示驱动系统变化的输入信号。

如果系统没有输入信号，即 $x(t)=0$，称这个系统为自治系统(Autonomous Systems)。自治系统的微分方程为

$$\ddot{y} + B\dot{y} + Dy = 0 \tag{2-2}$$

称为齐次方程。

自治系统不受外部信号的影响。由于没有外部系统驱动信号，系统模型可用于分析系统的固有自然特性。如果系统是线性的，其自然特性有三种情况：①系统是稳定的，即受干扰后，系统经过一个短暂的动态过程，输出趋于零；②系统不稳定，即系统受干扰后，输出趋于无穷大；③临界状态，即系统的响应为有界周期变化。

对自治系统进行仿真计算时，常用典型的实验信号作为系统的输入，分析系统的输出特征。典型的实验信号有单位阶跃函数、单位斜坡函数、单位脉冲函数和正弦函数。仿真计算时究竟采用哪一种典型输入信号，取决于系统在正常工作情况下最常见的信号输入形式。如果系统的输入量是随时间逐渐变化的函数，斜坡时间输入函数是比较适合的实验信号；如果系统的输入信号是突然的扰动量，阶跃输入函数是比较合适的实验信号；而当系统的输入信号是冲击输入量时，采用脉冲函数最为合适。

例 2.1　图 2-1 为一单质量自振动系统，它由刚体质量为 M 和弹簧刚度为 K、减振器阻尼系数为 B 的悬架组成。

刚体垂直坐标 Z 的原点取在静力平衡位置，根据牛顿第二定律，得到描述系统的微分方程为

$$M\ddot{z} + B\dot{z} + Kz = 0 \tag{2-3}$$

令

$$2\xi = B/M, \quad \omega_0^2 = K/M$$

则该振动系统的方程为

$$\ddot{z} + 2\xi\omega_0\dot{z} + \omega_0^2 z = 0 \tag{2-4}$$

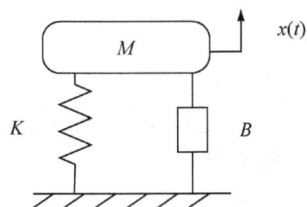

图 2-1　单质量自振动
系统模型

这是一个典型的工程二阶振动自治系统。其中，ω_0 称为系统的自然频率；ξ 称为系统的阻尼比。

系统阻尼比 ξ 的大小确定了系统的动态特征。以单位阶跃函数为系统的输入，下面来看这种典型工程振动系统的运动特征。

(1) 当阻尼比 $\xi = 0$ 时，系统为无阻尼响应，系统的响应为

$$z(t) = 1 - \cos(\omega_0 t) \tag{2-5}$$

无阻尼时，系统的响应不存在瞬态过程，在单位阶跃函数作用下，系统立即进入稳态振荡状态，振荡频率为系统的自然振动频率。无阻尼系统是一种理想状态，在现实中一般不存在这样的系统。

(2) 当 $0 < \xi < 1$ 时，系统为欠阻尼响应。系统的响应为

$$z(t) = 1 - \frac{1}{\sqrt{1-\xi^2}} e^{-\xi\omega_0 t} \sin(\omega_d t + \beta) \tag{2-6}$$

其中，

$$\omega_d = \omega_0 \sqrt{1-\xi^2} \tag{2-7}$$

称为有阻振动频率。

欠阻尼系统的单位阶跃响应是幅值按指数规律衰减的弦函数振荡型，有过渡过程，当时间 t 趋于无穷时，系统的稳态值趋于 1。

(3) 当 $\xi = 1$ 时，系统为临界阻尼响应。系统的响应为

$$z(t) = 1 - e^{-\omega_0 t}(1 + \omega_0 t) \tag{2-8}$$

系统的临界阻尼响应是按指数规律单调增加的，没有超调量，有过渡过程，经过调节时间 t_s 后，系统稳态值趋于 1。

(4) 当 $\xi > 1$ 时，系统为过阻尼响应。系统的响应为

$$z(t) = 1 + \frac{e^{-t/T_1}}{T_2/T_1 - 1} + \frac{e^{-t/T_2}}{T_1/T_2} \tag{2-9}$$

其中，T_1, T_2 为等效时间常数。

响应曲线与临界阻尼响应一样，是按指数规律单调增加的，但调节速度更慢，接近一阶惯性环节。

(5) 当 $\xi < 0$ 时，系统响应发散，系统阶跃响应的幅值随时间的增加而趋于无穷。此时系统不能正常工作，或者说，系统不稳定。在本例中，因 $\xi = C/(2M) > 0$，因此系统是稳定的。

2.1.2 输入信号模型

自治系统很多时候是人为地隔断输入，用于研究系统本身的固有特性。在现实中，系统的状态一般是由输入来驱动的，无论是连续系统还是离散系统。在连续系统模型中，输入信号常常显示在系统运动微分方程或差分方程的右边。如下列方程描述了系统输入

$x(t)$ 和输出 $z(t)$ 之间的关系:

$$\ddot{z} + 5\dot{z} + 8z = x$$
$$\ddot{z} + 5\dot{z} + 8z = x + 3\dot{x} \qquad (2\text{-}10)$$
$$\ddot{z} + 5\dot{z} + 8z = x + 5t$$

在上述每个方程中,左边都是描述系统的动态输出参数。在机械系统中,常用的系统变量为:$z(t)$、$\dot{z}(t)$ (或表示为 dz/dt)、$\ddot{z}(t)$ (或表示为 d^2z/dt^2)分别代表质量的位置、速度和加速度。

方程(2-10)的右边输入信号有几种方式。最简单的是第一个方程,输入仅为 $x(t)$;也可以包含输入变量的微分,如第二个方程;还可以包含独立的时间,如第三个方程。不管输入信号是什么形式,重要的是建立信号模型的方法。只有最理想的近似方法,才可以给出明确的输入信号公式。系统仿真的核心就是通过实际的输入信号预测系统的输出行为。在一些理想的模型情况下,可以明确求出系统模型的精确解,而大多数情况下,只能通过数值求解的方法来处理系统模型。

例 2.2 考虑下面二阶系统:

$$\begin{cases} \ddot{z} + 5\dot{z} + 8z = 15\,t + 22 \\ z(0) = 0 \\ \dot{z}(0) = 1 \end{cases} \qquad (2\text{-}11)$$

这是一个二阶非齐次线性微分方程,可用叠加原理求方程的解。其解由两部分组成,即齐次方程的解与非齐次方程的解。其中解的第一项只与初始条件有关而与输入信号无关,解的第二项只与输入信号有关而与初始条件无关。

方程(2-11)的齐次方程为

$$\ddot{z} + 5\dot{z} + 8z = 0 \qquad (2\text{-}12)$$

其解为

$$z_n(t) = Ae^{-2t}\cos t + Be^{-2t}\sin t \qquad (2\text{-}13)$$

对非齐次方程,方程的输出是由输入信号所驱动的。因此,驱动输出部分应具有与输入及输入导数相同的形式。即

$$z_f(t) = Ct + D \qquad (2\text{-}14)$$

因为输入是线性的,且输入的导数为常数,其组合解的导数也是线性的。将式(2-14)代入方程(2-12),对比方程两边的系数得

$$z_f(t) = 3t + 2 \qquad (2\text{-}15)$$

应用叠加原理,非齐次方程的总解为

$$z(t) = z_n(t) + z_f(t) = Ae^{-2t}\cos t + Be^{-2t}\sin t + 3t + 2 \qquad (2\text{-}16)$$

代入初始条件,最后的解为

$$z(t) = 2e^{-2t}\cos t - 6e^{-2t}\sin t + 3t + 2 \qquad (2\text{-}17)$$

可以看到,方程的响应由两部分组成,第一部分响应 $z_n(t)$ 反映了系统的自然特性,它依赖于初始条件,随着时间增大,它的响应值趋于零;第二部分为驱动响应 $z_f(t)$,

它与初始条件无关，而最终决定了系统的稳态输出结果。这一结果适用于稳定的线性系统。

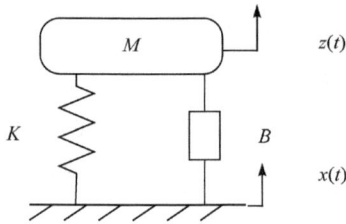

图 2-2　单质量强迫振动系统

例 2.3　类似例 2.1 单质量悬架振动系统，增加地面对系统的振动信号 $x(t)$ ，作为系统的输入，如图 2-2 所示。

在静力平衡位置设置坐标，根据牛顿定律，系统的微分方程为

$$M\ddot{z} + B\dot{z} + Kz = B\dot{x} + Kx \tag{2-18}$$

方程(2-18)右边为系统的输入信号，为地面激振函数，可以表示为以下模型：

$$\dot{x}_1 = -2\pi f_0 x + 2\pi w \sqrt{G_0 u} \tag{2-19}$$

其中，$x(t)$ 为路面垂向激励位移；f_0 为下截止频率；w 为有限带宽白噪声信号，可以用离散的随机数来表示，通过设置白噪声的功率来限制其幅值；G_0 为路面不平度系数，根据路面等级的高低来设置；u 为车速。

将输入信号模型代入系统模型，得

$$M\ddot{z} + C\dot{z} + Kz = (K - 2C\pi f_0)x + 2C\pi w\sqrt{G_0 u} \tag{2-20}$$

$$\ddot{z} + 2\xi\omega_0\dot{z} + \omega_0^2 z = (K/M - 2C\pi f_0/M)x + 2C\pi w\sqrt{G_0 u}/M \tag{2-21}$$

求解式(2-21)可得系统质量 M 的振动解。

2.2　连续系统的数值求解

连续系统的数学模型常常由微分方程来表示，描述系统的动态特性或运动规律。但如何把已经建立起来的系统的数学模型转换成仿真运算模型，以便为分析解决实际问题服务，是系统仿真学科的一个重要内容。在理想情况下可以对微分方程求得精确解，但对于一些复杂系统的数学模型而言，求其解析解是很烦琐和很困难的。因此，大多数情况下，是对模型采用近似的数值求解方法，并且这种方法一般都能够满足实际精度的要求。本节将简要介绍微分方程一些最基本的数值求解方法，通过这些方法，很多数学模型可以通过计算机近似求解，从而实现系统的仿真运算。

2.2.1　初值问题求解

连续系统的动态特性一般可用常微分方程或常微分方程组来描述。对这类系统模型进行求解，可采用常微分方程的数值积分方法。

讨论微分方程：

$$\begin{cases} y' = f(x, y) \\ y(x_0) = y_0 \end{cases} \tag{2-22}$$

在区间 $a \leqslant x \leqslant b$ 上的数值解。可以证明，如果函数在带形区域 $R:\{a \leqslant x \leqslant b, -\infty < y < \infty\}$ 内连续，且关于 y 满足利普希茨(Lipschitz)条件，即存在常数 L (它与 x , y 无关)使

$$\left|f(x,y_1)-f(x,y_2)\right|\leqslant L\left|y_1-y_2\right| \tag{2-23}$$

对 R 内任意 x 及两个 y_1、y_2 都成立，则方程的解在 $[a,b]$ 上存在且唯一。

上述方程的精确解为 $y(t)$，是一个连续函数，在实际中不易解析求出，只能通过数值计算的方法，即通过某种方法求出一系列离散时刻的 y 的近似值 y_0，y_1，y_2，y_3，…，y_n 来代替 $y(t)$，这就是数值积分的方法。

常微分方程初值问题数值解法的核心思想就是要算出精确解 $y(x)$ 在区间上的一系列离散节点 $a=x_0<x_1<\cdots<x_{n-1}<x_n=b$ 处的函数值 $y(x_0)$，$y(x_1)$，…，$y(x_{n-1})$，$y(x_n)$ 的近似值 y_0，y_1，…，y_n。相邻两个节点的 $h_i=x_{i+1}-x_i$ 称为步长，步长可以相等，也可以不相等。假定 h 为定数，称为定步长，这时节点可表示为 $x_i=x_0+ih, i=1,2,\cdots,n$。数值解法需要把连续性的问题加以离散化，从而求出离散节点的数值解。数值解法的基本特点是采用"步进式"，即求解过程顺着节点排列的次序一步一步地向前推进。描述这类算法，要求给出用已知信息计算 y_i，y_{i-1}，y_{i-2}，…，y_0 的递推公式。建立这类递推公式的基本方法是在这些节点上用数值积分、数值微分、泰勒展开等离散化方法，对初值问题中的导数进行不同的离散化处理。

2.2.2　欧拉法

欧拉(Euler)法是解常微分方程初值问题的最简单的数值方法。

设有初值问题：

$$\begin{cases} y'=f(x,y) \\ y(x_0)=y_0 \end{cases} \tag{2-24}$$

方程(2-24)的解 $y=y(x)$ 代表通过点 (x_0, y_0) 的一条称为微分方程的积分曲线，如图 2-3 所示。积分曲线上每一点 (x, y) 的切线的斜率 $y'(x)$ 等于函数 $f(x,y)$ 在这点的值。

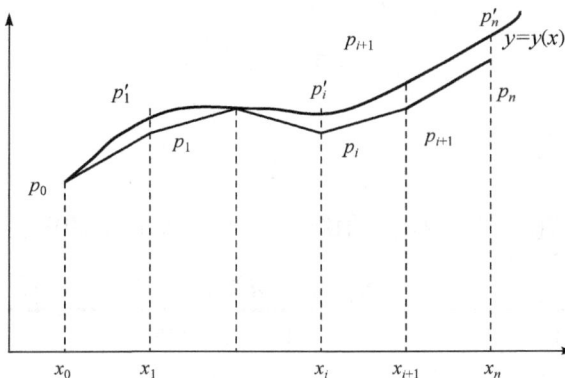

图 2-3　欧拉法的求解图

欧拉法的求解过程是：从初始点 p_0 即点 (x_0, y_0) 出发，作积分曲线 $y=y(x)$ 在 p_0 点上的切线，其斜率 $\overline{p_0p_1}$ 为 $y'(x_0)=f(x_0,y_0)$，其与 $x=x_1$ 直线相交于 p_1 点，即点 (x_1,y_1)，

得到 y_1 作为 $y(x_1)$ 的近似值，如图 2-3 所示。过点 $p_0(x_0,y_0)$，以 $f(x_0,y_0)$ 为斜率的切线方程为 $y=y_0+f(x_0,y_0)(x-x_0)$。当 $x=x_1$ 时，得 $y_1=y_0+f(x_0,y_0)(x_1-x_0)$。这样就获得了 p_1 点的坐标。

同样，过点 $p_1(x_1,y_1)$，作积分曲线 $y=y(x)$ 的切线交直线 $x=x_2$ 于 p_2 点，切线 $\overline{p_1p_2}$ 的斜率 $y'(x_1)=f(x_1,y_1)$，直线方程为 $y=y_1+f(x_1,y_1)(x-x_1)$。当 $x=x_2$ 时，得 $y_2=y_1+f(x_1,y_1)(x_2-x_1)$。这样就获得了 p_2 点的坐标。

重复以上过程，就可获得一系列的点：p_1，p_2，$\cdots$，p_n。对已求得点 $p_n(x_n,y_n)$ 以 $y'(x_n)=f(x_n,y_n)$ 为斜率作直线 $y=y_n+f(x_n,y_n)(x-x_n)$。当 $x=x_{n+1}$ 时，得 $y_{n+1}=y_n+f(x_n,y_n)(x_{n+1}-x_n)$。取 $y(x_n)=y_n$，这样从 x_0 逐个算出 x_1，$x_2,\cdots,x_n$ 对应的数值解 y_1，y_2，$\cdots$，y_n。从图形上看就获得了一条近似于曲线 $y=y(x)$ 的折线 $\overline{p_1p_2p_3\cdots p_n}$。

综上所述，取 $h_i=x_{i+1}-x_i$，欧拉法的计算迭代公式为

$$\begin{cases} y_{i+1}=y_i+hf(x_i,y_i), & i=1,2,\cdots,n \\ y_0=y(x_0) \end{cases} \tag{2-25}$$

例 2.4　求解下面微分方程的初值问题：

$$\begin{cases} y'=y-\dfrac{2x}{y}, & 0<x<1 \\ y(0)=1 \end{cases} \tag{2-26}$$

由欧拉法可知，方程(2-26)的数值求解公式为

$$\begin{cases} x_{i+1}=x_i+h \\ y_{i+1}=y_i+h\left(y_i-\dfrac{2x_i}{y_i}\right) \end{cases} \tag{2-27}$$

若取步长 $h=0.1$，有

$$\begin{cases} x_{i+1}=x_i+0.1 \\ y_{i+1}=1.1y_i-\dfrac{0.2x_i}{y_i} \end{cases} \tag{2-28}$$

微分方程(2-28)的解析解为

$$y(x)=\sqrt{1+2x} \tag{2-29}$$

为了便于理解，把由式(2-28)计算的数值解和由式(2-29)计算的精确解列入表 2-1 中。

表 2-1　计算结果

x_i	y_i	$y(x_i)$	$y_i-y(x_i)$
0.0	1.0000	1.0000	0.0000
0.1	1.1000	1.0954	0.0046
0.2	1.1918	1.1832	0.0086
x_i	y_i	$y(x_i)$	$y_i-y(x_i)$
0.3	1.2774	1.2649	0.0125

x_i	y_i	$y(x_i)$	$y_i - y(x_i)$
0.4	1.3582	1.3416	0.0166
0.5	1.4351	1.4142	0.0209
0.6	1.5090	1.4832	0.0258
0.7	1.5803	1.5492	0.0311
0.8	1.6498	1.6125	0.0373
0.9	1.7178	1.6733	0.0445
1.0	1.7848	1.7321	0.0527

由例 2.4 的计算结果可以看出，欧拉法简单地取切线的端点作为下一步的起点进行计算，当步数增多时，误差会因积累而越来越大。因此，欧拉法一般不用于实际计算。

2.2.3 龙格-库塔法

龙格-库塔(Runge-Kutta)法是用于非线性常微分方程解的重要的一类隐式或显式迭代法。这些技术由数学家卡尔·龙格和马丁·威尔海姆·库塔于 1900 年左右发明。

龙格-库塔法对误差采取了抑制措施，其实现原理较复杂。该算法是构建在数学支持基础之上的。

将欧拉公式改写成

$$\begin{cases} y_{i+1} = y_i + hK_1 \\ K_1 = f(x_i, y_i) \end{cases} \tag{2-30}$$

龙格-库塔法是用 $f(x,y)$ 在某些点上值的线性组合得出 $y(x_{i+1})$ 的近似值 y_{i+1}，即通过增加计算 $f(x,y)$ 的次数来提高截断误差的阶。欧拉公式每步只计算一次 $f(x,y)$ 的值，为一阶方法，而改进的欧拉公式需计算两次 $f(x,y)$ 的值，为二阶方法，它的局部截断误差为 $O(h^3)$。

于是可考虑用函数 $f(x,y)$ 在若干点上的函数值的线性组合来构造近似公式，构造时要求近似公式在 (x_i, y_i) 处的泰勒展开式与解 $y(x)$ 在 x_i 处的泰勒展开式的前面几项重合，从而使近似公式达到所需要的阶数。这样一来，既避免了求偏导数，又提高了计算方法精度的阶数，或者说，在一步内多预报几个点的斜率值，然后将其加权平均作为平均斜率，则可构造出更高精度的计算格式，这就是龙格-库塔法的基本思想。

1. 二阶龙格-库塔法

在 $[x_i, x_{i+1}]$ 上取两点 x_i 和 $x_{i+p} = x_i + ph$，以该两点处的斜率值 k_1 和 k_2 的加权平均(或称为线性组合)来求取平均斜率 k^* 的近似值 K，即

$$K = \lambda_1 k_1 + \lambda_2 k_2 \tag{2-31}$$

其中，k_1 为点 x_i 处的切线斜率值：

$$k_1 = f(x_i, y_i) = y'(x_i)$$

k_2 为 x_{i+p} 点处的切线斜率值,对照改进的欧拉法,将 x_{i+p} 视为 x_{i+1},即可得

$$k_2 = f(x_i + ph, y_i + phk_1)$$

对常微分方程初值问题的解 $y' = y(x)$,根据微分中值定理,存在点 $\xi \in (x_i, x_{i+1})$,使得

$$y(x_{i+1}) - y(x_i) = y'(\xi)(x_{i+1} - x_i)$$
$$y(x_{i+1}) = y(x_i) + hK \tag{2-32}$$

其中,

$$K = y'(\xi) = f(\xi, y(\xi))$$

K 可看作 $y = y(x)$ 在区间 $[x_i, x_{i+1}]$ 上的平均斜率,所以得到的计算公式为

$$y(x_{i+1}) = y(x_i) + hK = y(x_i) + h(\lambda_1 k_1 + \lambda_2 k_2) \tag{2-33}$$

将 $y(x_i)$ 在 $x = x_i$ 处进行二阶泰勒展开,有

$$y(x_{i+1}) = y(x_i) + hy'(x_i) + \frac{h^2}{2!}y''(x_i) + O(h^3) \tag{2-34}$$

并将

$$k_2 = y'(x_i + ph) = f(x_i + ph, y_i + phk_1)$$

在 $x = x_i$ 处进行一阶泰勒展开,有

$$
\begin{aligned}
k_2 &= f(x_i, y_i) + ph\left[f_x(x_i, y_i) + f(x_i, y_i)f_y(x_i, y_i)\right] + O(h^2) \\
&= y'(x_i) + phy''(x_i) + O(h^2)
\end{aligned}
\tag{2-35}
$$

将式(2-35)和式(2-35)以上结果代入式(2-33)得

$$
\begin{aligned}
y(x_{i+1}) &= y(x_i) + h(\lambda_1 k_1 + \lambda_2 k_2) \\
&= y(x_i) + h\left\{\lambda_1 y'(x_i) + \lambda_2\left[y'(x_i) + phy''(x_i) + O(h^2)\right]\right\} \\
&= y(x_i) + h(\lambda_1 + \lambda_2)y'(x_i) + \lambda_2 ph^2 y''(x_i) + O(h^3)
\end{aligned}
\tag{2-36}
$$

比较式(2-36)和式(2-34)系数可知,只要

$$
\begin{cases}
\lambda_1 + \lambda_2 = 1 \\
\lambda_2 \cdot p = \dfrac{1}{2}
\end{cases}
\tag{2-37}
$$

成立,式(2-33)的局部截断误差就等于 $O(h^3)$。

式(2-37)中有三个未知量,但只有两个方程,因而有无穷多解。若取 $\lambda_1 = \lambda_2 = \dfrac{1}{2}$,则 $p = 1$,这是无穷多解中的一个解,将以上解的值代入式(2-33),并可得

$$
\begin{cases}
y_{i+1} = y_i + \dfrac{h}{2}(k_1 + k_2) \\
k_1 = f(x_i, y_i) \\
k_2 = f(x_{i+1}, y_i + hk_1)
\end{cases}
\tag{2-38}
$$

不难发现,上面的公式就是改进的欧拉公式。凡满足条件式(2-37)的一组形式如(2-38)的计算形式,统称为二阶龙格-库塔法。可见,改进的欧拉公式只是众多的二阶龙格-库塔法中的一种特殊形式。

2. 三阶龙格-库塔法

为了进一步提高精度,除点 x_{i+p} 外再增加一个点, $x_{i+q} = x_i + qh$ $(p \leqslant q \leqslant 1)$。

并用三个点 x_i、x_{i+p}、x_{i+q} 的斜率 k_1、k_2、k_3 加权平均,得出平均斜率 k^* 的近似值,计算形式如下:

$$\begin{cases} y_{i+1} = y_i + h\left(\lambda_1 k_1 + \lambda_2 k_2 + \lambda_3 k_3\right) \\ k_1 = f(x_i, y_i) \\ k_2 = f(x_i + ph, y_i + phk_1) \end{cases} \tag{2-39}$$

为了预报点 x_{i+q} 的斜率值 k_3,在区间 $\left[x_i, x_{i+q}\right]$ 内有两个斜率值 k_1 和 k_2 可以用,可将 k_1、k_2 加权平均得出 $\left[x_i, x_{i+q}\right]$ 上的平均斜率,从而得到 $y\left(x_{i+q}\right)$ 的预报值 y_{i+q}。

于是可得

$$\begin{cases} y_{i+q} = y_i + qh\left(\beta_1 k_1 + \beta_2 k_2\right) \\ k_3 = f\left(x_{i+q}, y_{i+q}\right) \end{cases} \tag{2-40}$$

运用泰勒展开方法选择参数 $p, q, \lambda_1, \lambda_2, \beta_1, \beta_2$,可以使式(2-40)的局部截断误差为 $O\left(h^4\right)$,即具有三阶精度,这类形式统称为三阶龙格-库塔法。

3. 四阶龙格-库塔法

类似于上述的处理方法,只需在区间 $\left[x_i, x_{i+q}\right]$ 上用四个点处的斜率加权平均作为平均斜率 k^* 的近似值,即构成了四阶龙格-库塔法。它具有四阶精度,即局部截断误差为 $O\left(h^5\right)$。

由于推导复杂,这里从略,只介绍最常用的一种四阶经典龙格-库塔公式:

$$\begin{cases} k_1 = f(x_i, y_i) \\ k_2 = f\left(x_{i+\frac{1}{2}}, y_i + \frac{h}{2}k_1\right) \\ k_3 = f\left(x_{i+\frac{1}{2}}, y_i + \frac{h}{2}k_2\right) \\ k_4 = f(x_{i+1}, y_i + hk_3) \\ y_{i+1} = y_i + \frac{h}{6}(k_1 + 2k_2 + 2k_3 + k_4) \end{cases} \tag{2-41}$$

龙格-库塔法的推导基于泰勒展开,因而它要求所求的解具有较好的光滑性。如果解的光滑性差，那么使用四阶龙格-库塔法求得的数值解的精度可能反而不如改进的欧拉法。在实际计算时，应当针对问题的具体特点选择合适的算法。

例 2.5　在例 2.4 中，用四阶龙格-库塔方法，求 $x=0$ 到 $x=1$ 的数值解。

由式(2-41)有

$$f(x,y) = y - \frac{2x}{y} \tag{2-42}$$

数值求解迭代公式为

$$\begin{cases} y_{n+1} = y_n + \dfrac{h}{6}(k_1 + 2k_2 + 2k_3 + k_4) \\[2mm] k_1 = y_n - \dfrac{2x_n}{y_n} \\[2mm] k_2 = y_n + \dfrac{h}{2}k_1 - \dfrac{2x_n + h}{y_n + \dfrac{h}{2}k_1} \\[2mm] k_3 = y_n + \dfrac{h}{2}k_2 - \dfrac{2x_n + h}{y_n + \dfrac{h}{2}k_2} \\[2mm] k_4 = y_n + \dfrac{h}{2}k_3 - \dfrac{2x_n + h}{y_n + \dfrac{h}{2}k_3} \end{cases} \tag{2-43}$$

取步长 $h=0.2$，计算结果见表 2-2，表中同时给出了相应的精确解。

表 2-2　计算结果

x_i	y_i	$y(x_i)$	$y_i - y(x_i)$
0.0	1.0000	1.0000	0.0000
0.2	1.1832	1.1832	0.0000
0.4	1.3417	1.3416	0.0001
0.6	1.4833	1.4832	0.0001

比较例 2.4 和例 2.5 的计算结果，显然龙格-库塔法的精度要比欧拉法的精度高很多。

2.3　基于传递函数的建模

2.3.1　传递函数

连续系统的微分方程是在时间域中建立起来的，所以也称为系统的时域模型。在对系统进行分析研究的时候，通过求解系统的微分方程就可以得到系统运动状态的解，包括精确的或近似的解。然而，在某些情况下，系统的微分方程是非常复杂的。对于一些工程系统而言，不仅需要得到它的解，有时更需要了解它的模型内部结构或中间过程。为此，利用数学工具——拉普拉斯变换，引入了传递函数这一新的系统模型的表达形式。

拉普拉斯变换是为简化连续系统的模型计算而建立的由实变量函数到复变量函数的一种函数变换。对一个实变量函数作拉普拉斯变换，并在复数域中作各种运算，再将运算结果作拉普拉斯逆变换即可求得实数域中的相应结果，这种求解方法往往比直接在实数域中求解微分方程要容易很多。拉普拉斯变换对于求解线性微分方程尤为有效，它可把微分方程化为容易求解的代数方程来处理，从而使计算简化。在传统的经典控制理论中，对控制系统的求解和分析都是利用拉普拉斯变换来进行的。拉普拉斯变换的主要优点就是用传递函数代替微分方程来描述系统的特性。这就为采用直观和简便的图解方法来研究系统的各种特性提供了可能。

拉普拉斯变换是对于 $t<0$ 时函数值为零的连续时间函数 $f(t)$ 通过关系式(2-44)进行变换。

$$F(s) = L[f(t)] = \int_0^\infty f(t)\mathrm{e}^{-st}\mathrm{d}t \tag{2-44}$$

下式所示为零初始条件下的系统进行拉普拉斯变换后的表达式：

$$(s^n + a_1 s^{n-1} + \cdots + a_{n-1}s + a_n)Y(s) = (b_0 s^m + b_1 s^{m-1} + \cdots + b_{m-1}s + b_m)U(s) \tag{2-45}$$

定义

$$G(s) = \frac{Y(s)}{U(s)} = \frac{b_0 s^m + b_1 s^{m-1} + \cdots + b_{m-1}s + b_m}{s^n + a_1 s^{n-1} + \cdots + a_{n-1}s + a_n} \tag{2-46}$$

式(2-46)为系统的传递函数。即系统的传递函数是在零初始条件下，线性定常系统或元件输出信号的拉普拉斯变换与输入信号的拉普拉斯变换之比。

例 2.6　对于图 2-4 中的 RLC 电路，已知它的二阶微分方程模型如下：

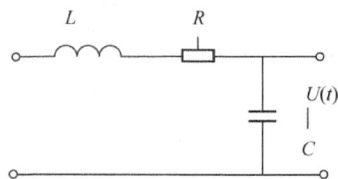

图 2-4　RLC 电路

$$LC\frac{\mathrm{d}^2 U_0(t)}{\mathrm{d}t^2} + RC\frac{\mathrm{d}U_0(t)}{\mathrm{d}t} + U_0(t) = U_i(t) \tag{2-47}$$

设初始条件为零，式(2-47)两边拉普拉斯变换得

$$(LCs^2 + RCs + 1)U_0(s) = U_i(s) \tag{2-48}$$

进一步求得相应的传递函数为

$$G(s) = \frac{U_0(s)}{U_i(s)} = \frac{1}{LCs^2 + RCs + 1} \tag{2-49}$$

例 2.7　设有系统的微分方程：

$$y''(t) + ay'(t) + by(t) = u(t-T) \tag{2-50}$$

该系统包含了纯延时环节，T 表示延时的大小，对该微分方程两边取拉普拉斯变换可得

$$(s^2 + as + b)Y(s) = U(s)\mathrm{e}^{-Ts} \tag{2-51}$$

传递函数为

$$G(s) = \frac{Y(s)}{U(s)} = \frac{\mathrm{e}^{-Ts}}{s^2 + as + b} = G_0(s)\mathrm{e}^{-Ts} \tag{2-52}$$

从以上实例可以看到，传递函数表达了系统本身的特性，而与输入量或驱动函数无关。另外，传递函数并不表明系统的物理结构，许多物理性质不同的系统可以有相同的传递函数。根据这一概念，就可以用以 s 为变量的代数方程表示系统的动态特性了。传递函数分母中 s 的最高阶数等于输出量最高阶导数的阶数。

2.3.2　传递函数结构图

结构图是一种应用非常广泛的数学模型，是一种将系统图形化的数学模型，用结构图表示系统，不仅能够清楚地表明系统的组成和信号的传递方向，而且能清楚地表示出系统信号传递过程中的数学关系。

系统结构图是将系统中所有的环节用方块来表示，按照系统中各个环节之间的联系，将各方块连接起来构成的；方块的一端为相应环节的输入信号，另一端为输出信号，用箭头表示信号传递的方向，并在方块内标明相应环节的传递函数。

结构图的主要特点如下。

(1) 结构图的描述非常直观形象，它将系统中各部分的相互联系一目了然地显示出来。

(2) 利用结构图的等效变换和简化规则，可以将比较复杂的系统进行简化，能够比较容易地根据各个环节的模型求出整个系统的模型。

(3) 可以简化从原始微分方程到标准微分方程之间的变换。

图 2-5 为一个典型的控制系统的结构图，主要由求和比较和方框两种图形符号来表示。其中带箭头的线段表示信号及其传递方向。这里变量可以直接表示为时域信号，也可以是它们的拉普拉斯函数。

图 2-5 中 $R(s)$ 为给定信号的拉普拉斯变换，$Y(s)$ 为输出信号的拉普拉斯变换，$G(s)$ 为正向通道或前向通路的传递函数，$H(s)$ 为反馈通道的传递函数。

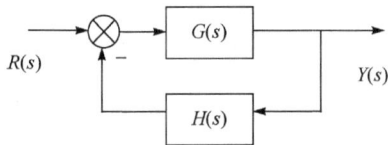

图 2-5　控制系统结构

由图 2-5 可以求得

$$Y(s) = G(s)(R(s) - H(s)Y(s)) \tag{2-53}$$

整理后，得

$$Y(s) = \frac{G(s)}{1 + G(s)H(s)}R(s) \tag{2-54}$$

进而可以得到整个闭环系统的传递函数为

$$W(s) = \frac{Y(s)}{R(s)} = \frac{G(s)}{1 + G(s)H(s)} \tag{2-55}$$

例 2.8　以例 2.6 中的 RLC 电路系统为例，其中，$U_i(t)$ 为输入量，$U_o(t)$ 为输出量，

现用结构图的方法求系统的传递函数。在例 2.6 中已经求得该电路的微分方程为

$$L\frac{\mathrm{d}I(t)}{\mathrm{d}t} + R_i(t) + U_o(t) = U_i(t) \tag{2-56}$$

$$i(t) = C\frac{\mathrm{d}U_o(t)}{\mathrm{d}t} \tag{2-57}$$

对式(2-56)和式(2-57)求取拉普拉斯变换并整理后，得

$$U_o(s) = U_i(s) - (Ls+R)I(s) \tag{2-58}$$
$$I(s) = CsU_o(s)$$

根据式(2-58)可以画出系统的结构图，如图 2-6 所示。

从结构图中可得，系统正向通道的传递函数 $G(s)=1$，反馈通道的传递函数为

$$H(s) = Cs(Ls+R)$$

则系统的闭环传递函数为

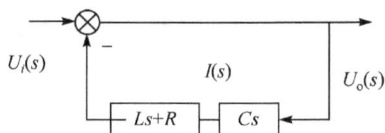

图 2-6　RLC 系统的结构图

$$W(s) = \frac{U_o(s)}{U_i(s)} = \frac{1}{1 + Cs(Ls+R)} = \frac{1}{LCs^2 + RCs + 1} \tag{2-59}$$

2.3.3　连续系统典型传递函数

为了分析系统的方便，往往把一个复杂的系统分解成一个个小的部分，称为环节。从系统的动态特性和传递函数的性质来看，可将系统传递函数分为各种基本环节。

设 $r(t)$ 为环节的输入信号，$c(t)$ 为输出信号，$G(s)$ 为传递函数。常见的连续系统的基本环节如下。

1. 比例环节

比例环节也称为放大环节，其方程为

$$c(t) = K_r(t) \tag{2-60}$$

由式(2-60)可求得比例环节的传递函数：

$$G(s) = \frac{C(s)}{R(s)} = K \tag{2-61}$$

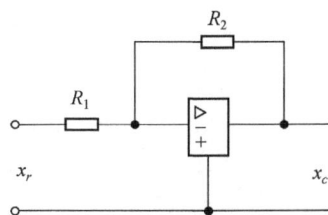

图 2-7　由集成运算放大器构成的比例环节

其中，K 为常数，称为放大系数。它的输出量与输入量成比例，它的传递函数是一个常数。

例 2.9　试求图 2-7 所示系统的传递函数。

其运算方程为

$$x_c = -\frac{R_2}{R_1}x_r = Kx_r \tag{2-62}$$

对系统方程进行拉普拉斯变换后，得

$$X_c(s) = KX_r(s) \tag{2-63}$$

于是，可得其传递函数为

$$G(s) = \frac{X_c(s)}{X_r(s)} = K \qquad (2\text{-}64)$$

2. 惯性环节

惯性环节的微分方程为

$$T\frac{dc(t)}{dt} + c(t) = r(t) \qquad (2\text{-}65)$$

由式(2-65)可求得惯性环节的传递函数：

$$G(s) = \frac{C(s)}{R(s)} = \frac{1}{Ts+1} \qquad (2\text{-}66)$$

其中，T 称为惯性环节的时间常数。若 $T=0$，该环节就变成放大环节。

3. 积分环节

积分环节的动态方程是

$$c(t) = \int r(t)dt \qquad (2\text{-}67)$$

由式(2-67)可以求得积分环节的传递函数：

$$G(s) = \frac{C(s)}{R(s)} = \frac{1}{s} \qquad (2\text{-}68)$$

积分环节的输出量等于输入量的积分。

当输入信号变为零后，积分环节的输出信号将保持输入信号变为零时刻的值不变。

例 2.10　试求图 2-8 所示系统的传递函数。

其运算方程为

$$i_c(t) = i_0(t) = \frac{u_r(t)}{R_0} \qquad (2\text{-}69)$$

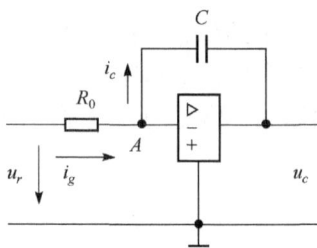

图 2-8　由集成运算放大器构成的积分环节

$$u_c(t) = -\frac{1}{C}\int i_c(t)dt = -\frac{1}{R_0C}\int u_r(t)dt = -\frac{1}{T}\int u_r(t)dt \qquad (2\text{-}70)$$

其中，$T = R_0C$。

求取其拉普拉斯变换后，可得其传递函数为

$$G(s) = \frac{C(s)}{R(s)} = -\frac{1}{Ts} = -\frac{K}{s} \qquad (2\text{-}71)$$

4. 纯微分环节

纯微分环节简称为微分环节，它的微分方程为

$$c(t) = \frac{\mathrm{d}r(t)}{\mathrm{d}t} \tag{2-72}$$

纯微分环节的传递函数为

$$G(s) = \frac{C(s)}{R(s)} = s \tag{2-73}$$

纯微分环节的输出信号是输入信号的微分。

5. 一阶微分环节

一阶微分环节的微分方程为

$$c(t) = \tau \frac{\mathrm{d}r(t)}{\mathrm{d}t} + r(t) \tag{2-74}$$

其中，τ 称为该环节的时间常数。一阶微分环节的传递函数为

$$G(s) = \frac{C(s)}{R(s)} = \tau s + 1 \tag{2-75}$$

6. 二阶微分环节

二阶微分环节的微分方程为

$$c(t) = \tau^2 \frac{\mathrm{d}^2 r(t)}{\mathrm{d}t^2} + 2\zeta\tau \frac{\mathrm{d}r(t)}{\mathrm{d}t} + r(t) \tag{2-76}$$

二阶微分环节的传递函数为

$$G(s) = \frac{C(s)}{R(s)} = \tau^2 s^2 + 2\zeta\tau s + 1 \tag{2-77}$$

其中，τ 和 ζ 为常数，τ 称为该环节的时间常数。

7. 延迟环节

延迟环节也称为迟滞环节，其动态方程为

$$c(t) = r(t - \tau) \tag{2-78}$$

其中，τ 是常数，称为该环节的延迟时间。由式(2-78)可见，延迟环节任意时刻的输出值等于 τ 时刻以前的输入值，也就是说，输出信号比输入信号延迟了 τ 个时间单位。

延迟环节是线性环节，其传递函数是

$$G(s) = \frac{C(s)}{R(s)} = \mathrm{e}^{-\tau s} \tag{2-79}$$

8. 振荡环节

振荡环节的微分方程为

$$T^2 \frac{\mathrm{d}^2 c(t)}{\mathrm{d}t^2} + 2\zeta T \frac{\mathrm{d}c(t)}{\mathrm{d}t} + c(t) = r(t), \quad 0 \leqslant \zeta < 1 \tag{2-80}$$

振荡环节的传递函数为

$$G(s) = \frac{C(s)}{R(s)} = \frac{1}{T^2 s^2 + 2\zeta Ts + 1} = \frac{\omega_n^2}{s^2 + 2\zeta\omega_n s + \omega_n^2}, \quad 0 \leqslant \zeta < 1 \qquad (2\text{-}81)$$

其中，T、ζ、ω_n皆为常数，且$\omega_n = 1/T$。T为该环节的时间常数；ω_n为无阻尼自振角频率；ζ为阻尼比。上述传递函数属于二阶环节，当$0 \leqslant \zeta < 1$时，该环节称为振荡环节，它的输出信号具有振荡的形式。

2.4　建模与仿真工具(MATLAB/Simulink)

2.4.1　MATLAB

MATLAB 是由美国 MathWorks 公司发布的主要面对科学计算、可视化以及交互式程序设计的高科技计算环境。它将数值分析、矩阵计算、科学数据可视化以及非线性动态系统的建模和仿真等诸多强大功能集成在一个易于使用的视窗环境中，为科学研究、工程设计以及必须进行有效数值计算的众多科学领域提供了一种全面的解决方案，并在很大程度上摆脱了传统非交互式程序设计语言(如 C、FORTRAN)的编辑模式，代表了当今国际科学计算软件的先进水平。

MATLAB 的基本数据单位是矩阵，它的指令表达式与数学、工程中常用的形式十分相似，故用 MATLAB 来解决问题比用 C、FORTRAN 等语言完成相同的事情要简捷得多，并且 MATLAB 也吸收了 Maple 等软件的优点，使 MATLAB 成为一个强大的数学软件。在新的版本中也加入了对 C、FORTRAN、C++、Java 的支持。可以直接调用，用户也可以将自己编写的实用程序导入 MATLAB 函数库中方便以后调用，此外许多的 MATLAB 爱好者都编写了一些经典的程序，用户可以直接进行下载就可以用。

MATLAB 系统由 MATLAB 开发环境、MATLAB 数学函数库、MATLAB 语言、MATLAB 图形处理系统和 MATLAB 应用程序接口(Application Programming Interface, API)五大部分构成。

1. 开发环境

MATLAB 开发环境是一套方便用户使用的 MATLAB 函数和文件工具集，其中许多工具是图形化用户接口。它是一个集成的用户工作空间，允许用户输入输出数据，并提供了 m 文件的集成编译和调试环境，包括 MATLAB 桌面、命令窗口、m 文件编辑调试器、MATLAB 工作空间和在线帮助文档。

2. 数学函数库

MATLAB 数学函数库包括了大量的计算算法。从基本算法如加法、正弦，到复杂算法如矩阵求逆、快速傅里叶变换等。

3. 语言

MATLAB 语言是一种高级的基于矩阵/数组的语言，它有程序流控制、函数、数据结构、输入/输出和面向对象编程等特色。

4. 图形处理系统

MATLAB 图形处理系统使得 MATLAB 能方便地图形化显示向量和矩阵，而且能对图形添加标注和打印。它包括强大的二维三维图形函数、图像处理和动画显示等函数。

5. 应用程序接口(API)

MATLAB 应用程序接口(API)是一个使 MATLAB 语言能与 C、FORTRAN 等其他高级编程语言进行交互的函数库。该函数库的函数通过调用动态链接库(Dynamic Link Library, DLL)实现与 MATLAB 文件的数据交换，其主要功能包括在 MATLAB 中调用 C 和 FORTRAN 程序，以及在 MATLAB 中与其他应用程序间建立客户、服务器关系。

MATLAB 的主要功能包括数值计算和符号计算功能、绘图功能、编程语言以及应用工具箱等，具体如下。

(1) 用于数值计算、可视化和应用程序开发的高级语言。

(2) 可实现迭代式探查、设计及问题求解的交互式环境。

(3) 用于线性代数、统计、傅里叶分析、筛选、优化、数值积分以及常微分方程求解的数学函数。

(4) 用于数据可视化的内置图形以及用于创建自定义绘图的工具。

(5) 用于改进代码质量和可维护性并最大限度地发挥性能的开发工具。

(6) 用于构建自定义图形界面应用程序的工具。

(7) 可实现基于 MATLAB 的算法与外部应用程序和语言(如 C、Java、.NET 以及 Excel)集成的函数。

1) 数值计算和符号计算

MATLAB 以矩阵作为数据操作的基本单位，这使得矩阵运算变得非常简捷、方便、高效。MATLAB 还提供了十分丰富的数值计算函数，而且所采用的数值计算方法都是国际公认的、最先进的、可靠的算法，其程序由世界一流专家编制，并经过高度优化。高质量的数值计算功能为 MATLAB 赢得了声誉。具体可采用的方法包括插值与回归、微分与积分、线性方程组、傅里叶分析、特征值与奇异值、常微分方程(ODE)和稀疏矩阵等。

在实际应用中，除了数值计算，往往要得到问题的解析解，这是符号计算的领域。MATLAB 和著名的符号计算语言 Maple 相结合，使得 MATLAB 具有符号计算功能。

MATLAB 附加产品提供了各种专业领域的函数，如统计、优化、信号分析以及机器学习。

2) 绘图功能

利用 MATLAB 绘图十分方便，它既可以绘制各种图形，包括二维图形和三维图形，又可以对图形进行修饰和控制，以增强图形的表现效果。MATLAB 提供了两个层次上的绘图操作：一种是对图形句柄进行的低层绘图操作；另一种是建立在低层绘图操作之上的高层绘图操作。利用 MATLAB 的高层绘图操作，用户不需要过多地考虑绘图细节，只需要给出一些基本参数就能绘制所需图形。利用 MATLAB 图形句柄操作，用户可以更灵活地对图形进行各种操作，为用户在图形表现方面开拓了一个广阔的、没有丝毫束缚的空间。

3) 数据分析和可视化

MATLAB 提供了用于数据采集、分析和可视化的工具，使用户能够深入探查数据，而且与使用电子表格或传统编程语言相比节省了大量时间。此外，还可以通过绘图、报告或发布 MATLAB 代码的形式来记录和共享结果。

(1) 采集数据。

利用 MATLAB，可以从文件、其他应用程序、数据库以及外部设备访问数据。用户可以从各种常用文件格式(如 Microsoft Excel、文本或二进制文件、图像、语音和视频文件)以及 NetCDF 和 HDF 等科学文件中读取数据。借助文件 I/O 函数，可以处理任意格式的数据文件。

使用"导入工具"可将数字和文本混合文件导入 MATLAB。MATLAB 能够以编程的形式自动生成有待导入文件中的脚本或函数。

通过将 MATLAB 与附加产品配合使用，可以从计算机串口或声卡等硬件设备获取数据，并且使实时测量的数据导入 MATLAB，以便用于分析和可视化处理。此外，还可以实现与各种仪器(如示波器、函数发生器以及信号分析仪)之间的通信。

(2) 分析数据。

利用 MATLAB，可以对数据进行管理、筛选以及预处理。可以执行探索性数据分析，探明趋势，检验假设，并构建描述模型。MATLAB 提供了可用于滤波和平滑、插值、卷积以及快速傅里叶变换(FFT)的各种函数。各种附加产品提供了可用于曲线和曲面拟合、多元统计、频谱分析、图像分析、系统识别及其他分析任务的多种功能。

(3) 实现数据的可视化。

MATLAB 提供了内置的二维和三维绘图函数以及立体可视化函数。使用这些函数，可以实现数据可视化，了解数据，交流结果。对绘图进行自定义时既可以采用交互方式，也可以采用编程方式。

MATLAB 图例库提供了在 MATLAB 中以图形方式显示数据的各种示例。在每一个示例中，均可查看和下载源代码，以便在 MATLAB 应用程序中使用。

(4) 存档和共享结果。

可以采用图形或完整报告的方式来共享结果。通过定制 MATLAB 图形，可以符合出版规格，并保存为常见的图形和数据文件格式。

执行 MATLAB 程序时，可以自动生成报告。所生成的报告中含有代码、注释和程序结果，其中包括图形。报告可采用各种格式(如 HTML、PDF、Word 或 LaTeX)发布。

4) 编程和算法开发

MATLAB 提供了一种高级语言和开发工具,使用户可以迅速地开发并分析算法和应用程序。

(1) MATLAB 语言。

MATLAB 语言对向量运算和矩阵运算提供内在支持,这些运算是解决工程和科学问题的基础,能够实现快速开发和执行。

使用 MATLAB 语言,编程和开发算法的速度比使用传统语言大幅提高,这是因为无需执行声明变量、指定数据类型以及分配内存等低级管理任务。在很多情况下,支持向量运算和矩阵运算就无需使用 for 循环。因此,一行 MATLAB 代码通常等同于数行 C 代码或 C++代码。

MATLAB 提供了传统编程语言的多项功能,其中包括流控制、错误处理以及面向对象编程(OOP)。用户既可以使用基本的数据类型或高级数据结构,也可以自定义数据类型。

采用交互方式,一次仅执行一个命令,可以即时生成结果。这种方法可以快速试探多个选项,通过反复迭代,找出最佳的解决方案。通过捕获交互式步骤,生成可以重复使用的脚本和函数,并实现任务的自动化。

MATLAB 附加产品可针对信号处理和通信、图像和视频处理、控制系统以及许多其他领域提供各种内置算法。通过将这些算法与自己的算法结合使用,可以构建复杂的程序和应用程序。

(2) 开发工具。

MATLAB 内置的各种工具可以实现高效的算法开发,包括如下几项。

命令行窗口:能够以交互的方式输入数据,执行命令和程序,以及显示结果。

编辑器:提供编辑和调试功能,如设置断点及逐步调试各行代码。

代码分析器:自动检查代码是否有问题,并提出修改建议,以最大限度地发挥性能以及可维护性。

事件探查器:衡量 MATLAB 程序的性能,并确定需要修改并加以改进的代码范围。

其他工具可以对代码和数据文件进行比较,并提供显示文件相关性、注释提示和代码涵盖范围的报告。

(3) 与其他语言和应用程序集成。

MATLAB 应用程序可以与其他语言编写的应用程序集成。在 MATLAB 中,可以直接调用以 C、C++、Java 和.NET 编写的代码。使用 MATLAB 引擎库,可从 C、C++或 FORTRAN 应用程序调用 MATLAB 代码。

(4) 性能。

MATLAB 采用处理器优化库,可以快速执行矩阵运算和向量运算。对于通用的标量计算,MATLAB 使用其即时(JIT)编译技术,提供了可与传统编程语言相媲美的执行速度。

为了充分利用多核和多处理器计算机,MATLAB 提供了众多的多线程线性代数和数值函数。这些函数可在单个 MATLAB 会话中自动执行多个计算线程，从而可以在多核计算机上提高执行速度。

通过附加的并行计算产品，可以充分利用多核台式计算机和其他的高性能计算资源，如 GPU 和群集。这些产品可提供高级构造，只需稍加改动，MATLAB 代码即可实现应用程序的并行化。

2.4.2　Simulink

Simulink 是一种集成在 MATLAB 中的用来对动态系统进行建模、仿真和分析的软件包。Simulink 使得 MATLAB 的功能得到进一步扩展，它可以非常容易地实现可视化建模，把理论研究和工程实践有机地结合在一起。MATLAB 中的大部分专用工具箱只要以 MATLAB 主包为基础就能运行，有少数工具箱(通信工具箱、信号处理工具箱等)则要求有 Simulink 工具箱的支持。由于 MATLAB 和 Simulink 是集成在一起的，因此用户可以在两种环境下对自己的模型进行仿真、分析和修改。

在该软件环境下，用户可以在屏幕上调用现成的模块，并将它们适当地连接起来以构成系统的模型，即所谓的可视化建模。建模以后，以该模型为对象运行 Simulink 中的仿真程序，可以对模型进行仿真，并可以随时观察仿真的结果和干预仿真的过程。

1. Simulink 简介

Simulink 是 MathWorks 公司于 20 世纪 90 年代初开发的产品。Simulink 既适用于线性系统，也适用于非线性系统；既适用于连续系统，也适用于离散系统及两者混合的系统；既适用于定常系统，也适用于时变系统；另外，也支持具有多种采样速率的多速率系统仿真。

Simulink 提供图形用户界面，用户可以用鼠标操作，从模块库中调用标准模块，将它们适当地连接起来以构成动态系统模型，并且用各模块的参数对话框为系统中各个模块设置参数。当各模块的参数设置完成之后，即建立起该系统的模型。如果对某一模块没有设置参数，那就意味着使用 Simulink 预先为该模块设置的缺省参数值作为该模块的参数。

Simulink 模块库内容十分丰富，除包括信号源模块库(Sources)、输出模块库(Sinks)、连续系统模块库(Continuous)、离散系统模块库(Discrete)等许多标准模块外，用户还可以自己定制和创建模块。

系统的模型建立之后，选择仿真参数和数值算法，便可以启动仿真程序对该系统进行仿真，这种操作既可以用 Simulink 菜单实现，也可以用 MATLAB 命令实现。菜单方式对于交互式运行特别方便，而命令方式对于运行一批仿真时很有用。

在仿真过程中，用户可以设置不同的输出方式来观察仿真结果。例如，使用 Sinks 模块库中的 Scope 模块或其他显示模块来观察有关信号的变化曲线，也可以将结果存放在 MATLAB 工作空间(Workspace)中，供以后处理和使用。根据仿真结果，用户可以调整系统参数，观察分析仿真结果的变化，从而获得更加理想的仿真结果。

Simulink 提供了系统框图的方式，可以进行图形建模。不用命令行编程，由方框图产生 m 文件(s 函数)。当创建好的框图保存后，相应的 m 文件就自动生成，这个 m 文件包含了该框图的所有图形及数学关系信息。框图表示比较直观，容易构造，运行速度较快。与传统的仿真软件包的微分或差分方程建模相比，具有直观、方便、灵活的优点。Simulink 还提供了封装和模块化工具，尤其适用于复杂、多层次、高度非线性的系统仿真，并且提高了仿真的集成化和可视化程度。Simulink 的优点主要包括如下几点。

(1) 适应面广，包括线性、非线性系统；离散、连续系统。

(2) 结构和流程清晰，以方块图形式呈现。

(3) 仿真精细、贴近实际。

2. 系统仿真模型

模块是构成系统仿真模型的基本单元。用适当的方式把各种模块连接在一起就能够建立动态系统的仿真模型，所以构建系统仿真模型主要涉及 Simulink 模块的操作。

1) Simulink 的基本模块

Simulink 的模块库提供了大量模块。单击模块库浏览器中 Simulink 前面的 "+" 号，将看到 Simulink 模块库中包含的子模块库，单击所需要的子模块库，在右边的窗口中将看到相应的基本模块，选择所需基本模块，可用鼠标将其拖到模型编辑窗口。同样，在模块库浏览器左侧的 Simulink 栏上右击，在弹出的快捷菜单中单击 OpenSimulink Library 命令，将打开 Simulink 基本模块库窗口，如图 2-9 所示。单击其中的子模块库图标，打开子模块库，找到仿真所需要的基本模块。

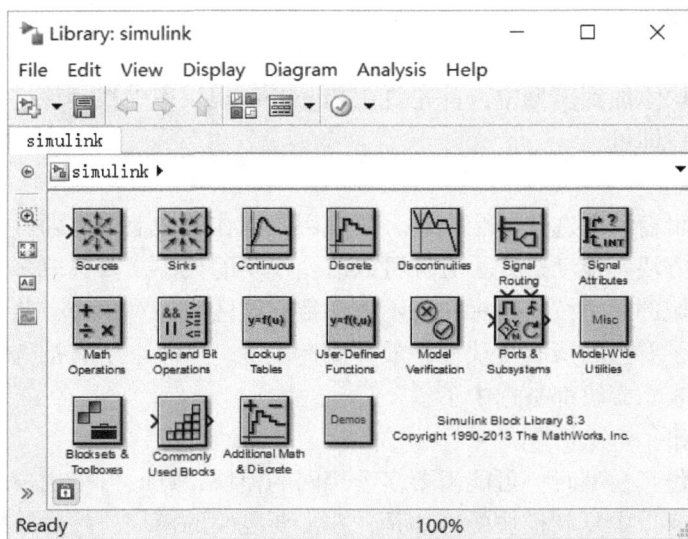

图 2-9　Simulink 基本模块库窗口

以连续系统模块库(Continuous)为例，在基本模块库窗口，双击 Continuous 模块库的图标即可打开该模块库窗口，如图 2-10 所示。也可以在模块库浏览器窗口中 Simulink

下选中 Continuous 项，然后在模块库浏览器右边部分打开连续系统模块库。

图 2-10　连续系统模块库

在连续系统模块库中，包含积分环节(Integrator)、微分环节(Derivative)、状态方程(State-Space)、传递函数(TransferFcn)等许多模块，可供连续系统建模使用。同样，还有很多其他模块库，其操作方法与连续系统模块库相同。

2) 模块的编辑

(1) 添加模块。

要把一个模块添加到模型中，首先要在 Simulink 模块库中找到该模块，然后将这个模块拖入模型窗口即可。

(2) 选取模块。

要在模型编辑窗口中选择单个模块，只要用鼠标在模块上单击即可，这时模块的角上出现黑色的小方块，拖动这些小方块可以改变模块的大小。要选取多个模块，可以在所有模块所占区域的一角按下鼠标左键不放，拖向该区域的对角，在此过程中会出现虚框，当虚框包住了要选的所有模块后，放开鼠标左键，这时在所有被选模块的角上都会出现小黑方块，表示模块都被选中了。

(3) 复制与删除模块。

在建立系统仿真模型时，可能需要多个相同的模块，这时可采用模块复制的方法。在同一模型编辑窗口中复制模块的方法是：左击要复制的模块，按住鼠标左键并同时按下 Ctrl 键，移动鼠标到适当的位置放开鼠标，该模块就被复制到当前位置。

还可以用模型编辑窗口 Edit 菜单中的 Copy 和 Paste 命令或工具栏上的 Copy 和 Paste 命令按钮来完成复制。

模块复制以后，会发现复制出来的模块名称在原名称的基础上又增加了编号，这是

Simulink 的约定,每个模型中的模块和名称是一一对应的,每一个模块都有不同的名字。

在不同的模型编辑窗口之间复制模块的方法是:首先打开源模块和目的模块所在的窗口,然后左击要复制的模块,按住左键移动鼠标到相应窗口然后释放,该模块就会被复制过来,而源模块不会被删除。当然还可以用模型窗口的 Edit 菜单中的 Copy 和 Paste 命令或工具栏上的 Copy 和 Paste 命令按钮来完成复制。

删除模块的方法是:选定模块,按 Delete 键或选择 Edit 菜单中的 Cut 或 Clear 命令。或者在模块上右击,在弹出菜单上选择 Cut 或 Clear 命令。Cut 为删除模块送到剪贴板,Clear 为彻底删除模块。

3) 模块的连接

设置好各个模块后,还需要把它们按照一定的顺序连接起来才能组成一个完整的系统模型。

(1) 连接两个模块。

从一个模块的输出端连到另一个模块的输入端,这是 Simulink 仿真模型最基本的连接情况。方法是先移动鼠标到输出端,鼠标的箭头会变成十字形光标,这时按住鼠标左键,移动鼠标到另一个模块的输入端,当十字形光标出现重影时,释放鼠标左键就完成了连接。

如果两个模块不在同一水平线上,连线是一条折线。要用斜线表示,需要在连线后,选中连线,再按住 Shift 键进行拖动。两个模块的连接效果如图 2-11 所示。

(2) 模块间连线的调整。

调整模块间连线位置可采用鼠标拖放来操作实现。先把鼠标移动到需要移动的线段的位置,按住鼠标左键,移动鼠标到目标位置,释放鼠标左键。

还有一种情况,要把一条直线分成斜线段。调整方法和前一种情况类似,不同之处在于按住鼠标左键之前要先按下 Shift 键,出现小黑方块之后,鼠标点住小黑方块移动,移好后释放鼠标和 Shift 键。

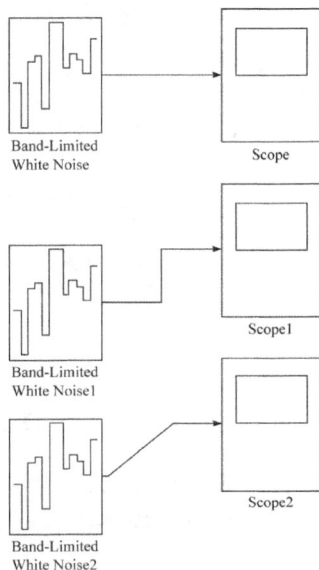

图 2-11　两个模块的连接

(3) 连线的分支。

在仿真过程中,经常需要把一个信号输送到不同的模块,这时就需要从一根连线分出另一根连线。操作方法是:先连好一条线之后,把鼠标移到分支点的位置,先按下 Ctrl 键,然后按住鼠标拖动目标模块的输入端,释放鼠标和 Ctrl 键。

(4) 连线的删除。

要删除某条连线,可单击该连线,然后单击 Cut 命令按钮或按 Delete 键即可。

4) 模块的参数设置

Simulink 中几乎所有模块的参数都允许用户进行设置，只要双击要设置的模块或在模块上右击并在弹出的快捷菜单中选择相应模块的参数设置命令，就会弹出模块参数对话框。该对话框分为两部分：上面的一部分是功能说明；下面的一部分用来进行模块参数设置。图 2-12 是系统零-极点模型模块的参数设置对话框，用户可以设置该模型的零点、极点、增益等参数。

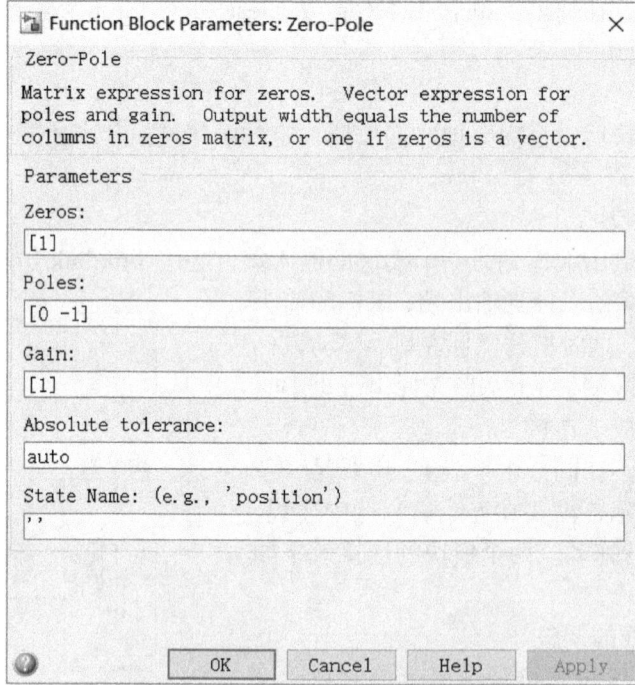

图 2-12　零-极点模型模块的参数设置

同样，先选择要设置的模块，再在模型编辑窗口 Edit 菜单下选择相应模块的参数设置命令也可以打开模块参数对话框。

3. 系统仿真实例

利用 Simulink 进行系统仿真的步骤如下。

(1) 建立系统仿真模型，包括添加模块、设置模块参数以及进行模块连接等操作。

(2) 设置仿真参数。

(3) 启动仿真并分析仿真结果。

下面用一个仿真实例，说明采用三种不同建模方法为系统建模并仿真的过程。

例 2.11　有初始状态为 0 的二阶微分方程 $x'' + 0.2x' + 0.4x = 0.2u(t)$，其中，$u(t)$ 是单位阶跃函数，试建立系统模型并仿真。

方法 1：用积分器直接构造求解微分方程的模型。

把原微分方程改写为

$$x'' = 0.2u(t) - 0.2x' - 0.4x$$

x'' 经积分作用得 x'，x' 再经积分模块作用就得 x，而 x' 和 x 经代数运算又产生 x''，据此可以建立系统模型并仿真。步骤如下。

(1) 利用 Simulink 模块库中的基本模块不难建立系统模型，如图 2-13 所示。

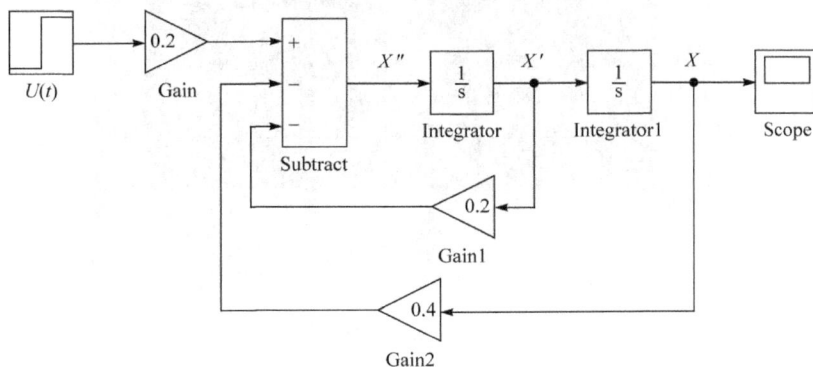

图 2-13　求解微分方程的模型

模型中各个模块说明如下。

① $U(t)$ 输入模块：它的 Step time 被设置为 0，模块名称由原来的 step 改为 $u(t)$。

② Gain 增益模块：增益参数设置为 0.2。

③ 求和模块：其图标形状 Iconshape 选择 Rectangular，符号列表 Listofsigns 设置为+-。

④ 积分模块：参数不需要改变。

⑤ Gain1 和 Gain2 增益模块：增益参数分别设置为 0.2 和 0.4，它们的方向旋转可借助 Format 菜单中的 Rotateblock 命令实现。

⑥ Scope 示波器模块：在示波器参数设置窗口选择 Datahistory 页，选中其中的 Savedatatoworkspace 复选框。这将使送入示波器的数据同时保存在 MATLAB 工作空间的缺省名为 ScopeData 的结构矩阵或矩阵中。

(2) 设置系统仿真参数。单击模型编辑窗口 Simulink 菜单中的 Simulationparameters 选项，打开仿真参数设置对话框，选择 Solver 选项卡，把仿真的停止时间 Stoptime 设置为 20。

(3) 仿真操作。双击示波器图标，打开示波器窗口。选择模型编辑窗口中 Simulation 菜单中的 Start 命令，就可以在示波器窗口中看到仿真结果的变化曲线，如图 2-14 所示。

方法 2：利用传递函数模块建模。

对方程 $x'' + 0.2x' + 0.4x = 0.2u(t)$ 两边取拉普拉斯变换，得

$$s^2X(s) + 0.2sX(s) + 0.4X(s) = 0.2U(s) \tag{2-82}$$

经整理得传递函数：

$$G(s) = \frac{X(s)}{U(s)} = \frac{0.2}{s^2 + 0.2s + 0.4} \tag{2-83}$$

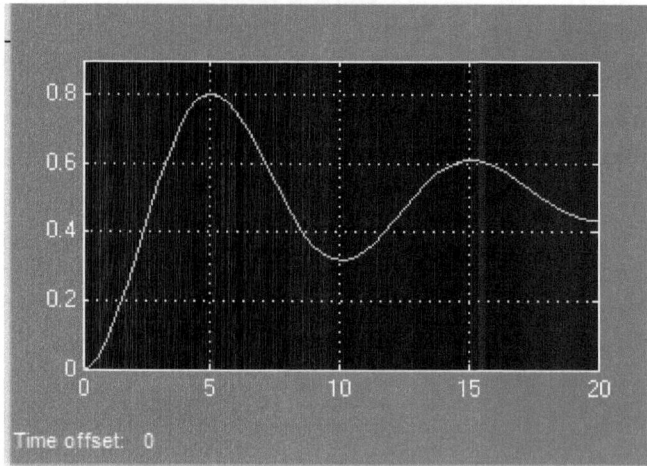

图 2-14 仿真曲线图

在 Continuous 模块库中有标准的传递函数(TransferFcn)模块可供调用。于是就可以构建求解微分方程的模型并仿真。步骤如下。

(1) 根据系统传递函数构建如图 2-15 所示的仿真模型。

模型中各模块说明如下。

① $U(s)$模块：设置 Step time 为 0。

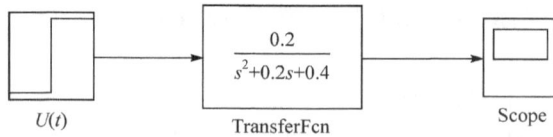

图 2-15 由传递函数模块构建的仿真模型

② $G(s)$模块：双击 TransferFcn 模块，引出其参数设置对话框，在分子、分母栏中填写所需的参数，如图 2-16 所示。

(2) 设置系统仿真参数。单击模型编辑窗口 Simulink 菜单中的 Simulationparameters 选项，打开仿真参数设置对话框，选择 Solver 选项卡，把仿真的停止时间 Stoptime 设置为 20。在 Workspace I/O 选项卡中，把初始状态设置为[0;0]。

(3) 仿真操作。双击示波器图标，打开示波器窗口。选择模型编辑窗口中 Simulation 菜单中的 Start 命令，就可以在示波器窗口中看到与图 2-14 相同的仿真结果曲线。

方法 3：利用状态方程模块建模。

若令 $x_1 = x, x_2 = x'$，那么微分方程 $x'' + 0.2x' + 0.4x = 0.2u(t)$ 可写成：

$$x' = \begin{bmatrix} \dot{x}_1 \\ \dot{x}_2 \end{bmatrix} = \begin{bmatrix} 0 & 1 \\ -0.4 & -0.2 \end{bmatrix} \begin{bmatrix} x_1 \\ x_2 \end{bmatrix} + \begin{bmatrix} 0 \\ 0.2 \end{bmatrix} u(t) \tag{2-84}$$

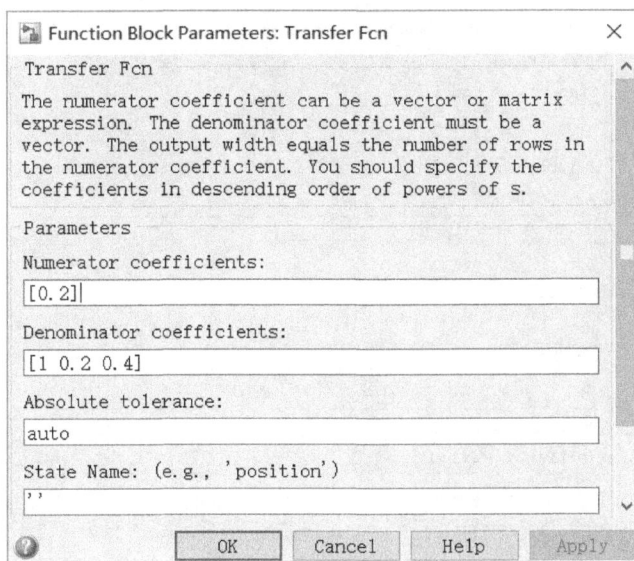

图 2-16　TransferFcn 模块参数设置

写成状态方程为

$$\begin{cases} x' = Ax + Bu \\ y = Cx + Du \end{cases} \tag{2-85}$$

其中，$A = \begin{bmatrix} 0 & 1 \\ -0.4 & -0.2 \end{bmatrix}$，$B = \begin{bmatrix} 0 \\ 0.2 \end{bmatrix}$，$C = \begin{bmatrix} 1 & 0 \end{bmatrix}$，$D = 0$。

在 Continuous 模块库中有标准的状态方程(State-Space)模块可供调用。于是就可以构建求解微分方程的模型并仿真。步骤如下。

(1) 根据系统状态方程构建如图 2-17 所示的仿真模型。

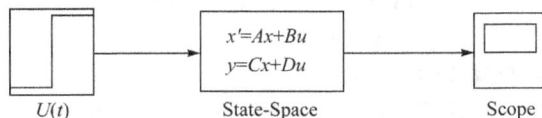

图 2-17　用状态方程模块构建的仿真模型

模型中各模块说明如下。

① $U(t)$输入模块：设置 Step time 为 0。

② State-Space 模块：A、B、C、D 各栏依次填入[0,1;-0.4,-0.2]、[0,0.2]、[1,0]和 0，如图 2-18 所示。

(2) 设置系统仿真参数。单击模型编辑窗口 Simulink 菜单中的 Simulationparameters 选项，打开仿真参数设置对话框，选择 Solver 选项卡，把仿真的停止时间 Stoptime 设置为 20。

(3) 仿真操作。双击示波器图标，打开示波器窗口。选择模型编辑窗口中 Simulation 菜单中的 Start 命令，就可以在示波器窗口中看到与图 2-14 相同的仿真结果曲线。

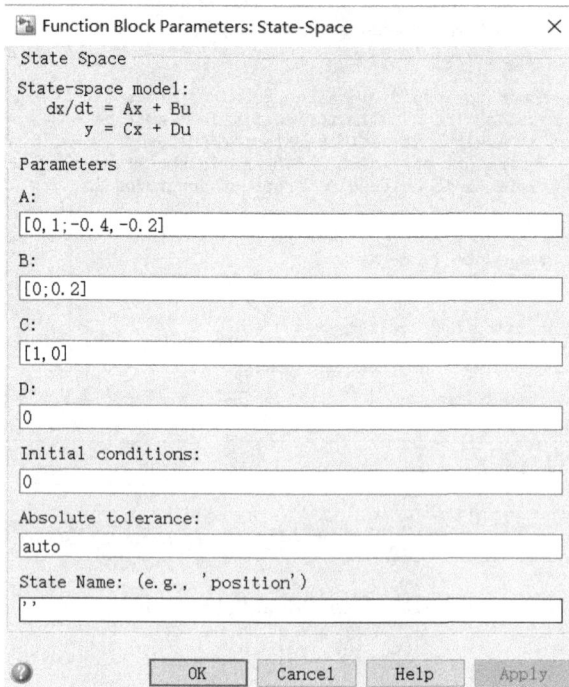

图 2-18　State-Space 模块参数设置

2.5　思　考　题

1. 试分析欧拉法、龙格-库塔法的优缺点。
2. 求常微分方程初值问题的数值解法的方法选择的原则和依据是什么？
3. 用欧拉法解初值问题：

$$\begin{cases} y' = -y - xy^2, & 0 \leqslant x \leqslant 0.6 \\ y(0) = 1 \end{cases}$$

取步长 h=0.2，计算过程保留 4 位小数。

4. 取步长 h=0.2，用四阶龙格-库塔法的经典格式求解初值问题：

$$\begin{cases} y' = 2xy, & 0 \leqslant x \leqslant 1 \\ y(0) = 1 \end{cases}$$

5. 求下图所示电路系统的传递函数：
6. 请构建下述系统的 Simulink 仿真模型，系统微分方程为 $\dot{X} = -2X + U$ 。

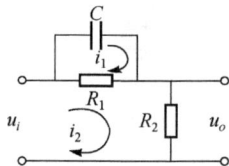

参　考　文　献

李庆扬, 王能超, 易大义, 2012. 数值分析[M]. 5 版. 北京: 清华大学出版社.

刘卫国, 2005. MATLAB 程序设计教程[M]. 2 版. 北京: 中国水利水电出版社.

梅晓榕, 2012. 自动控制原理[M]. 3 版. 北京: 清华大学出版社.

SEVERANCEF L, 2001.System modeling and simulation: an introduction[M].Chichester: John Wiley & Sons Ltd.

第 3 章　离散系统的建模与仿真

3.1　离　散　系　统

如前所述，时间驱动系统状态变化是在计算机时间步长的驱动下发生的，系统发生变化的时间间隔是有规则的，而事件驱动系统的状态是因某一事件的发生而变化的，系统发生变化的时间间隔是不规则的，或者说是随机的。通常系统的信号是二态的，即 1(事件发生)和 0(事件没有发生)。离散系统大多属于事件驱动系统，如前所述，这类模型的重点是事件发生的时间，而不是事件发生的内容，因此离散系统通常又称为离散事件系统，离散系统仿真通常又称为离散事件系统仿真。

交通系统的很多现象属于事件驱动系统。例如，车辆在路口的排队系统，其排队的长度是由随机且具有一定统计分布规律到达的车辆所确定得到的，因此研究该系统模型的特性，重要的是要知道车辆到达的速率和车辆可能的类型(可确定长度)，而每次具体到达的什么车辆并不重要，这样就可以确定路口的交通负荷和灯控系统的可靠性。在特定情况下，通过纯理论分析可以得出结果，但大多数情况需要通过计算机仿真来实现。

在上述实例中，到达路口的车辆数量是随机的，虽然放行车辆的时间是确定的，但由于各个车辆起步的时间和速度不同，离开车辆的数量随机，到达与离开的车辆数量差异就会在路口前形成排队等待的现象，这种排队长度是随机的，但可以计算其统计规律。从这个实例中可看出，事件驱动系统中可能出现多个事件，如到达车辆是一个事件，到达的车辆中出现大型车辆(长度不同)也是一个事件，车辆的离开又是一个事件。这些事件都具有一定的随机性和分布规律，建立相关模型就可实现对这类系统的仿真运算，从而实现对系统特性的分析研究。

3.1.1　离散事件系统的组成

离散事件系统一般由以下 6 个基本要素组成。

(1) 实体。实体一般指系统所研究的对象。用系统术语说，实体是系统边界内的对象，系统中流动的或活动的元素都可以称为实体。

(2) 事件。事件就是引起系统状态发生变化的行为。从某种意义上说，离散系统是由事件来驱动的。

(3) 活动。活动在离散事件系统中，通常用来表示两个可以区分的事件之间的过程，标志着系统状态的转移。

图 3-1　事件、活动和进程三者关系示意图

(4) 进程。进程由若干个有序事件及若干个有序活动组成，一个进程描述了它所包括的事件和活动之间的逻辑关系及时序关系，如图 3-1 所示。

(5) 仿真时钟。仿真时钟用来表示仿真时的变化。仿真时钟与实际时钟的区别在于：前者是离散的，而后者是连续的。由于仿真实质上是对系统状态在一定时间序列下的动态描述，因此，仿真时钟一般是仿真的主要自变量。

(6) 统计计数器。离散事件动态系统的状态随着事件的不断发生而呈现出动态变化，这种变化是随机的，某一次仿真运行得到的状态变化过程只不过是随机过程中的一次取样，只有经过多次统计得到的仿真输出统计结果才有意义。

3.1.2　离散事件系统的仿真方法

离散事件系统仿真实质上是对那些由随机系统定义的，用数值方式或逻辑方式描述的动态模型的处理过程。离散事件系统仿真方法根据其仿真机制可分为三种，具体如下。

(1) 面向事件的仿真机制——事件调度法：事件安排和时间推进，在"产生事件、安排事件、时间推进、处理事件、再产生新事件"中进行循环。

(2) 面向活动的仿真机制——活动扫描法：对所有部件进行扫描，判断活动是否发生，要看是否满足条件，其中时间条件优先。

(3) 面向进程的仿真机制——进程交互法：综合了前两种仿真机制，采用了两个事件表(当前事件表和将来事件表)。

3.1.3　离散事件系统仿真的一般步骤

(1) 系统建模。系统模型一般用流程图或网络图的方式来描述，反映了临时实体在系统内部历经的过程、永久实体对临时实体的作用以及它们之间的逻辑关系。

(2) 确定仿真算法。确定仿真算法包括两方面内容：一是如何产生需求的随机变量；二是采用怎样的方法进行仿真，即仿真策略。

(3) 建立仿真模型。根据已经确定的仿真算法，进行变量定义、流程图确定，完成仿真程序的实现。

(4) 仿真结果分析。离散事件系统固有的随机性使得每次仿真计算结果仅仅是随机变量的一次取样，要运行多次，并采用适当的方法进行分析。

3.2　随 机 变 量

如前所述，离散事件系统中最重要的不是事件本身，而是事件发生的时间或状态。随机变量是描述事件的发生时间和确定事件的状态最重要的参数，它是由随机数和分布模型确定的。因此，在离散事件仿真中，首先要确定为系统提供驱动力的随机信号及其分布模型。随机信号及其分布模型可以通过对观察采集到的随机信号的样本进行辨识来获得，如果不能获得辨识模型，则可以使用经验的分布模型。

3.2.1　随机信号的采集及模型

采用基于观测的随机信号进行建模，需完成以下 4 个步骤。

(1) 从现实系统中采集随机信号。

(2) 统计随机信号的频次，建立分布图，提出分布模型假设。

(3) 对分布模型的特征参数进行估计。

(4) 检验模型。

1. 随机信号的采集

在仿真实验中，采集随机信号是重要的任务之一，且工作量较大。采集随机信号时需要从观察入手，尽可能地采集到完整的随机信号，并针对随机信号设计特定的储存方式以便修改。收集完随机信号后，要进行有效的数据分析，以保证采集的随机信号可用于确定分布形式。尽量在一个组中挑选符合分布的均匀随机信号，并检验不同时间周期中随机信号的均匀性。

2. 随机信号的辨识

统计随机信号的频次，建立直方图(分布图)，提出分布模型假设。直方图作为一种重要的工具用来表示质量的变化情况，又称为质量分布图。用直方图能够清晰地解析所获数据的规则性，能够更加直观地辨识出产品质量整体数据的分布状态。制作直方图需要运用统计学的概念，首先是对数据进行分组，如何合理、有效地分组便是问题的关键。观察次数以及数据的分散或散布程度可以确定直方图分组区间的组数。若区间确定得太宽，将丢失信息，若太窄则观测数据中的噪声滤除得不够。因此，往往要选择不同大小的区间宽度，分别做出相应的直方图，选择一个看上去是"最好的"或"最光滑的"直方图与理论分布进行比较，以便得到较为可靠的分布假设。在实践中，一般近似等于样本量的平方根是分组区间组数最佳情况。然后在此基础上，进行分布假设。分布假设基于对直方图形状的研究和理论分布的比较，确定随机信号可能服从什么分布，如指数分布、正态分布和泊松分布等。

3. 参数估计

做出分布假设的辨认之后，下一步要做的是估计分布的参数。例如，假设样本的分布为正态分布，则需要估计正态分布的两个特征值：均值和方差。当样本容量为 n 时，n 个观察值是 x_1, x_2,$\cdots$,x_n，则样本均值 $\bar{X}$ 定义为

$$\overline{X} = \frac{\sum_{i=1}^{n} X_i}{n} \tag{3-1}$$

样本方差(S^2)定义为

$$S^2 = \frac{\sum_{i=1}^{n} X_i^2 - n\overline{X}^2}{n-1} \tag{3-2}$$

若离散数据已按频数分组，则

$$\overline{X} = \frac{\sum_{j=1}^{K} f_j X_i^2}{n} \tag{3-3}$$

$$S^2 = \frac{\sum_{j=1}^{K} f_j X_i^2 - n\overline{X}^2}{n-1} \tag{3-4}$$

其中，K 是 X 中不相同的数值的个数，即分组数；f_j 是 X 中数值 X_j 的观察频数。

4. 模型检验

为了测试随机样本量为 n 的随机变量 X 服从某一特定分布形式的假设，常用 χ^2 检验拟合优度。这种检验方法首先把 n 个观察值分成 k 个分组区间或单元。检验的统计量由式(3-5)给出：

$$\chi_0^2 = \sum_{i=1}^{k} \frac{(O_{i-E_i})^2}{E_i} \tag{3-5}$$

其中，O_i 是在第 i 个分组区间的观察频数；E_i 是在该分组区间的期望频数。每一组区间的期望频数 $E_i = np_i$，这里的 p_i 是理论值，是对应的第 i 个分组区间的假设概率。可以证明 χ_0^2 近似服从具有 $f = k-s-1$ 个自由度的 χ^2 分布，这里 s 表示由采样统计量所估计的假设分布的参数个数。

例 3.1　观测某干道交通流。观测 90min，共 219 辆车通过观测点，时间间隔为 x_i，观测数据见表 3-1，确定该干道交通流的车辆到达模型。

表 3-1　车辆到达时间观测数据时间间隔

时间间隔/min	数据个数	时间间隔/min	数据个数	时间间隔/min	数据个数	时间间隔/min	数据个数
0.01	13	0.25	5	0.51	3	0.88	2
0.02	3	0.26	5	0.52	3	0.9	1
0.03	5	0.27	1	0.53	2	0.93	2
0.04	6	0.28	2	0.54	2	0.95	1
0.05	5	0.29	2	0.55	2	0.97	1
0.06	4	0.3	1	0.56	1	1.03	2

续表

时间间隔/min	数据个数	时间间隔/min	数据个数	时间间隔/min	数据个数	时间间隔/min	数据个数
0.07	3	0.31	2	0.57	2	1.05	2
0.08	6	0.32	2	0.6	1	1.06	1
0.09	2	0.35	3	0.61	2	1.09	1
0.1	8	0.36	3	0.63	2	1.1	1
0.11	5	0.37	2	0.64	1	1.11	1
0.12	4	0.38	5	0.65	3	1.12	1
0.13	2	0.39	1	0.69	2	1.17	1
0.14	4	0.4	2	0.7	1	1.18	1
0.15	6	0.41	2	0.72	2	1.24	1
0.17	3	0.43	3	0.74	1	1.28	1
0.18	1	0.44	1	0.75	1	1.33	1
0.19	3	0.45	2	0.76	1	1.38	1
0.2	1	0.46	1	0.77	1	1.44	1
0.21	5	0.47	3	0.79	1	1.51	1
0.22	3	0.48	1	0.84	1	1.72	1
0.23	5	0.49	4	0.86	1	1.83	1
0.24	1	0.5	3	0.87	2	1.96	1

先运用直方图法假设其分布类型。将表 3-1 中观测数据的取值范围分成若干个等长区间，取等长区间为 0.1min，得车辆到达观测点的直方图，如图 3-2 所示。

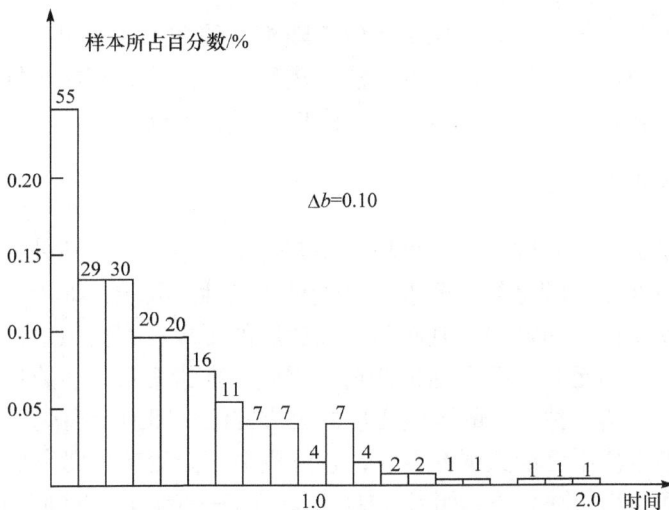

图 3-2　车辆到达直方图

从图 3-2 所示直方图的形状来看，与指数分布的密度函数接近，因而可以假设该观测数据服从指数分布，其参数为

$$\hat{\beta} = \overline{x}(219) = 0.399 \qquad (3\text{-}6)$$

则车辆到达的分布模型为

$$f(x) = \begin{cases} \dfrac{1}{0.399}\mathrm{e}^{-x/0.399}, & x > 0 \\ 0, & \text{其他} \end{cases} \qquad (3\text{-}7)$$

3.2.2 随机数的产生

随机数分布模型建立后，接下来的工作就是生成一组随机数，再通过分布模型产生随机变量。服从某个分布的随机变量可以通过对独立地在[0,1]区间均匀分布的随机数进行转换而得到。因此，在[0,1]区间均匀分布的随机数是生成各种分布模型(如正态分布、指数分布等)随机变量的基础。在系统仿真过程中，选取与实际问题发生概率相一致的一组随机数作为仿真数据源是保证仿真有效性的前提。有多种产生随机数的方法，这些方法称为随机数生成器。随机数的特点是它产生的数与前面的数没有任何关系。因此，真正的随机数是物理现象产生的，如转轮、掷硬币、使用电子元件的噪声、核裂变等。若采用这种物理的方法生成随机数称为物理性随机数生成器。物理性随机数生成器虽然具有真实性，但技术上的要求较高，很少使用。在仿真中，常使用一种伪随机数，它们是根据一个固定的、能够重复的计算方法产生的。它们并不是真正的随机数，但是具有类似于随机数的统计特点，这样的生成器称为伪随机数生成器。

目前，在[0,1]区间均匀分布的随机数是利用数学递推公式在计算机上产生的随机序列，从统计性质来看，在一定程度上近似于在[0,1]区间均匀分布的随机数，但它显然不是真正的随机数，而是伪随机数。

利用计算机本身的数字计算功能来产生伪随机数的方法既不用占大量的内存，又能重复产生，因此是目前使用较为广泛的方法。重复产生随机数有两个好处：一是有利于计算机程序的调试和确认；二是有利于不同仿真模型的比较。

3.2.3 随机变量的生成

产生随机变量的方法有许多种，可根据需要选择其中一种或几种方法。对仿真系统而言，产生的随机变量应满足如下要求：首先是准确性的要求，即由这种方法产生的随机变量应符合所要求的分布规律；其次是生成速度的要求，在离散事件仿真中，一次运行往往需要产生几万甚至几十万个随机变量，因此，随机变量的生成速度对仿真效率有较大的影响。下面介绍一种常用的随机变量的生成方法，即逆变换法。

逆变换法是最常使用且最直观的方法，它以概率积分变换定理为基础。

概率积分变换定理叙述如下：如果 $\mu_i (i = 1, 2, \cdots)$ 是一个在[0,1]区间内均匀分布的独立随机变量，而另一个给定分布函数 $F(x)$ 的随机变量为 x_i，则随机变量 x_i 可以由其反分布函数 $F^{-1}(\mu_i)$ 求得，即

$$x_i = F^{-1}(\mu_i) \qquad (3\text{-}8)$$

这种方法是对分布函数进行逆变换，因而取名为逆变换法。

逆变换法的原理可用图 3-3 加以说明。

由于概率分布函数的变化范围为[0,1]，现若以一个在[0,1]上均匀分布的随机数作为 $F(x)$ 的取值规律，则落在区间 Δx 内的样本数的概率就是 ΔF，因此，随机变量 x 在区间 Δx 内出现的概率密度函数的平均值为 $\Delta F/\Delta x$，当 Δx 趋于零时，其概率密度函数就等于 $\mathrm{d}F/\mathrm{d}x$，即符合原来给定的密度分布函数。

由以上分析可知，可以用[0,1]均匀分布的随机数来实现某一随机变量概率分布函数的

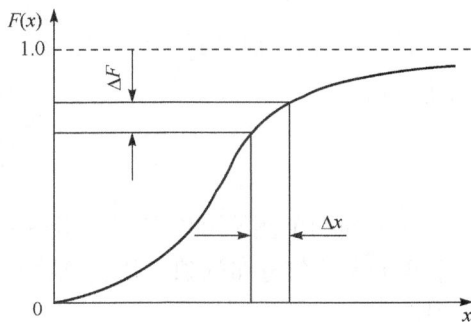

图 3-3　概率积分变换定理

抽样，而每一概率抽样对应的随机变量值即为所要求的符合这种概率分布的随机变量的抽样值，可用式(3-9)表示：

$$\mu_i = F(x_i) \tag{3-9}$$

应用这一原理可得到各种分布的随机变量。

例 3.2　均匀分布随机变量的生成。

已知一随机变量概率密度为

$$f(x)=\begin{cases}\dfrac{1}{b-a}, & a\leqslant x\leqslant b\\ 0, & 其他\end{cases} \tag{3-10}$$

由 $f(x)$ 可得到 x 的分布函数：

$$F(x)=\int_a^x\frac{\mathrm{d}u}{b-a}=\frac{x-a}{b-a} \tag{3-11}$$

用随机数发生器产生 $U[0,1]$ 随机变量 u，并令

$$u=F(x)=\frac{x-a}{b-a} \tag{3-12}$$

从而可得　　　　　　　　　$x=a+(b-a)u \tag{3-13}$

例 3.3　指数分布随机变量的生成。

已知一随机变量概率密度函数为

$$f(x)=\begin{cases}\lambda\mathrm{e}^{-\lambda x}, & x>0\\ 0, & x\leqslant 0\end{cases} \tag{3-14}$$

由 $f(x)$ 可得到 x 的分布函数：

$$F(x)=\int_0^x\lambda\mathrm{e}^{-\lambda x}\mathrm{d}x=1-\mathrm{e}^{-\lambda x} \tag{3-15}$$

用随机数发生器产生 $U[0,1]$ 随机变量 u，并令

$$u=F(x)=1-\mathrm{e}^{-\lambda x} \tag{3-16}$$

从而可得 $$x = -\frac{1}{\lambda}\ln(1-u) \qquad (3\text{-}17)$$

若 $(1-u)$ 是 $[0,1]$ 均匀分布随机数，则 u 也是 $[0,1]$ 均匀分布随机数。因此常采用以下简化公式：

$$x = -\frac{1}{\lambda}\ln u \qquad (3\text{-}18)$$

从上面两个例子可以看到，用逆变换法产生随机变量时，首先要用随机数发生器生成在 $[0,1]$ 上均匀分布的独立的随机数 u，以此为基础得到的随机变量 x 才能保证分布的正确性。

当 x 是离散随机变量时，其逆变换法的形式略有不同。原因在于离散随机变量的分布函数也是离散的，所以不能直接利用反函数来获得随机变量的抽样值。

设离散随机变量 X 的分布律为

$$P\{X = x_i\} = p_i , \quad i = 1, 2, \cdots \qquad (3\text{-}19)$$

令 $$P^{(0)} = 0, \ P^{(n)} = \sum_{i=1}^{n} p_i, \ n = 1, 2, \cdots$$

将 $\{P^{(n)}\}$ 作为区间 $[0,1]$ 的分点，如图 3-4 所示。

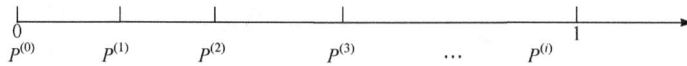

图 3-4　区间 $[0,1]$ 上的分点

若随机变量 $R \sim U(0,1)$，有

$$P\{P^{(n-1)} < R \leqslant P^{(n)}\} = P^{(n)} - P^{(n-1)} = P_n, \quad n = 1, 2, \cdots \qquad (3\text{-}20)$$

令 $$\{P^{(n-1)} < R \leqslant P^{(n)}\} = \{X = x_n\}$$

有 $$P\{X = x_n\} = p_n, \quad n = 1, 2, \cdots \qquad (3\text{-}21)$$

产生 X 的随机数的算法步骤如下。

(1) 产生一个 $[0, 1]$ 区间上均匀分布随机数 $r(\text{RND})$。

(2) 若 $P^{(n-1)} < r \leqslant P^{(n)}$，则令 X 取值为 x_n。C。

例 3.4　离散型随机变量的生成。离散型随机变量 X 的分布律见表 3-2。

表 3-2　离散型随机变量 X 的分布律

$X = x$	0	1	2
$P(x)$	0.3	0.3	0.4

设 $r_1, r_2, \cdots, r_n$ 是 RND 随机数，令

$$x_i = \begin{cases} 0, & 0 < r_i \leqslant 0.3 \\ 1, & 0.3 < r_i \leqslant 0.6 \\ 2, & 0.6 < r_i \end{cases} \tag{3-22}$$

$r_1, r_2, \cdots, r_n$ 即为具有 X 的分布律的随机数。

从理论上讲，可解决产生具有任何离散型分布的随机数的问题。但具体执行仍有困难，如 X 的取值是无穷多个的情况。此时可利用分布的自身特点，采用其他的模拟方法。

例 3.5　泊松(Poisson)分布随机变量的生成。

泊松分布的密度函数为

$$p(x) = \begin{cases} \dfrac{\mathrm{e}^{-\lambda} \lambda^x}{x!}, & x \in \{0, 1, \cdots\} \\ 0, & \text{其他} \end{cases} \tag{3-23}$$

分析 $p(x)$ 的特点，不难看到

$$p(i) = \frac{\mathrm{e}^{-\lambda} \lambda^i}{i!} = \frac{\lambda}{i} \frac{\mathrm{e}^{-\lambda} \lambda^{i-1}}{(i-1)!} = \frac{\lambda}{i} p(i-1) \tag{3-24}$$

则其分布函数可表示为

$$F_i = F_{i-1} + p(i) \tag{3-25}$$

从而可得到产生泊松分布随机变量的算法如下。

(1) 令 $i = 0$，$p_i = \mathrm{e}^{-\lambda}$，$F_i = 0$，$F_{i+1} = p_i$。

(2) 产生 $u_{i+1} \to U(0,1)$。

(3) 令 $p_{i+1} = \dfrac{\lambda}{i+1} p_i$，$F_{i+1} = F_i + p_{i+1}$。

(4) 若 $F_i \leqslant u_{i+1} < F_{i+1}$，则 $x = i+1$，否则，$i = i+1$，返回(3)。

例 3.6　以车头时距和车速为随机变量建立一个发车仿真模型，并进行统计检验。

(1) 车头时距随机变量。

车头时距(Headways)指的是相邻的前后两辆车通过车行道上某一点或某一断面的时间差。通过实际观察和研究，发现车头时距是具有某种分布规律的连续型随机变量，如负指数分布、移位负指数分布、M3 分布、均匀分布等。本例假设车头时距符合[0, 10s]的均匀分布，则其概率密度函数如下：

$$f(h) = \begin{cases} \dfrac{1}{10-0}, & 0 \leqslant h \leqslant 10 \\ 0, & \text{其他} \end{cases} \tag{3-26}$$

其中，$f(h)$ 为车头时距为 h 时的概率密度；h 为车头时距(s)。

由式(3-8)得车头时距随机变量计算模型：

$$x = 0 + (10-0)u = 10u \tag{3-27}$$

其中，

$$u \sim U[0,1]$$

u 为在[0,1]区间均匀分布的随机数。

(2) 车速随机变量。

假设发车速度符合泊松分布，平均车速为 50km/h，最低车速为 30km/h，最高车速为 70km/h。其概率密度函数为

$$p(v) = \begin{cases} \dfrac{e^{-50}50^v}{v!}, & v \in \{0,1,\cdots\} \\ 0, & \text{其他} \end{cases} \tag{3-28}$$

其中，$p(v)$ 为发车速度为 v 时的概率；v 为发车速度(km/h)。

采用离散的泊松逆变换法，可实现车速的抽样。

(3) 发车仿真流程。

建立的发车仿真流程模型如图 3-5 所示。其中，车头时距和行车速度的抽样值分别由上述车头时距和车速的概率模型获取；模型参数、仿真参数的设置、车辆的动画显示、车辆参数的记录可集成在一个发车平台上。

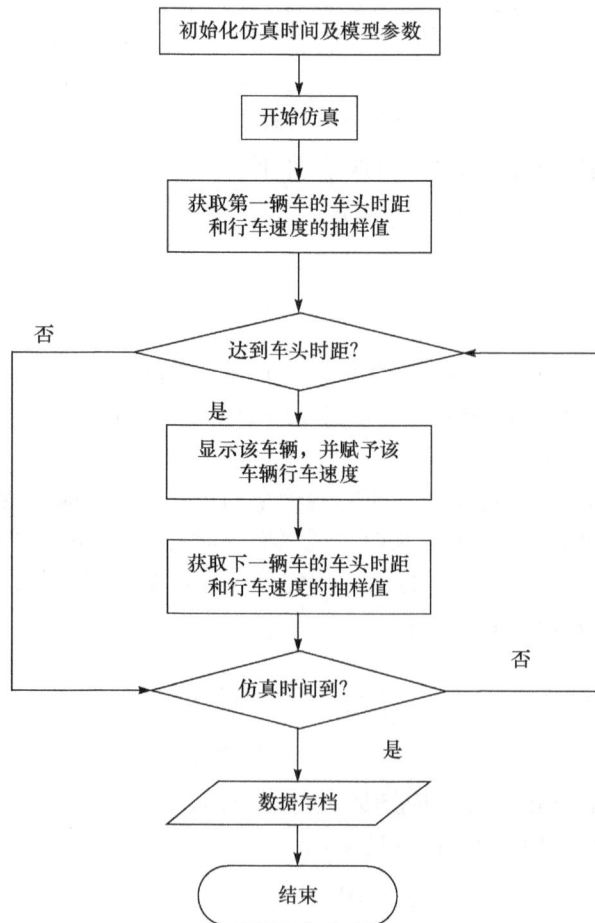

图 3-5　发车仿真流程模型

(4) 仿真结果。

仿真计算平台如图 3-6 所示。本次实验时间设置为 30 分钟 30 秒，共获仿真实验 360 个数据。对车头时距按从小到大进行排序并分组，进行频率统计，如图 3-7 所示，卡方检验法检验拟合优度：

$$\chi^2 = \sum_{i=1}^{40} \frac{f_i^2}{F_i} - N = 399.111 - 360 = 39.111$$

自由度 $DF = 40 - 1 = 39$，取置信度水平 $\alpha = 0.05$，查表得 $\chi_\alpha^2 = 54.572 > 39.111$，所以实验仿真数据符合 $[0, 1]$ 区间的均匀分布。

本仿真实验最低车速为 33km/h，最高车速为 69km/h，车速分布从最小值到最大值排序，其概率统计状况如图 3-8 所示，卡方检验法检验拟合优度：

$$\chi^2 = \sum_{i=1}^{29} \frac{f_i^2}{F_i} - N = 395.932 - 360 = 35.932$$

自由度 $DF = 29 - 2 = 27$，取置信度水平 $\alpha = 0.05$，查表得 $\chi_\alpha^2 = 40.113 > 35.932$，所以车速分布满足泊松分布的要求。

图 3-6 仿真计算平台

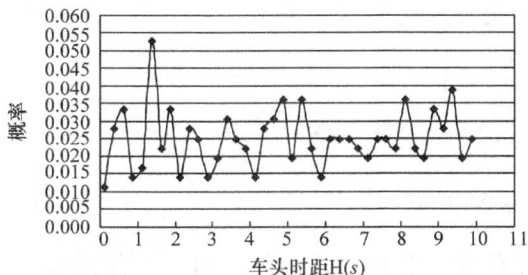

图 3-7 车头时距分布

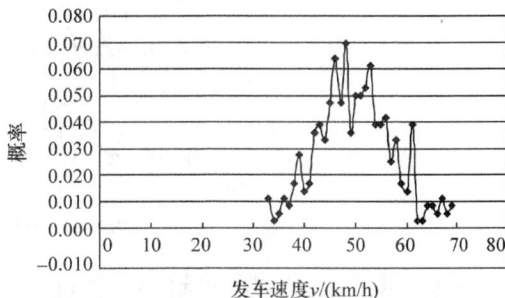

图 3-8 车速分布

3.3　随机过程

3.3.1　随机过程的概念

前面讨论了随机变量及其分布特征，而在实际问题中，涉及的不仅是简单的随机变量，而是随机过程。在实例中，传送带 A 作为系统的输入信号(箱子到达的时间及重量过程)，其实就是一个随机过程。可见在离散系统的建模中，不仅要对系统本身建模，还要对输入信号建模。因此有必要对随机过程进行研究。当然，随机过程与随机变量是有密切联系的。

自然界中，事物的变化过程可以广泛地分为两类。第一类过程，例如，初速度为零的自由落体的运动规律，有下面的函数关系：

$$x(t) = \frac{1}{2}gt^2 \tag{3-29}$$

该函数可确定任一时间 t 时，物体的精确位置 $x(t)$，这个变化过程是一个确定性过程，可以用确定性函数加以描述。

另外，也有第二类过程，它没有确定的变化形式，没有必然的变化规律，也很难用确定性函数加以描述，这样的变化过程称为随机过程。例如，一辆汽车在某一公路上行驶，由于路面高低不平等随机因素的影响，驾驶人座椅处的垂直加速度每时每刻都在变动，并在平均值上下摆动。图 3-9 中，曲线(1)为第一次实验得到的加速度曲线 $a_1(t)$。即使由同一位驾驶员，以同样速度做第二次、第三次实验，得到的曲线 $a_2(t)$ 和 $a_3(t)$，由于随机因素的影响均不会和曲线 $a_1(t)$ 一样。做 n 次实验可得到 n 条不同的曲线。这样的过程则是一个随机过程，它无法用确定性函数描述，其中任一条曲线称为这一过程的一个现实，也称为样本函数或子样函数。n 个现实构成一个随机过程的样本空间。

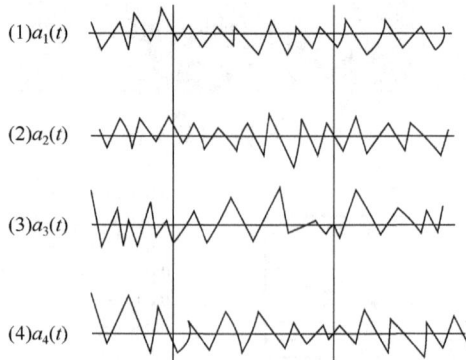

图 3-9　车辆振动的随机过程

由上可见，随机过程是这样一种过程，它是在实验中能确定而事先不能确定的形式。和随机变量一样，随机过程也具有自身的分布和统计特征。

如果任意确定一个时间 t_1，每条曲线在 t_1 处都有一个函数值 $a_i(t)$，$i = 1, 2, 3, \cdots, n$，n

个函数值构成一个随机变量 $X(t)$ ，称这个随机变量为对应于给定时间 t_1 的随机过程截口。也称为 $X(t)$ 在 $t = t_1$ 时的状态。所以，可以认为一个随机过程是由无穷多个随机变量构成的随机变量系。

例 3.7　将车辆分为货车和小客车两类，记录进入某路口的车辆类型。

以"0"表示货车，以"1"表示小客车，并以 $X(k)$ 表示第 k 辆进入路口的车辆的状态，即

$$X(k) = \begin{cases} 0, & \text{第}k\text{辆进入为货车} \\ 1, & \text{第}k\text{辆进入为小客车} \end{cases}$$

不断记录下去，则 $X(k)$ 是一个随机过程，相应的参数集为 $T = \{1, 2, \cdots\}$ 。

由以上例子可见，随机过程中的参数 t 既可为连续时间，也可以为其他离散参数(如例 3.7 中车辆的进入)。实际上对任何参数 t ，随机过程的定义如下。

设 E 是随机实验， Ω 为它的样本空间， T 为参数集，如果对每一个 $t \in T$ ，都有随机变量 $X(t, \omega)(\omega \in \Omega)$ 与之对应，则称依赖 t 的一簇随机变量为随机过程，记为 $\{X(t, \omega), t \in T\}$ ，简记为 $\{X(t)\}$ ，其中， t 为参数。

对随机过程 $\{X(t, \omega), t \in T\}$ ，若 t 固定，则 $X(t)$ 是一个随机变量，工程上称 $X(t)$ 为随机过程在 t 时刻的状态，随机变量 $X(t)$ (t 固定，且 $t \in T$)所有可能取值构成一个实数集，称为随机过程的状态空间或值域，记为 I 。若 ω 固定，则 $X(t, \omega)$ 是 t 的函数，称为随机过程 $\{X(t, \omega), t \in T\}$ 的样本函数。

随机过程可依据其参数集 T 和状态空间 I 的情况进行分类，参数集 T 分为连续集和离散集两种情况；状态空间 I 同样可分为连续和离散两种情况。因而随机过程可分为下列四类。

(1) 连续参数、连续状态的随机过程。

(2) 连续参数、离散状态的随机过程。

(3) 离散参数、连续状态的随机过程。

(4) 离散参数、离散状态的随机过程。

可以看出，图 3-9 和例 3.7 中，汽车振动是连续参数、离散状态的随机过程，而进入路口的车辆类型是离散参数、离散状态的随机过程。需要指出的是，很多时候需要对连续参数进行离散化，但它仍然属于连续参数，它的特点是参数的变化像时钟一样定时地敲击，这类随机过程可称为定时随机过程。而离散参数是指参数的变化是随机的，其随机过程可称为不定时随机过程。

3.3.2　随机过程的产生

对仿真系统来说，随机过程就是系统的某一个随机输入信号。由上述随机过程的类型可知，基于不同的时间参数，有两种基本的类型：等时距随机过程和任意时距随机过程。在等时距随机过程中，信号(确定的或随机的值)的发生与时钟同步，即时钟每走一步，信号就发生一次，形成在时间等距上的信号离散值；在任意时距随机过程中，信号(确定

的或随机的)发生的时间是随机的,与时钟不同步。在两个信号发生之间,系统状态值保持不变。

基于确定性或等时距随机过程输入信号的系统,由于系统状态的变化是基于单位时间的,或者说系统状态变化是以时间为驱动机制的,因此称为"时间驱动系统"。相比之下,任意时距随机过程是以随机发生的信号(事件)为系统状态变化的驱动机制的,因此称为"事件驱动系统"。

1. 等时距随机过程的产生

在等时距随机过程中,初始时间和时距是给定的,并且在整个仿真过程中是不变的。当以等时距随机过程为系统输入时,要注意以下三点。

(1) 如果信号是离散的,时间定义为非负整数 k 值的时间序列,在离散时间 k 和 $k+1$ 之间,信号状态将保持不变。

(2) 对于连续信号,在离散时间 k 和 $k+1$ 之间,信号状态可能发生变化。这时的离散时间来自于连续时间 t,即 $t=kT$,其中,T 称为采样时距,$1/T$ 为采样频率。这种系统可以按需要确定采样时距。

(3) 对于连续输入函数,系统模型是微分方程。一般情况下,不能用理论方法求解微分方程,而是采用数值求解。因此,离散时间是定义时间步长 h 来确定的,即 $t=hk$。而通过设定不同的时间步长,可确定一个合适的数值积分方法。

2. 任意时距随机过程的产生

任意时距随机过程中信号的发生时间点是随机的,如果发生时间点的分布是指数分布,这种过程称为马尔可夫过程。此外,如果信号值 $x(t)$ 是到某个时间 t 的累计的数量值,这种过程称为泊松过程。模拟这种过程需要知道事件发生的时间和在该时间点产生的信号值,即需要确定事件时间序列 $\{t_k\}$ 和产生的事件序列 $\{x_k\}$。对于泊松过程,随机过程如下。

(1) 时间序列:由于事件发生的时间符合指数分布,即 $t_k = t_{k-1} - \mu \ln(\mathrm{RND})$,$k>0$,$\mu$ 为时间均值。从初值 $t=0$ 开始产生马尔可夫时间序列。

(2) 事件序列:单一事件在时间序列点发生。对泊松过程,当前信号值为过去累计信号值再增加 1。若初始值为无事件发生,即 $x_0=0$,则 $x_k = x_{k-1}+1$,$k>0$。

例 3.8　生成一个泊松随机过程。

设时间均值 $\mu=2\mathrm{s}$,事件发生总数为 8。程序如下,结果见表 3-3。

```
t(0)=0
x(0)=0
for k=1/to8
t(k)=t(k-1)-m*ln(RND)
x(k)=x(k)+1
next k
```

表 3-3　泊松随机过程生成结果

$t(k)$	0.00	1.44	3.28	5.89	9.95	10.91	16.26	18.27	19.87
$x(k)$	0	1	2	3	4	5	6	7	8

以上介绍了随机信号的生成模型，它们是事件驱动系统中最重要的参数和模型。下面介绍交通系统常用的排队模型。

3.4　排　队　模　型

排队模型是离散系统中应用最广泛的一种模型。在交通系统中，排队现象随处可见，路口等待放行、前方拥堵、过收费站等情况下的车辆都需要排队。等待服务或通行的车辆行列简称为排队，排队中的车辆和设施构成了排队系统。排队的车辆和排队等待的时间都是仅指排队本身，而排队系统中的车辆或排队系统消耗的时间，则是把正在接受服务的车辆包含在内的。

3.4.1　排队系统

1. 排队系统的组成

排队系统由三个组成部分，即输入过程、排队规则和服务机构，如图 3-10 所示。

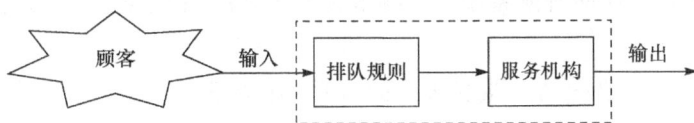

图 3-10　排队系统

1) 输入过程

输入过程是指各种类型的顾客(车辆或行人)，按什么样的规则到来。例如，定长输入：顾客有规律地等距到达。泊松输入：顾客的到来符合泊松分布。泊松分布适合于描述单位时间内随机事件发生的次数，如某一服务设施在一定时间内到达的人数、电话交换机接到呼叫的次数、汽车站台候车的人数、机器出现的故障数、自然灾害发生的次数等。这种输入的应用最广泛，也最容易处理。埃尔朗输入：顾客的到达间隔符合埃尔朗分布。

2) 排队规则

排队规则是指到来的顾客按什么样的规定次序接受服务，主要有三种制式。损失制：顾客到达时，若所有服务台均被占用，服务机构又不允许顾客等待，该顾客随即离去。等待制：顾客到达时，若所有服务台均被占用，他们就排成队伍，等待服务。服务次序有先到先服务即按到达次序接收服务(这是最通常的情形)，以及优先权服务(如救护车、消防车)等规则。显然，交叉口经常遇到的是先到先服务的等待制系统。混合制：如排队队长有限制的情形。顾客到达时，若队长小于 N，就排入队伍；若队长等于 N，顾客就离去。

3) 服务机构

服务机构是指同一时刻可接纳顾客的服务设施的数量及为每一位顾客服务时间的长短。服务设施可以没有服务员，也可以有一个或多个服务员，服务台的个数可以是一个或几个，可以是单个服务，也可以是成批服务，如公共汽车一次就装载大批乘客。服务时间分布主要有如下几种：定长分布，每一位顾客的服务时间都是同一常数；负指数分布，每一位顾客的服务时间相互独立，具有相同的负指数分布；埃尔朗分布，每一位顾客的服务时间相互独立，具有相同的埃尔朗分布。

一般为了方便，用 M 代表泊松输入或者负指数分布服务，D 代表定长输入或定长服务，E_k 代表埃尔朗分布的输入或服务。因此，泊松输入、负指数分布的服务、N 个服务台的排队系统可以写成 $M|M|N$。

2. 排队系统的主要特征量

(1) 系统内的顾客数，也称为队长，其平均(期望)值用 L 表示。

(2) 系统内排队等待的顾客数，也称为排队队长，其平均值用 L_q 表示。任何排队系统中，系统内的顾客总数等于排队等待的顾客数与正在接受服务的顾客数之和。

(3) 顾客在系统内的时间，指顾客在系统内的停留总时间，简称停留时间，其平均值用 W 表示。

(4) 顾客在系统内的等待时间，指顾客进入系统后排队等待的时间，简称等待时间，其平均值用 W_q 表示。任何排队系统中，顾客在系统内的时间等于顾客排队等待时间与接受服务时间之和。

(5) 顾客到达时不必等待就接受服务的概率，用 P_0 表示，于是系统内有 n 位顾客的状态概率用 P_n 表示。

3.4.2 单通道服务排队系统

在排队系统中，只有 1 个服务台的系统称为单通道服务排队系统，即 $M|M|1$ 系统，其主要特征量可表示如下。

设平均到达率为 λ，则到达的平均时距为 $1/\lambda$。排队从单通道接收服务后出来的平均服务率为 μ，则平均服务时间为 $1/\mu$。比率 $\rho=\lambda/\mu$ 称为交通强度或利用系数，可确定各种状态的性质。如果 $\rho<1$，并且时间充分，每个状态都按一定的非零概率反复出现。如果 $\rho\geqslant 1$，任何状态都是不稳定的，而排队的长度将会变得越来越长。因此，要保持稳定状态，即确保单通道排队能够消散的条件是 $\rho<1, \lambda<\mu$。

下面给出单通道服务排队系统常用的一些公式。

在系统中没有顾客的概率为

$$P_0 = 1-\rho \tag{3-30}$$

系统中有 n 个顾客的概率为

$$P_n = \rho^n(1-\rho) \tag{3-31}$$

系统中平均顾客数为

$$\bar{n} = \frac{\rho}{1-\rho} \tag{3-32}$$

系统中顾客的方差为

$$\sigma^2 = \frac{\rho}{(1-\rho)^2} \tag{3-33}$$

平均排队长度为

$$\bar{q} = \frac{\rho^2}{1-\rho} = \rho\bar{n} = \bar{n} - \rho \tag{3-34}$$

非零平均排队长度为

$$\bar{q}_w = \frac{1}{1-\rho} \tag{3-35}$$

排队系统中平均消耗时间为

$$\bar{d} = \frac{1}{\mu-\lambda} = \frac{\bar{n}}{\lambda} \tag{3-36}$$

排队中的平均等待时间为

$$\bar{\omega} = \frac{\lambda}{\mu(\mu-\lambda)} = \bar{d} - \frac{1}{\mu} \tag{3-37}$$

系统中顾客数超过 k 的概率

$$P(n > k) = \rho^{k+1} \tag{3-38}$$

排队系统中等候顾客数超过 k 的概率为

$$P(Q > k) = \rho^{k+2} \tag{3-39}$$

例 3.9　估计某观察点车辆排队长度、消耗时间和等待时间。

某路段单向车流量为 800 辆/h，所有车辆到达观察点要求领取 OD 调查卡片，假设工作人员平均能在 4 s 内处理一辆汽车，符合负指数分布。估计在该点上排队系统中的平均车辆数、平均排队长度、非零平均排队长度、排队系统中的平均消耗时间以及排队中的平均等待时间。

这是一个 $M|M|1$ 排队系统：

$$\lambda = 800\text{辆}/h$$

$$\mu = \frac{1}{4}\text{辆}/s = 900\text{辆}/h$$

$$\rho = \frac{800}{900} = 0.89 < 1$$

因此，系统是稳定的。

系统中的平均车辆数：$\bar{n} = \dfrac{\rho}{1-\rho} = \dfrac{\lambda}{\mu-\lambda} = \dfrac{800}{900-800} = 8(\text{辆})$。

平均排队长度：$\bar{q}=\bar{n}-\rho=8-0.89=7.11$(辆)。

非零平均排队长度：$\bar{q}_w=\dfrac{1}{1-\rho}=\dfrac{1}{1-0.89}=9.09$(辆)。

系统平均消耗时间：$\bar{d}=\dfrac{\bar{n}}{\lambda}=\dfrac{8}{800}$(h/辆)$=0.01$(s/辆)。

排队中的平均等待时间：$\bar{\omega}=\bar{d}-\dfrac{1}{\mu}=36-4=32$(s/辆)。

例 3.10　计算停车泊位数。

某路段到达车辆检测处的流量为 60 辆/h，检测能力为 100 辆/h，为使路上停车的概率不超过 0.03，计算该检测处的路外停车泊位至少需要的车位数。

这是一个 $M|M|1$ 排队系统：

$$\lambda=60辆/h,\quad \mu=100辆/h,\quad \rho=\dfrac{\lambda}{\mu}=0.6$$

令　　　　　　　　　　$P(n>k)=\rho^{k+1}=0.6^{k+1}=0.03$

得 $k=6$，即检测处的路外停车泊位数至少为 6 辆(包括正在接受检测的一辆)。

3.4.3　多通道服务排队系统

多通道排队系统的特点是服务通道有 N 条，依据不同的排队方式可以分为单路排队多通道服务、多路排队多通道服务两类。

单路排队多通道服务：等候服务的顾客排一队等待 N 条通道服务。排队中的第一个顾客随机选择有空通道接受服务，如图 3-11 所示。

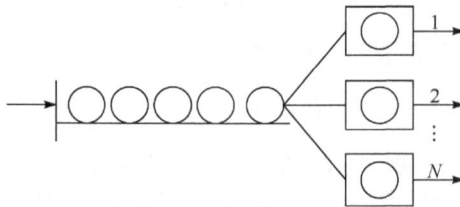

图 3-11　单路排队多通道

多路排队多通道服务：每个通道的顾客各排一队，每个通道对应一队顾客进行服务，顾客不能随意换队，如图 3-12 所示。

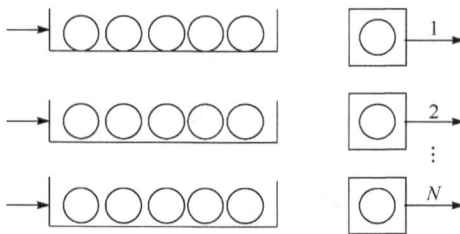

图 3-12　多路排队多通道

单路排队多通道服务系统保持稳定的条件是：$\rho/N<1$；多路排队多通道服务系统

则需每个通道的交通强度均小于 1。

下面是关于单路排队多通道服务系统存在的公式。

系统中没有顾客的概率：

$$P(0) = \cfrac{1}{\displaystyle\sum_{n=0}^{N-1} \cfrac{\rho^n}{n!} + \cfrac{\rho^N}{N!(1-\rho/N)}} \tag{3-40}$$

系统中有 n 位顾客的概率：

$$\begin{cases} P(n) = \rho^n P(0)/n!, & n \leqslant N \\ P(n) = \cfrac{\rho^n}{N! N^{n-N}}, & n > N \end{cases} \tag{3-41}$$

排队系统中顾客的平均数：

$$\bar{n} = \rho + \cfrac{P(0)\rho^{n+1}}{N! N}\left[\cfrac{1}{(1-\rho/N)^2}\right] \tag{3-42}$$

平均排队长度：

$$\bar{q} = \cfrac{P(0)\rho^{N+1}}{N! N}\left[\cfrac{1}{(1-\rho/N)^2}\right] = \bar{n} - \rho \tag{3-43}$$

排队系统中的平均消耗时间：

$$\bar{d} = \cfrac{\mu\left(\cfrac{\lambda}{\mu}\right)^N P(0)}{(N-1)!(N\mu-\lambda)^2} + \cfrac{1}{\mu} = \cfrac{\bar{n}}{\lambda} \tag{3-44}$$

排队中的平均等待时间：

$$\bar{\omega} = \cfrac{\mu\left(\cfrac{\lambda}{\mu}\right)^N P(0)}{(N-1)!(N\mu-\lambda)^2} = \cfrac{\bar{q}}{\lambda} \tag{3-45}$$

例 3.11　确定停车服务方式。

在一个百货公司停车场，白天的车辆到达率为 6 辆/h，平均每辆车停留在停车场的时间为 0.5h，站前广场有 5 排车位可停放车辆，为了便于管理，需要确定与服务相关的指标。(假设车辆到达服从泊松分布，停车时间服从负指数分布。)

由题意可知，该系统为 $M|M|N$ 系统，并且 $N=5$，$\lambda=6$ 辆/h，$\mu=\cfrac{1}{0.5}$ 辆/h=2 辆/h，$\rho=\cfrac{\lambda}{\mu}=\cfrac{6}{2}=3$，利用系数 $\cfrac{\rho}{N}=\cfrac{3}{5}=0.6<1$。

(1) 停车场地空闲的概率：

$$P(0) = \frac{1}{1 + \frac{3}{1!} + \frac{3^2}{2!} + \frac{3^3}{3!} + \frac{3^4}{4!} + \frac{3^5}{5! \times 0.4}} = 0.046647$$

(2) 系统中有 n 个车辆的概率：

$$\begin{cases} P(n) = \dfrac{3^n}{n!} \times 0.046647, & n \leqslant 5 \\ P(n) = \dfrac{3^n}{5! \times 5^{n-5}} \times 0.046647, & n > 5 \end{cases}$$

故

$$\begin{cases} P(0) = 0.046647 \\ P(1) = 0.139941 \\ P(2) = 0.209912 \\ P(3) = 0.209912 \\ P(4) = 0.157434 \end{cases}$$

(3) 排队系统中车辆的平均数：

$$\bar{n} = 3.35423 辆$$

(4) 在系统中平均消耗时间：

$$\bar{d} = 0.55904 \text{h}$$

(5) 排队中的等待时间：

$$\bar{\omega} = 0.05904 \text{h}$$

例 3.12 车辆在收费站中停留时间超过 t 的概率。

设一个车辆到达收费站时，已有 n 辆车在前方排队，则该车在排队系统中的等待时间应该是收费站对前 n 辆车的服务时间加上该车辆的服务时间。若分别用 $T_1, T_2, \cdots, T_n$ 表示前 n 辆车的服务时间，T_{n+1} 表示对该车辆的服务时间，令 $S_{n+1} = T_1 + T_2 + \cdots + T_n + T_{n+1}$，则有

$$f(S_{n+1}) = \frac{\mu}{n!}(\mu t)^n \mathrm{e}^{-\mu t}$$

$$P\{S_{n+1} \leqslant t\} = \int_0^t \frac{\mu}{n!}(\mu t)^n \mathrm{e}^{-\mu t} \mathrm{d}t$$

车辆在加油站停留时间小于 t 的概率：

$$P\{W_s \leqslant t\} = \sum_{n=0}^{\infty} P_n P\{S_{n+1} \leqslant 1\} = \sum_{n=0}^{\infty}(1-\rho)\rho^n \int_0^t \frac{\mu}{n!}(\mu t)^n \mathrm{e}^{-\mu t} \mathrm{d}t = 1 - \mathrm{e}^{-\mu(1-\rho)t}$$

所以等待时间大于 t 的概率：

$$P = \{W_s > t\} = 1 - P\{W_s \leqslant t\} = \mathrm{e}^{-\mu(1-\rho)t}$$

已经有人等待的情况下还要等多久?

$$E\left(W_q \mid W_q > 0\right) = \frac{W_q}{1 - P_0} = \frac{\lambda}{\mu(\mu - \lambda)} \frac{\mu}{\lambda} = \frac{1}{\mu - \lambda}$$

下面再看一下有 S 个并联收费站的一些结果。

有 S 个并联收费站,顾客排成一行的排队服务的过程如图 3-13 所示。

这种情况下,收费站的效率为

$$\mu n = \begin{cases} n\mu, & n = 1, 2, \cdots, S \\ S\mu, & n \geqslant S \end{cases}$$

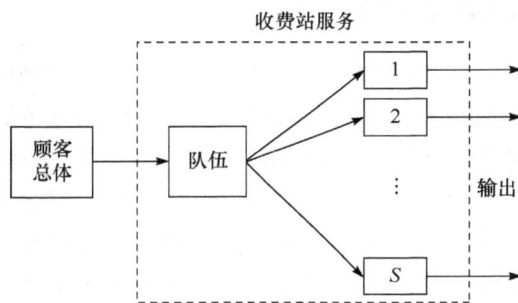

图 3-13 排队服务

因此,

$$C_n = \begin{cases} \dfrac{\lambda_{n-1}\lambda_{n-2}\cdots\lambda_0}{\mu_n\mu_{n-1}\cdots\mu_0} = \dfrac{(\lambda/\mu)^n}{n!}, & n = 1, 2, \cdots, S \\ \dfrac{\lambda_{n-1}\lambda_{n-2}\cdots\lambda_0}{(\mu_n\cdots\mu_{S+1})(\mu_S\cdots\mu_1)} = \dfrac{\lambda^n}{(S\mu)^{n-S}(S!\mu^S)} = \dfrac{(\lambda/\mu)^n}{S!S^{n-S}}, & n \geqslant S \end{cases}$$

由此,

$$P_0 = 1 \Big/ \left[\sum_{n=0}^{S-1} \frac{(\lambda/\mu)^n}{n!} + \frac{(\lambda/\mu)^S}{S!} \sum_{n=S}^{\infty} \left(\frac{\lambda}{S\mu}\right)^{n-S} \right]$$

$$= 1 \Big/ \left[\sum_{n=0}^{S-1} \frac{(\lambda/\mu)^n}{n!} + \frac{(\lambda/\mu)^S}{S!} \cdot \frac{1}{1 - (\lambda/S\mu)} \right]$$

$$P_n = \begin{cases} \dfrac{(\lambda/\mu)^n}{n!} P_0, & n = 0, 1, \cdots, S \\ \dfrac{(\lambda/\mu)^n}{S!S^{n-S}} P_0, & n \geqslant S \end{cases}$$

在多个收费站的情况下, $\rho = \dfrac{\lambda}{S\mu}$,并令 $n - S = j$,故有

$$L_q = \sum_{n=S}^{\infty} (n - S) P_n = \sum_{j=0}^{\infty} j P_{S+j} = \sum_{j=0}^{\infty} j \frac{(\lambda/\mu)^S}{S!} \rho_j P_0 = P_0 \frac{(\lambda/\mu)^S}{S!} \rho \sum_{j=0}^{\infty} \frac{\mathrm{d}}{\mathrm{d}\rho}(\rho^j)$$

$$= P_0 \frac{(\lambda/\mu)^S}{S!} \rho \frac{\mathrm{d}}{\mathrm{d}\rho}\left(\frac{1}{1-\rho}\right) = \frac{P_0(\lambda/\mu)^S \rho}{S!(1-\rho)^2}$$

$$L_S = L_q + \frac{\lambda}{\mu}$$

$$L_q = \lambda W_q$$

$$L_S = \lambda W_S$$

3.4.4　多类顾客排队系统

多类顾客排队系统，是指有多个类型的顾客到达排队系统，不同类别的顾客的到达时间以及服务时间分别服从不一样的分布的排队系统。对于经典的排队系统如泊松输入、指数、PH 或一般服务。通常人们都是通过构造马尔可夫链(或马尔可夫过程)来分析排队系统在平稳状态下的各个性能指标，对于多类顾客排队系统要构造马尔可夫链，由于需要包括每一类顾客的信息，从而其状态空间要比一类顾客排队系统要复杂，这也是多类顾客排队系统的研究没有经典的一类顾客排队进展得快的主要缘由。近几年来关于经典的多类顾客排队系统的研究取得了一些突破，主要体现在以下三个方面。

(1) 顾客类型的数量。

(2) 服务台的个数。

(3) 服务时间分布。

然而经典的多类顾客排队系统仍然存在局限性：到目前为止，研究经典的多类顾客排队系统都还是局限于泊松到达。

3.4.5　Jackson 排队网络

Jackson 排队网络模型是一类重要的多服务中心的排队网络，其组成单元是单服务中心，根据网络的结构特性分为 Jackson 开环排队网络和 Jackson 闭环排队网络。

1. Jackson 开环排队网络

Jackson 开环排队网络的网络特性如下。

(1) 排队网络含有 M 个服务中心，每一个服务中心均为 $M|M|C$ 服务系统。

(2) 第 i 个服务中心，有 c_i 个相同的并行服务台，等到输入第 i 个服务中心的顾客形成相互独立且速率为 λ_i 的泊松流。到达第 i 个服务台接受服务的顾客，第 i 个服务中心的平均服务速率为 μ_i，其服务时间的均值为 $1/\mu_i$ 负指数分布，每个服务台平均服务速率为 μ_i/c_i。顾客的到达时间间隔与服务时间彼此独立。

(3) 所有服务规则为 FIFO(First In First Out)，也有为先到先服务(First Come First Service FCFS)。

(4) 每个顾客在第 i 个服务中心接受服务后，或者以概率 P_{ij} 转移到第 j 个服务中心，或者以概率 P_{i0} 离开系统，其中 $i, j = 1, 2, \cdots, M$。

(5) 每个服务中心的缓冲区容量无限大，即系统中不会有堵塞现象。

2. Jackson 闭环排队网络

Jackson 闭环排队网络是既没有输入也没有输出的，是 Jackson 开环排队网络的一种特殊情况。

在 Jackson 开环排队网络中有

$$\lambda_i = 0, \quad \sum_{j=1}^{M} P_{ji} = 1, \quad i = 1, 2, \cdots, M \tag{3-46}$$

Jackson 闭环排队网络的系统内部顾客总数量保持不变。

Jackson 闭环排队网络的顾客是 N，设向量 $\bar{n} = (n_1, n_2, \cdots, n_M)$ 为服务中心的顾客数量，则有下式成立：

$$\sum_{i=1}^{M} n_i = N \tag{3-47}$$

这个事实可以判断出，Jackson 闭环排队网络中各个服务中心的排队顾客量概率分布不再是独立的，印证了 Jackson 闭环网络与开环网络的主要区别。进一步假设每一个服务中心的服务速率仅与这个中心自身的队长有关，第 i 个服务中心为 $a_i(n_i)\mu_i$，Jackson 闭环排队网络仍是乘积网络，其稳态状态概率分布还可保持具有乘积解的形式。

3.4.6 排队系统仿真

以单服务排队系统为例，已知在单服务排队系统中，顾客到达时刻服从泊松分布，即两个顾客到达的时间间隔服从指数分布，平均 3min 到一位；服务台为每位顾客服务的时间也服从指数分布，平均服务时间为 2min。顾客按单队排队、先进先出的服务方式。要求通过仿真估计服务 n 位顾客的顾客平均队长及平均排队等待时间。

1. 仿真模型建立

(1) 两个顾客到达的时间间隔及每位顾客服务的时间的随机变量的抽样模型为 $(X_1, X_2 \in U[0,1])$。

(2) 顾客到达时间间隔 I_i，服从 $E_I = 3\text{min}$ 的指数分布。$I = -E_I \ln X_1$。

(3) 服务台服务时间 C_i，服从 $E_C = 2\text{min}$ 的指数分布。$C = -E_C \ln X_2$。

(4) 建立事件表。

① 状态：顾客是否需要排队，队长 q；服务台是否空闲 z。

② 事件：顾客到达事件(时间)；顾客接受服务后离开事件(时间)。

(5) 性能指标估计公式。

顾客平均队长：
$$Q_n \approx \frac{1}{T} \sum_{i=1}^{m} R_i$$

其中，$R_i = q_i(b_i - b_{i-1})$；b_i 为第 i 个事件发生时间；m 为 T 时间内事件总数。

平均排队等待时间：$\hat{d}_n = \sum_{i=1}^{n} D_i / n$，$D_i$ 为第 i 个顾客等待时间。

2. 仿真实现

采用面向事件的仿真机制，基于事件表，进行时间扫描、事件处理的循环执行。具体的该 $M|M|1$ 排队系统仿真流程如图 3-14 所示。

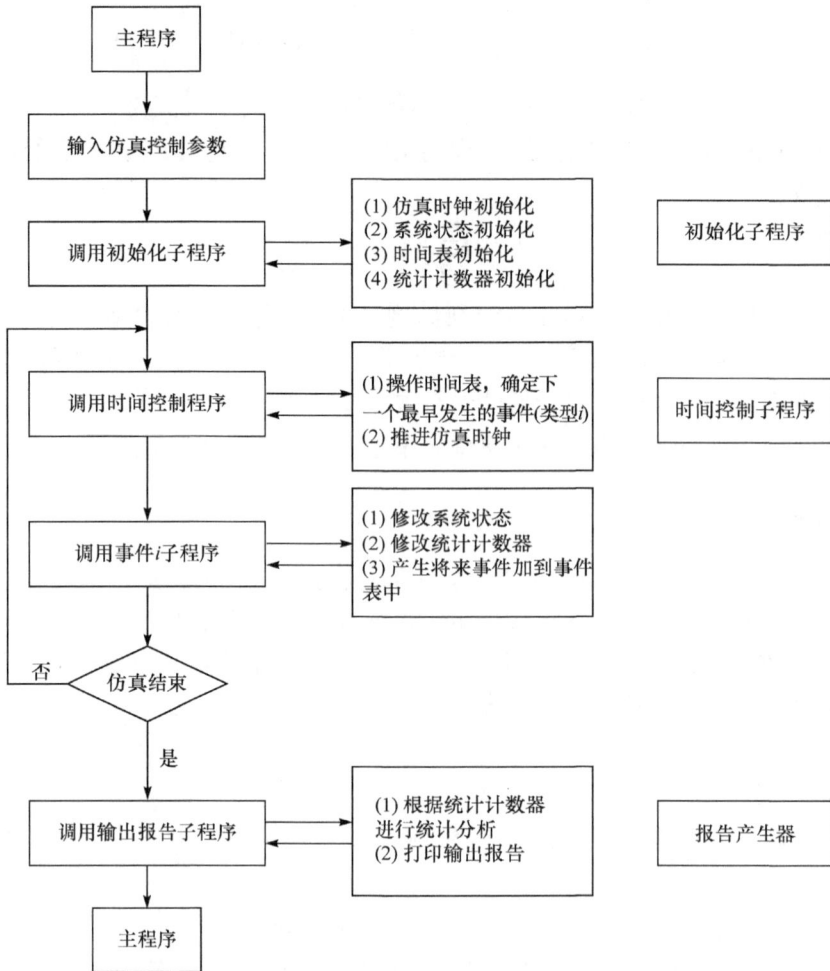

图 3-14　$M|M|1$ 排队系统仿真流程图

3. 仿真程序实现

编程实现图 3-14 所示的 $M|M|1$ 排队系统仿真，包含以下模块及程序设计。

1) 程序模块

主模块：进行调用和逻辑控制。

参数设置模块：进行模型参数和仿真参数的设置。

初始化模块：进行相关变量的初始化。

仿真运行模块：实现定时、事件处理、报告生成。

统计分析模块：实现仿真输出的统计分析。

函数模块：产生输入随机数。

2) 仿真程序设计

主要子程序：随机数发生器、顾客到达事件处理、顾客离去事件处理。

辅助子程序：定时、初始化、报告生成、统计分析。

3.5　思　考　题

1. 简述离散系统仿真与连续系统仿真的主要区别。

2. 简述离散事件系统的基本要素和仿真方法。

3. 请举例说明道路交通系统仿真中需要生成随机变量的实例。

4. 某公共汽车站按规定从上午 6:40 至上午 8:40 内每 20min 有一班公共汽车到站，某乘客不了解其调度规律，而是每天早上 7:00 到 7:30 均匀地随机到达车站，问旅客等待公共汽车时间多于 5min 的概率是多少？

5. 在道路交通仿真系统中，哪些现象需要应用排队模型？

6. 机场有两条跑道：一条专供起飞用；另一条专供降落用。已知要求起飞和降落的飞机都分别按平均 25 架次/h 的泊松流到达，每架飞机起飞或降落占用跑道的时间都服从平均 2min 的负指数分布，又假设起飞和降落是彼此无关的。

(1) 试求一架飞机起飞或降落为等待使用跑道所需的平均时间。

(2) 若机场拟调整使用跑道方法，每条跑道都可做起飞或降落用。但为了安全，每架飞机占用跑道时间延长为平均 2.16min 的负指数分布，这时要求起飞和要求降落的飞机将混合成一个参数为 50 架次/h 的泊松到达流。试计算这种情形下的平均等待时间。

(3) 以上两种办法哪个更好？

参 考 文 献

顾启泰, 1999. 离散事件系统建模与仿真[M]. 北京: 清华大学出版社.

任福田, 刘小明, 荣建, 2008. 交通工程学[M]. 北京: 人民交通出版社.

肖田元, 2011. 离散事件系统建模与仿真[M]. 北京: 电子工业出版社.

肖田元, 范文慧, 2010. 系统仿真导论[M]. 北京: 清华大学出版社.

杨虎, 刘琼荪, 钟波, 2004. 数理统计[M]. 北京: 高等教育出版社.

郑大钟, 赵千川, 2001. 离散事件动态系统[M]. 北京: 清华大学出版社.

BANKSJ, 等, 2007. 离散事件系统仿真[M]. 肖田元, 范文慧, 译. 北京: 机械工业出版社.

第4章 车辆与交通环境系统

交通流是道路交通宏观系统中重要的组成部分，同时运行中的车辆与其周边交通环境构成了交通宏观系统中的微观部分。本章首先介绍道路交通宏观系统的构成及特征，然后介绍由车辆与交通环境构成微观系统，包括系统特征、组成元素、形成机制、功能及相关研究领域等。

4.1 交通系统的构成及特征

4.1.1 交通系统的构成

从宏观层面看，道路交通系统是由"人员、车辆、道路、环境、管理"等五部分组成的大系统，如图 4-1 所示。其中，人员包含车辆驾乘人员、道路人员及管理人员等；车辆包含机动车、非机动车及承载物品等；道路包含道路条件、车道、路网、路口的构成等；环境包含交通设施、交通状况、景观环境及气候环境等；管理包含交通及运输管理、交通法规及各种规章制度等。道路交通系统包含的上述五个部分不是孤立地存在的，而是相互关联、相互制约和相互影响的。因此，道路交通系统是一个的复杂系统，其中管理具有引领系统的作用，一个运行良好的道路交通系统，必须具有一个好的管理体系。

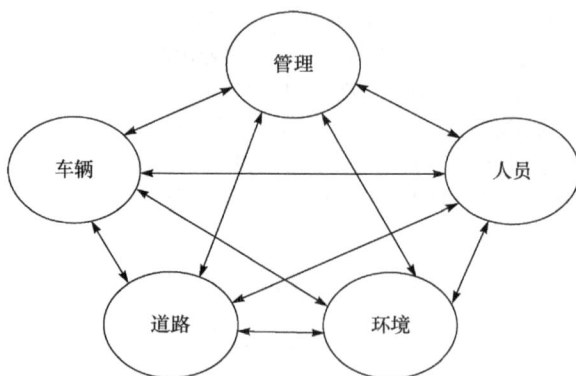

图 4-1 道路交通大系统

从微观来看，单一或有限的人员、车辆、道路、环境、管理又可形成各自的子系统；各子系统之间也可形成相关的子系统。

根据 1.1 节所述系统之概念，无论是宏观的大系统，还是微观的子系统，作为研究对象或工程对象的交通系统是依据其"目的"来确定它的组成要素及要素之间的相关性的，最终建立一个相对完整的交通系统。

4.1.2　交通系统的特征

道路交通系统是一个非常复杂的系统。道路交通系统从人、车、路、环、管等五部分组成的大系统到单一车辆或道路或路口形成的小系统，是一个相互关联的体系，它的主要特征体现在以下几个方面。

1) 道路交通系统从点到面的整体性

道路交通系统具有从点到面，从局部到整体，从微观到宏观一体化的特点。从交通系统运行的水平和品质上来说，交通的宏观系统与微观系统具有同等的重要性。从宏观上来说，交通系统是一个复杂的大系统，既涉及道路网规划、车辆管理、基础设施建设等工程问题，又涉及与民生、社会发展和自然环境的关系问题；从微观上来说，它可以小到一个路口的渠化设计或交通标志的设置问题。一方面，宏观交通问题的影响是全局性的，甚至会转化成为某一类社会问题。例如，若交通在宏观规划上出了问题，造成的拥堵往往难以避免，并且从微观上也很难解决。另外，微观交通对道路局部的通畅和安全具有重要的影响。例如，在某一个路口，如果道路渠化对车流诱导不当就会发生拥堵，影响相关路段车辆的通行。这种由一个点上问题产生的交通拥堵还具有传递性，在一定条件下甚至会产生蝴蝶效应，影响整个区域的交通通畅。

2) 道路交通系统的自然属性和社会属性

交通系统不能独立于社会发展及所处的环境。首先，城市交通系统与城市规划必须是相互适应的，这是交通系统的自然属性。城市土地利用的模式和空间布局是产生交通需求的根源，决定了城市交通的需求总量及其在空间的分布特征。若土地利用的模式和空间布局发生改变将会引起交通总量的改变和交通发生与吸引分布特征的变化，从而必须对城市交通系统进行优化调整。大的城市规划调整必然引起新一轮的交通规划，以便实现城市规划的目标并满足新的交通需求。

其次，交通系统对区域经济的发展有直接的影响。交通运输是国民经济中一个重要的物质生产部门，它把社会生产、分配、交换与消费各个环节有机地联系起来，是保证社会经济活动正常进行和发展的前提条件。交通运输系统是区域社会基础产业中最重要的组成部分之一，是各项产业发展的基础条件，是区域投资环境的主要构成主体。交通运输的发展能强化其对区域经济发展的支持作用，推进区域经济的发展；而区域经济的发展又增加了对交通的需求，因此，经济系统和交通运输系统是相互影响的，应该相互匹配，协调发展。

3) 人在道路交通系统中的主导性

无论是宏观系统还是微观系统，道路交通系统都包含了人的行为这一重要元素，而且人的行为在系统中具有主导作用。人是交通的主体，车要靠人来驾驶，路要靠人来使用。因此，交通系统的建设应秉承以人为本的指导思想。另外，交通系统又是在特定环境中产生的。不同的地区、不同的文化、不同的交通方式都会表现出不同的交通行为，由此增加了交通系统的许多不确定性因素，导致了交通系统的复杂性。

4.2　车辆与交通环境的构成

如前所述，道路交通系统涉及人、车、路、环、管等 5 个方面，关联因素多，系统性强。研究交通问题时，考虑的因素越多，系统越复杂，处理起来越困难。但是，道路交通系统又是应用实践性的工程系统，一般不具备试验性，一旦建成就会投入应用。因此应用仿真技术从点到面、从局部到全局，分层次地研究道路交通系统的特性，成为解决交通问题的一个重要方法。

车辆不是孤立地行驶在道路上，而是行驶在由各种道路条件、交通状况和景观构成的复杂交通环境之中。因此，以车辆为中心，周边的道路、机动车、非机动车、行人及其他环境组成了车辆与交通环境系统，如图 4-2 所示。

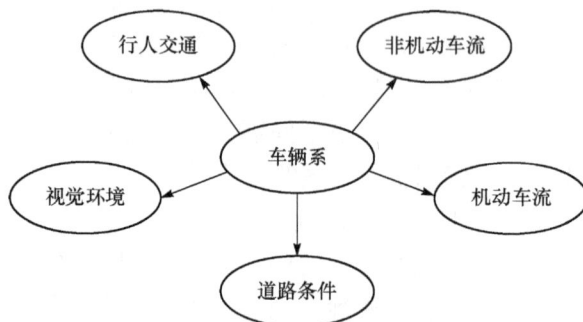

图 4-2　车辆与交通环境系统

车辆与系统中的其他元素是密切相关的。道路为车辆的行驶提供了最基本的行驶条件，包括行驶走向、路面附着力、路面不平度、车道数、桥梁隧道等；景观环境为驾驶人提供了丰富的视觉信息，包括交通标志、标线、其他交通设施、自然景观等；机动车交通流、非机动车和行人特性等为车辆的速度控制及跟车、换道、超车、避让等控制提供了各种外部要求；车辆与交通环境系统中的所有元素必须协调一致，才能保证系统的安全运行。

车辆与道路交通环境仿真系统可以是纯数学模型系统，即系统中所有环节、信号和流程都用数学模型来表示；也可以是人-车-路-环的混合模型系统。如可采用真实的驾驶人和部分实物模型(操纵机构或车辆实物部件)，而系统其他部分采用数学模型，如车辆模型、交通模型、环境模型等。

4.3　车　辆　系　统

汽车自从诞生以来，已有 100 多年的历史。随着现代电子技术的发展，汽车从机械系统，发展到机电控制系统，如今正朝着电动化、智能化和网联化的方向发展。车辆系统是交通系统中最小的运动单元，车辆的行驶特性构成了交通流的特性，随着车辆的增多以及混合交通的出现，复杂的交通环境又反过来影响到车辆的运行和安全。

车辆系统由动力系、传动系、转向系、制动系、车身系、悬架系和车轮系组成，属于典型的动力驱动的机械系统。随着电子控制技术的发展，在车辆系统中增加了越来越多的控制系统，如发动机点火控制系统、防抱死制动控制系统、车辆稳定控制系统等。根据车辆非控制和控制方式，可以把车辆系统分为开环系统和闭环系统。

4.3.1　车辆开环系统

车辆系统是以车辆整车或局部为对象建立的研究系统。车辆系统包括输入参数、系统模型、输出参数三部分。根据研究对象分为开环仿真系统和闭环仿真系统。开环系统的输入和输出是独立的，如图 4-3 所示。

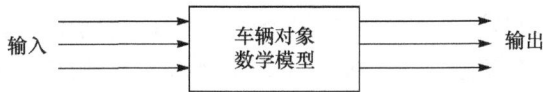

输入　　　　　车辆对象数学模型　　　　　输出

图 4-3　车辆开环仿真系统

输入参数一般包括驾驶操纵输入和路面输入信号，具体输入什么信号要根据仿真目的来确定。如果模拟车辆的动力性，则挡位、节气门开度为主要输入信号；如果模拟车辆的制动性，则制动踏板、车速为主要输入信号；如果模拟车辆的转向特性和操纵稳定性，则方向盘转角、车速等为主要输入信号；如果模拟车辆的行驶平顺性(垂向振动特性)，则路面不平度和车速为主要输入信号。车辆仿真系统模型由车辆各子系统运动数学模型构成。同样，仿真目的的不同，建立的仿真系统及模型也不同。模拟车辆动力性或制动性所建立的模型主要为车辆纵向动力学模型，其中动力性模拟包括整车、发动机动力系统、传动系统、行驶系统等，制动性模拟包括整车、制动系统、轮胎系统等；模拟车辆转向和稳定性建立的模型是车辆横向动力学模型，包括转向系统、车轮系统、悬架系统等。车辆仿真系统输出参数是根据仿真目的及系统模型所确定的车辆在各种工况下的运动状态和受力情况。

如果要对车辆的驾驶和运动进行全工况模拟，则要建立包括驾驶操纵机构在内的整车运动数学模型。

例 4.1　*汽车转向系统。*

转向是汽车的重要功能之一。汽车转向的仿真系统由汽车转向系、车身刚体、悬架系及车轮系组成。传统的汽车转向系由方向盘、转向轴、转向机、转向连杆机构、转向轮组成。转向仿真系统一般以方向盘转角作为系统的输入，若忽略转向系，可以将前轮转角作为系统的输入。系统的输出一般为车身的横摆角速度、航向角和侧倾角等。图 4-4 为汽车转向系统的构成。

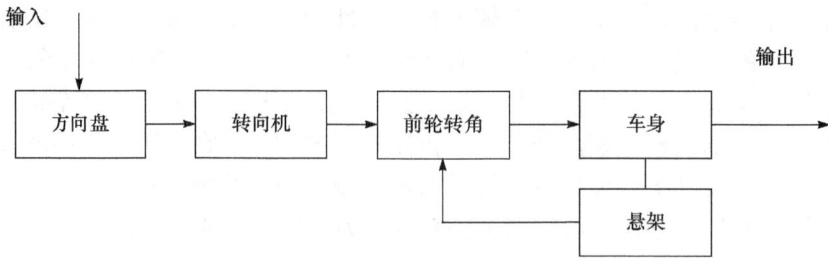

图 4-4 汽车转向系统的构成

汽车转向系统主要用于模拟汽车的转向特性，包括静态转向特性和动态转向特性。在第 5 章中可以看到关于汽车转向系统的建模与仿真实例。

4.3.2 车辆闭环系统

随着汽车电子技术的发展，汽车控制系统已广泛地应用于汽车发动机、底盘和车身系统。车辆控制系统大多属于闭环控制，可以显著提升车辆的运行品质，是车辆智能化发展的重要基础。车辆闭环控制系统的结构如图 4-5 所示。

输入信号一般为系统的控制目标，由传感器获取系统响应反馈信号，通过控制器计算出相应的控制参数，由执行器对被控对象实施操纵控制，从而达到理想的控制目标。

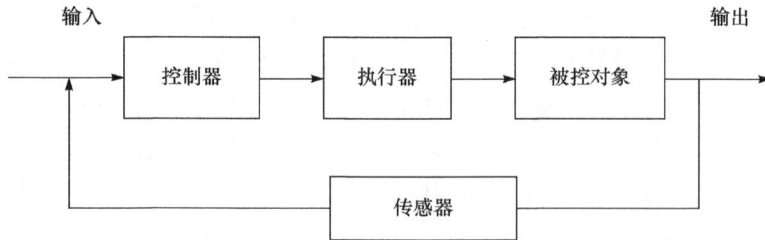

图 4-5 车辆闭环控制系统

车辆的被控对象可以是车辆的子系统(部件总成)，如发动机点火控制、防抱死制动控制、自动变速控制、主动悬架控制等；被控对象也可以是整车系统，如车辆横向稳定性控制系统。传感器用于控制反馈数据的采集，用于发动机控制的传感器一般有温度传感器、压力传感器、氧传感器等，用于车辆底盘的传感器一般有位移传感器、速度传感器、加速度传感器、力传感器等。控制器是车辆控制系统的核心，也称为电子控制单元(Electronic Control Unit, ECU)，它基于系统反馈信息和内部存储数据进行控制计算，并根据计算结果向执行器发出指令。执行器直接作用于被控对象，大多为专门设计的电磁阀或电磁开关，有的还包含动力装置，并与被控对象连为一体。车辆闭环控制的仿真系统不仅需要对车辆被控对象建立数学模型，还需要对控制器、执行器和传感器建立相应的数学模型。

例 4.2 车辆防抱死制动系统(ABS)。

ABS 是为了防止车轮在制动过程中抱死而采取的一种控制系统。因为车轮在制动时的工况不仅与制动力有关，还与整车的运动有关(如载荷的转移、车速等)，因此车辆的

ABS 系统不仅包括制动器、车轮、轮速传感器、控制器和调节器，还要包含车身系统。ABS 系统的输入一般为制动器踏板的行程(或模拟的制动力矩)，系统的输出一般为车轮的滑移率、地面制动力和整车的运动响应等。图 4-6 为 ABS 系统的组成。

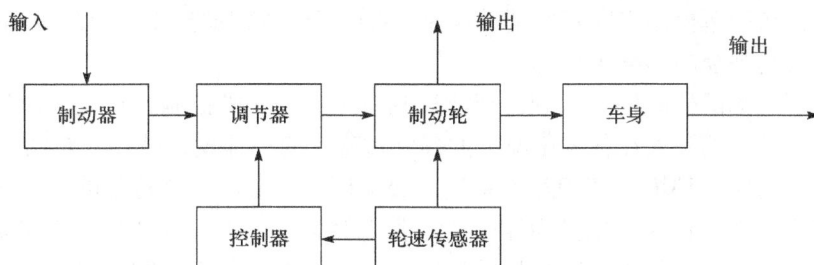

图 4-6　ABS 仿真系统

4.4　"人-车-路-环"控制系统

人-车-路-环"控制系统是道路交通系统中的整车控制单元。简单地说就是将人作为一种特殊的"控制器"和"执行器"的车辆闭环控制系统，其系统的结构关系如图 4-7 所示。它反映了"人-车-路-环"作为系统的组成元素及相互关系。图 4-7 中可以看到，人是指机动车驾驶人，车是指机动车辆，路是指车辆行驶的道路，环是指车辆行驶的环境，包括交通环境、气候环境和景观环境。该系统反映了驾驶人与车辆的操控关系，驾驶人与道路、环境的认知关系，车辆与道路的制约关系和车辆与环境的交互关系。

实际上，从控制的角度看，在车辆驾驶过程中，驾驶人的大脑就是一个控制器；眼、耳、身体就是感知道路、环境和车辆运动的传感器；手脚就是执行器。该系统反映了驾驶人控制车辆的过程：驾驶人通过感知器官接收道路、环境和车辆的响应信息，通过大脑比较车辆与道路环境的协调性"误差"，再根据"误差"大小判断车辆的行驶状态，最后通过手脚控制调整车辆的速度或方向，从而实现对车辆高效而安全的操作，完成驾驶任务。

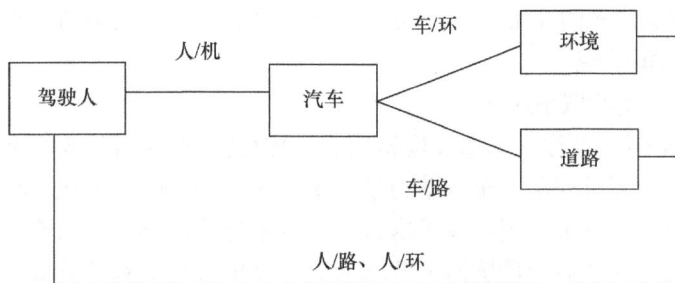

图 4-7　"人-车-路-环"驾驶控制系统

"人-车-路-环"控制是智能车研究的基础。所谓"智能车"，就是在普通车辆的基础上增加了先进的传感器(雷达、激光扫描、摄像头等)、控制器和执行器等装置。通过车载传感、定位、通信系统，实现车与路(环境)、车与车、车与互联网之间的信息交换，使车辆具备对环境的感知能力和决策控制能力，并通过控制器自动地分析车辆的行驶状态，感知安全和危险的情况，使车辆按照人的意志到达目的地。对"人-车-路-环"系统的研究可以使车辆从简单控制走向驾驶辅助控制，从初级驾驶辅助控制走向高级的智能控制，最终达到无人驾驶控制的终极目标。

为了实现车辆的驾驶辅助控制，智能控制直至无人驾驶控制，首先要对驾驶人的操控行为建模，模拟驾驶人在各种工况下的驾驶过程。简单地说，就是要对图 4-7 中的驾驶人、车辆、道路、环境及其相互关系建立数学模型。形成一个特定的"人-车-路-环"控制模型。由于驾驶行为模型极为复杂，需要先对驾驶行为进行分解，研究驾驶人的部分操控行为，构成基于某种运动目标的控制系统。例如，研究驾驶人的转向行为，可以建立基于转向目标的"人-车-路"转向控制系统；研究驾驶人的速度控制行为，可以建立基于速度目标的"人-车-路"速度控制系统等。只有实现了在各种工况及目标下对驾驶行为的精确控制，才有可能最终实现车辆的无人驾驶控制。

例 4.3　"驾驶人-车辆-道路"转向控制仿真系统。

转向控制是驾驶人操纵车辆最基本的技能，根据驾驶人控制车辆转向的机理就可以建立车辆的转向控制模型，这就是"驾驶人-车辆-道路"转向控制仿真系统的"控制器"，此外，该仿真系统还包括车辆的转向系、车身及车轮系。仿真系统的结构如图 4-8 所示。

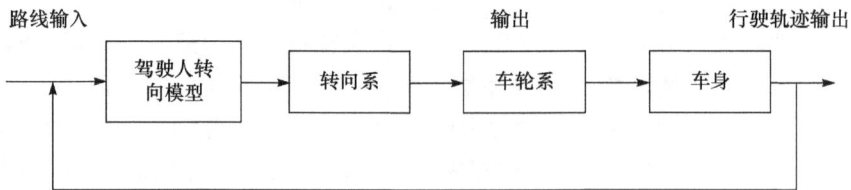

图 4-8　"驾驶人-车辆-道路"转向控制仿真系统

图 4-8 是道路交通最基本的驾驶单元系统，但它只反映了人机控制的概念。实际上，人机控制的范围非常广泛，并具有极其复杂的交互关系。其复杂性在于人对道路交通的感知和判断的模糊性。不同于例 4.3 中论述的汽车内部控制模型，对驾驶行为建立完整的数学模型(驾驶人模型)有时是非常困难的。因此，对车辆人机控制仿真系统，可以采用由真人驾驶的车辆模拟系统。

例 4.4　车辆驾驶模拟系统。

车辆驾驶模拟系统(也称汽车驾驶模拟器系统)为具有真实驾驶舱的半实物虚拟仿真系统。它由驾驶舱、计算机控制、车辆动力学仿真、交通环境图像生成、动态交通仿真和声响等六个子系统组成。系统采用计算机虚拟现实技术进行计算机的图像生成和动画显示。基本原理是由安装在驾驶舱的传感器将驾驶人的操纵信号采集到计算机上，由汽车动力学模型软件计算出车辆瞬间的位置及运动姿态参数，再将车辆的运动参数不断地传送到图像计算机，由图像软件生成与车辆运动相对应的连续变化的道路交通场景，最后由投影仪将场景图像投射到驾驶舱正前方的屏幕上。所有这些过程都实时发生，以产生连续变化的图像，给驾驶人一个接近真实的驾车感觉。汽车驾驶模拟器系统的结构如图 4-9 所示。

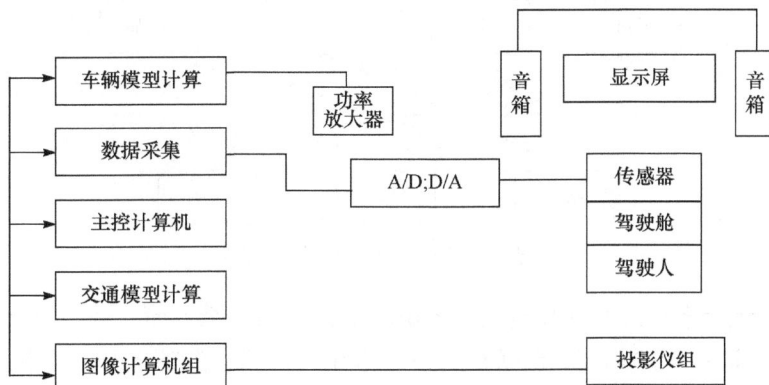

图 4-9　汽车驾驶模拟器系统

　　车辆驾驶模拟系统应用广泛。在车辆工程应用领域,驾驶模拟器可用于汽车动力学安全控制特性的研究,也可用于驾驶人模型的验证;在交通研究领域,出于安全的考虑,驾驶模拟器可用于开展驾驶人心理和驾驶行为特征的研究;由于具有强大的道路交通场景再现功能,驾驶模拟器还可用于开展道路线形及交通设施评价的模拟实验。

4.5　机动车交通流系统

　　交通环境中一个重要的主体是交通流,包含机动车流、非机动车流和行人流。这一节将介绍机动车流构成的系统。机动车流是由分布在道路上的机动车组成的队列。机动车流系统是比单个机动车更大的系统,它不仅可以反映系统内部个体车辆的运动特性,还可以反映出运动个体车辆之间的相互关系,同时还可以反映出道路交通环境对交通流向和流速的影响。交通流量、速度、密度是描述交通流特征的三个主要参数,这三个参数之间相互联系,相互制约。机动车流是否通畅是评价交通拥堵的重要的指标,因此,解决交通拥堵问题必须研究机动车流。机动车交通流实际上是由若干个“人-车-路-环”的子系统组成,它们之间相互关联、相互制约构成交通流系统。但在交通流系统中,每一个“人-车-路-环”的子系统只能以一辆车的形式出现,它们不能再以自身系统的形式出现,而只能是交通流系统中的一个“活动单元”出现。当然,车辆的驾驶特性是可以附加在这种“活动单元”上,形成一种共性的驾驶行为。

　　机动车流系统可以简单到只含有一个路段、一个流向的交通流,或是一个路口上的交通流;也可以复杂到包含由一个路网构成的若干流向、包含若干路口的交通流。但系统基本要素必须包含固定交通单元和活动交通单元。固定交通单元包括行车路段(路口)及该路段(路口)上的交通设施或控制方式等;活动交通单元包含若干独立的车辆及车辆的行为特征,如图 4-10 所示。

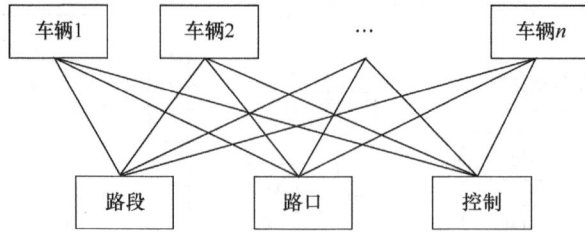

图 4-10　机动车交通流系统

交通流系统总体上属于离散系统，系统的描述包括三个方面。

(1) 固定交通单元的描述，包括对交通设施几何特征、控制方式的描述。重点在于车道数、车道宽、道路等级、路口形式、控制方式等。

(2) 活动交通单元的描述，包括车流的组成、分布规律、车头时距、速度、转向比例等。

(3) 系统的输入、输出及模拟时间的设置等。输入部分用于初始交通条件的输入，如输入每一方向上的交通流量、车型比例等；输出部分包含各种交通流特性，如排队长度、延误时间等。

4.5.1　路网系统的描述

将城市路网抽象成节点、路段、节段、车道 4 个基本要素。其中，车道是车辆行驶过程中最直接的载体，为了更好地描述车辆行驶行为，对路网的描述必须细化到车道这一基本单元。节点可以代表交叉口，也可以代表车辆产生的吸引点(OD 点)，节点之间的有向线段称为路段，路段的形式决定了车道的走向，从而确定了车辆的行驶轨迹。节段是具有相同线形和横断面的一段道路，车辆在节段道路上可稳定行驶；节点之间的联系路段可由一个或多个节段构成。

1. 节点与路段

节点与路段是反映路网拓扑关系的两个基本要素。车辆通过交叉口节点或 OD 点进入路网。路段是节点之间的有向线段，通过路段与节点之间的关系就可以确定路网的拓扑结构。图 4-11 和图 4-12 分别表示交叉口节点和车辆 OD 点与路网的关系。

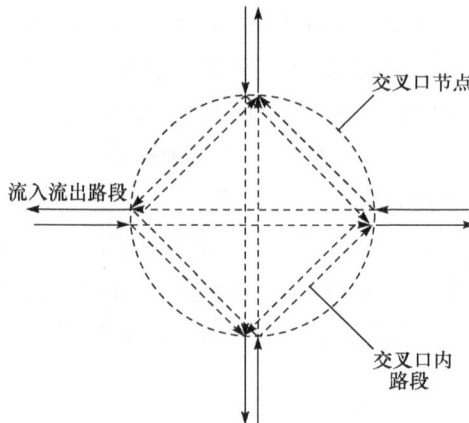

图 4-11　道路交叉口的描述

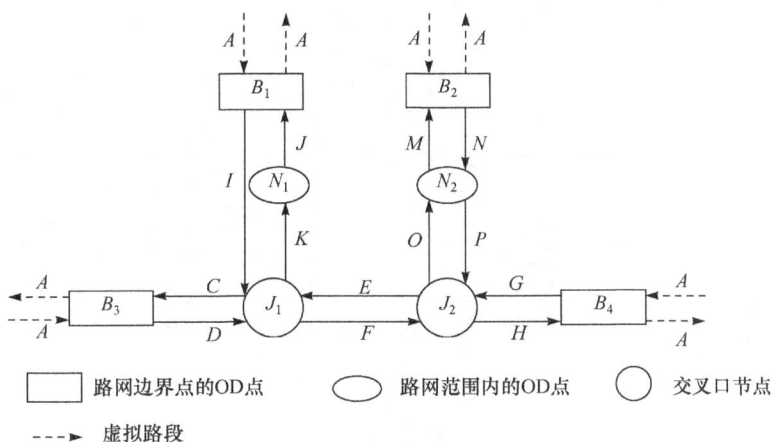

图 4-12 路网系统的描述

2. 节段

道路线形、横断面形式、坡度等几何特征均相同的路段构成一个节段，一个路段内可能有不同的线形、断面形式和坡度，所以可将一个路段分为若干个节段。车辆行驶模型要求较为详细的道路线形和走向，因此，需要对道路节段有比较明确的描述。当节段为直线时，线形描述比较简单，只需确定起讫点的坐标；而对于曲线节段的描述就较为复杂，一般采用相关曲率模型或拟合的方式。

4.5.2 车流系统的描述

车流系统是交通系统中活动单元的主体，车流系统由若干车辆组成，每辆车获得其相关运行特性，且保持稳定的运行特性。车辆的驾驶和运行特性并不以单一车辆自身的动力学特性为基础，而是以群体的基本驾驶行为为理论，在统计分析的基础上获得相关行为特征。车辆系统的构建应为交通流仿真提供包括车辆生成、自由行驶、跟驰、变道、超车、停车等车流特性的仿真模型。

例 4.5 城市交叉口车流系统。

(1) 路网系统的构成。

城市交叉口路网包含交叉口及各方向道路出入口的形式和渠化方式，如图 4-13 所示。

(2) 车流系统的构成。

车流系统是交叉口中活动单元的主体，交叉口车流系统由各车道的交通流系统组成，交通流的整体运行参数可作为交通流系统的组成部分，包括车流的起始-终止点、路径约束条件、速度控制方法、路口信号控制方法、转弯控制方法等。

(3) 系统的输入和输出。

系统的输入由研究的目标来确定，可以是路网、车流特征，也可以是信号控制方式；系统的输出一般为系统的动态特征参数，如延误、排队时间等。

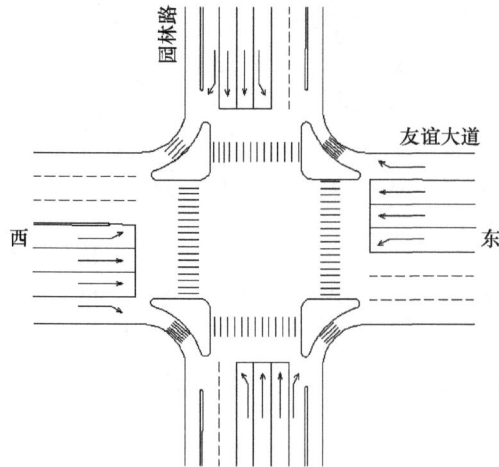

图 4-13　某交叉口的路网组成

4.6　非机动车流系统

非机动车是道路交通系统中重要的组成部分，它们与机动车构成交通系统中活动的交通单元。交通系统的高效、畅通、安全不仅需要对机动车流进行研究，同样需要研究非机动车流。非机动车不仅可单独构成道路交通系统里的一个子系统，在机非混行的道路上也可以通过与机动车的交互方式构成机动车与非机动车的混合系统。

城市非机动车主要包括自行车和电动自行车。其中，电动自行车近年来发展迅速，逐步成为我国城市和农村中的重要交通工具之一。自行车(电动自行车)与汽车并存运行和互补关系的形成是我国城市道路交通的特点。由于自行车(或电动自行车)作为短距离交通工具有个人出行方便、成本低、无污染、停放方便等优点，因此它是绿色环保最重要的一种交通工具，是城市绿色交通系统的重要组成部分之一。

4.6.1　自行车流系统

自行车交通流是由分布在非机动车道或机非混行道路上的自行车组成的队列。自行车交通流不仅要反映出自行车个体的运动特性，还要反映出运动个体之间的相互关系，同时要反映出道路交通环境对它的影响。

与机动车交通流类似，自行车交通流的基本要素必须包含若干独立的车辆、行车道路(或路口)、该道路(或路口)的控制方式等元素。

自行车交通流总体上属于离散系统，仿真系统的描述包括道路单元、活动单元、系统的输入输出及模拟时间的设置等。其中，道路单元的描述包括车道宽、路口形式、交通设施几何特征、控制方式等；活动单元的描述包括车流的组成、分布规律、车头时距、速度、转向比例等。作为个体，自行车本身的动态特性较为简单，不必深入研究，但作为交通流系统，则必须了解自行车的基本特性。

(1) 自行车的静态特征。

静态特征为自行车在静止状态时,骑行者与自行车组成的人车单元的基本尺寸和质量特性。我国道路上常见的自行车为普通型和轻便型两类, 前后轮之间的中心距为 1050～1130 mm, 蹬踏一圈的行程为 3.5～7.6 m, 全车重量为 16.0～20.5 kg。

根据《交通工程手册》中对自行车的外廓的描述,现阶段我国生产的自行车车长一般为 1.6～1.9m, 自行车车把宽为 0.36～0.60 m。骑车时的高度为 2.25 m, 静态停车面积为 1.2～1.8 m^2。

(2) 自行车的运行空间。

自行车的运行空间是指其在运动过程中的表现,包括动态尺寸、占道面积等。自行车在运行过程中会呈现出蛇形轨迹, 运行时单侧蛇形轨迹宽度约为 0.20m, 横向安全宽度为 1.0 m。运行上空高度可取 0.25m 的保险空间,纵向行驶的安全空间约为 2.50m。1999年美国 AASHTO 研究认为, 自行车骑行者在运行过程中腿部最宽为 0.75m, 运行时单侧的侧向移动距离为 0.125m, 因此必要的横向宽度为 1.0m, 运行时还需要有 0.2m 的安全间距, 因此认为自行车道的最小宽度为 1.2m, 当自行车道与机动车道无硬隔离且流量较大时, 建议的自行车横向运行空间为 1.5 m。运行时的纵向距离为 2.50m。

(3) 自行车的占地面积。

自行车在运行过程中需要的道路面积可以转化为典型密度数据。美国有研究表明, 当单车占用面积大于 20 m^2/车时, 自行车能够自由行驶, 而当占用面积小于 3.7 m^2/车时, 可能发生拥堵。加拿大相关研究表明, 当占用面积大于 9.3 m^2/车时, 自行车可以自由行驶, 而当占用面积小于 3.0 m^2/车时, 骑行操纵自行车行驶将受到较大的限制。我国有研究表明, 当自行车的操纵空间大于 10 m^2/车时, 骑车人可以舒适地骑自行车, 而当占用面积小于 2.2 m^2/车时, 部分骑行者需要下车推行。自行车占地面积与行驶速度有很大关系, 自行车行驶速度越快, 占用的道路面积越多。从自行车行驶密度来看, 当密度小于 0.05 车/m^2 时, 可自由行驶, 当密度大于 0.45 车/m^2 时, 会出现严重拥堵。根据我国《交通工程手册》中对自行车阻塞密度的描述, 当自行车密度为 0.54～0.67 车/m^2 时, 自行车交通系统发生阻塞。

(4) 自行车的速度特性。

自行车在不受其他障碍物影响时的速度为自由行驶速度;自由行驶速度是自行车交通流中的一个重要指标。国内外的学者都对其进行过研究。美国联邦公路管理局(FHWA)发布的研究报告指出, 自行车自由行驶时的第 85 百分位速度约为 24km/h, 且自行车在平坦地带上的设计速度为 32km/h, 此时每个骑行者都能够按照期望速度行驶。我国学者对自行车速度的研究表明, 在有机非隔离的道路上自行车的自由行驶速度为 14～20km/h, 而在机非混行的路段上自行车的自由行驶速度为 10～15km/h。此外, 研究还表明, 不同环境下自行车骑行速度的分布服从正态分布。

(5) 自行车的跟驰行为。

自行车的跟驰行为是指在行驶过程中的自行车群内前后车之间存在的一定的跟随规律, 即后车会根据前车的运行情况(如加减速)做出相应的反应。反应机制类似于机动车,但又不同于机动车。自行车车道比机动车车道的自由度大很多，在跟随过程中，当前面的车辆减速时，更容易做出超车行为，而这种超越行为又受到左右侧自行车的制约。因此，自行车的跟驰行为机理比机动车更为复杂。

(6) 自行车的换道行为。

没有专为一辆自行车设置的车道。考虑到自行车具有一定的左右摇摆，可以假想具有一条 1m 宽的虚拟车道作为自行车道。在这个前提下，如果自行车在行驶中偏离了这条车道，行驶到另一条车道上，就可定义为自行车的换道行为。自行车的行驶不像机动车那样在确定的车道内行驶，具有一定的横向稳定性，而是具有一定的随摆性，即便不需要超越，也会频繁换道，且换道的动机较为复杂，与骑行者的生理特性和心理特性有密切关系。

4.6.2　电动自行车流系统

电动自行车近年来在我国发展迅速，在很多城市和乡村，电动自行车数量所占的比例已远远超过自行车，成为非机动车的主流车型。

电动自行车交通流系统的总体特性与自行车流系统基本类似，行驶轨迹也呈现蛇形，行驶过程中左右摇摆，稳定性较差。电动自行车与自行车的主要区别在于：电动自行车的运行速度比自行车快很多，且横向占地面积和空间较大，因此，在电动自行车保有量比较大的城市，机动车与电动自行车的混行情况更为严重，安全问题较为突出。在我国有的城市，与电动自行车相关的交通事故已占到整个城市交通事故的 30% 左右。

电动自行车的车身长一般为 1.5～1.9m，宽 0.6～0.9m。每条电动自行车道的宽度定为 1m，且每侧留有 0.5m 的安全间隙；在无干扰情况下，电动自行车的纵向最大理论速度可达 45km/h，一般平均速度为 20～30km/h，在行驶过程中的左右行驶摆动范围约各为 0.3m。

4.7　行　人　系　统

这里的行人是指路上行走的人，或路上行走的人。步行是道路交通中最基本的一种交通方式。很多短途出行依靠步行解决；任何交通工具和交通目的的出行，其起点和终点的交通都依赖于步行；出行中的换乘往往也依赖于步行。因此，步行在交通系统中占有重要的地位。国内多数大城市步行比例占居民全出行方式出行总量的 30%～40%，而中小城市比例更高。在现代城市交通系统整个路网中，都离不开行人。在我国，除了步行街和行人专用道，行人在很多时候会与机动车和非机动车发生交互关系，造成安全隐患。因此，研究行人的交通行为及规律，特别是行人与机动车、非机动车之间的关系，可以科学指导交通系统中各类设施的规划与设计及运营管理，从而保证交通系统安全、高效地运行。

行人交通是一个庞大的独立系统，分为宏观、中观和微观三个层次。宏观层次以系统中所有行人为分析对象，研究人流的整体运动特性；中观层次以系统中行人群体组团为分析对象，研究人群行走的现象与规律；微观层次以人群中的个体为分析对象，研究个体行走特征及个体间的交互作用行为，行人流的整体特征通过所有个体行为特性自然展现。

对行人的研究有三个方面,第一方面是对行人交通基本特性的研究,即通过现场观测与数据采集,在微观上研究个体行为的步幅、步频及步速的分布与相关关系,行人行走的规则(速度、方向、路径选择等)及对周边环境变化的反应,如对控制灯、信息标识的认知和反应;在中观上研究人群在不同的人流组成、方向及步行设施环境等条件下的自组织行为现象、规律和特征;在宏观上研究人流"流量-密度-速度"的基本关系,不同步行设施的步行行为及通行能力与服务水平等。第二方面是对行人的交通建模与仿真的研究,依据对行人交通行为的不同假设,从宏观、中观和微观三个层次建立行人运动理论模型。第三方面属于成果应用,即利用成果进行行人交通设施的规划、设计和安全管理,包括对大型活动场所、车站客流的交通组织和安全管理。

4.7.1　行人的特征及分类

行人看似简单,建模却非常复杂。不同于车辆运动系统有其内在的运动规律可循,并且受道路交通的制约,行人模型主观性极强,并且约束条件较少。由于受生理-心理条件、社会状态等因素的影响,形成的个体行为及交通特性差异较大。当行人个体构成群体时,个体的组成直接影响到了群体构成,也影响了整体的行为。个人的行走行为,如路径选择、超越、跟随、避让等,组成了行人群体的行进、排队、等待等交通流特性。

总体来看,行人具有如下特征。

(1) 随机性。

总体来说,个体行人的运动具有随机性,这种随机性与环境和出行目的有很大关系。一般来说,可选择路径越多,出行目的越弱,行人方向选择的随机性越强。此外,行人即便是在确定的通道上行走,步行路线也不像机动车那样受约束、有规则,其速度和行走轨迹也都具有一定的随机性。虽然行人运动具有随机性,但也具有明显的统计特征,即群体行人的运动存在一定的规律性。以下几个特征就属于行人的规律性特征。

(2) 趋近性。

行人一般会选择与其目的地距离最短的路径步行,如果路径中出现障碍物,行人会选择绕开障碍物,并会在绕过障碍物后再次选择最短路径,最终完成步行的整个过程。例如,行人为了使自己的行程最短,会过街穿巷抄近路;在过街时,行人往往会选择距自己最近的起点过街,有时还会违规过街。

(3) 适应性。

每一个行为的发生都是由一定原因所引起的。行人的运动处于一个特定的交通环境中,为了保证自身的出行安全及效率,行人会做出某些特定的行为来适应周边的交通环境,这就是行人的适应性。例如,在行人过街过程中,如果道路上机动车流量较大,车速相对较快,多数行人会以安全为前提选择较大的穿越间隙完成过街。此外,为避免与车辆发生碰撞,在过街过程中行人平均步速也会有所增加。相反,当机动车流量较小、车速较低时,行人会以正常步速或更小的步速完成过街,在进行间隙选择时,也会选择较小的可穿越间隙。这些都是行人为适应交通环境而产生的相应行为。

(4) 多样性。

行人行为发生地点非常广泛，如交叉口、路段、商场、教学楼、疏散通道、地铁通道等。不同地点性质、功能以及结构的不同，导致行人行为呈现不同的特点。例如，交叉口处，行人注意力非常集中，观察过往车辆，选择安全时刻，快速过街；而商场中，行人注意力分散，步速慢，走走停停。即使在同一地点，由于出行时间的不同，行人行为也会有所区别，例如，在城市交叉口的交通流高峰期和平峰期，同一行人做出的行为也会有所不同。因此，行人行为呈现出多样性的特点。

(5) 从众性。

行人行为的产生及变化并非孤立存在的，而是与所处交通环境中的道路、人群、交通控制设施等多种因素紧密相关的。其中与周围人群之间的从众性可认为是行人的集群特性。例如，当过街人群中有人选择较小的穿越间隙时，部分行人会从心理上放弃原有自身的判断标准，而跟随穿越。在路口过街时，甚至有人做出违章行为，其他行人会受其影响，做出相同行为。

总之，在行人人群中，人员构成越简单，目标越明确，群体秩序性越好，其交通行为的一致性越高，实际通行能力越大。但当多个行人构成人群运动时，其行为和交通特点比个人复杂。一般来说，随着人员数量的增多，行人获取信息和判断的能力降低，人群发生无序状态的概率提高，引发安全事故的风险增大。由此可见，不同环境、不同目的、不同数量构成的人群，其运动规律及模型是不同的。从交通场景和目的来看，可将行人分为五类人群，即道路行人、路段过街行人、路口过街行人、交通枢纽人群和集会人群。各类人群的交通特性如下。

(1) 道路行人。

道路行人是交通路网中最常见的一种行人。他们行走在人行道上或路边上。一般来说，他们目的清楚，路径明确。但在交通设施不完善的人车混行的道路上，行人对路径的选择和行走轨迹会对交通产生影响。此外，行人为避让障碍物或车辆改变行走路径也会造成相关的安全隐患。除非有组织，道路行人一般不会形成有意识集聚的群体，不存在群体特征。

(2) 路段过街行人。

路段过街行人指在路段中横穿过街的行人。分两种情况：一种有信号控制；另一种无信号控制。在有信号控制的过街口，过街行人较为规范，有固定时间周期性，路径明确，速度稳定；在行人较多时会形成群体过街。在无信号控制的过街口，过街周期由车流间隙确定(与距路段两端路口的距离、信号控制周期及流量有关)，有很大的随意性。一般来说，路段短、流量大的过街周期性较为明确，行人过街有聚集，从众性强，会形成群体过街；路段长、流量小的过街周期性不明确，行人过街比较随意，不易形成群体性。

(3) 路口过街行人。

路口过街行人为城市道路口的过街行人，由于选择多，比路段过街更复杂。在交通信号控制完善的路口，行人的过街行为较为规范，会形成有意识的群体人流，与车辆的冲突点较少。在无冲突路径上，个体不需要获取更多的信息，速度稳定，较为安全。但在没有灯控或交通设施不够完整的路口，过街行人采取的风险行为差异较大，导致行人速度和路径具有较大的离散性。当等待过街行人较多时，从众性加强，只要有人带头过，后面行人就会跟上。

(4) 交通枢纽人群。

交通枢纽是一种或多种运输方式的交叉或衔接之处。交通枢纽由复杂的交通设施和建筑组成，一般由车站、港口、机场及相关线路和设备组成。城市交通枢纽是交通路网中具有重要意义的节点，也是行人出行中不可或缺的公共场所之一。处在交通枢纽中的行人通常流量较大，且在短时间积聚和消散，人流量时空分布不均衡较为突出。一方面，行人步行的目的、方向、速度、停留时间的不同，形成群体流的混沌性；另一方面，枢纽的集散和转换特征及流程使特定线路上的群体行为呈现一定的规律性，如到达后的人群、进站人群等，其行为都具有一定的规律性等。

(5) 集会人群。

集会人群是指具有确定时间、地点，同时具有一定规模、参与人数较多的社会公共活动中的人群。公共活动主要包括各种体育赛事、大会、宗教活动、有组织的娱乐活动、演出等。集会人群的交通特点与集会的目的、场所的空间特点有密切的关系。一般来说，行人流的交通特点由行人流的组成人群及其步行的目标决定。出入场馆区域的群体步行目的比较统一，人群流的整体特性比较明确，出行时间比较集中，有明显的高峰期。一般来说，集会人群交通形成的是一种整体性很强的流动体，易于引导和渠化。

4.7.2　行人交通的基本特征

1. 行为机理

行人的行为机理研究是行人建模的基础。行为是受思想支配而表现出来的外在活动，行人也不例外。行人的交通行为是指行人在出行过程中，在交通环境、生理因素和心理因素影响下表现出来的与交通有关的一系列交通活动。行人交通活动是发生在有明确范围限制的交通环境下，以出行活动链为意图的行动过程。对行人行为机理的研究集中在"社会力"对行人的影响、自组织现象行为、跟随行为、超越行为、环境、心理行为等方面。

迄今对行人机理的研究有很多。物理学家 Dirk Helbing 提出了著名的"社会力"模型(Social Force Model)，他揭示了行人交通行为的产生源于自身主观的行动力，这种力就是所谓的"社会力"模型。该模型把行人看成有自驱动力的粒子，每个粒子的移动都有一个目标，并且具有一定的速度向目标靠近，速度的大小反映了行人向目标移动时的着急程度。社会力模型是分析行人行走的重要基础模型，它揭示了行人交通行为的产生源于自身主观的行动力，侧重于用行人间和行人与环境的相互作用去研究人的心理与行为的关系，并强调了行人活动的随机性；行人的从众、超越、避让及自组织行为都是受到周围行人的影响而采取的行为方式。此外，用社会力模型还可以展现疏散过程中人员的堵塞现象，模拟出"从众效应""快即是慢效应"等。因此，社会力模型是现有行人模型中最接近真实情况的一种机理模型。

2. 行走参数

行人行走参数主要指个体行人在移动过程中所表现出来的个体行为特征，包括行走速度、步幅与步频、步行空间需求、步行方向等。行走参数是构成行人微观模型的基础数据，对交通行人设施的规划和设计也具有重要的影响。

1) 步行速度

影响行人步行速度的因素很多，如人种、年龄、性别、环境等。步行速度主要由观测值统计得到，具有正态分布统计规律。例如，澳大利亚悉尼市的一项研究显示，行人的平均速度为 1.34m/s，标准差为 0.26m/s。研究表明：欧洲行人的平均步速为 1.41m/s，美国行人为 1.35m/s，澳大利亚行人为 1.44m/s，亚洲行人为 1.24m/s。欧美国家的人普遍比亚洲人步速快。我国行人速度的变化范围为 0.7～1.7m/s。男性比女性快，年轻人比老年人快，城市人的步速比乡村人的步速快。

2) 步幅与步频

步幅与步频决定了步速。对每个行人来说，步幅相对稳定，但不同的群体步幅存在差异。女性、老年人和儿童的步幅较小，而男性、中青年人的步幅较大。人的步速主要是通过步频来调整的。步幅反映了行人行走的敏捷性、心理状态及对周围环境变化的调节。步幅和步频也是由观测值统计获取的。据统计，我国男性平均步幅为 0.67m，女性平均步幅为 0.61m。中青年人平均步幅为 0.65m，老年人平均步幅为 0.58m。步频方面，我国男性平均步频为 1.92 步/s，女性平均步频为 1.99 步/s。中青年人平均步频为 1.97 步/s，老年人平均步频为 1.87 步/s。

3) 步行空间需求

行人在静止和行走时需要一定的个人空间，分别称为静态空间和动态空间。静态空间是指行人在静止等待状态下所占据的空间范围，根据人体工程学，可看成是一个长轴为 61cm、短轴为 45.6cm 的椭圆空间。动态空间是指行人在行走时需要的前后空间。动态空间的大小与步速相关，步速越快，动态空间要求越大。此外，个人空间极限值受环境的影响。在自由状态下，个人空间极限以人的舒适感知为标准自动调整；而在较为拥堵的情况下，个人空间极限以相互间不发生干涉为极限。

4) 步行方向

行人的步行方向原则上与路径方向一致。但需要超越或遇到障碍时，就会调整方向，调整方向是随机动态的，在转向过程中仍然遵从最短路径原则，但要受到个人行走空间的限制。例如，在超越时一般不会与前人发生碰擦，避开障碍物时也会保持一定距离。另外，转向时刻也会提前，以减小方向调整幅度。

4.8　道路景观系统

景观是交通环境的重要组成部分。《交通工程手册》中指出，道路景观是指用路者在道路上以一定的速度运动时，视野中的道路及环境思维空间形象。通常认为，道路景观指的是用路者所见到的路内的植物、工程建造物和路外的自然、文化环境的统一体。它主要由自然景观要素、人文景观要素以及道路工程要素三部分组成。自然景观要素是由许多地理环境要素和气象因素综合形成的产物，它作为原生态景观，是道路景观的肌理和背景，对道路线形的协调、景观效果有着重要作用，其中地形、水体、气候、植物等是最重要的要素；人文景观是公路的次生景观，它通过文化的符号化、物质化等方式进行加强深化，传达某种人文意义，如历史文化感、思想道德、民风民俗等，从而延续和增加了区域的特色与知名度，保存了其历史的记忆；道路工程要素是指地域内的道路组成部分，它包括道路主线景观(包括道路主线、构筑物等)、道路辅助设施景观(如交通标志、标线等信息设施)和艺术景观(如边坡壁画、雕塑等)。

由以上对道路景观的定义可知，景观系统包含的内容很多。所以，应根据研究的需要确定景观系统。一般来说，对车辆运行有明显影响的景观因素有道路线形、标志标线、桥梁隧道、相关交通设施及道路两侧的植物景观。不同于其他系统的数学建模，道路景观系统一般是进行三维建模，通过虚拟现实技术呈现在车辆及交通仿真系统中。作为交通环境中的重要组成部分，机动车、非机动车及行人的运动也可以通过三维虚拟现实技术表现出来，但它们的运动规律要通过自身的运动模型来实现。

4.9　车辆与交通系统的仿真

前面几节分别介绍了车辆与相关交通系统的构成、特征和应用领域。应用连续或离散系统的建模与仿真方法就可实现对上述各类系统的仿真。

由于车辆与交通系统在构成方式和系统性质上的差异，导致了各类系统建模与仿真方法的不同，有的系统属于连续系统仿真，有的系统属于离散系统仿真。但是，道路交通系统是一个复杂的系统，系统中的状态变量既有连续的，如车辆的运动，信号灯的变化，又有离散的，如车辆路径的选择，跟车、超车的选择等。一个系统划分为连续系统还是离散系统，除了取决于系统中起主导作用的状态变量是否连续之外，还取决于系统的研究目的。例如，研究某一车辆的驾驶动态特性，系统是连续的；但若研究的是交通流的运动特性，则适合采用离散系统，可将交通流中车辆赋予具有统计意义的运动特征；若将交通流中的车辆看成一个集合体，又可将其看成连续的系统，用微分方程来描述。

将连续系统和离散系统混合起来建模是仿真领域发展的一个新技术，也是上述不同性质交通系统混合仿真要解决的技术问题之一。在连续-离散复合系统中，系统存在多种状态，它们有的定义为连续状态，有的定义为离散状态。复合仿真系统最重要的特征是连续系统和离散系统采用共同的时间轴，系统的连续状态变化是基于时间驱动的，而系统的离散状态变化一般是基于事件驱动的(随机的)。复合仿真系统最重要的方面是连续和离散变量的相互作用，包括连续变量达到某一特定范围引起的离散事件的驱动，或离散事件发生引起连续系统状态的改变。例如某一车辆在特定道路环境中行驶，属于连续运动系统，而穿过马路的行人是离散事件系统。当驾驶员看到行人并预测到会与车辆发生冲突时，就会采取措施，从而改变车辆的运动状态。

　　此外，车辆与交通系统按其模型的精细程度及研究尺度，可划分为微观系统仿真、中观系统仿真和宏观系统仿真。微观系统是小尺度仿真系统，主要针对车辆系统、交通流系统和人-车-路-环系统。微观系统可用于研究车辆的动态响应、驾驶行为、交通安全、交通流特性等问题；宏观仿真系统属于大尺度仿真系统，一般以流量函数表示的路段和路口延误来模拟车辆在一个路段行驶的时间或在路口等待的概率或时间；中观仿真系统介于微观和宏观之间，属中等尺度的仿真系统，它一般以车辆的密度函数来表示一个区段内车辆的行驶速度，并考虑车辆在路口的排队现象。宏观和中观仿真系统不直接模拟交通控制信息，控制系统对路网流量的影响以通行能力的形式来表示。

　　多尺度仿真系统是现代仿真技术发展的一个新方向。它可以把宏观、中观、微观三种不同尺度交通系统的建模方式统一到一个路网中。由于尺度不同，需要从多个分辨率层次出发，建立各层之间的具有无缝对接的模型或模型组。所建模型或模型组能够方便地通过切换，描述不同尺度下的交通现象。通过多尺度建模技术可以把不同类型的交通仿真模型有机的整合在一起，形成多层次的交通仿真模型系统。

　　目前已有一类交通仿真软件实现了中观交通流模型与微观交通模型的混合，采用的是嵌入式的混合方法：由于微观系统对路网的刻画非常细致，而中观系统对路网的刻画比价粗糙，为了实现二者的混合，微观路网以一种简化的方式嵌入到中观路网中，由中观模型来处理选择路径，再返回到微观系统中进行仿真处理。另一类是宏观交通流与微观交通流的混合。这一类较为复杂，需要解决从宏观模型到微观模型的解聚和从微观模型到宏观模型的聚合方法；同时存在宏观模型指标与微观模型指标的一致性和转换问题，重点在模型理论上的一致性问题，而不是不同尺度优势的发挥。近年来，随着计算机和地理信息系统的发展，以及交通规划对仿真模型的需求，市场上涌现了很多不同尺度的交通仿真系统，并出现了把三种尺度的模型融入在一个仿真系统中的发展趋势，以期形成更为完整的交通仿真体系。

　　本书将重点介绍车辆与交通环境系统的建模与仿真方法，属于小尺度的微观仿真系统，主要用于车辆系统的研究和道路交通工程领域的设计和评价。

4.10　思　考　题

1. 如何理解道路交通系统从点到面的整体性？
2. 举例说明交通系统的自然属性和社会属性。
3. 说明人在道路交通系统中的作用。
4. 宏观交通系统一般由哪些元素构成？举例说明。
5. 微观交通系统一般由哪些元素构成？举例说明。
6. 什么是车辆的闭环控制系统，举例说明。
7. 什么是"人-车-路-环"系统？与车控制系统有什么区别？
8. 车辆仿真系统与交通流仿真系统的主要区别有哪些？

参 考 文 献

隽志才, 2011. 交通系统建模与仿真 [M]. 北京: 科学出版社.

李得伟, 韩宝明, 2011. 行人交通 [M]. 北京: 人民交通出版社.

刘正林, 2010. 交通运输工具原理及运用 [M]. 北京: 清华大学出版社.

裴玉龙, 张亚平, 2004. 道路交通与系统仿真 [M]. 北京: 人民交通出版社.

钱大琳, 李珊珊, 陈小红, 2011. 行人和自行车交通微观仿真和应用 [M]. 北京: 人民交通出版社.

任福田, 刘小明, 荣建, 2008. 交通工程学[M]. 北京: 人民交通出版社.

王殿海, 2007. 交通系统分析 [M]. 北京: 人民交通出版社.

吴娇蓉, 2012. 交通系统仿真及应用 [M]. 上海: 同济大学出版社.

谢之权, 储庆中, 陈峻, 等, 2010. 自行车-行人共享道条件下自行车交通流特性研究[J]. 交通运输工程与
　　信息学报, 8(2): 93-99.

余志生, 2004. 汽车理论[M]. 北京: 机械工业出版社.

中国公路学会《交通工程手册》编委会, 1997. 交通工程手册[M]. 北京: 人民交通出版社.

第5章 车辆系统的建模与仿真

5.1 车辆系统与模型

车辆是自带动力并由人操纵控制的可以在道路上自由行驶的机械系统。为了实现车辆的行驶与控制，最基本的车辆系统包含发动机系、传动系、车轮系、悬架系、转向系、制动系和车身系。其中，发动机提供车辆的行驶动力(扭矩)，由传动系把发动机提供的扭矩传递到驱动轮上，促使车轮旋转；制动系产生作用在车轮上的制动力矩；转向系使车轮(一般为前轮)产生转向角；驱动力、制动力、转向力最后都是作用在车轮上，而车轮通过悬架与车身相连接；最后，由地面对车轮胎面产生的反作用力形成车辆的驱动力、制动力和转向力。可见，由地面对车轮产生的反作用力才是车辆真正的驱动力、制动力或转向力。车辆系统的构成及各子系统之间的关系如图5-1所示。

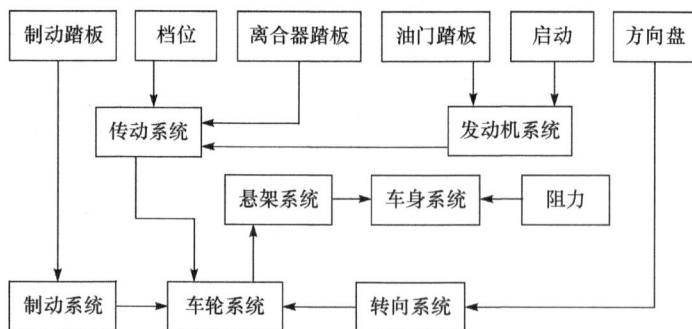

图 5-1　车辆系统的构成

建立车辆动力学模型是车辆动态仿真的基础。由于车辆是由安装在车身壳体里的多种零部件、组件组成，对大部分车辆动力学分析来说，描述的都是整车的运动特性，各部件、组件都一起运动。例如，在车辆转向过程中，车辆整体都在作横摆运动，都有纵向位移和侧向位移，因此，在建模时可以采用集中参数的方法，即假设车辆的质量都集中在质心位置，对质心建立纵向、侧向、横摆及侧倾等运动的动力学方程。因此，集中参数法是车辆动力学常见的一种建模方法，根据不同的仿真目的，可以建立不同复杂程度的模型。基于集中质量(多刚体)的车辆动态建模方法是基于牛顿力学理论，采用刚体动力学的建模方法。以产品开发为目的的车辆动态仿真，对仿真模型有更高的要求，可采用多体动力学理论，多体动力学建模方法是将车辆的每一部件看成刚体或柔体，部件之间通过某种运动副连接，考虑这种运动副的约束作用，动力学方程可以通过拉格朗日方法建立。车辆动力学模型一般涉及多个部件和运动副，导出的动力学方程一般都是多自由度的，其模型的复杂程度远远高于一般刚体的模型。

无论采用哪一种方法建立车辆动力学模型，都要进行必要的简化。对于刚体模型，根据研究目标和分析方法，一般可分为线性模型和非线性模型。线性模型一般用于获得解析解，因此要进行大量的简化：忽略与主体运动产生耦合作用的其他运动，采用线性的轮胎特性等。例如，在车辆的转向操纵稳定模型中，仅考虑车辆的平面运动，忽略侧倾、纵倾运动，且保持纵向速度不变，忽略侧向和纵向载荷的转移等。尽管模型简单，但是能够反映汽车的基本操纵稳定性，可以求得解析解，便于分析车辆的转向稳定性。

然而在实际中，车辆在很多时候的运动处于非线性状态。例如，在高速、大转向等极限工况下，轮胎力呈现强非线性特性甚至饱和；车辆的悬挂质量在纵倾和侧倾运动的作用下产生明显的载荷转移，从而使轮胎的垂向载荷发生较大的变化，影响汽车的操纵稳定性。非线性车辆动力学模型一般用于极限转向工况下的车辆动力学仿真，能够较好地反映轮胎力和汽车各状态的响应特性。根据研究问题需要可以建立不同的非线性车辆动力学模型，从几个自由度到几十个自由度甚至上百个自由度。一般而言，模型自由度越多，仿真越接近实际的车辆响应特性，但计算量也越大。

下面以车辆运行仿真为目的，介绍车辆的动力学模型。车辆系统为典型的机械连续系统，主要采用机理与实验的混合建模方法。其中，机理以刚体动力学为基础，实验以轮胎-地面测试实验为基础。为了便于今后模型的拓展，将车辆的构成按系统功能区分为各个子系统及链接关系(图 5-1)，将各子系统看成独立的对象，采用基于对象的建模方法。首先介绍车身作为一个整体对象的动力学模型，然后逐一介绍与之相关的子系统的模型，包括发动机模型、传动系模型、转向系模型、制动系模型、轮胎-地面模型、悬架系模型和车辆行驶阻力模型等。整车模型是由车身模型与各个子系统模型共同形成的一个完整的闭合链。

5.2　车 身 模 型

车身是车辆系统中最大的"刚体"，车身的运动就可以看成车辆的运动。严格地说，车身是车辆的簧上质量，即悬架之上的部分。但除了车身的振动和纵、横侧倾需要簧上质量，在车辆的纵移、横移和转向等平面运动中，因为发动机、底盘与车身有相同的运动，所以车身质量可以包含发动机和底盘质量，这种情况下，车身质量即整车质量。

以车辆质心为原点建立车辆坐标系，如图 5-2 所示。作为一个集中质量的刚体运动，车身在空间的运动最多有六个自由度，即车辆沿 x 轴(纵向)、y 轴(侧向)、z 轴(垂向)三个方向的移动和绕 x 轴、y 轴、z 轴三个方向的转动。但实际建模要根据研究的目的来确定模型的自由度。一般来说，车辆的纵向、侧向运动和绕垂直轴的转向等三个自由度就可以模拟车辆在行驶中的基本运动；如果要全方位地模拟车辆的运动，则要建立六自由度模型。下面分别介绍车身三自由度和六自由度模型。

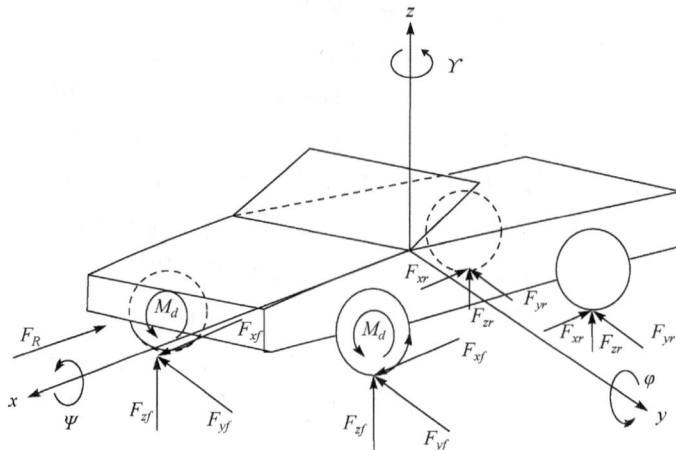

图 5-2　车辆整车动力学模型

5.2.1　三自由度车身模型

简化后，车身模型包含纵向、侧向和转向三个运动。根据牛顿定理，运动模型为

$$
\begin{aligned}
M\dot{V}_x &= SF_x - SF_R \\
M\dot{V}_y &= -MV_x * r + SF_{yf} + SF_{yr} \\
J_z \dot{r} &= SF_{yf}a - SF_{yr}b
\end{aligned}
\tag{5-1}
$$

其中，M 为车辆整车质量；J_z 为车辆整车绕 z 轴的转动惯量；V_x 为车辆速度；V_y 为车辆侧向速度；r 为车辆绕 z 轴的横摆角速度；SF_x 为地面作用在车轮上的纵向力之和(驱动力或制动力)；SF_{yf} 为地面分别作用在前轮的侧向力之和；SF_{yr} 为地面分别作用在后轮的侧向力之和；a,b 分别为车辆质心至前轴和后轴的距离；SF_R 为作用在车辆上的阻力之和。

需要指出的是，从图 5-2 可以看到，虽然车身与车轮之间通过悬架连接，但是悬架系统只在垂直方向上起作用，而在纵向和侧向上，车轮和车身可以看成刚性连接。因此作用在车身上的纵、侧向力实际就是由车轮与地面的摩擦产生的。这部分内容将在 5.7 节轮胎-地面模型中介绍。作用在车辆上的阻力包括滚动阻力、空气阻力和坡度阻力。这部分内容将在 5.9 节车辆行驶阻力模型中介绍。

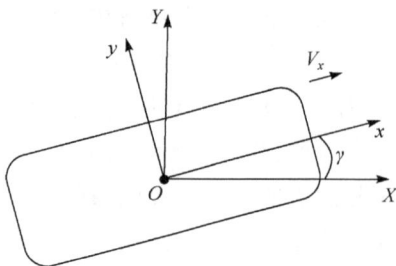

图 5-3　车辆坐标与地面坐标的关系

式(5-1)是基于车身坐标上速度的一阶微分方程，建立固定于大地的坐标系(X,Y,Z)，如图 5-3 所示，并设 X 为车身在 X 轴方向的位移，Y 为车身在 Y 轴方向的位移，γ 为车身的转向角度，则有

$$
\begin{cases}
\dot{X} = V_x \cos\gamma - V_y \sin\gamma \\
\dot{Y} = V_x \sin\gamma + V_y \cos\gamma \\
\dot{\gamma} = r
\end{cases}
\tag{5-2}
$$

由式(5-1)和式(5-2)组成车辆的状态方程：

$$
\begin{cases}
\dot{V}_x = (SF_x - F_R) / M \\
\dot{V}_y = (SF_{yf} + SF_{yr} - MV_x r) / M \\
\dot{r} = (SF_{yf} a - SF_{yr} b) / J_z \\
\dot{X} = V_x \cos\gamma - V_y \sin\gamma \\
\dot{Y} = V_x \sin\gamma + V_y \cos\gamma \\
\dot{\gamma} = r
\end{cases}
\tag{5-3}
$$

5.2.2　六自由度车身模型

一个完整的车身动力学模型应由纵向、横向、垂向的移动和车身的纵倾、侧倾、横摆(转向)等六自由度运动模型构成，在图 5-2 所示的车辆坐标体系下，设 $J_{xy} = 0$，$J_{zy} = 0, J_{zx} = 0$，忽略相关项，六自由度车身动力学模型如下：

$$
\begin{cases}
M\dot{V}_x + M_1 h_1 \ddot{\varphi} = B_1 \\
M\dot{V}_y - M_1 h_1 \ddot{\psi} = B_2 \\
M\dot{V}_z = B_3 \\
-M_1 h_1 \dot{V}_y + (M_1 h_1^2 + J_x)\ddot{\psi} - M_1 h_1 c_1 \dot{r} = B_4 \\
-M_1 h_1 c_1 \ddot{\psi} + J_z \dot{r} = B_5 \\
M_1 h_1 \dot{V}_x + (J_y + M_1 h_1^2 + M_1 c_1^2)\ddot{\varphi} = B_6
\end{cases}
\tag{5-4}
$$

方程式右边的各项表达式为

$$
\begin{cases}
B_1 = MV_y r + M_1 h_1 \dot{\psi}\dot{\varphi} + SF_x - F_R \\
B_2 = -MV_x r + M_1 r\dot{\varphi} h_1 + SF_{yf} + SF_{yr} \\
B_3 = -SF_z \\
B_4 = SM_x + M_1 V_x r h_1 + (J_y - J_z) r\dot{\varphi} + M_1 r\dot{\varphi} h_1^2 \\
B_5 = SF_{yf} a - SF_{yr} b + (J_z - J_y)\dot{\psi}\dot{\varphi} \\
\qquad - SF_{xl} T_b / 2 + SF_{xr} T_b / 2 + M_1 h_1 c_1 r\dot{\varphi} \\
B_6 = SM_y + J_{zx}(\dot{\psi}^2 - r^2) + (J_z - J_x)\dot{\psi} r - M_1 (V_y + \dot{\psi} h_1 + rc_1) r h_1 \\
\qquad + M_1 [(V_x - \dot{\varphi} h)\dot{\psi} + (V_y + \dot{\psi} h_1 + rc_1)\dot{\psi}] c_1
\end{cases}
\tag{5-5}
$$

其中，新增参数如下：M_1 为车辆簧上质量；J_x 为车辆簧上质量绕 x 轴的转动惯量；J_y 为车辆簧上质量绕 y 轴的转动惯量；h_1 为车身质心距侧倾轴的距离；c_1 为车辆簧上质量质心与整车质心的距离；T_b 为车辆轮距；V_z 为车辆垂向速度；ψ 为车辆绕 x 轴的侧倾角；φ 为车辆绕 y 轴纵倾角；SF_{xl} 为地面作用在左侧车轮上的纵向力之和(驱动力或制动力)；SF_{xr} 为地面作用在右侧车轮上的纵向力之和(驱动力或制动力)；SM_y 为绕 y 轴作用在簧上质量(车身)的力矩之和；SM_x 为绕 x 轴作用在簧上质量(车身)的力矩之和；SF_z 为悬架作用在车身上的垂向力之和；其他参数同三自由度模型参数。

进一步忽略由车身纵倾和侧倾运动产生的耦合项，简化后的模型为

$$\begin{cases} M\dot{V}_x + M_1 h_1 \ddot{\varphi} = SF_x + F_R \\ M\dot{V}_y - M_1 h_1 \ddot{\psi} = -MV_x r + SF_{yf} + SF_{yr} \\ M\dot{V}_z = -SF_z \\ J_x \ddot{\psi} = SM_x + M_1 V_x r h_1 \\ J_z \dot{r} = SF_{yf} a - SF_{yr} b + (SF_{xr} - SF_{xl})T_b/2 \\ M_1 h_1 \dot{V}_x + J_y \ddot{\varphi} = SM_y \end{cases}$$ (5-6)

将上式简写为

$$\begin{cases} M\dot{V}_x + M_1 h_1 \ddot{\varphi} = BF_1 \\ M\dot{V}_y - M_1 h_1 \ddot{\psi} = BF_2 \\ M\dot{V}_z = BF_3 \\ J_x \ddot{\psi} = BF_4 \\ J_z \dot{r} = BF_5 \\ M_1 h_1 \dot{V}_x + J_y \ddot{\varphi} = BF_6 \end{cases}$$ (5-7)

其中，

$$BF_1 = SF_x + F_R$$
$$BF_2 = -MV_x r + SF_{yf} + SF_{yr}$$
$$BF_3 = -SF_z$$
$$BF_4 = SM_x + M_1 V_x r h_1$$
$$BF_5 = SF_{yf} a - SF_{yr} b + (SF_{xr} - SF_{xl})T_b/2$$
$$BF_6 = SM_y$$

在固定坐标系(X, Y, Z)下(图 5-2)，则系统状态方程为

$$\begin{cases} \dot{V}_x = (BF_1 J_y - M_1 h_1 BF_6)/[MJ_y - (M_1 h_1)^2] \\ \dot{V}_y = (BF_2 + M_1 h_1 BF_4/J_x)/M \\ \dot{V}_z = BF_3/M \\ \ddot{\psi} = BF_4/J_x \\ \dot{r} = BF_5/J_z \\ \ddot{\varphi} = (BF_6 - M_1 h_1 \dot{V}_x)/J_y \\ \dot{X} = V_x \cos\gamma - V_y \sin\gamma \\ \dot{Y} = V_x \sin\gamma + V_y \cos\gamma \\ \dot{Z} = V_z \\ \dot{\psi} = \dot{\psi} \\ \dot{\gamma} = r \\ \dot{\varphi} = \dot{\varphi} \end{cases}$$ (5-8)

在上述车身六自由度动力学方程中，车运动包含沿 x、y、z 三个轴的运动及分别绕

三个轴的转动；整车外力包含作用在四个车轮的纵向力(驱动或制动力)、侧向力和行驶阻力，作用在车身上的侧倾力矩、纵倾力矩和垂直动载荷。由车辆结构链可知(图 5-1)，作用在整车上的驱动力(或制动力)和侧向力是由轮胎-地面模型提供的，而轮胎-地面模型中的驱动力矩由车辆发动机和传动系模型提供，制动力力矩由制动系模型提供，轮胎模型中的转向角是由转向系模型提供的；作用在车身上的侧倾力矩、纵倾力矩和垂直动载荷是由悬架模型提供的。此外，发动机、传动系、转向系、制动系等模型由驾驶操纵作为系统的输入。因此，为了实现整车的驾驶操纵仿真，还需要建立以下子系统的运动模型。

(1) 为车辆提供动力驱动的发动机模型。

(2) 将发动机动力传送到车轮的传动系模型。

(3) 为车辆提供转向运动的转向系模型。

(4) 为车辆提供制动力的制动系模型。

(5) 为车辆提供纵向(驱动或制动)或横向力的轮胎-地面模型。

(6) 为车身提供支撑的悬架系模型。

(7) 车辆行驶阻力模型。

5.3　发动机模型

发动机模型是为车辆系统提供动力驱动的数学模型。常用的车辆发动机是四冲程往复活塞式内燃机，通过曲轴高速旋转实现发动机扭矩的输出。有两种建立发动机模型的方法：一种是机理模型，另一种是实验模型。机理模型是基于发动机工作原理简化后建立的扭矩模型；实验模型是基于发动机台架实验数据建立的扭矩模型。

5.3.1　机理模型

从机理上来说，发动机的扭矩是瞬态变化的，但对于一般车辆纵向驱动力的预测，可采用均值模型，它是一种发动机的数学模型，介于复杂的迭代模型与简化的传递函数模型之间，主要用于预测发动机一些外部变量的均值。该均值所取时间范围比发动机一个工作循环的时间长，但比车辆纵向运动要求的时间短，因此可以较好地用于车辆纵向运动的仿真。

在发动机旋转动力学均值模型中，曲轴旋转动力学方程如下：

$$I_e \dot{\omega}_e = M_d - M_f - M_e \tag{5-9}$$

其中，I_e 为发动机当量转动惯量；ω_e 为发动机旋转角速度；M_d 为有效转矩；M_e 为负荷转矩；M_f 为发动机的摩擦和泵气损失。

如果从机理上分析，有效转矩是气体燃烧产生的，可由下式表示：

$$M_d = \frac{H_u \eta \dot{m}_f}{\omega_e} \tag{5-10}$$

其中，H_u 为燃料热值；η 为指示热效率；$\dot{m}_f$ 为进入气缸内燃料的质量流量，与节气门有关。

假设气缸内的混合气维持理论空燃比不变,则燃油质量流量 $\dot{m}_f$ 与从进气歧管流入汽缸内的空气流量有关,可表示为

$$\dot{m}_f = \frac{\dot{m}_a}{\lambda L_t} \qquad (5\text{-}11)$$

其中, $\dot{m}_a$ 为从进气歧管进入汽缸的空气流量; L_t 为燃油的理论空燃比; λ 为理论过量空气系数,当 $\lambda=1$ 时, $L_t=14.67$ 。

式(5-9)中的 M_f 由发动机流体摩擦损失和泵气损失阻力两部分组成。其中,发动机流体摩擦损失主要由发动机的流体动力和润滑油膜造成,可表示为发动机转速的多项式;泵气损失与泵气平均有效压力和发动()机转速成正比。因此,发动机中总的摩擦和泵气损失可由发动机转速和进气歧管压力表示为

$$M_f = a_0 \omega_e^2 + a_1 \omega_e + a_2 + b_0 \omega_e P_m + b_1 P_m \qquad (5\text{-}12)$$

式中, a_0 , a_1 , a_2 , b_0 , b_1 为待定参数,取决于发动机类型; P_m 为进气歧管压力,可由下式求得

$$\dot{P}_m = \frac{RT_m}{V_m}\left[\text{Max}TC(\alpha)\text{PRI}\left(\frac{P_m}{P_a}\right) - \frac{\omega_e V_d \eta_v}{4\pi V_m} P_m \right] \qquad (5\text{-}13)$$

其中, R 为气体常数; T_m 为进气歧管温度; V_m 为进气歧管容积;Max 为进气空气流量最大值,取决于节气门尺寸; $TC(\alpha)$ 为节气门流通特性; α 为节气门开度;PRI 为进气歧管温度; P_a 为环境压力; V_d 为发动机排量; η_v 为容积效率。

5.3.2　台架实验模型

但对于车辆动力性的模拟,只需要知道它的输出特性。因此,常采用发动机的 MAP 图来获取发动机的扭矩特性,忽略进气歧管的动态效应,由发动机 MAP 图可得到发动机的一阶二维模型,即发动机的有效转矩由节气门开度 α 和发动机转速 ω_e 表示,动力平衡方程为

$$I_e \dot{\omega}_e = M_n(\alpha, \omega_e) - M_e \qquad (5\text{-}14)$$

其中, $M_n(\alpha, \omega_e)$ 为从 MAP 图中得到的减去损失的有效转矩,同时也是节气门开度 α 和发动机转速 ω_e 的稳态方程。

如果不对发动机模型作太高要求,还可根据发动机扭矩外特性,用二次曲线回归来近似模拟,即

$$M_e = a_d + a_g \alpha + a_1 n_e + a_2 n_e^2 \qquad (5\text{-}15)$$

其中, n_e 为发动机转速; a_d, a_g, a_1, a_2 为发动机扭矩系数,通过实验数据回归获取; α 为节气门开度。

5.4　传动系模型

车辆传动系将发动机的动力传输到车轮上。手动换挡汽车的传动系包含离合器、变

速器、主减速器(含差速器)、驱动轴等,其中,离合器输入端与发动机输出轴相连,驱动轴与车轮相连。自动换挡汽车是由液力变矩器和自动变速器替代了传统的离合器和手动变速器。

5.4.1 手动变速器模型

传动系模型用来描述发动机转矩、转速与车轮的转矩和转速之间的关系。手动挡传动系如图 5-4 所示,车轮转矩 M_w 与发动机输出扭矩 M_e 的关系如下:

$$M_t = f(M_e)$$
$$M_w = M_t i_g i_0 \eta \tag{5-16}$$

其中,M_t 为进入变速器输入端的扭矩;i_g 为各挡传动比;i_0 为主传动比;η 为机械传动效率。

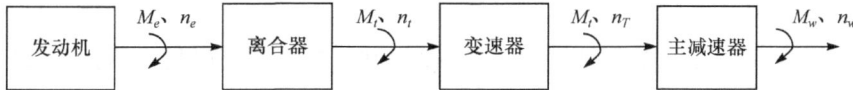

图 5-4 车辆传动系模型

式(5-16)中第一行为离合器模型,可表示为

$$M_t = C_l M_e \tag{5-17}$$

其中,C_l 为离合器力矩传递系数,它是离合器踏板行程的函数,包含全分离、半结合、完全结合三种状态。全分离时,$C_l = 0$,完全结合时,$C_l = 1$,半结合时,C_l 随离合器摩擦盘接触压力的增加从 0 到 1 线性变化。

5.4.2 自动变速器模型

自动变速器的前端有液力变矩器,液力变矩器是连接发动机和变速器的液力耦合部件。发动机在低转速时(如车辆遇到红灯需要停住时,发动机处于怠速状态),变矩器输出的转矩很小,只要很小的制动踏板力就可使车辆保持静止不动。当车辆起步加速时,发动机转速远高于传动系转速,变矩器可输出更大的转矩。速度升高时,传动系的转速逐渐接近发动机的转速,最终和发动机转速几乎相等。理想状态是发动机的转速和传动系的转速完全相等,以消除功率损失。因此,许多汽车变矩器内都安装有锁止离合器,当液力变矩器的主、从动部分转速升高到一定值时,离合器把两部分锁止固定在一起,减小相对滑动;当驾驶人把脚从油门踏板移动到制动踏板时,液力变矩器随即脱离锁止,允许发动机继续运转。

液力变矩器的输入端(与发动机相连的部分)称为泵轮,输出端(与变速器相连的部分)称为涡轮。泵轮的转矩由下式求得

$$M_B = \gamma \lambda_B N_B^2 D^5 = C_B \lambda_B N_B^2 \tag{5-18}$$

其中,M_B 为泵轮转矩($N \cdot m$);γ 为工作液体重度(N/m^3);λ_B 为泵轮转矩系数($s^2/(m \cdot r^2)$);

$C_B = \gamma * D^5$；N_B 为泵轮转速(r/s)；D 为液力变矩器有效直径(m)。

根据泵轮转矩，求得涡轮的转矩为

$$M_T = KM_B \tag{5-19}$$

其中，K 为变矩系数。

参数 λ_B、K 可通过实验数据拟合得到

$$\lambda_B = B_0 + B_1 i + B_2 i^2 + B_3 i^3 + B_4 i^4$$
$$K = A_0 + A_1 i + A_2 i^2 + A_3 i^3 + A_4 i^4 \tag{5-20}$$

其中，$B_0 \sim B_4$，$A_0 \sim A_4$——拟合系数

i 为涡轮与泵轮的转速比，即

$$i = \frac{N_T}{N_B} \tag{5-21}$$

其中，N_T 为涡轮转速。

因为泵轮与发动机相连，所以，泵轮的转矩和转速应与发动机输出转矩和转速相同。

令 $M_B = M_e$，$N_B = N_e$

将发动机转矩模型代入，则有

$$C_B \lambda_B N_B^2 = a_0 + a_1 N_B + a_2 N_B^2$$
$$(a_2 - C_B \lambda_B) N_B^2 + a_1 N_B + a_0 = 0$$

其中，$a_0 \sim a_2$ 为发动机扭矩系数。

求解得

$$N_B = \frac{-a_1 + \sqrt{a_1^2 - 4(a_2 - C_B \lambda_B) a_0}}{2(a_2 - C_B \lambda_B)} \tag{5-22}$$

涡轮与车辆传动轴相连，则有

$$N_T = N_W i_g i_0 \tag{5-23}$$

其中，N_W 为车轮转速。

最后得到车轮上的驱动力矩为

$$M_W = M_T i_g i_0 \eta \tag{5-24}$$

自动变速器是自动换挡的，一般根据车辆的速度和加减速来确定加挡还是减挡。仿真时需要明确换挡策略，从而确定换挡模型。

5.5 转向系模型

转向系是为车身提供转向的子系统，即车辆的转向是通过转向系统来实现的。转向系由方向盘、转向机、转向连杆机构和转向轮组成，转向系统可以看成独立于车身的系

统，为车身系统提供前轮的转角输入。

5.5.1　变速比模型

车辆转向系结构如图 5-5 所示。

图 5-5　车辆转向系模型

对于简单的仿真系统，转向系模型可以采用静态变速比模型，如下所述：

左前轮转角：

$$\delta_L = \theta / i \tag{5-25}$$

右前轮转角：

$$\delta_r = L \tan \delta_L / (L + L_{bk} \tan \delta_L) \tag{5-26}$$

其中，i 为转向系传动比；θ 为方向盘转角；θ_0 为方向盘自由行程单边值；L 为车辆轴距；L_{bk} 为前轮轮距。

5.5.2　动态模型

考虑到对车辆转向特性的影响，转向系统的动力学模型可由方向盘转角输入-前轮转角输出的一阶动态模型表示：

$$J\ddot{\delta}_L = K_g(\theta - i\delta_L) - K_T \delta_L - B_T \dot{\delta} \tag{5-27}$$

其中，δ_L 为左前轮转角(输出)；J 为转向系转动惯量；θ 为方向盘转角(输入)；K_g 为转向系扭转刚度；K_T 为车轮(双轮)回正力矩系数；B_T 为车轮(双轮)转向阻尼。

忽略梯形转向机构的动态特性，右前轮转角的表达式与式(5-26)相同。

现代汽车转向系统含有转向助力控制系统，若要进行与之相关的模拟实验，在转向系统中就要考虑到转向助力系统的影响。

5.6　制动系模型

制动系是为汽车提供制动力的子系统。汽车制动系中包括两套独立的制动装置——行车制动装置和驻车制动装置。行车制动装置用以保证在车辆在行车过程中能以适当的减速度使汽车速度降低到所需值(包括停车)，而驻车制动装置用于使汽车可靠地在原地(包括在斜坡上)停驻。制动系模型是指对行车制动装置建立的模型。汽车行车制动装置一般采用气压或液力驱动。典型的液压制动系统包括制动踏板、制动主缸、制动管路、制动分缸、制动器等机构，有的制动系统还包括各种制动比例调节阀等，如图 5-6 所示。

图 5-6　车辆制动系统

制动系统中，制动踏板属于系统的驾驶操纵输入，制动主缸、制动分缸、制动管路及相关调节器属于系统的制动驱动机构，制动器将制动分缸产生的压力作用在摩擦片上，轮胎周缘克服制动器摩擦所需要的力称为制动器制动力。制动器制动力的大小取决于制动踏板力，并与制动器的形式、结构参数、制动器摩擦副的摩擦系数、车轮半径有关。

制动系仿真模型就是要确定制动器踏板力(或制动踏板行程)与制动器制动力之间的数学关系。有两种建立制动系数学模型的方法：一是机理建模法，汽车制动系统一般由气压或液力驱动，动力传输是通过主缸、分缸、管路及各种控制阀来实现的，制动驱动系统的机理建模是指通过气压或液压流动机理来建立理论模型；二是实验建模法，根据对象实验数据的分布规律，选定一种常用的模型曲线作为拟合的标准，再通过回归分析求出模型系数。两种方法各有特点，实验建模简单实用，但物理意义不明确；机理建模参数的物理意义明确，但公式复杂，还要标定很多参数。

如果仿真计算对制动系统的动态响应要求不高，可以忽略制动系统内部的作用原理，直接建立制动踏板与制动力矩之间的关系。

5.6.1　固定制动力分配模型

制动时由于汽车载荷出现前后转移，为了保证汽车前后轮制动对地面附着系数的有效利用，对前后轮最大制动力之间的关系有一定的要求，由制动力分配系数来确定。设 β 为汽车前后制动力固定分配系数，定义制动力固定分配系数：

$$\beta = \frac{M_r}{M_f + M_r} = \frac{M_r}{M_z} \tag{5-28}$$

其中，M_f，M_r 分别为前后轮制动力矩；M_z 为总制动力矩。

设 $p\%$ 为制动踏板力或行程(用百分比表示)，由式(5-28)，在给定制动踏板力时前后轮的制动力矩可表示如下。

$$
\begin{aligned}
M_{zm} &= M_{zm} p\% \\
M_{fm} &= M_z(1-\beta) \\
M_{rm} &= M_z \beta
\end{aligned}
\tag{5-29}
$$

其中，M_{zm} 为前轮总最大设计制动力矩之和；M_{fm} 为前轮最大制动力矩；M_{rm} 为后轮最大制动力矩。

作用在车轮上的制动力矩由制动驱动系统产生，考虑到系统具有一定的响应时间，可以把这种关系简化成一种在给定踏板力(或踏板行程)下的基于时间反应的线性增长的关系，因此作用在车轮上的制动力矩可以表示如下。

前轮制动力：

$$M_f = \begin{cases} K_f t, & M_f < M_{fm} \\ M_{fm}, & M_f \geqslant M_{fm} \end{cases} \tag{5-30}$$

后轮制动力：

$$M_r = \begin{cases} K_r t, & M_r < M_{rm} \\ M_{rm}, & M_r \geqslant M_{rm} \end{cases} \tag{5-31}$$

其中，K_f，K_r 分别为前、后车轮制动器制动力矩增长斜率。

为了保证前后制动力矩的响应时间相同，前后轮制动力矩增长斜率应有如下关系：

$$K_f = \frac{(1-\beta)}{\beta} K_r \tag{5-32}$$

汽车前后轮制动力矩生成模型示意图如图 5-7 所示。

制动器设计的最大制动力矩都能使车轮在任何路面上抱死。因此，为了防止车轮在制动时抱死，有的系统采用了限压阀，限压阀一般安装在后轮制动管路中，当制动管路压力达到给定值时，限压阀关闭，后轮管路中的压力不再增加，保持不变，从而防止后轮抱死，如图 5-7 中虚线所示。

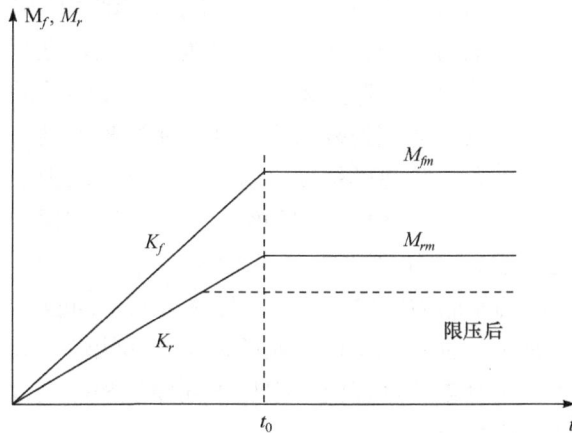

图 5-7　汽车前后轮制动力矩

5.6.2　比例阀制动力分配模型

固定制动力分配只能解决某一个路面附着系数的有效利用问题，而在实际中路面的附着系数是变化的。为了使制动系统适应更大范围的附着系数，在固定制动力分配系统的基础上增加比例阀调节器。比例阀调节器安装在制动管路中，可以调节前后轮的气压或液压比，从而改变前后制动力矩的关系。

设比例阀的控制起作用点为 M_{z0}，总制动力矩 M_z 小于 M_{z0} 时，前后轮制动力矩按 β 分配，总制动力矩 M_z 大于 M_{z0} 时，前后轮制动力矩按 β_1 分配，β_1 的定义与 β 相同，但比值更小。

因此，增加比例阀后，前后车轮的制动力分配模型如下。

当 $M_z \leqslant M_{z0}$ 时，

$$\begin{aligned} M_{fm} &= M_z(1-\beta) \\ M_{rm} &= M_z \beta \end{aligned} \tag{5-33}$$

当 $M_z > M_{z0}$ 时，

$$M_{fm} = M_{z0}(1-\beta) + (M_z - M_{z0})(1-\beta_1)$$
$$M_{rm} = M_{z0}\beta + (M_z - M_{z0})\beta_1$$

(5-34)

前后轮制动力矩基于时间响应的生成模型同式(5-30)和式(5-31)。

从式(5-34)中可以看到，当 $\beta_1 = \beta$ 时，比例阀分配模型与固定分配模型相同。

与驱动力一样，制动力要受到路面附着极限的制约，因为真正的制动力是由车轮与地面之间的摩擦力来决定的，即制动力是由轮胎模型来确定的，将在 5.7 节介绍。

现代汽车制动系统都配有防抱死制动(ABS)装置和选配电子稳定控制(ESP)装置，其与制动系统的关系与相关控制模型分别在 6.2 节和 6.3 节较详细介绍。

5.7　轮　胎　模　型

汽车行驶过程中的空气动力和地面作用力是影响汽车动力学的主要外部作用力，空气动力直接作用于车身，而地面作用力必须通过轮胎传递到车身。车辆的驱动力、制动力和转向力都是通过轮胎与地面的摩擦力来实现的。由于车辆轮胎与地面之间不是纯滚动的关系，因而轮胎的运动及受力较为复杂，描述轮胎这种运动与受力关系的模型称为轮胎模型。轮胎模型的建模方法和建模精度将直接影响整车动力的仿真精度。从模型的建立原理分类，轮胎模型可以分为物理模型和经验模型。物理模型是通过对轮胎的物理结构分析进行抽象简化而建立的力学模型，如刷子模型、弦模型、梁模型等；经验模型是通过大量的实验拟合出的轮胎力经验公式，如魔术公式、Dugoff 模型等，我国郭孔辉院士提出的幂指数模型则是一种半经验性的轮胎模型。非线性经验模型具有较高的模拟精度，在现代汽车动力学仿真中应用广泛。根据不同原理和应用目的，轮胎模型有很多种，本节介绍常见的几种轮胎模型。

轮胎模型分为纵向轮胎模型、侧向轮胎模型和纵侧向联合模型。纵向轮胎模型用于计算车轮的驱动力和制动力，侧向轮胎模型用于计算车轮的侧向力。

5.7.1　轮胎纵向力模型

轮胎纵向力包含驱动力和制动力。

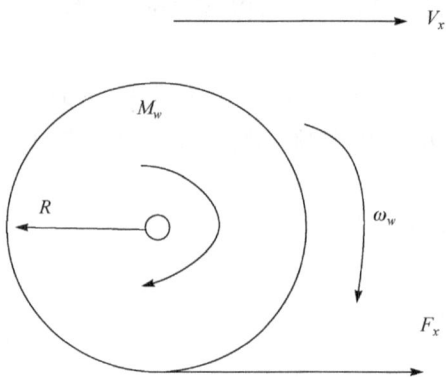

图 5-8　轮胎旋转动力学示意图

车辆缓慢驱动或轻微制动时，作为一种简化的轮胎模型，可忽略滑移率，车轮的驱动力或制动力 F_x 由下式计算：

$$F_x = M_w / R$$

(5-35)

其中，M_w 为车轮上的驱动或制动转矩；R 为车轮滚动半径。

式(5-35)描述的是一种刚性轮胎的纵向力，即假定车轮与地面之间的接触没有任何滑移。但当车辆急剧的驱动和制动时，车轮与地面之间的滑移是不能忽略的。这时轮胎的纵向力可表示为轮胎与地面之间滑移率的函数。因此要计算轮胎的纵向力，首先要建立轮胎转动模型，计算出轮胎的滑移率。如图 5-8 所示为轮胎转动模型。当车轮在驱动力或制动力的作用下转动时，有：

$$\dot{\omega}_w J_w = F_x R - M_w \tag{5-36}$$

其中，ω_w 为车轮旋转角速度；J_w 为车轮旋转惯量；F_x 为地面作用在车轮上的驱动或制动力；M_w 车辆作用在车轮上的驱动或制动力矩。

求解式(5-36)得车轮旋转角速度 ω_w，从而求得滑移率 S：

$$\text{制动时}\quad S = (\omega_w R - V_x)/V_x$$
$$\text{驱动时}\quad S = (\omega_w R - V_x)/\omega_w R \tag{5-37}$$

其中，V_x 为车辆速度。

滑移率 $|S| < 1$，S 为正表示汽车加速时的滑移率，S 为负表示汽车减速时的滑移率。

计算地面对车轮的制动力需要采用轮胎的纵向滑移模型，图 5-9 是根据车轮滑移特性简化的一种分段线性模型，设路面纯滑移附着系数 $\psi = k\psi_0$，ψ_0 为路面最大附着系数($k < 1$)。

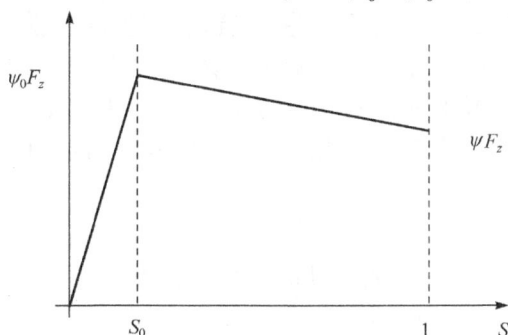

图 5-9　分段线性轮胎纵向滑移模型

当车辆加速或减速时，车轮的驱动或制动力为

$$F_x = \begin{cases} \dfrac{\psi_0}{S_0} S F_z, & |S| \le S_0 \\[2mm] \left[\psi_0 - \dfrac{S - S_0}{1 - S_0} \psi_0 (1 - k) \right] F_z, & |S| > S_0 \end{cases} \tag{5-38}$$

其中，S_0 为路面最大附着系数对应的轮胎滑移率；F_z 为车轮垂直载荷。

若要更精确地描述轮胎纵向滑移模型，可采用魔术公式，其路面附着力与轮胎滑移率的关系如图 5-10 所示。

轮胎纵向力与纵向滑移率和轮胎垂直载荷之间的关系可以描述为

$$F_x = D_1 \sin(C_1 \arctan(B_1 S - E_1(B_1 S - \arctan(B_1 S)))) \tag{5-39}$$

其中，D_1 为峰值因子，$D_1 = a_1 F_z^2 + a_2 F_z$；$C_1$ 为曲线形状因子，$C_1 = 1.65$；B_1 为刚度因子；$B_1 C_1 D_1 = (a_3 F_z^2 + a_4 F_z) \mathrm{e}^{-a_5 F_z}$；$E_1$ 为曲线曲率因子，$E_1 = a_6 F_z^2 + a_7 F_z + a_8$；$a_1 \sim a_8$ 为经验常数。

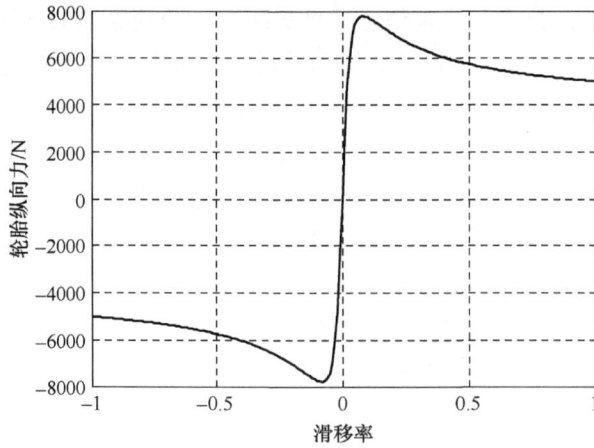

图 5-10　轮胎纵向滑移率

5.7.2　轮胎侧向力模型

当车辆转弯时,在离心力的作用下,轮胎受到来自地面的侧向力。由于轮胎具有的侧向弹性变形和与道路接触面发生的滑移,轮胎在滚动时,要产生一个侧偏角,如图 5-11 所示。

轮胎侧偏角的大小与轮胎所授侧向力的大小有关。因此,根据轮胎侧偏角及轮胎侧向刚度和路面特性就可以确定车轮的侧向力。在图 5-12 所示两轮车辆动力学模型中,轮胎的侧偏角计算如下

前后轮侧偏角分别为

$$\begin{aligned}\alpha_f &= (V_y + rlf)/V_x - \delta \\ \alpha_r &= (V_y - rlr)/V_x\end{aligned} \tag{5-40}$$

其中, V_y 为车辆侧向速度; r 为车辆横摆角速度; lf, lr 为车辆重心至前后轴距离; δ 为前轮转向角。

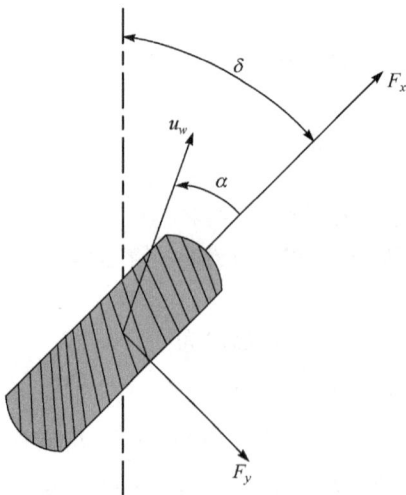

图 5-11　轮胎的侧偏角和侧向力　　　　图 5-12　轮胎侧偏角与车辆运动的关系

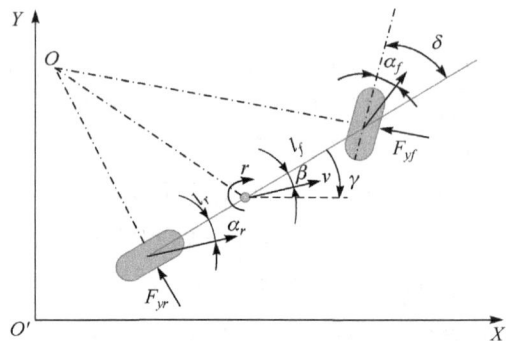

有了轮胎的侧偏角，就可以确定轮胎的侧向力模型了。先看一种常见的线性模型。设路面侧向滑移系数为，轮胎对地面的垂直载荷为，轮胎的侧偏刚度为。则轮胎的侧偏模型可由分段线性模型表示，如图 5-13 所示。

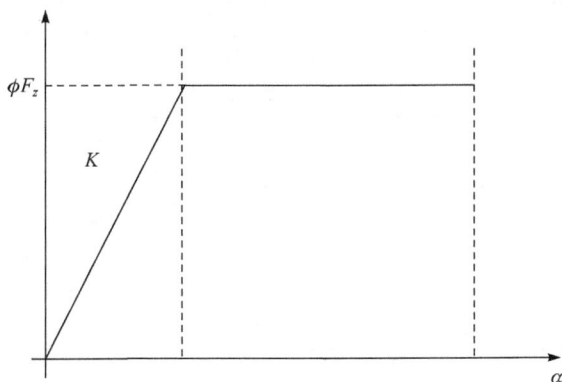

图 5-13　双线性轮胎侧向滑移模型

由图可知，车辆前后轮胎的侧向力分别为
前轮：

$$F_{yf} = \begin{cases} K_f \alpha_f, & F_{yf} < F_{zf}\varphi \\ F_{zf}\varphi, & F_{yf} \geqslant F_{zf}\varphi \end{cases} \tag{5-41}$$

后轮：

$$F_{yf} = \begin{cases} K_r \alpha_r, & F_{yr} < F_{zr}\varphi \\ F_{zr}\varphi, & F_{yr} \geqslant F_{zr}\varphi \end{cases} \tag{5-42}$$

其中，K_f 为前轮侧偏刚度；K_r 为后轮侧偏刚度。

F_{zf} 为前轮垂直载荷；F_{zr} 为后轮垂直载荷。

线性模型常用于车辆的操纵稳定性理论分析。若要模拟车辆转向的极限工况，则要采用轮胎的非线性模型来描述轮胎侧向力模型。与轮胎纵向力模型一样，"魔术公式"能够精确地描述轮胎侧向力、侧偏角及轮胎垂直载荷之间的关系，表现形式如下

$$F_y = D_2 \sin(C_2 \arctan(B_2(\alpha + S_h) - E_2(B_2\alpha - \arctan(B_2(\alpha + S_h))))) + S_v \tag{5-43}$$

其中，D_2 为峰值因子，$D_2 = a_1 F_z^2 + a_2 F_z$；$C_2$ 为曲线形状因子，$C_2 = 1.3$；B_2 为刚度因子；$B_2 C_2 D_2 = a_3 \sin(a_4 \arctan(a_5 F_z))(1 - a_{12}|\gamma|)$；$E_2$ 为曲线曲率因子，$E_1 = a_6 F_z^2 + a_7 F_z + a_8$；$S_h$ 为曲线水平方向漂移，$S_h = a_9\gamma$；S_v 为曲线垂直方向漂移，$S_v = (a_{10}F_z^2 + a_{11}F_z)\gamma$；$\gamma$ 为车轮外倾角；$a_1 \sim a_{12}$ 为经验常数。

用"魔术公式"表示的轮胎侧向力与侧偏角的关系如图 5-14 所示。

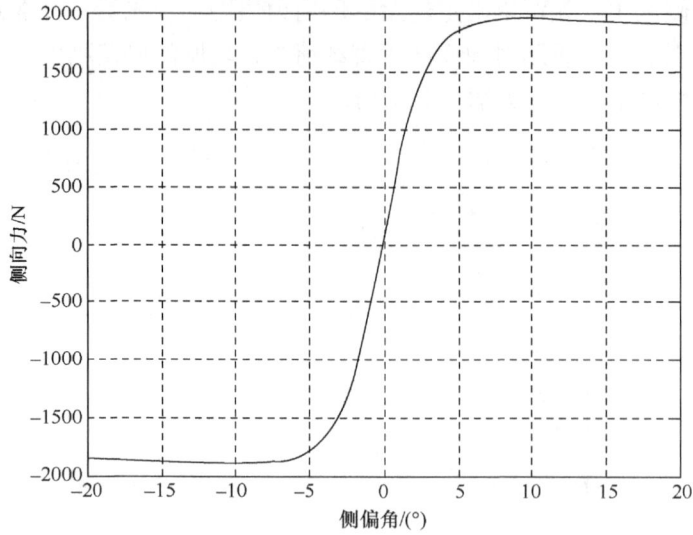

图 5-14　轮胎侧向力的魔术公式

5.7.3　联合工况下的轮胎力模型

在加速/制动与转向的联合工况下，轮胎纵向力 F_x 与侧向力 F_y 是相互影响的，它们之间要符合"摩擦椭圆"的规律，如图 5-15 所示。联合工况下轮胎力的变化较为复杂，一般需要用非线性轮胎模型来描述。与前面纯纵滑和纯转向的描述类似，这里仍选用魔术公式来描述联合工况下轮胎的纵向力和侧向力。加速/制动与转向联合工况下的魔术公式模型可描述为

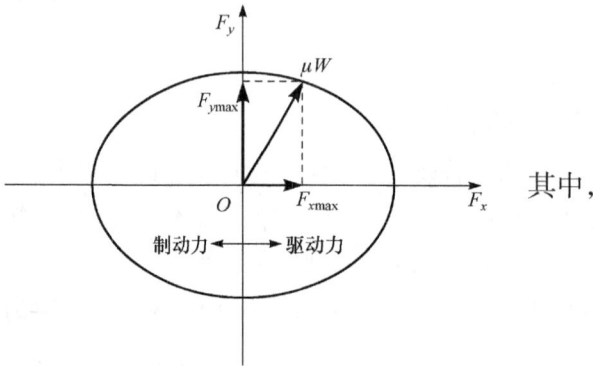

图 5-15　轮胎力摩擦椭圆

其中，

$$\begin{cases} F_x = -\dfrac{\sigma_x}{\sigma} F_{x0} \\ F_y = -\dfrac{\sigma_y}{\sigma} F_{y0} \end{cases} \tag{5-44}$$

$$\sigma_x = -\frac{S}{1+S}$$

$$\sigma_y = -\frac{\tan\alpha}{1+S} \tag{5-45}$$

$$\sigma = \sqrt{\sigma_x^2 + \sigma_y^2}$$

F_{x0} 和 F_{y0} 分别为纯纵滑移和纯侧偏工况下的轮胎纵向力和侧向力，可分别从式(5-39)和式(5-44)中计算得到。在联合工况下，轮胎的纵向滑移对轮胎侧向力有明显的影响，增加纵向滑移率将导致轮胎侧向力的减小。

5.8　悬架系模型

悬架是连接车轮与车身的部件,用于传递车轮的驱动力、制动力、侧向力和垂向力。对于悬架结构,从车轮传递到车身的驱动力、制动力和侧向力均为刚性传递,即由车轮模型计算得到的驱动力、制动力和侧向力可直接用于车身模型的计算。车辆悬架的主要目的是衰减车轮的垂直振动,提高车辆的舒适性。因此悬架模型主要计算车身在垂直方向的受力和纵倾、侧倾时的力矩。根据 5.2.2 节六自由度车身模型,车身承受悬架的垂直力为 SF_z,纵倾、侧倾时承受悬架的力矩分别为 SM_y 和 SM_x。因此,这里的悬架模型主要考虑悬架对车身的作用力。

5.8.1　悬架作用于车身的垂直载荷

若只考虑车辆垂直振动,可将悬架简化为如图 5-16 所示的车辆四分之一模型,简化后的悬架包含悬挂质量、车轮质量,悬架的弹性元件、阻尼元件,车轮的弹性元件、阻尼元件等。

根据悬架及车轮弹性元件和阻尼元件的特性,考虑悬架对车身垂直载荷,式(5-6)中的第 3 式表示为

$$M_1\ddot{z} = -SF_z = -K_s(z - z_w) - C_s(\dot{z} - \dot{z}_w) \tag{5-46}$$

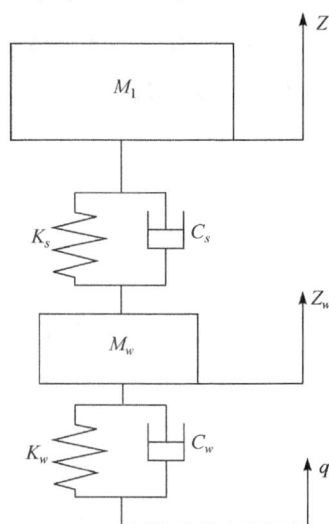

图 5-16　车辆四分之一模型

由于车轮独立运动,还需要补充车轮振动模型:

$$m_w\ddot{z}_w = K_s(z - z_w) + C_s(\dot{z} - \dot{z}_w) - K_w(z_w - q) - C_w(\dot{z}_w - \dot{q}) \tag{5-47}$$

其中, SF_z 为悬架作用在车身上的垂直动载荷; m_w 为车轮质量; K_s、K_w 分别代表悬挂系统和轮胎的弹性刚度; C_s、C_w 分别代表悬挂系统和轮胎的弹性阻尼; z 为悬挂质量垂直位移; z_w 为车轮垂直位移; q 为路面不平度函数。

若忽略车轮质量,式(5-46)和式(5-47)简化为

$$M_1\ddot{z} = -K_s(z - q) - C_s(\dot{z} - \dot{q}) \tag{5-48}$$

式(5-48)为简化的车身垂直振动模型

5.8.2　悬架作用于车身的力矩

若只考虑车辆转向时的侧倾或制动时的纵倾变化情况,可将悬架弹性元件和阻尼元件简化为具有纵侧倾刚度和纵侧倾阻尼的模型,忽略车轮质量,悬架对车身的纵倾、侧倾力矩分别为

$$\begin{cases} SM_y = -SK_y \times \varphi - SC_y \times \dot{\varphi} \\ SM_x = -SK_x \times \psi - SC_x \times \dot{\psi} \end{cases} \quad (5\text{-}49)$$

其中，SK_y，SC_y 分别为悬架对车身纵倾的角刚度和角阻尼系数；SK_x，SC_x 分别为悬架对车身的侧倾的角刚度和角阻尼系数。

需要指出，式(5-49)须与式(5-6)中的第 4，第 6 式合并才能构成车身的纵倾和侧倾振动模型。

5.8.3　独立悬架作用于车身的载荷

设车辆有四个独立悬架，忽略车轮质量，则悬架对车身的全部受力如图 5-17 所示。若 Z_1，Z_2，Z_3，Z_4 分别为四个独立悬架与车身连接处的垂直位移，则有

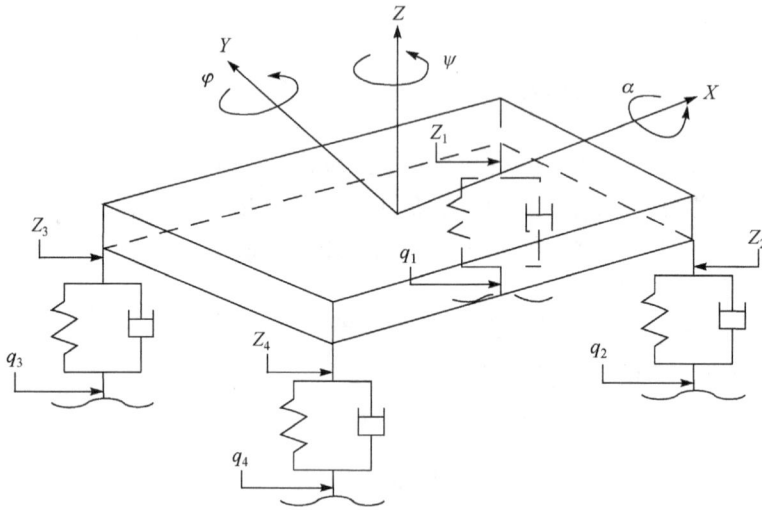

图 5-17　车辆振动模型

$$\begin{cases} Z_1 = Z + L_k\psi - a\varphi \\ Z_2 = Z - L_k\psi - a\varphi \\ Z_3 = Z - L_k\psi + b\varphi \\ Z_4 = Z - L_k\psi + b\varphi \end{cases} \quad (5\text{-}50)$$

其中，Z 为车身质心垂直位移；φ 为车身纵倾角；ψ 为车身侧倾角；L_k 为轮距的 1/2；a,b 为车辆重心至前后轴距离。

设 SF_{z1}，SF_{z2}，SF_{z3}，SF_{z4} 分别为四个独立悬架与车身连接处的垂直动载荷，忽略车轮质量，根据悬架弹性和阻尼元件的动态特性，有

$$\begin{cases} SF_{z1} = K_1(Z_1 - q_1) + B_1(\dot{Z}_1 - \dot{q}_1) \\ SF_{z2} = K_2(Z_2 - q_2) + B_2(\dot{Z}_2 - \dot{q}_2) \\ SF_{z3} = K_3(Z_3 - q_3) + B_3(\dot{Z}_3 - \dot{q}_3) \\ SF_{z4} = K_4(Z_4 - q_4) + B_4(\dot{Z}_4 - \dot{q}_4) \end{cases} \quad (5\text{-}51)$$

其中，K_{s1}，K_{s2}，K_{s3}，K_{s4} 分别为车辆四个独立悬架的刚度；C_{s1}，C_{s2}，C_{s3}，C_{s4} 分别为

车辆四个独立悬架的阻尼。

悬架对车身的垂直总动载荷为

$$SF_z = SF_{z1} + SF_{z2} + SF_{z3} + SF_{z4} \tag{5-52}$$

悬架对车身的纵倾、侧倾力矩为

$$\begin{cases} SM_y = -(SF_{z3} + SF_{z4})b + (SF_{z1} + SF_{z2})a \\ SM_x = -(SF_{z1} + SF_{z3})L_k + (SF_{z2} + SF_{z4})L_k \end{cases} \tag{5-53}$$

必须指出，上述悬架模型只是求出了悬架对车身的载荷，计算模型必须与车身模型联合使用才能构成完整的车辆振动模型。

5.9　车辆行驶阻力模型

车辆行驶阻力包括滚动阻力、坡度阻力和风阻力，如图 5-18 所示。

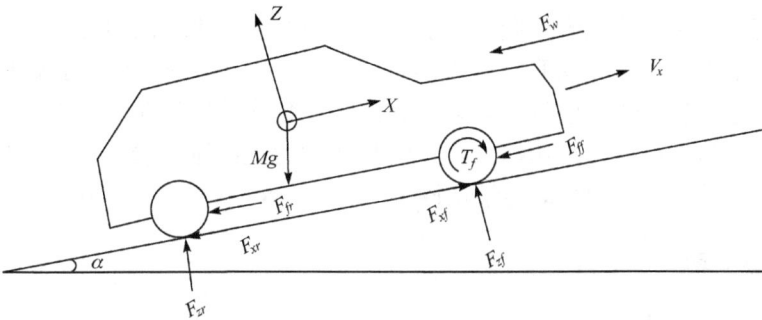

图 5-18　行驶阻力示意图

设 F_f 为车轮滚动阻力，可由下式表示

$$F_f = (C_1 + C_2 V_x)F_z \tag{5-54}$$

其中，C_1，C_2 为车轮滚动阻力系数；F_z 为车轮垂直载荷。

设 F_i 为纵坡车辆重力分力，可由下式表示

$$F_i = Mg\sin\alpha \tag{5-55}$$

其中，α 为道路纵坡角。

设 F_w 为风阻，有

$$F_w = C_d S V_x^2 / 21.15 \tag{5-56}$$

其中，S 为迎风面积；C_d 为风阻系数。

车辆总的行驶阻力为

$$SF_R = F_f + F_i + F_w \tag{5-57}$$

式(5-57)须与式(5-6)中的第 1 式合并才能构成车辆的纵向动力学模型

5.10　车辆动力学仿真

在车辆系统模型的基础上，确定模型的物理参数和输入、输出参数，通过数值求解即可实现对车辆的仿真运算。

根据车辆的行驶特性和运动方向，车辆的动力学仿真可分为纵向动力学、侧向动力学、垂向动力学和联合纵侧向动力学等四种方向上的动力学仿真，各个运动方向仿真的目的不同，采用的动力学模型也不同。纵向动力学仿真是研究车辆在驱动、直线行驶、制动条件下的动力学特性，因为模型涉及车辆沿 x 轴的运动或绕 y 轴的转动(纵倾)，故称为纵向动力学仿真；侧向动力学仿真是研究车辆在转向运动时的动力学特性，因为模型涉及车辆绕 z 轴的转动或沿 y 轴(横向方向)的运动或绕 x 轴的转动(侧倾)，故称为侧向动力学仿真；垂向动力学仿真是研究车辆行驶的振动特性，因为模型涉及车辆在 z 轴上的运动或绕 x 轴、y 轴的转动(侧倾和纵倾角振动)，故称为垂向动力学仿真；联合纵侧向动力学仿真是研究车辆纵、侧两个方向上联合作用时的动力学特性，综合了车辆纵向和侧向的动力学模型。将上面几个方向上的仿真有机地结合起来，就可以实现整车的联合动力学仿真。对于整车动力学仿真，一般需要一个较为完整、连续(单独输入或并行输入)的操纵输入信号，包括转向信号，可以是方向盘转角或前轮转角，加速信号，可以是节气门开度或油门踏板位移，减速信号，可以是制动力矩或制动踏板力，挡位等，用于模拟车辆在各种工况下的运动和动力学特性。

5.10.1　车辆纵向动力学仿真

车辆纵向动力学是研究汽车驱动或制动过程中的力学特性，包括汽车的动力性和制动性。汽车的动力性是指汽车在良好路面上直线行驶时，由外力决定的所能达到的平均行驶速度。汽车是一种高效的运输工具，运输效率的高低很大程度上取决于汽车的动力性。所以，汽车动力性是汽车各种性能中最基本、最重要的性能之一。

汽车行驶时在短距离内停车且维持行驶方向的稳定性和在下长坡时能维持一定车速的能力，称为汽车的制动性。汽车的制动性直接关系到交通安全，很多交通事故往往与制动距离太长、紧急制动时发生侧滑等情况有关，故汽车的制动性是汽车安全行驶的重要保障，是汽车的主要性能之一。汽车的制动性包括直线行驶的制动性和转向行驶的制动性，这里只介绍汽车直线行驶的制动性。

车辆整车动力学模型(5-2)式中的第一项描述了车辆沿 x 轴的纵向运动，第六项描述了车身绕 y 轴的纵倾运动，这两个方程构成了车辆的纵向动力学方程，顾及式(5-8)，车辆的纵向动力学的状态方程可表示为：

$$M \times \dot{V}_x + M_1 h_1 \ddot{\varphi} = SF_x + SF_R$$
$$J_y \ddot{\varphi} = SM_y - M_1 h_1 V_x$$
$$\dot{X} = V_x \qquad\qquad\qquad\qquad (5\text{-}58)$$
$$\dot{\varphi} = \dot{\varphi}$$

其中，SF_x 为作用在车轮上的驱动力或制动力之和，由轮胎模型提供。SF_x 决定了式(5-58)是用于动力性能的仿真还是制动性能的仿真研究。

1.汽车动力性仿真

式(5-58)中的 SF_x 由作用在车轮上的驱动力 SF_d 来替代，就成为车辆的动力模型。汽车的动力性评价指标主要有最高车速、加速能力、减速时间、爬坡能力等。因此，汽车动力性仿真模型除了整车模型，还需要发动机模型、传动系模型、轮胎-地面模型、行驶阻力模型等四个子模型。因此，当汽车质量、发动机的转速特性、变速器的传动比、主减速比、传动效率、空气阻力系数、汽车迎风面积等参数确定后，便可利用式(5-58)及相关子系统模型，模拟汽车在附着性能良好的路面上的动力特性。

例 5.1　汽车驱动力与行驶阻力平衡模拟。

车辆的驱动力是从发动机输出扭矩经过传动系传递到车轮上的扭矩，最后由地面与轮胎在切线方向的摩擦力产生，行驶阻力由车轮滚动阻力和风阻构成。车辆驱动力—行驶阻力之间的关系可以反映出车辆最本质的动力性指标，包括：最高车速、动力储备、加速能力、最大爬坡度等。车辆驱动力与行驶阻力仿真模型采用最简单的静态模型就可以实现

在式(5-57)中，令：$\dot{V}_x = 0$，并忽略纵倾运动，得到车辆行驶的静态行驶方程

$$SF_d = SF_R \tag{5-59}$$

式中 SF_d 为车辆的驱动力。忽略车轮与地面接触面之间的滑动，由轮胎模型式(5-35)，并顾及发动机扭矩实验模型式(5-15)，车辆的驱动力表示为

$$F_d = (a_d + a_g\alpha + a_1 n_e + a_2 n_e^2) i_g i_0 \eta / R \tag{5-60}$$

与发动机转速对应的车速为

$$V_x = 0.377 \frac{R}{i_0 i_g} n_e \tag{5-61}$$

车辆的行驶阻力为

$$F_R = F_f + F_w = (C_1 + C_2 V_x) F_z + C_d S V_x^2 / 21.15 \tag{5-62}$$

在最大节气门开度下，模拟在发动机转速范围内不同挡位下的车速、驱动力及行驶阻力，则可以得到车辆在平坦道路上的驱动力-行驶阻力平衡图，如图 5-19 所示。从图上可以清楚地看出在不同挡位和车速下的驱动力与行驶阻力之间的关系。最大驱动力在一挡产生，即 F_{t1} 曲线的顶点处；最高车速在五挡产生，即 F_{t5} 曲线与阻力曲线 $F_f + F_w$ 处的交点处，图中最高车速为 175km/h。从图 5-19 中还可以看出，当车速低于最高车速时，驱动力大于行驶阻力。这样汽车就可以利用剩余的驱动力实现加速或爬坡。这是模拟汽车在节气门全开的极限工况，实际上汽车大多数时候是利用汽车的部分负荷特性(油门不全开)，如图中五挡虚线，这时汽车速度低于最高车速。

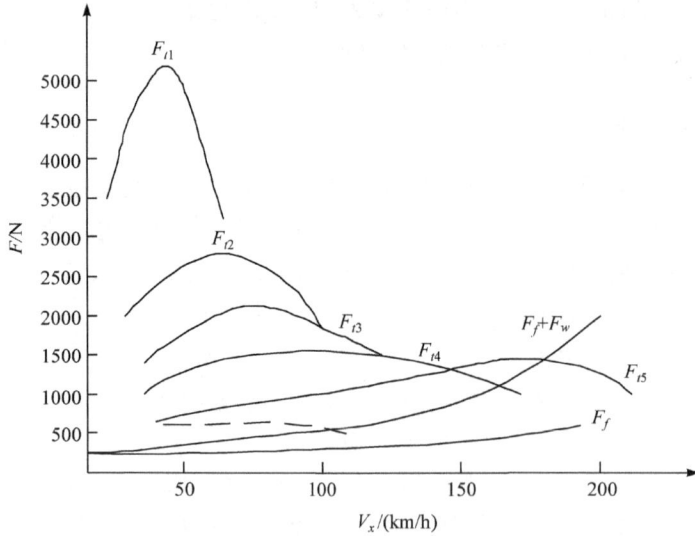

图 5-19　汽车驱动力-行驶阻力平衡图

例 5.2　汽车加速时间模拟。

汽车加速性能最重要的一个指标是车速从零(启动)加速至 100km/h 时的加速时间。开发汽车时，样车需要做 0~100km/h 加速场地实验，实验时由实验员启动车辆并迅速踩下油门，并适时换挡，直到车速达到 100km/h，结束实验。仿真模拟时，由于涉及换挡，采用 5.4.2 节的自动变速器模型。仿真过程如下：车辆起步后，油门开到底，车辆加速并在适当的时候自动换挡，当车速达到 100km/h 时，停止仿真。模拟结果如图 5-20 所示。图 5-20(a)为车速变化情况，图 5-20(b)为自动变速器换挡情况，图 5-20(c)为油门踏板行程(节气门开度)。从仿真结果可以得出，仿真车辆从 0 加速至 100km/h 时，所用加速时间约为 14s。

2. 汽车制动性仿真

式(5-57)中的 SF_x 由作用在车轮上的制动力 SF_b 来替代，就成为车辆的制力模型。制动是车辆在行驶中的常见工况，制动与行车安全密切相关。车辆直线制动性能指标主要包含制动距离、制动减速度、车辆滑移率等参数。因此，车辆制动仿真模型除了车辆纵向模型外，还需要制动系模型、车轮纵向力模型、悬架模型等三个子模型。因此，相关的模型参数确定之后，便可利用式(5-57)及相关子系统模型，模拟车辆在给定路面条件下的制动性能。

忽略阻力模型，整车纵向运动模型(式(5-57))进一步简化为

$$M \times \dot{V}_x = SF_b$$
$$\dot{X} = V_x$$

(5-63)

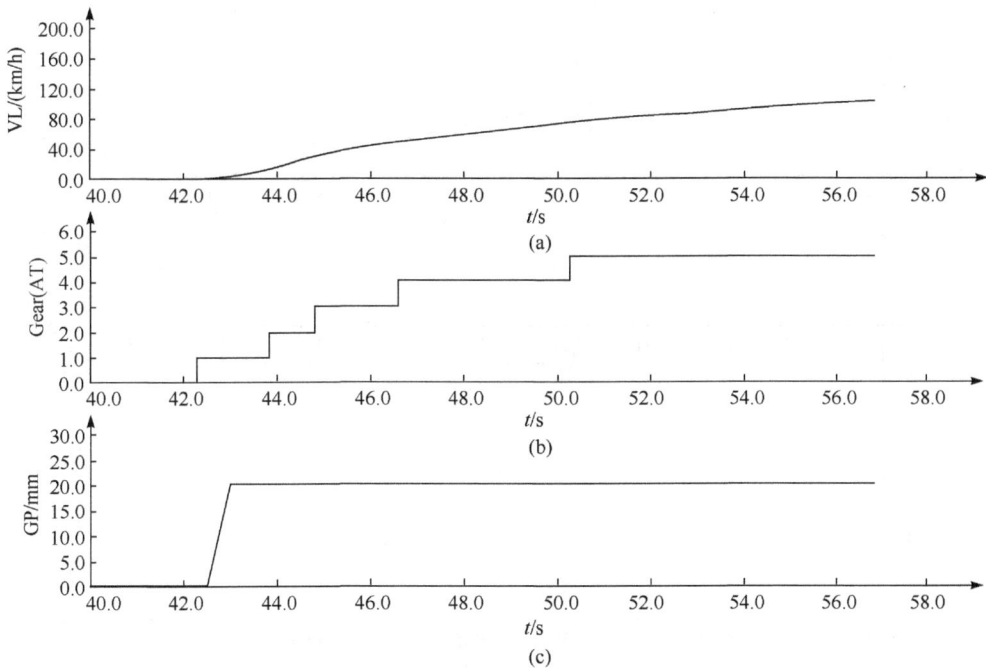

图 5-20 汽车 0~100km/h 加速实验

式中 SF_b 为作用在车轮上的地面制动力之和。由式(5-30)，(5-31)求得前后车轮的制动力矩，再由式(5-36)和式(5-37)求得前后车轮的滑移率，最后通过式(5-38)或式(5-39)计算出前后车轮的制动力 F_{bf}、F_{br}，车辆制动模型为

$$M\dot{V}_x = F_{bf} + F_{br}$$
$$\dot{X} = V_x$$

(5-64)

求解式(5-64)就可实现车辆制动的仿真运算。

例 5.3 汽车制动实验模拟。

直路行驶制动实验是车辆常规的道路试验项目，方法是在给定车速下紧急制动，测取相关参数。制动实验时，给定车辆一个初始车速，车速稳定后，驾驶人迅速将制动踏板踩到底，车辆开始减速直至停车，实验完成。主要测量参数有制动踏板力、制动距离和制动减速度。仿真实验时可以模拟车辆的制动距离、制动减速度、车轮的滑移率、车辆的纵倾角等参数，为车辆制动系统的设计或分析提供理论依据。图 5-21 为某轿车在 0.7 路面附着系数的平直路面下，在 50km/h 车速时的制动仿真结果。图 5-21(a)~(d)依次为：车速、制动减速度、前轮滑移率、后轮滑移率随时间的变化曲线。从仿真结果可知，仿真车辆在给定条件下，前轮在制动开始 0.3s 后出现抱死，后轮 0.6s 后出现抱死。

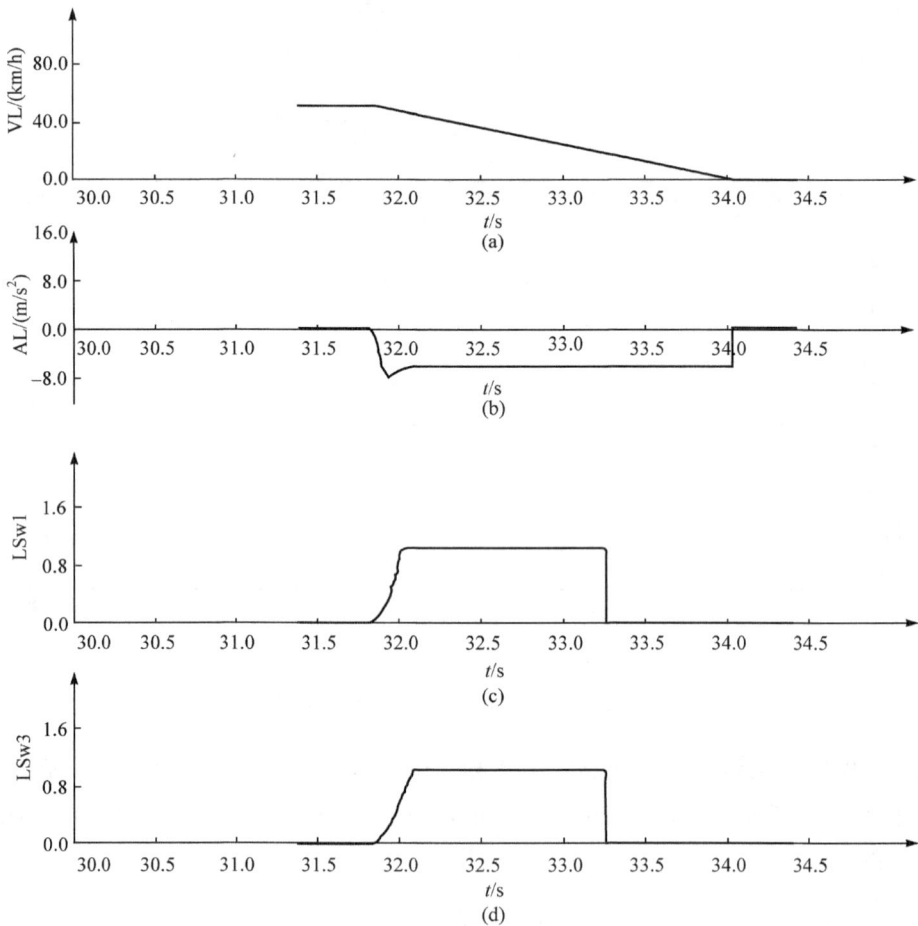

图 5-21　汽车制动过程模拟

5.10.2　车辆横向动力学仿真

车辆横向动力学是研究汽车转向和侧向运动时的动态特征，属于汽车操纵稳定性的研究范畴。汽车的操纵稳定性是指在驾驶人不感到过分紧张、过分疲劳的条件下，汽车能够遵循驾驶人通过转向系及转向轮胎给定的方向行驶，且当遭遇外界干扰时，汽车能抵抗干扰而保持稳定行驶的能力。汽车的操纵稳定性不仅影响到汽车驾驶的操纵轻便程度，而且决定了汽车在高速行驶下的安全性能，称为"高速车辆的生命线"，是现代汽车的重要使用性能之一。

整车模型方程(式(5-6))中的第二式描述了车辆沿 y 轴的侧向位移运动，第五式描述了车辆绕 z 轴的转向运动。这两个方程构成了车辆的横向动力学模型，忽略车身侧倾角及纵向制动力的影响，车辆横向动力学模型可简化为

$$\begin{cases} M\dot{V}_y = -MV_x r + SF_y \\ J_z \dot{r} = (SF_{y1} + SF_{y2})a - (SF_{y3} + SF_{y4})b \end{cases} \tag{5-65}$$

其中，SF_y 为作用在车轮上的侧向力之和。每个车轮上的侧向力由轮胎-地面模型来确定。

如果汽车的转向角为模型的输入值，对式(5-58)求解微分方程可模拟车辆的转向响应。

如果以方向盘转角作为输入，则需要增加转向系模型，由转向系模型确定前轮转角。

例 5.4 汽车转向特性模拟。

常规工况转向实验是检验车辆操纵稳定性的道路实验方法之一。具体实验方法是当车辆以恒定速度在良好的路面条件下直线行驶时，将转向盘突然转过一定的角度并保持不变，使汽车进入转弯运动状态，记录汽车的运动状态，包括横摆角速度(绕垂直轴线的摆动角速度)、方位角(汽车纵轴线的方向)、车身侧倾角、侧向加速度等运动参数。通过仿真可以实现这一过程。仿真时，给定车辆一个稳定车速 70km/h，并保持直行，输入一个阶跃方向盘转角 100°，这时车辆开始转向运动。当车辆的转向经过瞬态变化，进入一个稳定状态时，结束仿真。仿真结果如图 5-22 所示。图 5-22(a)～(d)，依次为方向盘阶跃转角输入、前轮转角、车辆横摆角速度、侧向加速度。

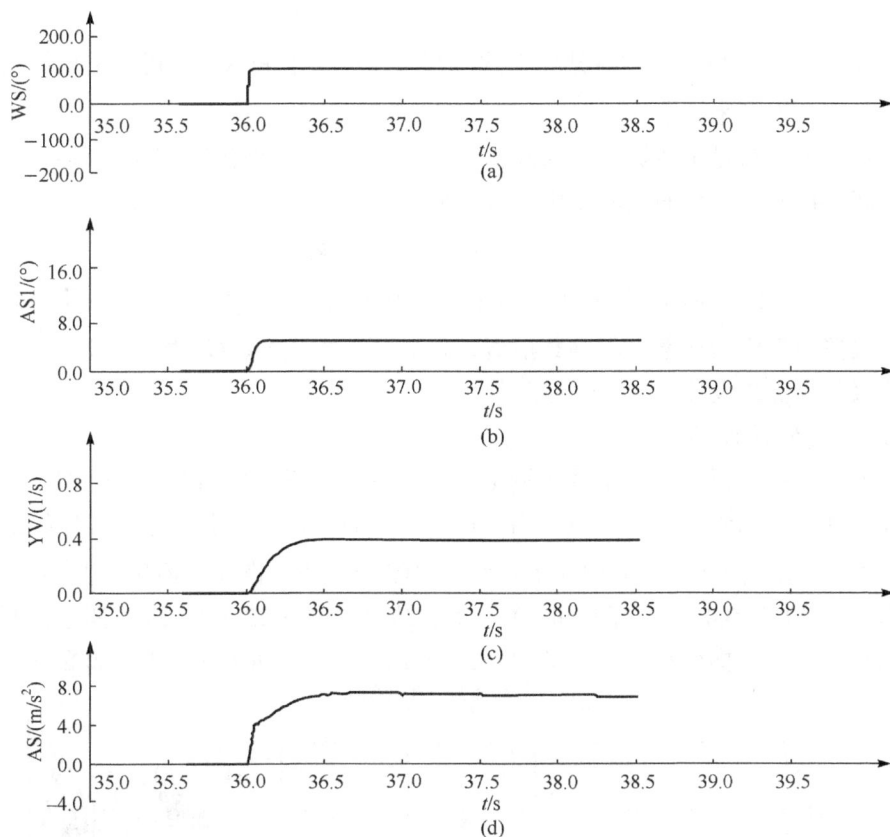

图 5-22 转向角阶跃仿真实验曲线

5.10.3 车辆垂向动力学仿真

垂向动力学研究汽车的振动特性，也称为汽车行驶的平顺性研究。汽车行驶时，由于路面不平或是汽车部件的运动会激发汽车的振动，影响乘员的舒适性。汽车的平顺性研究就是要使汽车振动对乘员舒适性的影响保持在一定界限之内。车辆垂向动力学仿真就是以路面不平作为输入，模拟汽车的振动特性。

车辆的振动模型较为复杂，有时为了研究需要，可将垂向动力学模型简化为四分之一车辆模型、二分之一车辆纵倾模型或二分之一车辆侧倾模型。汽车整车模型方程(5-6)中的第三式描述了车辆沿 z 轴的垂向位移运动，第四式描述了车辆绕 x 轴的侧向振动，第六式描述了车辆绕 y 轴的纵向振动，这三个方程式构成了车辆的垂向动力学模型，忽略车辆速度耦合项，车辆整车的振动动力学模型可简化为

$$
\begin{aligned}
M \times \dot{V}_z &= -SFz \\
J_x \times \ddot{\psi} &= SM_x \\
J_y \times \ddot{\varphi} &= SM_y \\
\dot{Z} &= V_z \\
\dot{\psi} &= \dot{\psi} \\
\dot{\varphi} &= \dot{\varphi}
\end{aligned}
\tag{5-66}
$$

式中 SF_z、SM_x、SM_y 可由独立悬架模型式(5-52)，(5-53)来表示，也可以采用简化的四分之一或二分之一模型来表示。

路面不平度函数是车辆振动输入源，仿真计算时，可根据路面谱函数求得。

采用滤波白噪声的路面垂向激励输入模型：

$$
\dot{x}_g = -2\pi f_0 x_g + 2\pi w \sqrt{G_0 V_x}
\tag{5-67}
$$

其中，x_g 为路面垂向激励位移；w 为有限带宽白噪声信号，可以用离散的随机数来表示，可以通过设置白噪声的功率来限制其幅值；f_0 为下截止频率；G_0 为路面不平度系数，根据路面等级的高低来设置；V_x 为车速。

例 5.5 汽车振动模拟。

汽车振动模拟分析，主要是从车辆垂向运动进行分析，包括车身、悬架、轮胎等垂向位移和加速度。通常路面激励以纯白噪声进行代替，以此来分析车身或座椅的垂向位移和加速度。设定 $f_0 = 0.1$，$V_x = 10 \mathrm{m/s}$，$G_0 = 2 \times 10^{-5}$ 为路面白噪声 w 的信号参数，采样频率设置为 0.1，功率 0.01；仿真时间 30s。仿真结果如图 5-23 和图 5-24 所示。其中，图 5-23 为路面不平度垂向位移与时间的关系，图 5-24 为车身垂向位移与时间的关系。

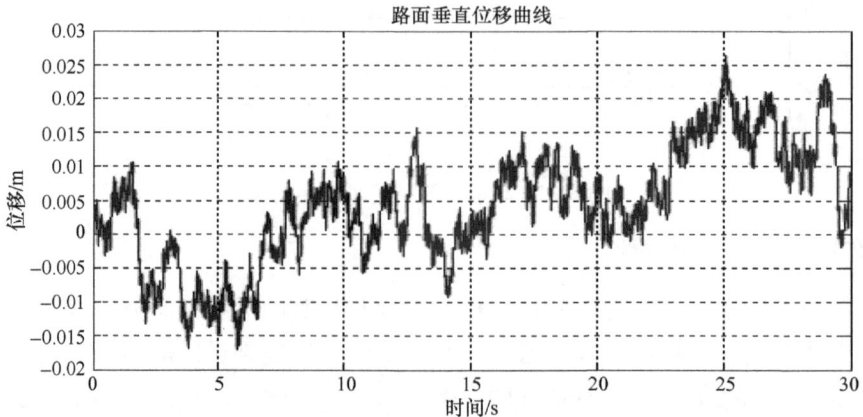

图 5-23　路面不平度位移

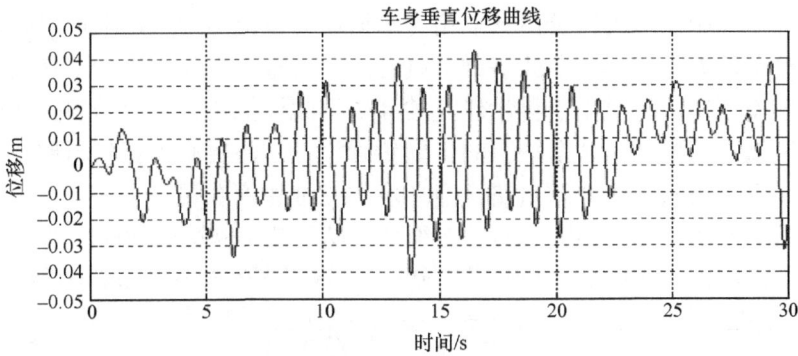

图 5-24　车身的振动位移

5.10.4　车辆整车动力学仿真

车辆整车的动力学仿真实际上是对车辆在各种工况条件下进行的动力学仿真。整车动力学仿真可用于车辆的非线性动力学分析，如车辆在转向时的极限侧滑运动，也可用于行驶中复杂工况的模拟，如转向时的制动特性等。一般来说，汽车整车的动力学仿真模型应包括发动机、传动系、转向系、制动系、悬架系、轮胎、车身及行驶阻力等八个主要子系统的数学模型。如果考虑驾驶模型，还应包括车辆操纵系统的相关模型，如离合踏板、油门踏板、制动踏板、方向盘、挡位等，车辆整车动力学仿真系统结构如图 5-25所示。把主要的操纵机构用实物代替输入整车动力学模型，就可以实现基于真人操纵的车辆驾驶模拟。用于科学研究的高端驾驶模拟器需要采用较为精确的整车动力学模型作为模拟器"车辆"的运动仿真模型。

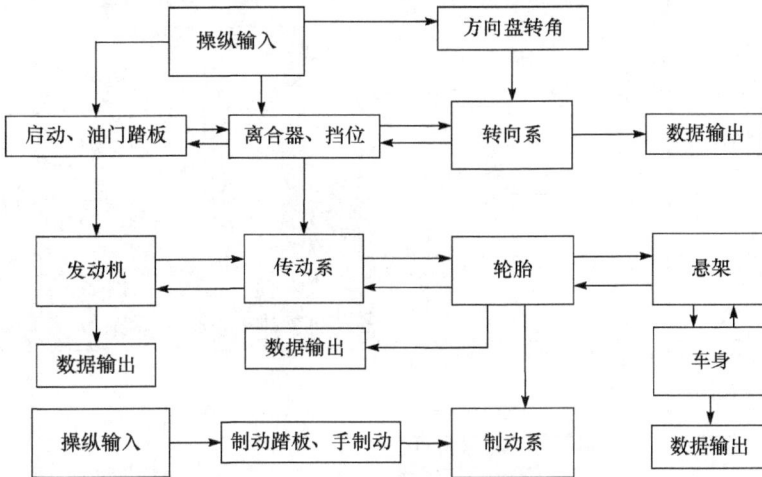

图 5-25　汽车整车动力学仿真流程图

图 5-26 和图 5-27 是在作者研发的车辆动力学仿真软件平台 VehicleModelV2.0 上进行的整车运动仿真。其中图 5-26 是在给定转向角下车辆的运动仿真。平台可提供车辆的 86个运动和动力学参数；并可根据仿真道路环境提供三维实验场景。图 5-27 是由"驾驶人"键盘控制操纵下车辆的换道行为。

如果通过驾驶舱操作机构及传感电路为车辆动力学模型输入操纵信号，就可实现驾驶员在环的整车动力学仿真，在此基础上就可以实现基于真人操纵的车辆驾驶模拟，开发出车辆驾驶模拟器。但对用于科学研究的高端驾驶模拟器，不仅需要采用较为精确的整车动力学模型作为模拟器"车辆"的运动仿真模型，还要有逼真的道路交通视景生成和显示系统。本书第八章将介绍道路交通环境的三维建模和视景生成；第九章将介绍整合了车辆动力学模型、交通环境模型、三维视景模型及车辆操纵硬件的驾驶模拟系统。

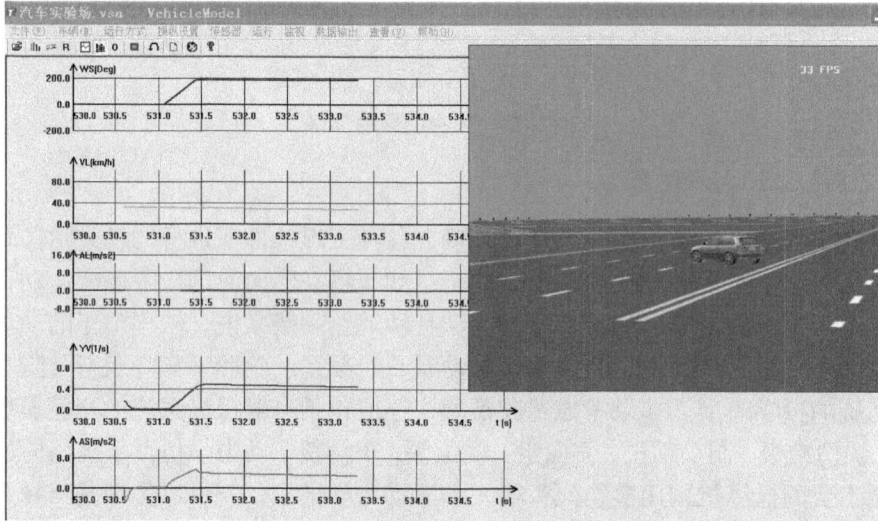

图 5-26　车辆在给定条件下的转向运动仿真

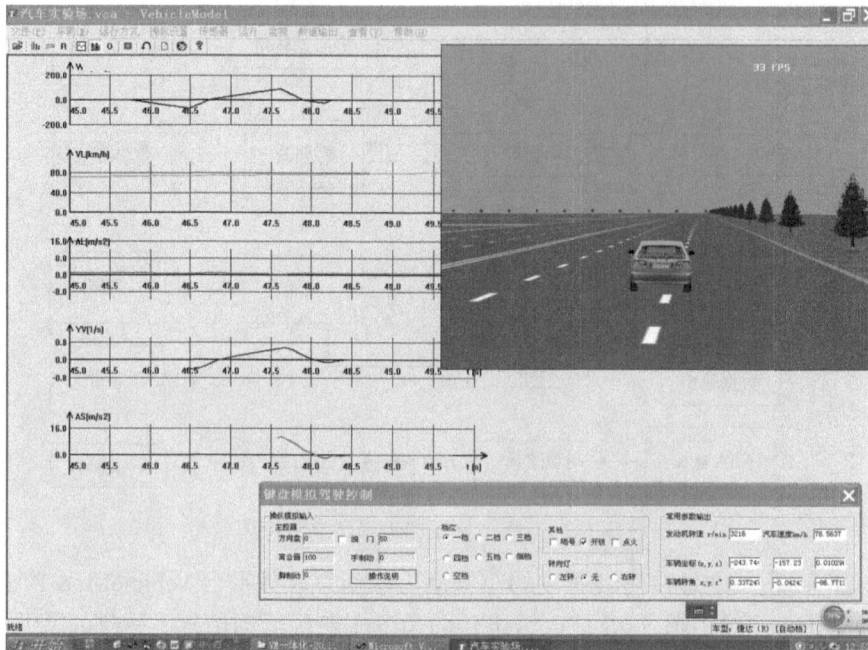

图 5-27　车辆在驾驶控制下的换道运动仿真

5.11　思　考　题

1. 车辆动力学建模方法是基于什么原理和方法的?

2. 如何理解车辆模型中整车模型和子模型的关系?

3. 如何理解车辆整车模型与纵向、横向和垂向动力学的关系?

4. 在车辆模型中,哪些是机理模型,哪些是实验模型? 举例说明。

5. 如何根据车辆的研究目标确定一个仿真系统? 试根据车辆在紧急制动时可能出现的甩尾(后轴侧滑)建立一个仿真系统,要求包含相关模型,系统的输入、输出、仿真结构图。

参 考 文 献

程军,1999. 制动防抱死系统的理论与实践[M]. 北京: 北京理工大学出版社.

崔胜民, 2014. 汽车系统动力学与仿真[M]. 北京: 北京大学出版社.

葛安林, 1993. 车辆自动变速理论与设计[M]. 北京: 机械工业出版社.

龚琦, 2013. 汽车振动仿真及在模拟器上的应用[M]. 昆明: 昆明理工大学.

昆明理工大学, 2013. 道路交通驾驶模拟系统车辆动力学仿真软件, VehicleModel V2.0: 2013SR11728[P].

刘义清, 2007. 自动变速器汽车动力特性仿真[D]. 昆明: 昆明理工大学.

米奇克 M,1992. 汽车动力学[M]. 2 版. 陈荫三译, 北京: 人民交通出版社.

熊坚, 1995. 汽车制动过程的计算机模拟分析[J]. 汽车技术, (3): 1-7.

熊坚, 1996. 汽车后轴侧滑的动态特性及其稳定性研究[J]. 汽车工程, 18(6): 348-354.

熊坚, 曾纪国, 宋健, 2002. 汽车操纵稳定性虚拟仿真的研究[J]. 汽车工程, 24(5): 430-433.

熊坚, 余群, 1991. 汽车前轮转向力矩的分析计算[J]. 汽车技术, (1): 13-17.

熊坚, 余群,1998. 拖拉机-半挂机组的操纵稳定性及其动态模拟[J]. 农业机械学报, 19(3): 16-24.

余志生, 2004. 汽车理论[M]. 5 版. 北京: 机械工业出版社.

喻凡, 2010. 汽车动力学及其控制[M]. 北京: 机械工业出版社.

BOSCH, 1993. Automotive handbook[M]. 3rd ed. Wiley: Robert Bosch GmbH.

HENNING W, 2008. Automotive engineering I: longitudinal dynamics of vehicles[M]. 北京: 机械工业出版社.

HENNING W, 2008. Automotive engineering II: vertical and lateral dynamics of vehicles[M]. 北京: 机械工业出版社.

HENNING W,2008. Automotive engineering III: safety-related vehicle systems[M]. 北京: 机械工业出版社.

RAJESH R, 2010. 车辆动力学及控制[M]. 王国业等, 译. 北京: 机械工业出版社.

第6章　车辆控制系统的建模与仿真

6.1　车辆控制与智能系统

在车辆系统中，为了提高车辆运行质量和安全，从发动机到整车大量采用了电子控制装置，从各个方面实现了对车辆的优化控制。车辆控制系统如果从整车动力学特性来看，可分为车辆纵向动力学控制、车辆侧向动力学控制、车辆垂向动力学控制三类；如果从控制对象来看，可以分为发动机控制系统、动力传动控制系统、制动(驱动)控制系统、转向控制系统、悬架控制系统等。实际上，这两种分类是相关联的：车辆纵向动力学控制就包含了发动机控制、动力传动控制、车速控制、制动或驱动控制；车辆侧向动力学控制就包含了转向和横向稳定控制；车辆垂向动力学控制包含了悬架控制。此外，还有很多涉及驾驶方便和乘坐舒适的控制系统，如自动调节座椅系统、智能前照灯系统、智能雨刮系统、电子门锁与防盗系统等。

车辆控制系统是为了使系统的运动状态到达一个理想的目标。为实现这一理想目标，系统中需要额外增加传感器、控制器和执行器。传感器主要收集控制器所需要的各部分的信号，为控制器指挥执行器提供数据支持；控制器接收传感器发送的信号并对该信号及其内部存储的数据进行比对和分析，向执行器发送作动指令；执行器是整个控制系统的末端，根据控制器发出的指令进行动作，完成控制器的各种指令任务。根据控制功能和精度要求，汽车控制系统可以是开环控制，也可以是闭环控制，但大多属于闭环控制。典型的车辆闭环控制系统如图 6-1 所示。在很多实际结构中，执行器与被控系统的结构是一体化的，而控制器是独立的，它通过电缆线束分别与传感器和执行器相连。

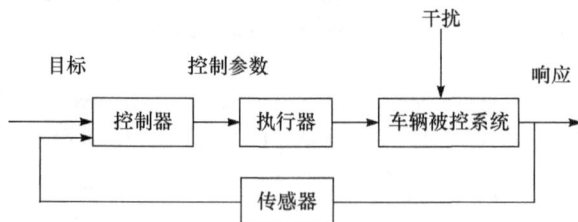

图 6-1　车辆控制系统结构图

车辆控制系统的产生源于对安全、排放、经济、舒适的法规要求和社会需求。控制系统就是围绕这四个方面的目标来实现的。其中，发动机的控制主要是围绕提高动力、节省燃油、减少排放来实现的，例如，发动机电子点火控制(ESA)，该系统可使发动机在不同转速、进气量等因素下，控制最佳点火提前角，使发动机输出最大的功率和转矩，而将油耗和排放降低到最低限度；又如发动机汽油喷射电子控制(EFI)，该系统根据各传感器输送来的信号，能有效控制混合气空燃比，使发动机在各种工况下的空燃比达到较佳值，从而实现提高功率、降低油耗、减少排气污染等功效。而底盘控制主要围绕安全和舒适来进行，例如，防抱死制动控制系统(ABS)，该系统根据制动时车轮的速度调节制动管路中的压力，从而防止车轮抱死；又如车辆电子稳定控制系统(ESP)，通过调节车轮左右轮差动制动力，控制车辆的横摆角速度，实现车辆的安全转向。

　　如图 6-1 所示的控制系统，其建模内容包括对被控系统、传感器、控制器和执行器的建模。对控制系统来说，如果对被控对象的机理已经有了比较明确的认识，对控制系统建模的重点就在于对控制器和执行器的模型设计，即需要确定控制算法和执行方式。另外，控制器的主要部件是电子控制单元(ECU)，控制器的主要功能是靠写在 ECU 里的计算程序来发送控制指令。所以，确定控制器算法的本身就是一个建模的过程，一旦算法确定了，对控制器的建模也就基本完成了。对于执行机构的建模，除一些常用的控制件如电磁阀、开关阀等需要掌握其相应特性外，其他执行机构也要根据相关原理和特性建立数学模型。此外，对于采集各种信号的传感器的建模，由于在实际中传感器都不是直接测量所需要的参数，而是通过电子信号等参数换算而成的，也存在动态响应特性，如惯性环节、有效范围、频带宽等。对传感器精度要求不高的控制系统仿真模型，其传感器响应特性可以忽略不计，因此不需要相关模型，但对于高精度控制模型，传感器的响应特性就不能忽略了。对执行机构中电磁阀的响应特性也是如此。

　　车辆控制系统的被控对象包括发动机、底盘部件、整车系统。一般来说，被控对象的数学模型要根据控制目标、控制参数、传感信息的获取等三方面情况来综合考虑。被控系统可以是整车，也可以是部件总成(如发动机总成、变速器总成、制动系总成等)。但与很多独立的控制系统不同，汽车本身是一个完整的动态系统。很多控制系统的被控对象虽然为某一部件总成，但它需要的传感信息可能来自其他部件总成或来自整车乃至外部环境的动态参数。例如，变速器总成的控制就需要来自发动机的扭矩特性和整车的行驶特性，因此除变速器模型外，还涉及发动机模型和整车纵向动力学模型；又如汽车的防抱死制动系统(ABS)被控对象虽然为制动系统，但它需要车轮的转速信息和滑移率信息，而滑移率的计算又与整车动态性能相关，因此涉及整车模型，还涉及路面附着条件；即便是发动机这种很独立的被控对象，除自身模型外，也需要来自整车动力负荷的相关模型。因此，相对于生产线上的控制系统来说，车辆控制系统由于具有复杂的动态特性，难度大得多。即便是 ABS 这样应用已经很普遍的控制系统，仍然有很多人在研究其控制算法以求改进。

　　正是由于车辆控制系统的复杂性，对车辆控制系统的建模与仿真就显得更为必要，如今已成为车辆智能系统研究工作者的必备手段之一。

　　车辆-交通的智能化是现代汽车发展的一个重要方向。智能化的发展使汽车的控制从自主控制发展到车与车的控制(V2V)，甚至车与外界任何信息的控制(V2X)。因此，除上面提到的车辆内部各类控制系统外，在纵向动力学控制方面有自适应巡航控制、防撞控制、车辆编队行驶控制等系统；在侧向动力学控制方面有车道偏离控制、侧向防撞控制、换道控制等系统等；以上有关纵向和侧向的控制系统为驾驶车辆提供了超出驾驶人极限能力的智能辅助系统，称为车辆智能驾驶辅助系统(ADAS)。今后，智能技术的发展将使车辆的控制从智能驾驶辅助系统到半自动驾驶，最终可达到车辆控制的终极目标——无人驾驶控制。

作为实例，下面介绍几种典型的车辆智能控制系统的建模与仿真，它们是车辆防抱死制动系统(ABS)、车辆电子稳定系统(ESP)和车辆自适应巡航系统(ACC)。从被控对象来看，它们代表了三种不同的控制对象，其中 ABS 代表了对车辆总成系统的控制，ESP 代表了对整车运动的控制，ACC 代表了对自车与前车间距的控制；从车辆运动方向来看，ABS、ACC 代表了对车辆纵向运动的控制，ESP 代表了对车辆侧向运动的控制；从控制方式来看，ABS 为单层控制系统，ESP、ACC 为双层控制系统。

6.2 车辆防抱死制动控制系统

在车辆的制动过程中若没有干预措施，车轮会出现抱死的情况。图 6-2 是车辆轮胎滑移率与路面附着系数的关系。图 6-2 表明了轮胎滑移率从纯滚动(滑移率 $S=0$)到制动抱死(滑移率 $S=1$)变化时，地面纵向附着系数和横向附着系数的变化情况。因此，由于路面附着力的这种特性，车轮抱死不仅会导致地面制动力减小(地面纵向附着系数变小)，增加制动距离，主要还会使车辆产生侧滑、甩尾和失去转向能力等现象(失去了地面侧向附着力的约束)，从而导致车辆失去稳定性。安装汽车防抱死制动控制系统(Antilock Braking Systems, ABS)正是一种干预措施。它是一种在汽车制动过程中能够实时判定车轮的滑移率，自动调节作用在车轮上的制动力矩，使车轮滑移率控制在稳定区的最佳范围内，防止车轮抱死并使它获得最大的地面纵向附着力和较大的侧向附着力，从而取得最佳制动和稳定效能的电子控制系统。

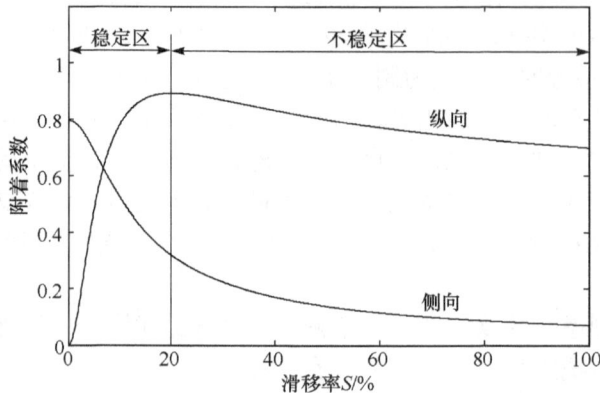

图 6-2　附着系数与滑移率的关系

所以 ABS 能保证汽车在制动时具有良好的制动效能和制动方向稳定性，提高了汽车的行驶安全性能。在目前所使用的防抱死制动系统中，主要采用逻辑门限值控制。这种逻辑门限值控制虽然已在商用 ABS 中得到了比较成功的应用，但其控制逻辑复杂，参数的选择主要依靠经验和大量的实验来选取。这种控制方式对于复杂路面的适应能力和抗干扰性都还存在一定问题。由于汽车制动工况较为复杂，因此对汽车制动进一步的优化控制一直是人们持续研究的问题。

6.2.1　ABS 的基本结构及控制原理

ABS 是在传统制动系统的基础上采用电子控制技术，在制动时防止车轮抱死的一种机、电、液一体化技术产品。它由控制器、执行器(液压调节器)、轮速传感器三部分组成。汽车 ABS 的基本物理结构如图 6-3 所示。该结构是在传统制动系统的基础上增加了传感器、控制器和液压调节器形成的闭环控制系统。其中传统制动系统主要包含制动踏板、制动主缸、车轮制动器(轮缸、制动盘)、车轮等几个部分；控制基本原理如下：传感器获取车轮的转动信息并将其传送到控制器，控制器中的 ECU 根据车轮转动信息计算出轮速、加减速等，并进行分析计算，判断车轮趋向于抱死的临界值(常见的判断值为轮减速度)，然后向液压调节器发送指令，液压调节器根据指令调节车轮的制动压力，从而实现对车轮制动的控制。

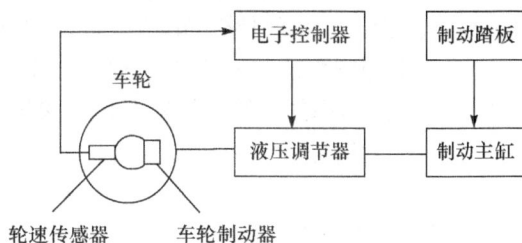

图 6-3　汽车 ABS 的基本物理结构简图

进一步分析 ABS 原理，控制器指令包括减压、保压和增压三个指令。液压调节器是通过电磁阀开关控制制动管路的通路，使制动管路内的压力形成减压、保压和增压三种状态，从而调节制动力的强弱，使车轮滑移率接近于最佳值。即在应急制动时，当驾驶人脚踏板所控制的制动压力过大时，车轮轮速传感器和控制器会探测到车轮有抱死的倾向，此时控制器通过液压调节器减小或保持制动管路压力；当车轮轮速恢复并且制动压力有减小的趋势时，控制器又通过液压调节器增加制动管路压力。控制器通过减压、保压、增压方式将管路压力控制在一个范围内，使车轮接近最佳滑移率，从而最有效地利用地面附着系数，得到最佳的制动距离和制动稳定性。

下面简要介绍组成 ABS 的几个主要部分。

1. 轮速传感器

目前用到的最常见的轮速传感器是电磁感应式轮速传感器，它是一种由磁通量变化而产生感应电压的装置，由磁感应传感器和齿圈组成，如图 6-4 所示。磁感应传感器由永磁铁、电磁感应线圈和磁极构成，安装在车轮的托架上，静止不动；而齿圈安装在轮毂上，随车轮一起转动；传感器与齿圈端面之间留有一间隙。

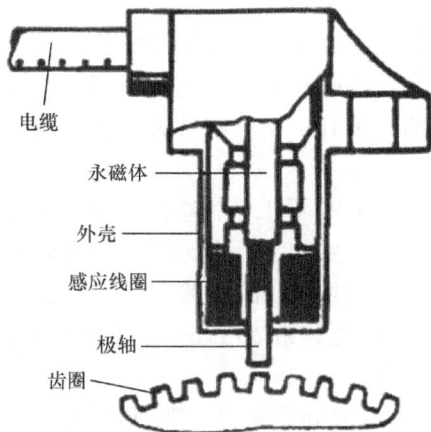

图 6-4　电磁感应式轮速传感器

电磁感应式轮速传感器的工作原理与普通交流发电机原理相同：永磁体产生一定强度的磁场，当齿圈随车轮旋转，齿圈上齿峰与齿谷经过传感器时，就会引起磁场强弱的变化，并在电磁感应线圈中产生交流信号，交流信号的频率与车速成正比，因此通过检测交流信号的频率即可测出车辆的轮速。

2. 电子控制器

电子控制器也称电子控制单元(ECU)，由集成电路组成，其内部结构包含轮速传感器的输入放大器、运算电路、电磁阀控制电路、稳压电源和继电器等。控制器的核心是运算电路，由控制算法编制灌入的程序来实现。它根据轮速传感器输入的信号进行轮速、轮加减速、滑移率的运算，并根据控制参数的变化情况，向液压调节器发出正常、保压、减压、增压的信号，实现对车轮滑移率的控制。

3. 液压调节器

如图 6-6 所示，液压调节器位于制动主缸和制动分缸之间，通过接收控制器指令调节制动分缸的压力。液压调节器由电动机和电磁阀集成。电动机是一个高压泵，ABS 工作期间，它可以在需要增压时，在很短的时间内提供高压制动液。电磁阀是液压调节装置的主要控制机构，它由线圈、固定铁心和可动铁心组成。ABS 电磁阀有三位电磁阀和两位电磁阀两种。电磁阀的作用是打开或关闭液压管路，因此无论采用哪种电磁阀，通过管路设计都要实现以下四种状态的控制。

(1) ABS 不工作，此时系统按传统方式制动。

(2) 保压，此时轮缸液压的进口和出口关闭，液压保持不变。

(3) 减压，此时轮缸液压的进口关闭，出口打开，液压减小。

(4) 增压，此时轮缸液压的出口关闭，进口打开并且连接高压泵，使进入液压增大。

现以两位电磁阀为例，具体说明车轮液压调节原理。

如图 6-5 所示，每个车轮控制回路中有 2 个电磁阀；一个为进油阀，另一个为出油阀。不通电的时候，进油阀常开，出油阀常关。工作时有以下四种状态。

(1) 开始制动(ABS 不工作状态)。驾驶人踩制动踏板，制动主缸产生制动压力，经过常开的进油阀到制动分泵。此时出油阀依然关闭，ABS 没有参与控制，整个过程和常规液压制动系统相同，制动压力不断上升。

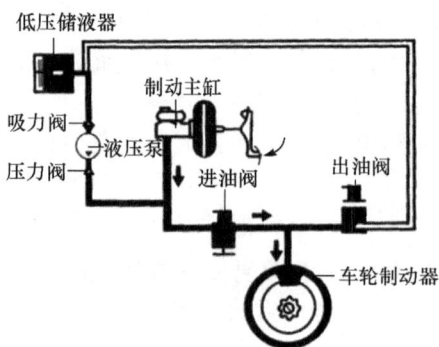

图 6-5　开始制动(ABS 不工作状态)

(2) 油压保持状态。当驾驶人继续踩制动踏板，油压继续升高到车轮出现抱死趋势时，ABS 电子控制单元发出指令，使进油阀通电并关闭阀门，出油阀依然不带电，保持关闭，系统油压保持不变，如图 6-6 所示。

(3) 油压降低状态。若制动压力保持不变，车轮有抱死趋势时，控制器给出油阀通电指令，打开出油阀，系统油压通过低压储液器而降低，此时进油阀继续通电保持关闭状态，有抱死趋势的车轮被释放，车轮转速开始上升。与此同时，电动液压泵开始启动，将制动液由低压储液器送至制动主缸，如图 6-7 所示。

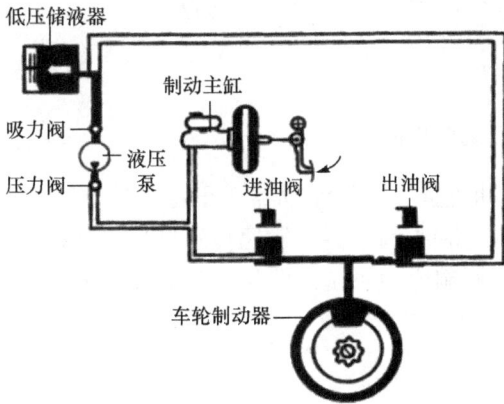

图 6-6　油压保持状态　　　　图 6-7　油压降低状态

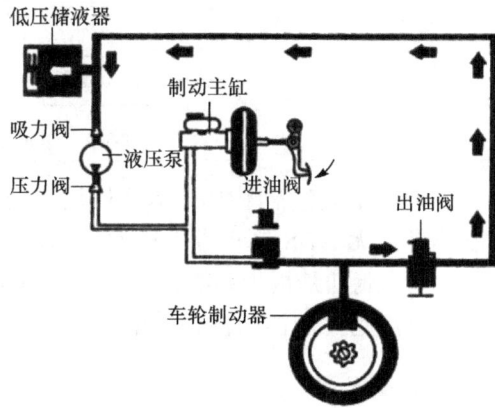

(4) 油压增加状态。为了使制动最优化，当车轮转速增加到一定值后，电子控制单元给出油阀断电，关闭此阀门，进油阀同样不通电而打开，电动液压泵继续工作，从低压储液器中吸取制动液泵入液压制动系统，如图 6-8 所示。随着制动压力的增加，车轮转速又降低。这样反复循环地控制。

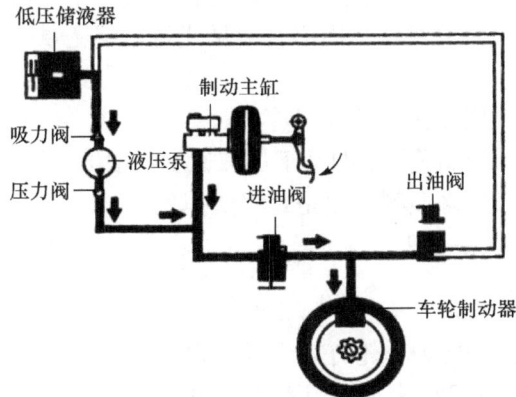

图 6-8　油压增加状态

6.2.2　ABS 仿真模型

根据 ABS 的控制原理，虽然控制对象是车轮，但其仿真系统不能独立于车辆整车的纵向运动模型。车辆 ABS 仿真模型应包含传统制动系模型和新增控制系统模型，其仿真模型结构如图 6-9 所示，其中控制目标主要包含车轮的加减速度和滑移率的控制范围，需要事先在控制器中设定。仿真系统的输入为制动踏板位置，输出一般是车轮的滑移率，也可以是车辆整车的制动响应。

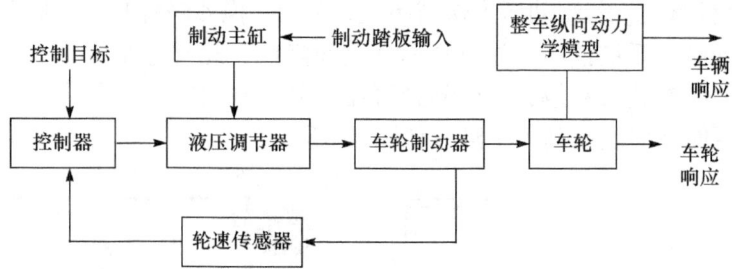

图 6-9　车辆 ABS 仿真模型框图

数学模型应包括图中的 7 个模块。其中制动主缸、车轮制动器、车轮、整车纵向动力学模型与无 ABS 制动数学模型相同。控制器、液压调节器、轮速传感器为 ABS 新增数学模型。制动踏板为系统输入，车轮响应或车辆响应为系统的输出。系统模型中，ABS 的控制算法为控制器的核心模型。

1. 控制器模型

目前 ABS 使用的控制方法有逻辑门限值控制、PID 控制、滑模变结构控制、鲁棒控制及模糊控制等。其中，逻辑门限值控制是一种经典的控制算法，其系统可靠，结构简单，目前已广泛应用于实际车辆。PID 控制简单实用，精度较好，但鲁棒性较差，实施成本也较高。滑模变结构控制在制动时可获取较好的效果，但在切换线附近切换时，通常会产生抖动。鲁棒控制也需要确定模型传递函数误差的上界，并且选择加权函数有一定的难度。模糊控制是一种基于经验规则的控制，在设计中不需要建立被控对象的精确的数学模型，而是完全凭人的经验，用语言变量代替数字变量，利用微机取代人对被控制对象进行自动控制。

下面介绍 ABS 逻辑门限值控制的典型算法。

给定车轮加减速度的控制范围，即基于加减速度门限值的算法是最常用的算法之一，即通过传感器测取轮速信号来预测车轮是否将要抱死。

设 $\dot{V}_w$ 为车轮减速度，定义为

$$\dot{V}_w = \dot{\omega}_w R_w \tag{6-1}$$

其中，$\dot{\omega}_w$ 为车轮角速度；R_w 为车轮有效半径。

设 a_1, a_2, a_3, a_4 为减速度门限值，且都为正值，并且有 $a_2 > a_1$，$a_4 > a_3$。下面结合两位电磁阀介绍基于减速度门限值的控制算法。

当驾驶人踩制动踏板时，算法步骤如下。

(1) 当 $\dot{V}_w > -a_1$ 时，ABS 不工作，进油阀开，出油阀关，制动器压力由脚制动提供。

(2) 当首次出现 $\dot{V}_w < -a_1$ 时，ABS 开始工作，进油阀关，切断与脚制动的联系；出油阀关，处于保压状态。

(3) 当 $\dot{V}_w < -a_2$ 时，进油阀关，出油阀开，处于减压状态；此时车轮不再减速，相反还会增速。

（4）当车辆减速度又回到 $\dot{V}_w > -a_2$ 时，进油阀关，出油阀关，又回到保压状态。

（5）当 $\dot{V}_w > -a_1$ 时，进油阀开，出油阀关，回到脚制动，车轮开始加速。

（6）当 $\dot{V}_w > a_4$ 时，进油阀开，出油阀关，并通过高压油泵，增加制动压力，车轮又开始减速。

（7）当 $\dot{V}_w < a_3$ 时，进油阀开，出油阀关，回到脚制动控制。

至此，第一个循环结束。当再次出现 $\dot{V}_w > -a_1$ 时，第二个循环开始，反复循环，车轮就不会被抱死，并使其滑移率控制在一个范围内。ABS 控制逻辑关系如表 6-1 所示。

表 6-1　ABS 控制逻辑关系

步骤	控制条件	脚制动	ABS 状态	进油阀	出油阀
1	$\dot{V}_w > -a_1$	On	Off	打开	关闭
2	$\dot{V}_w < -a_1$	Off	保压	关闭	关闭
3	$\dot{V}_w < -a_2$	Off	减压	关闭	打开
4	$\dot{V}_w > -a_2$	Off	保压	关闭	关闭
5	$\dot{V}_w > -a_1$	On	Off	打开	关闭
6	$\dot{V}_w > a_4$	On	油泵启动（增压）	打开	关闭
7	$\dot{V}_w < a_3$	On	Off	打开	关闭

在基于减速度门限值的算法中，还可以设定参考滑移率门限值。由于车辆的绝对速度不能直接测得，也就意味着车轮的滑移率不能测得，它需要观察器去估计。更复杂的控制模型可参考相关书籍。

2. 调节器模型

调节器介于制动器和制动主缸之间，它接收控制器的指令，通过电磁阀实现制动压力的保压、减压或增压等功能。由于电磁阀阀芯质量很小，其惯性环节可以忽略不计，但需要考虑电磁作用于阀芯的延时问题。

调节器的作用是改变制动管路中的压力，设管路中主缸的压力为 $P_m(t)$，减压压力为 $P_d(t)$，增加压力为 $P_z(t)$，轮缸的压力为 $P_t(t)$，则调节器模型可表示为

$$P_t(t) = \begin{cases} P_m(t), & \text{ABS不起作用} \\ P_t(t-\tau_b), & \text{保压} \\ P_t(t) - \Delta P_d(t-\tau_d), & \text{减压} \\ P_t(t) + \Delta P_z(t-\tau_z), & \text{增压} \end{cases} \tag{6-2}$$

其中，τ_b 为保压时间滞后；τ_d 为减压时间滞后；τ_z 为增压时间滞后。它们是由增压阀和减压阀开启或关闭的时间滞后组合而成的。

典型汽车 ABS 液压集成调节单元所使用的电磁阀均为高速响应的两位两通开关型电磁阀。其中增压阀为常开型电磁阀，通电时关闭，断电时打开，在有压力负载的情况下，关闭阀口的时间约为 10ms，而打开阀口的时间约为 1ms。这是因为通电后产生的电磁力先要克服弹簧力，才可使阀门关闭，而断电时，仅由弹簧预紧力就可使阀门打开。减压阀是常闭型电磁阀，通电时打开，断电时关闭，在有压力负载的情况下，打开阀口的时间约为 7.5ms，而关闭阀口的时间约为 1.1ms。

3. 制动器模型

因为对制动力的控制是通过控制制动压力来实现的，因此还需要建立制动器模型。一般地，车轮的制动力矩 M_b 是该车轮上的制动压力 P_b、制动摩擦面积 A_b、制动摩擦系数 μ_b 和制动器等效半径 R_b 的函数，即

$$M_b = A_b \mu_b R_b P_b \tag{6-3}$$

6.2.3　ABS 的仿真及应用

ABS 控制策略的核心在于其控制器，因而大多数 ABS 的仿真也都是为了分析电子控制器的算法而进行的。在建立好的控制器算法中，针对不同工况，重点进行 ABS 控制策略的参数调试和设计。如在制动转向联合的复杂工况下的 ABS 控制策略的参数设计；不同附着系数路面上 ABS 的控制策略分析：包括单一附着系数路面、左右分离附着系数路面、对开路面、高低附着系数跃变路面等。另外，在相同工况下进行不同控制策略之间的制动性能比较，或者将两种不同的控制策略相结合，建立优化控制策略。

例 6.1　汽车 ABS 制动过程仿真。

在车辆整车制动模型的基础上增加 ABS 控制模型就可实现制动过程的仿真运算。仿真实验方法与汽车直线制动实验相同：在给定初速度下施加紧急制动力，直至车辆减速停止。图 6-10 为 ABS 制动的仿真结果。其中，图 6-10(a)为制动时的车轮滑移率，可以看到，增加 ABS 后，车轮就不会抱死，而是边滚边滑，滑移率维持在 0.2 附近，从而避免了车轮的抱死；图 6-10(b)为车辆速度和轮速的变化情况，车轮速度有一定的波动；图 6-10(c)为施加在车轮上的制动力矩，增加 ABS 后也出现增减波动情况；图 6-10(d)为车辆制动减速度的变化情况。

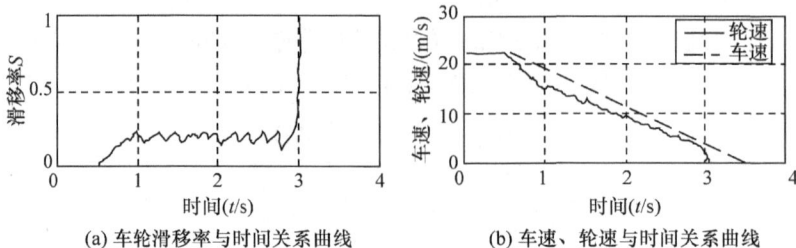

(a) 车轮滑移率与时间关系曲线　　　　(b) 车速、轮速与时间关系曲线

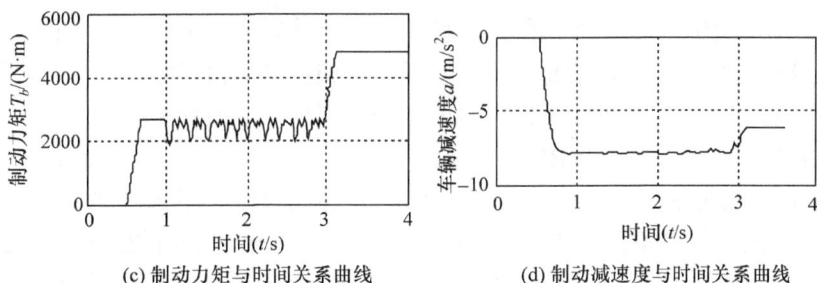

(c) 制动力矩与时间关系曲线　　　　　　　　(d) 制动减速度与时间关系曲线

图 6-10　ABS 仿真结果

　　实际上，影响 ABS 工作的因素有很多。纯仿真模型偏向于理想化，忽略了很多硬件特性，包括控制电路系统、制动液压系统等，其仿真结果与实际情况会产生较大差异。通过实验测试可确定制动器、电子调节器的响应特性，并将其应用于仿真系统，可在一定程度上弥补理论模型的不足。在 ABS 的实际开发中，常采用软件开发和硬件在环(HIL)的控制策略仿真实验方法，这样可以更有效地测试和优化系统的控制算法。

6.3　车辆电子稳定控制系统

　　车辆电子稳定控制程序(Electronic Stability Program, ESP)是在 ABS 的基础上发展起来的，是为了防止汽车在行驶过程中出现横摆和侧滑而开发的控制系统。不同的汽车厂商对电子控制系统使用的名称不同：车辆稳定辅助(Vehicle Stability Assist, VSA)、车辆动态控制(Vehicle Dynamic Control, VDC)、车辆稳定控制(Vehicle Stability Control, VSC)、电子稳定控制(Electronic Stability Control, ESC)、直接横摆控制(Direct Yaw Control, DYC)等都是指的稳定控制系统。为了方便描述，书中采用 ESP 表示电子稳定控制系统。

　　车辆在附着系数受限的道路上行驶时，可能与期望的行驶状态有很大差异。在接近极限附着系数时，车轮的侧偏角会很大，大大降低车辆横摆运动对于转向角变化的敏感性。

　　由于上述车辆行驶状况的差异，驾驶人在道路附着系数受限的道路上行驶时难以掌控车辆。首先，驾驶人通常难以察觉到路面附着系数的变化，也无法获知车辆稳定性的边际状况；其次，当到达附着系数极限并且车辆产生滑移时，驾驶人通常的响应是惊慌失措，操纵不当。更重要的是，由于要关注周围道路交通情况，驾驶人会降低对操纵行为的思考，形成下意识动作。车辆电子稳定控制系统通过减小车辆相对在干路面上正常横摆状态的偏离程度，来防止侧偏角过大的问题。

6.3.1　ESP 的基本结构及控制原理

　　车辆稳定控制的方法有多种，常见的是采用差动制动的方式。它利用 ABS 对车辆左右车轮进行差动制动控制，实现车辆的稳定性控制。差动制动控制系统通常利用基于电磁阀的液压调节器来改变四个车轮的制动压力。通过增加左侧车轮相对右侧车轮的制动压力进行差动制动，可以使车辆产生逆时针的横摆运动；同理，增加右侧车轮的制动压力能使车辆产生顺时针的横摆运动。与 ABS 控制类似，ESP 由控制器、执行器(液压调节器)、传感器三部分组成。不同的是：ABS 控制的对象是车轮的滑移率，需要驾驶人操作制动踏板，控制的参数是每个车轮的制动缸压力；而 ESP 控制的对象是整车的横摆角速度和航向角，不需要驾驶人操作制动踏板，控制的参数也是车轮的制动缸压力，使其形成差动制动，从而对车身产生一个横摆矫正力矩，使车辆在转向时接近理想的横摆角速度。

　　因为 ESP 是在 ABS 的基础上发展起来的，大部分元件与 ABS 可以共用。对传感器部分，增加了转向角传感器、制动主缸压力传感器、侧向加速度传感器、横摆角速度传感器和 ESP 开关；制动执行器部分增加了对总制动缸的切断电磁阀和部分液压通道；与 ABS 共用一个控制器，但增加了 ECU 的容量和运算能力。增加传感器的基本状况如下。

　　(1) 转向角传感器。安装在转向盘的后侧，检测驾驶人转动转向盘的角度信号，包括方向和角度，主要用于 ECU 判断驾驶人操作转向盘的转向意图。通常采用非接触式的光电传感器。

　　(2) 侧向加速度传感器。安装在汽车质心的前方中央位置的地板上面。实时检测车辆的侧向加速度，供 ECU 判断车身状态以及确定车辆在转弯时是否出现侧滑，通常利用压电石英谐振器的力——频特性进行加速度的测量，还可使用衰减弹簧质量系统进行加速度的测量。

　　(3) 横摆角速度传感器。横摆角速度传感器是一种振动型陀螺仪，一般采取微机械式结构，用于测量环绕车辆质心垂直轴的角速度。ESP 就是通过该信号来判断车辆的稳定程度，如果偏转的角速度超过了预先设定的阈值，ESP 就会被触发。目前已有同时测量横摆角速度和侧向加速度的高精度传感器。

　　(4) 制动主缸压力传感器。安装在制动主缸上，用于进行制动压力估算和测量制动压力，其中应力测量和硅半导体测量是常用的两种。

　　ESP 控制基本原理如下：通过转向角、横摆角速度、侧向加速度等传感器获取车辆运动状况信息，并将其传送到控制器，控制器中的 ECU 根据获取的信息计算保持车辆理性转向特性所需要的附加横摆力矩，并换算成对相关车轮的制动力需求，然后向液压调节器发送指令，液压调节器根据指令调节相关车轮的制动力，从而产生对车身的附加力矩，实现对车辆理想转向的控制。

　　图 6-11 为车辆转向的三种状态。车辆正常转向时，其行驶轨迹与道路中心线基本一致；而转向时，当前轮出现较大侧向滑移时，车辆将呈现出不足转向特性；当后轮出现较大侧向滑移时，车辆将呈现出过多转向特性。车辆在行驶中，过多和不足转向特性都具有较大的安全隐患，是不希望出现的。ESP 的作用就是当车辆出现过多或不足转向时，通过控制车轮制动力使车辆接近期望的转向特性。

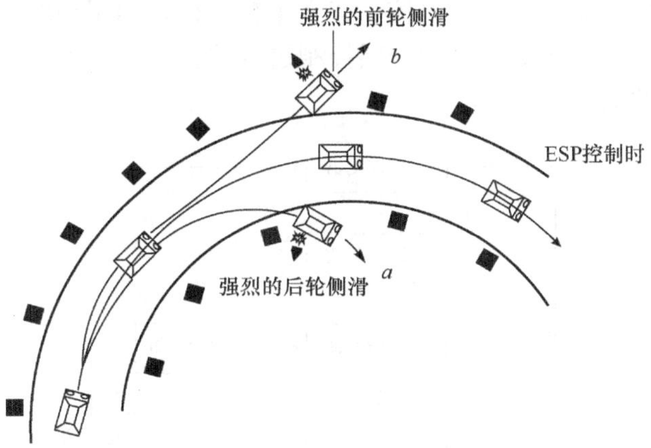

6-11　车辆转向行驶状态示意图

下面以右转为例说明制动力的施加方式，如图 6-12(a)所示，当车辆后轮出现较大的侧滑趋势时，车辆向右偏倾向于过多转向。此时控制系统将在车辆右(外)侧前后轮上施加制动力，使车身按逆时钟方向产生一个力矩，从而减轻车辆的转向程度，使车辆接近预期转向轨迹。如图 6-12(b)所示，当车辆前轮出现较大的侧滑趋势时，车辆向左偏倾向于不足转向。此时控制系统将在车辆后轮上施加制动力，使车身按逆时钟方向产生一个力矩，从而减轻车辆转向程度，使车辆接近预期转向轨迹。

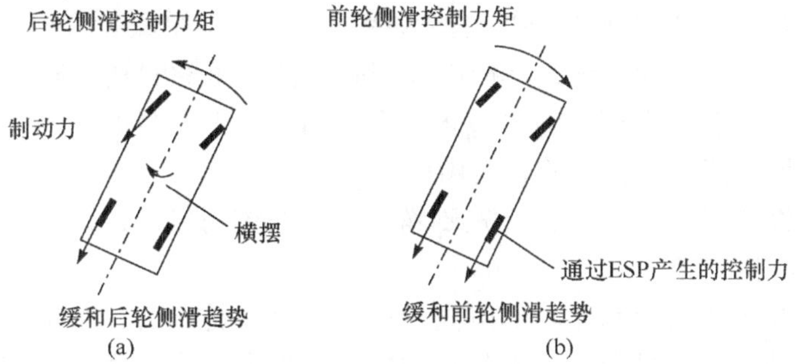

图 6-12　ESP 控制方式

6.3.2　ESP 仿真模型

从上述 ESP 的控制原理可知，虽然 ESP 的控制目标是通过控制车轮的制动力来实现的，但不同于 ABS，ESP 控制的主要对象是整车的横摆角速度和角度。由此可以看出，ESP 的控制更为复杂，包含了对整车参数的控制和对车轮制动参数的控制两个方面，一般把对整车参数的控制称为上层控制，把对车轮的制动控制称为下层控制。车辆 ESP 仿真模型框图如图 6-13 所示。

仿真模型由控制目标、上层控制器、下层控制器、制动主缸、制动调节器、制动器、车轮模型、整车纵向动力学模型、传感器等 9 部分组成。仿真系统的输入为方向盘转角，输出为车辆的横摆角速度和侧偏角。上层控制器是在保证控制目标的基础上给出理想的横摆转矩，而下层控制器是通过独立控制四个车轮的转动和制动压力，保证准确的差动制动力来实现理想的横摆转矩。这种分层控制过程的实现隐含了一个前提条件，即车轮的动态响应比整车的动态响应快。

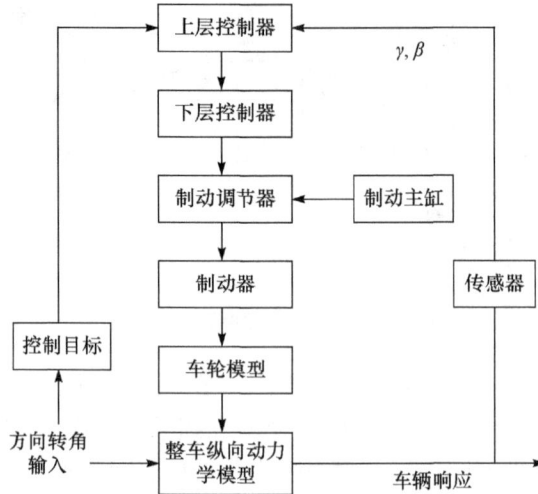

图 6-13　车辆 ESP 仿真模型框图

(1) 上层控制器模型。

如前所述，差动制动控制是 ESP 目前采用的主要控制原理。由于车辆横摆稳定性控制的控制目标是车身的横摆角度，其控制模型必然涉及车辆的整车模型。用于研究 ESP 差动制动控制的车辆动力学模型通常包含七个自由度，即车身的侧向、纵向位移和横摆角三个自由度，加上四个车轮的旋转自由度。

在确定上层控制器模型之前，首先要确定转向的控制目标，即在给定输入转角下理想的横摆角速度和侧偏角。

由于轮胎的变形和与地面之间的侧向滑移，车辆在转向时，并不是严格按车轮转向角的几何关系运动的，而是会产生不足转向或过多转向。横摆角速度和侧偏角是车辆转向运动中两个重要的参数，它们可以反映车辆具有不足转向、过多转向和中性转向的特性。理想的横摆角速度定义为在车辆稳态转向时的横摆角速度。

根据车辆侧向运动模型可以推出，当车辆以转向角 δ 稳态转向时，稳态转弯半径为

$$R = \left[L + \frac{MV_x^2(bC_r - aC_f)}{2C_f C_r L} \right] \bigg/ \delta \tag{6-4}$$

其中，$L = a + b$，为车辆轴距；C_f 和 C_r 分别为前、后轮侧偏刚度。

根据

$$V_x = \dot{\gamma} R \tag{6-5}$$

理想横摆角速度为

$$\dot{\gamma}_{\text{des}} = \frac{V_x}{R} = \frac{V_x}{L + \dfrac{MV_x^2(bC_r - aC_f)}{2C_fC_rL}}\delta \tag{6-6}$$

理想侧偏角为

$$\beta_{\text{des}} = \frac{b - \dfrac{aMV_x^2}{2C_rL}}{L + \dfrac{MV_x^2(bC_r - aC_f)}{2C_fC_rL}}\delta \tag{6-7}$$

如前所述，上层控制器的控制目标是确定整车理想的横摆转矩，从而使车辆达到目标横摆角速度和目标侧偏角。换句话说，上层控制器需要通过计算确定一个横摆转矩，使车辆的横摆角速度和侧偏角等于或接近理想的横摆角速度和侧偏角。因此上层控制属于反馈控制。

有不同的控制方法，滑模变结构控制是常用的一种控制方法，它可以跟踪横摆角速度和侧偏角的目标。滑模面的选择要满足横摆角的轨迹，或者侧偏角的轨迹，或者两者兼有。

可采用以下滑模面：

$$s = \dot{\gamma} - \dot{\gamma}_{\text{des}} + \xi(\beta - \beta_{\text{des}}) \tag{6-8}$$

该滑模面为横摆角速度和侧偏角与理想目标误差的加权组合。只要使车辆的响应接近滑模面 $s = 0$，就可以保证车辆的横摆角速度和侧偏角接近理想目标。

由式(6-6)，改写为

$$I_z\ddot{\gamma} = M_{Fy} + M_{Fx} \tag{6-9}$$

其中，M_{Fy}、M_{Fx} 分别为车轮侧向力和制动力绕垂直坐标产生的力矩。

即整车方程式(6-9)的横摆力矩由车轮侧向力产生的力矩和车轮制动力产生的力矩两部分组成。上层控制器需要确定的力矩即车轮制动力产生的力矩 M_{Fx}。

对式(6-8)微分，并将式(6-9)代入，得

$$\dot{s} = \frac{1}{I_z}M_{Fy} + M_{Fx} - \ddot{\gamma}_{\text{des}} + \xi(\dot{\beta} - \dot{\beta}_{\text{des}}) \tag{6-10}$$

设 $\dot{s} = -\eta s$，得到控制律：

$$M_{Fx} = I_z\left[M_{Fy} - \eta s + \ddot{\gamma}_{\text{des}} - \xi(\dot{\beta} - \dot{\beta}_{\text{des}})\right] \tag{6-11}$$

上式描述的控制律需要前后轮侧向力、侧偏角、侧偏角微分作为反馈。在仿真运算中它们可以求得，但在实际中并不能直接测量，可以通过惯性传感器和动力学模型观察器对其进行估计。

(2) 下层控制器模型。

下层控制器决定各个车轮的制动压力，以保证产生的横摆转矩跟踪上层控制器确定的期望横摆力矩。

横摆力矩是由车辆左右车轮的制动力差产生的，即

$$M_{Fx} = \frac{T_b}{2} \Delta F_x \tag{6-12}$$

其中，T_b 为车辆轮距，因此有

$$\Delta F_x = \frac{2}{T_b} M_{Fx} \tag{6-13}$$

由于 $F_x R = M_b$，M_b 为作用在车轮上的制动力矩，R 为车轮半径，结合式(6-13)有

$$\Delta F_x = \frac{\Delta M_b}{R} = \frac{A_b \mu_b R_b \Delta P_b}{R} \tag{6-14}$$

得

$$\Delta P_b = \frac{\Delta F_x r_t}{A_b \mu_b R_b} = \frac{2 M_{Fx} R}{T_b A_b \mu_b R_b} \tag{6-15}$$

因此，左右轮的制动压力分别为

$$\begin{cases} P_l = P_0 - a\Delta P_b \\ P_r = P_0 + (1-a)\Delta P_b \end{cases} \tag{6-16}$$

其中，P_0 为初始差动制动时车轮的制动压力；a 为常数，取值范围为 $(0,1)$。

6.3.3　ESP 的仿真及应用

ESP 利用各种传感器对车辆的动态状况和驾驶人指令进行监控，评价车辆实际行驶状态与驾驶人意图的误差，根据评价结果发出调整指令，通过脉冲调整车轮制动力及发动机输出转矩对车辆由转向过多或转向不足导致的车辆失控危险工况进行自动干预，对车辆横摆力矩进行适当调整，使车辆按照驾驶人的意图行驶，改善车辆的转向响应性及侧向稳定性。因此，ESP 仿真系统除 ESP 控制器、传感器和制动力、发动机扭矩调节装置需要自身模型外，需要整车模型与之配合。事实上，ESP 的仿真不仅是为了电子控制系统的开发，更多是为了新车匹配 ESP 而进行的。

ESP 的仿真包括纯数学仿真和硬件在环(HIL)仿真，前者的所有模型，包括控制器、传感器、调节器、整车模型都是数学模型，而后者的模型，部分可采用真实的硬件系统，如控制器的硬件(算法、参数可调)、传感器等；在建立好的控制器算法中，一般针对冬季的低附着路面和夏季的高附着路面，重点进行 ESP 控制策略的参数调试和设计。

与 ESP 配合的整车模型可以采用现有车辆动力学仿真软件，仿真实验的输入一般采用正弦输入。

例 6.2　汽车 ESP 模拟。

ESP 通过横摆率传感器、G 传感器等各个传感器信号来检测车辆状况，控制发动机的输出扭矩和制动液压力。

图 6-14 为某 ESP 的一个仿真结果。其中，图 6-14(a)是在 1.25s 时输入的一个频率为 0.4Hz，最大输入角为 0.08rad 的正弦前轮转角信号，图 6-14(b)是整车横摆角速度。在图 6-14(b)中可以看到控制前和控制后两种情况，在输入条件下，控制前车辆是不稳定的，而控制后，车辆的横摆角速度能够回到零位。

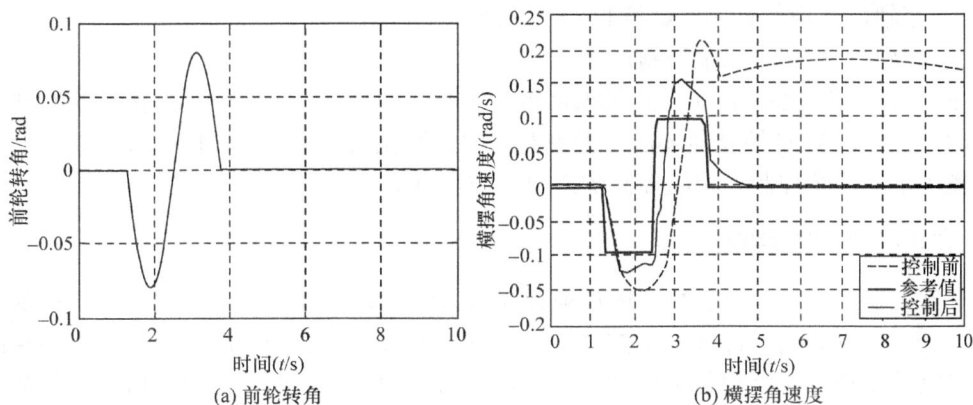

(a) 前轮转角　　　　　　　　　(b) 横摆角速度

图 6-14　ESP 仿真结果

6.4　车辆自适应巡航控制系统

巡航系统是对车辆进行的纵向控制，控制目标是设定的车速，控制执行器是发动机节气门和制动器。普通的定速巡航控制系统 CCS（Cruise Control System），驾驶人可以为车辆设置希望的恒定行驶速度，巡航控制器通过控制节气门使车辆自动保持所设定的速度，如果遇到前方有行驶缓慢的车辆或障碍物等，驾驶人必须立即采取行动，通过制动解除巡航控制，并将节气门的控制权交给驾驶人。

自适应巡航控制(Adaptive Cruise control, ACC)系统是普通定速巡航(CCS)控制系统的延伸，是解决遇到前方有行驶缓慢的车辆或障碍物时的自动控制问题。因此，自适应巡航控制需要在车辆上安装雷达或其他传感器，用于测量自车与道路前方车辆的距离或相对速度。如果前方没有车辆，自适应巡航控制系统自动转化为普通巡航控制系统，按驾驶人设定的车速行驶；一旦雷达探测到前方车辆出现，ACC 系统就会判断自身车辆是否可以在设定的速度下安全行驶，如果前方车辆行驶速度太慢或距离太近，ACC 系统就会将速度控制转换为距离控制。如图 6-15 所示，在距离控制模式下，ACC 系统通过控制节气门和制动系统使自身车辆与前方车辆保持期望的安全距离。

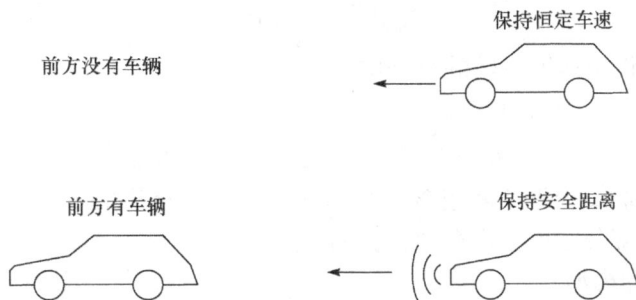

图 6-15　自适应巡航控制系统

从上面分析可以看出，自适应巡航控制系统有两种稳态操作模式。

(1) 车辆定速巡航控制(CC 控制)。

(2) 车辆跟随控制(车距控制)。

ACC 车辆采用哪种控制方式是根据雷达实时测取的与前方车辆的距离和相对速度来决定的。另外，ACC 控制器还需要考虑两种模式转化时，车辆控制的过渡问题。下面介绍车辆的定速巡航控制和跟随控制的建模及仿真方法。

6.4.1　车辆定速巡航控制

车辆定速控制算是目前普通的巡航控制方式(CC)，是通过对节气门开度的控制来实现的。它的控制架构设计成分层控制结构，分为上层控制器和下层控制器。上层控制器根据设定的车速确定期望的加速度；下层控制器则确定达到期望加速度所需要的节气门开度。车辆定速巡航控制系统结构如图 6-16 所示。

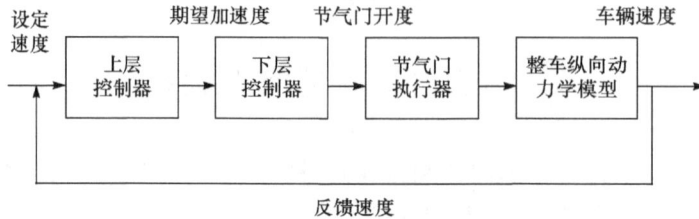

图 6-16　车辆定速巡航控制系统

(1) 上层控制器模型。

从车辆定速巡航控制结构图(图 6-16)可以看出，上层控制器的输入信号是设定车速与实际车速的差值。在上层控制器设计的性能要求中，必须保证稳态跟踪误差为零。因此上层控制器使用的典型算法是以速度误差为输入的 PI 控制(比例-积分控制)，其控制器模型为

$$\ddot{x}_{\text{des}}(t) = -k_p(V_x - V_{\text{ref}}) - k_I \int_0^t (V_x - V_{\text{ref}})\mathrm{d}t \tag{6-17}$$

其中，V_{ref} 为使用者设定的车速。

定义如下参考位置：

$$x_{\text{des}}(t) = \int_0^t V_{\text{ref}}\mathrm{d}t \tag{6-18}$$

其中，$x_{\text{des}}(t)$ 为以设定速度行驶的车辆位置。

所以上层控制器模型可以写成

$$\ddot{x}_{\text{des}}(t) = -k_p(\dot{x} - \dot{x}_{\text{ref}}) - k_I(x - x_{\text{des}}) \tag{6-19}$$

可见，上层控制器模型实际包含了两部分：第一部分是控制车速差；第二部分是控制车距，只是第二部分是以给定车速行驶的假想车距。

(2) 下层控制器模型。

下层控制器计算发动机节气门开度以跟踪由上层控制器决定的期望加速度。因此需要根据车辆纵向动力学模型反向推导下层控制器的模型。

根据车辆纵向动力学模型，汽车行驶方程式为

$$F_t = F_j + F_f + F_w + F_i \tag{6-20}$$

其中，F_t 为驱动力；F_j 为加速阻力；F_f 为滚动阻力；F_w 为风阻；F_i 为坡度阻力。代入相关模型得

$$\frac{T_e i_0 i_g \eta}{r_d} = \delta m\ddot{x} + mgf + \frac{C_D A}{21.15}\dot{x}^2 + mgi \tag{6-21}$$

其中，T_e 为发动机扭矩；r_d 为车轮滚动半径；δ 为汽车旋转质量转换系数。

因此，当期望行驶加速度确定后，理想的发动机扭矩为

$$T_e = \left(\delta m\ddot{x}_{\text{des}} + mgf + \frac{C_D A}{21.15}\dot{x}^2 + mgi \right)\frac{r_d}{i_0 i_g \eta} \tag{6-22}$$

发动机理想扭矩确定后，即可通过发动机转动动力学模型或采用发动机的 MAP 图确定发动机节气门开度的控制范围，从而实现对车辆定速巡航的控制。

6.4.2　车辆跟随控制

跟随控制是自适应巡航控制系统的两种稳态模式之一。在车辆的跟随模式中，控制车辆与前方车辆的车距维持在一个期望值。如果在控制车辆的后面也有一辆自适应巡航控制的车辆，以此向后，就会形成一个车队。因此，为了保证控制车辆和车队的稳定行驶，自适应控制系统必须遵守两个重要的准则。一个准则是单个车辆的稳定行驶。即当前方车辆以恒定速度行驶时，控制系统要保证车距误差趋近于零，使车辆达到稳定行驶。车距误差是指自车相对前方车辆的距离与期望车距之差。另一个准则是车队行驶的稳定性。当前方车辆加减速时，两车的车距误差就不可能为零，从而产生一定的振荡，而且这种振荡会逐一向后面传递。重要的是要使这种车距误差向车队尾部传递时不被扩大，从而保证车队行驶的稳定性。

设自适应巡航控制车辆的列队如图 6-17 所示。x_i 是参考坐标系中第 i 辆车的位置。

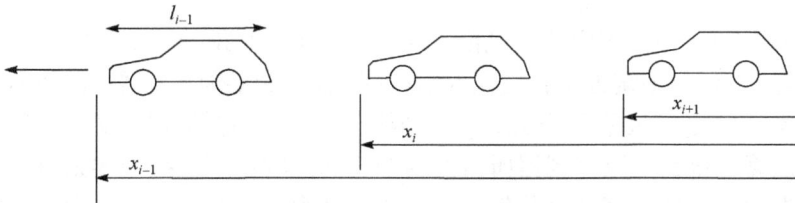

图 6-17　自适应巡航控制车辆的列队

设 L_{des} 为理想控制间距，则第 i 辆车相对前方车辆间距与理想间距的误差为

$$\delta_i = x_i - x_{i-1} + L_{\text{des}} \tag{6-23}$$

已经证明，理想间距若采用固定车距不能满足车队的稳定行驶，而采用固定时距(CTG)策略就能同时满足单个车辆和车队的稳定行驶。即在时距控制策略中车辆间的距离不是固定的，而是随车速变化的，定义为

$$L_{\text{des}} = l_{i-1} + h\dot{x}_i \tag{6-24}$$

其中，l_{i-1} 为前车长度；参数 h 为时距。

将式(6-24)代入式(6-23)，则车距误差为

$$\delta_i = x_i - x_{i-1} + l_{i-1} + h\dot{x}_i = \varepsilon_i + h\dot{x}_i \tag{6-25}$$

车辆跟随控制的结构与定速巡航控制的结构相同，分为上层控制器与下层控制器，基于 CTG 控制策略的车辆跟随控制系统的上层控制器的输入包括前车位置、控制车辆的速度和位置，而下层控制器包括对节气门和制动器的控制。控制结构如图 6-18 所示。

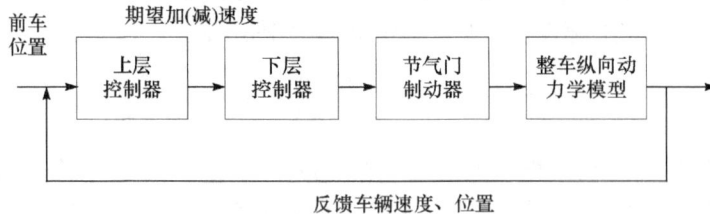

图 6-18　基于 CTG 控制策略的车辆控制系统

根据式(6-25)，以车距误差为输入的上层控制器有不同的控制方法。以下控制律可以使车辆队列的车距误差 δ_i 和 δ_{i-1} 相互独立。因此，在跟车过程中既可以保证自车的行驶稳定，又可以保证车队的行驶稳定。

$$\ddot{x}_{i-\text{des}} = -\frac{1}{h}(\dot{\varepsilon}_i + \lambda\delta_i) \tag{6-26}$$

设 e_x 为实际车距与期望车距之差，e_v 为前车速度与主车速度之差，a_f 为主车加速度，一种基于线性二次型 LQR(Linear Quadratic Regulator)最优控制的理想加速度模型为

$$\ddot{x}_{\text{des}} = k_x e_x + k_v e_v - k_a a_f \tag{6-27}$$

其中，k_x, k_v, k_a 为状态反馈系数，通过求解线性方程组获得。

6.4.3　ACC 系统的仿真及应用

ACC 系统仿真，当处于定速巡航模式时，与 ABS、ESP 类似，只需要与整车纵向动力学模型相配合，但当系统处于自适应巡航模式，需要跟随时，还需要前车的运动模型。

如前所述，ACC 算法采用分层式控制结构，上层控制器根据传感器测得的前车车辆的信息进行运算，得到下层控制器所需要的期望加速度；下层控制器则以汽车系统动力学为基础，根据期望加速度计算节气门开度或制动力。仿真实验时，由前车的速度和位置作为系统输入，上层控制器计算期望加(减)速度，输入下层控制器，下层控制器计算节气门开度或制动压力，再输入车辆纵向动力学模型，以控制车辆加速、减速或匀速运动，从而实现车辆的跟随仿真。

与 ABS、ESP 类似，ACC 系统仿真分为纯数学仿真和硬件在环仿真，纯数学仿真模型包括 ACC 上下层控制模型、雷达探测传感器、整车纵向动力学模型等，其中整车纵向动力学模型也可以采用现有的车辆动力学仿真模型。

例 6.3　汽车 ACC 模拟。

汽车自适应巡航控制系统以 LQR 为核心控制算法，通过设定前车的运行状况，使后

车进行稳定、快速、合理地跟随。LQR 控制系统分别通过上下层进行控制,上层通过 LQR
得到下层控制系统的理想加速度,下层控制系统则根据车辆逆纵向运动方程进行相应的
控制。

以下实例以 LQR 为上层控制器理想加速度核心算法,结合车辆模型,ACC 仿真结
果如图 6-19 和图 6-20 所示。其中图 6-19 为前车运动状态,图 6-20(a)为前后车速的跟随
对比,图 6-20(b)为前后车位移的变化。

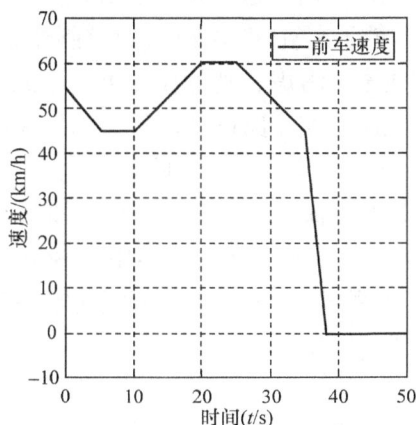

图 6-19　前方车辆的运动状况

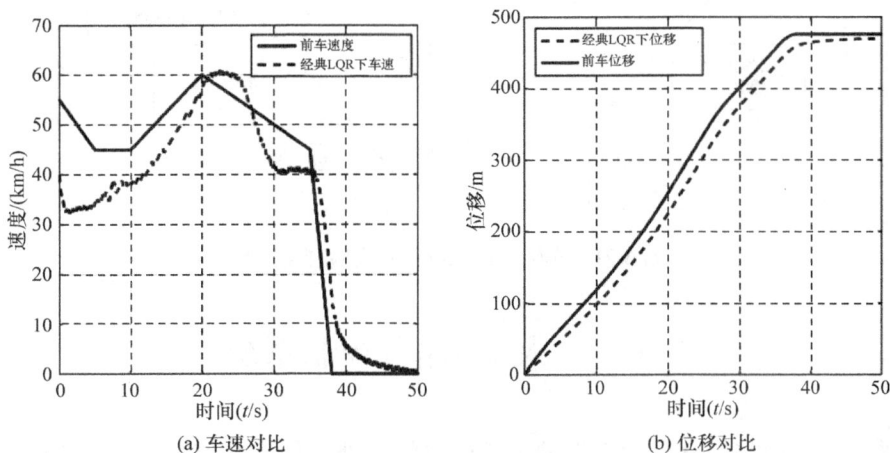

(a) 车速对比　　　　　　　(b) 位移对比

图 6-20　跟随车辆的运动状况

仿真结果表明:在加速和减速过程中,跟车车速能够较好地跟踪前车车速,并能较
快响应前车车速变化,自动做出加、减速控制。

6.5　硬件在环控制系统

上述车辆控制仿真系统中,控制器、执行器、控制对象、传感器信号都是以数学模
型的方式来表示的,这是一种纯粹的模型仿真系统,在该系统中,控制器、控制对象等

都是虚拟的，它们也可称为虚拟控制器和虚拟控制对象。但在现代车辆产品开发流程中，这种纯虚拟仿真系统只是作为一种初步的分析和研究平台，在进一步的仿真测试中，常常采用一种硬件在环(Hardware-in-the-Loop, HIL)的仿真系统。这种仿真系统主要是将实时处理器直接联入仿真系统作为控制器，目前一些虚拟仿真测试平台也可将部分传感器、执行器或部分被控对象的实物纳入仿真系统，形成半实物仿真系统。

　　硬件在环仿真测试系统是以实时处理器运行仿真模型(控制器模型)来模拟受控对象的运行状态的，通过 I/O 接口与控制器(ECU)连接，对控制器进行全方位的、系统的测试。从安全性、可行性和合理的成本上考虑，硬件在环仿真测试已经成为控制器开发流程中非常重要的一环。它可以有效减少实车路试的次数，缩短系统开发周期，在降低成本的同时提高 ECU 的软件质量，降低汽车企业的风险。

　　控制系统仿真是现代车辆开发流程中的重要一环，如图 6-21 所示，从产品目标到最终产品，它包含了虚拟测试(Models in the Loop，MIL；Software in the loop，SIL)，硬件在环测试(HIL)，最后进行实车测试。这种仿真测试的方法可以有效缩短开发流程，提高产品开发质量以及确保市场优势。

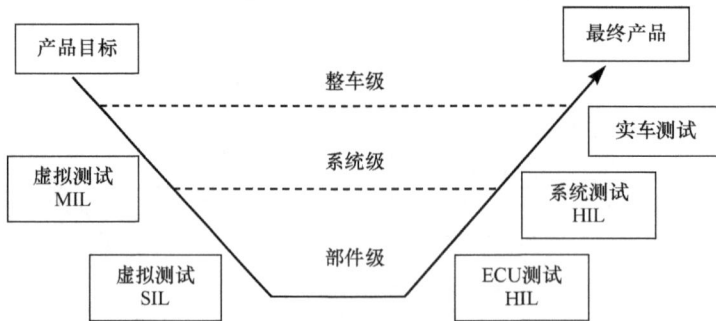

图 6-21　车辆控制系统仿真实验开发流程

6.6　"人-车-路"控制系统

　　驾驶行为建模与仿真是无人驾驶车辆研究的基础工作。在道路交通系统中，可以把人-车驾驶系统看成一个基本的动态控制单元，这里是把驾驶人看作一种智能控制系统。实际上，从控制的角度看，在车辆驾驶过程中，驾驶人的大脑就是一个控制器，眼、耳、身体就是感知道路、环境和车辆运动的传感器，手、脚就是执行装置。人车控制反映了驾驶人控制车辆的过程：驾驶人通过感知接收道路、环境和车辆响应信息，比较车辆与道路环境的协调性"误差"，再根据"误差"大小判断车辆的行驶状态，最后控制调整车辆，从而实现对车辆的高效而安全的操作，完成驾驶任务。

　　由于人的驾驶行为的复杂性，对人在各种情形或工况下的操纵行为建模是一个渐进的过程，需要在逐步认知的基础上，寻求相关机理，从而实现对驾驶行为的建模。

6.6.1　驾驶任务

"人-车-路"是车辆人机控制系统的三要素，其中，驾驶人是三要素中的主体。在车辆行驶过程中，驾驶人通过不断操作车辆，实现车辆的跟驰、换道、超车、转向、加减速等驾驶行为。完成这些过程不是孤立的，而是通过驾驶人与车辆及道路环境之间的信息交流和协同作用来实现的。从宏观上来看，驾驶任务有三个层面对应道路环境，最上层是导航层，确定行驶路线；中间层是指向层，确定行驶路径、方向和行程车速；最下层是控制层，控制车辆的方向和实时速度。驾驶任务与车、路、环的协调关系如图 6-22 所示。

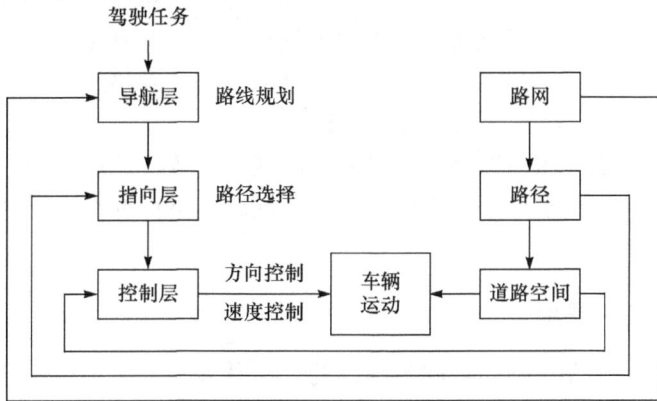

图 6-22　驾驶任务分解

从以上驾驶任务分解图可以看出，对车辆直接操纵的行为在控制层。进一步分析驾驶控制层，人是通过信息获取(感知、认知)、判断与决策、操纵实施 3 个阶段来实现对车辆的实时控制的。其中，信息获取阶段包括对信息的感知和处理，判断与决策阶段包括对道路的预测、事件的判断和对操纵方案的决定，操纵实施阶段包括驾驶操纵、效果评估等，如图 6-23 所示。

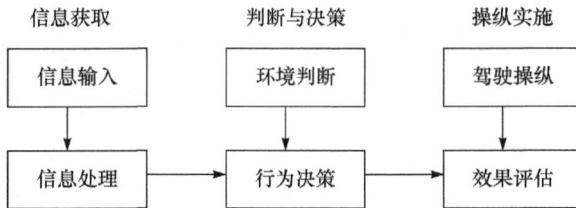

图 6-23　控制层驾驶行为分析

6.6.2　驾驶人控制模型

从 6.6.1 节可以看到，驾驶行为实际上是一个从导航、选线到具体的操纵控制过程。对人来说，通过学习、培训达到这一目标并不困难，然而要设计一种控制器来完全替代人则是非常困难的，只能通过分层面、分阶段建立驾驶人模型来实现。在控制层面的驾驶人行为建模是目前智能车辆发展中需要解决的关键技术之一。事实上，车辆智能控制的驾驶辅助阶段、半自动驾驶阶段和全自动驾驶阶段就与驾驶行为模型的发展密切相关。

例如，在驾驶辅助阶段发展的汽车自适应巡航系统，实际上就是模拟驾驶人稳定控制车速和跟随车辆的能力，其中的控制参数——加减速度和跟随车辆的距离，既要符合人的感知特性，又要保证车辆行驶的安全性。

在人-车控制系统中，信息的获取来源于身体的感知，控制器的决策来源于大脑的思维，执行机构由驾驶人的手脚操纵完成。现代传感技术的发展在感知方面已经远远超过了人的感知能力，例如，通过雷达或激光扫描对与前方车辆或障碍的距离可以做出精确的判断，通过摄像头可以获取更大范围的影像等；但在信号处理方面，还达不到人的处理水平，如对图像的识别能力、多信息的融合处理等。人对信息的感知是多通道的，并具有强大的知识储备系统，更重要的是人的大脑具有强大的基于知识储备和多信息融合的实时分析与决策能力。因此，驾驶人控制模型的核心技术最终还是一个基于知识储备和多信息融合进行分析与决策的驾驶控制问题。

控制速度和转向是车辆在控制层面最基本的两个任务。前面介绍的车辆自适应巡航控制模型就属于驾驶人在限定条件下的速度控制问题。下面介绍一种驾驶人预瞄控制转向模型。

6.6.3　驾驶人转向控制模型

驾驶转向是根据前方道路的走向来确定的。驾驶人对转向角大小的判断是依据车辆行驶轨迹与道路轨迹之间可能出现的误差来确定的。一般来说，驾驶人需要提前感知这种轨迹"误差"，并通过转向亦步亦趋地消除这种"误差"。根据这种原理建立的驾驶人转向模型称为驾驶人预瞄控制转向模型，其控制原理如下。

如图 6-24 所示，(x_1, y_1) 为地面坐标系，$f(t)$ 为基于地面坐标系的道路轨迹函数。车辆在道路的 $A(x, y)$ 点，驾驶人注视到前方道路与车辆距离为 d 的 B 点与车辆的行驶轨迹的误差为 e，通过调整方向转角，使车辆在行驶距离 d 后能够消除误差 e。

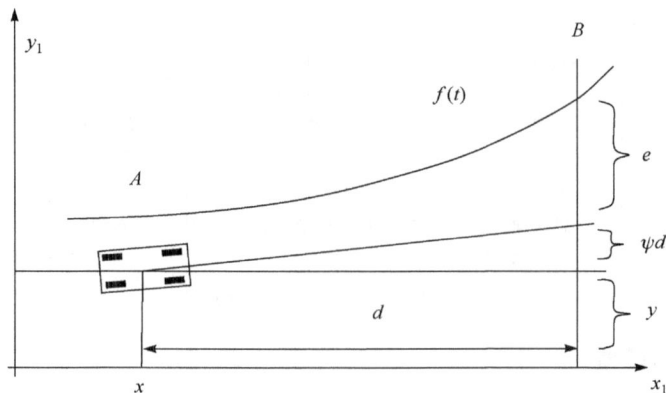

图 6-24　基于行驶"误差"的驾驶人预瞄控制转向模型原理图

根据图 6-24 所示关系，车辆轨迹误差为

$$e = f(t) - y - \psi d \tag{6-28}$$

设车辆从 A 点到 B 点的行驶时间为 T(可称为预瞄时间)，并顾及 $\dot{y} = V_x \psi$，式(6-28)

改写为

$$e = f(t) - y - \dot{y}T \tag{6-29}$$

由式(6-29)得驾驶转向控制系统，并顾及车辆侧向运动模型，得驾驶转向控制系统结构，如图 6-25 所示。

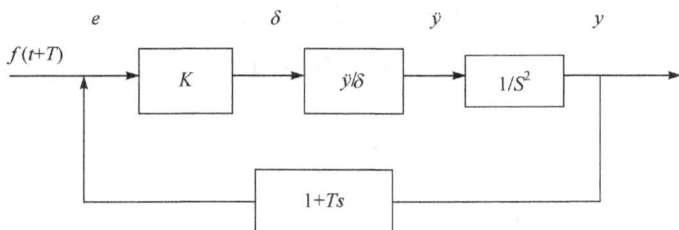

图 6-25　驾驶转向控制传递函数

图 6-25 中，T 为预瞄时间(s)，$T = d/V_x$；δ 为方向盘转角(rad)；K 为驾驶人转角控制增益，s 为拉普拉斯变换算子。

忽略车轮动态转向特性，根据车辆转向的几何关系，若要消除轨迹误差 e，理想的前轮转角为

$$\delta_{\text{des}} = \frac{2Le}{d^2 + 2bd} \tag{6-30}$$

因此，

$$K = \frac{2L}{d^2 + 2bd} \tag{6-31}$$

其中，L 为车辆轮距(m)；b 为车辆重心至后周距离(m)；d 为驾驶人注视距离(m)。

若考虑到车辆的动态转向特性，驾驶人的神经反应滞后和肌肉反应滞后，以及驾驶人的校正操纵模型，车辆转向控制模型如图 6-26 所示。

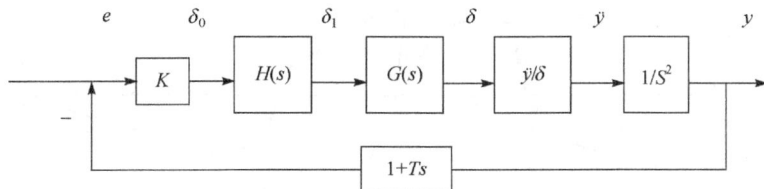

图 6-26　车辆转向控制模型

图 6-26 中，$G(s)$ 为驾驶人反应滞后环节，可以表示为

$$G(s) = \frac{e^{-T_n S}}{1 + T_r S} \tag{6-32}$$

其中，T_n 为神经反应滞后时间(s)；T_r 为肌肉反应滞后时间(s)；$H(s)$ 为驾驶人校正环节：

$$H(s) = 1 + T_q S \tag{6-33}$$

$$T_q = T_n + T_r + T_b - T_a \tag{6-34}$$

其中，T_q 为驾驶人校正参数；T_b，T_a 为车辆动态响应时间参数。

将以上模型转换成可求解的微分方程：

$$\begin{cases} e = f(t) - y - T\dot{y} \\ \dot{e} = \dot{f}(t) - \dot{y} - T\ddot{y} \\ \delta_1 = Ke + KT_q\dot{e} \\ \dot{\delta} = [\delta_1(t - Tn) - \delta]/T_r \\ \delta = \delta + \dot{\delta}\,dt \\ \ddot{y} = f(\delta) \\ \dot{y} = \dot{y} + \ddot{y}dt \\ y = y + \dot{y}dt \end{cases} \tag{6-35}$$

以上驾驶转向模型反映了驾驶人转向的部分行为特征，包括注视距离、反应时间、驾驶经验等参数。

例 6.4　汽车双移线"驾驶人"控制模拟实验。

以上述驾驶人转向控制模型为基础，结合车辆横向动力学模型可实现车辆的转向控制仿真。汽车双移线实验是汽车的操稳性实验之一，用于检验汽车的综合控制性能。应用驾驶人模型进行仿真实验时，首先要标定好驾驶模型参数和车辆转向特性参数，设计好双移线道路参考线。实验时，车辆以稳定的车速通过实验道路，由驾驶人模型自行控制前轮转角。图 6-27 为汽车在车速为 10m/s，预瞄视距为 10m 时，驾驶人校正参数为 0.3s 时汽车双移线仿真结果。图 6-27(a)为驾驶人模型控制的转向角，图 6-27(b)为车辆的横摆角速度，图 6-27(c)为车辆行驶轨迹与道路参考线对比。

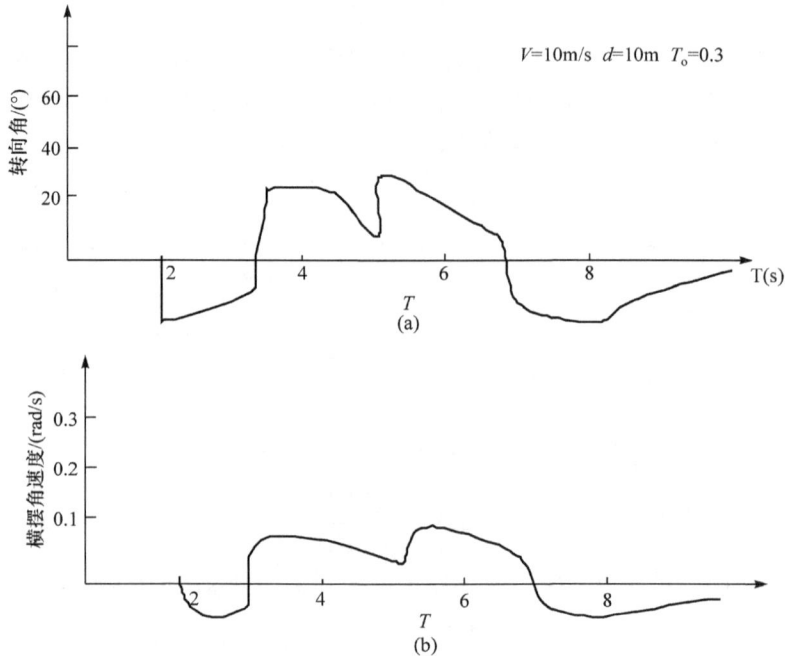

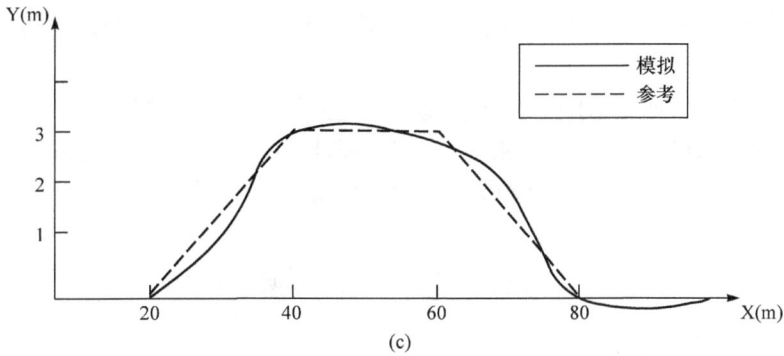

图 6-27　汽车双移线行驶仿真轨迹

6.6.4　驾驶人控制模型的发展

驾驶人控制模型是汽车与交通智能控制系统发展的重要基础。驾驶人控制模型的建立依赖于人们对驾驶行为的认识。由于道路交通系统的复杂性，尤其是驾驶行为影响因素的多样性、随机性，要一次性地构建一个完美的驾驶人模型目前还有很大的难度，这是智能车辆发展的终极目标；相反，针对不同用途建立相应的驾驶人控制模型更为可行、实用。这也是目前驾驶行为模型研究的一个主要发展途径，已取得很多实用成果并得到应用。例如，车辆速度控制模型、转向控制模型、跟车模型、换道模型、超车模型等已逐步应用于各类车辆驾驶辅助系统，提高了车辆系统的智能化水平。根据驾驶人行为特征，驾驶人控制模型包括信息获取、判断与决策、操纵实施三个阶段，其中，信息获取包括感知和认知两个环节。因此进一步考虑复杂交通环境中信息刺激的多源性和多源信息输入对驾驶行为的影响，建立能反映多源信息融合的驾驶行为模型，是驾驶行为模型研究的另一个重要方向。驾驶多源信息不仅包括外部环境信息、车辆自身信息，还包括驾驶人对相关信息的认知和响应信息等。对交通多源信息处理涉及信息学、心理学、神经学、控制学、统计学等多学科、交叉学科的问题，其研究难度较大，目前还处于初期阶段。需要进行分步、分层、分阶段的研究。

6.6.5　"人-车-路"仿真系统的扩展

车辆"人-车-路"驾驶系统是道路交通系统中最基本的运行单元。对其系统的建模与仿真是基于车辆的动力学及其控制的方法来实现的；仿真的动机主要在于对车辆动力学特性的优化、车辆智能控制的设计等，从而使车辆达到安全、高效、节能、减排、舒适的目的。但是，道路交通系统是由若干的机动车、非机动车、行人和交通设施组成的系统，因此，有时需要对由多个车辆或行人组成的系统进行仿真，其目的在于分析道路交通的特性及其与交通环境的适应性。另外，车辆在驾驶过程中，环境变化是驾驶人感知的主要因素，也是智能车辆传感系统必须感知的信息，因此，对机动车、非机动车和行人的仿真可以将人-车-路驾驶系统的仿真扩展到人-车-路-环驾驶系统的仿真。需要指出的是，在人-车-路-环驾驶仿真系统中，其他机动车、非机动车和交通行人的仿真模型需要在虚拟三维道路交通仿真环境中实现。关于虚拟三维道路交通环境的建模与仿真将在第 8 章中介绍。

　　此外，需要注意的是，对车辆及控制系统的建模与仿真基本都是采用连续系统的建模和运算方法，而机动车、非机动车和行人采用的则是以离散系统的仿真方法为主。接下来的第 7 章将介绍机动车流的仿真及行人、非机动车的运动特性、相关模型和仿真方法。

6.7　思　考　题

1. 车辆控制系统可以分为哪些类型？
2. 车辆控制系统的基本组成是什么？
3. 简述 ABS 控制的基本原理。
4. 车辆的 ACC 控制与 ESP 控制有什么共同点和不同点？
5. 硬件在环仿真具有什么优势？
6. 什么是“人-车-路”控制模型，建立驾驶人模型与智能车开发有什么关系？

参 考 文 献

程军, 1999. 制动防抱死系统的理论与实践[M]. 北京: 北京理工大学出版社.

唐蓉芳, 龙志军, 2010. 汽车底盘电控技术[M]. 北京: 化学工业出版社.

王国业, 2011. 车辆动力学及其控制[M]. 北京: 机械工业出版社.

王景武, 金立生, 2004. 车辆自适应巡航控制系统控制技术的发展[J]. 汽车技术, (7): 1-4.

熊坚, 余群, 1990. 汽车-驾驶人闭环控制系统的模拟研究[J]. 汽车运输研究, 9(3): 95-102.

喻凡, 2010. 汽车动力学及其控制[M]. 北京: 机械工业出版社.

BOSCH, 1993. Automotive handbook[M]. 3rd ed. Wiley: Robert Bosch GmbH.

HENNING W, 2008. Automotive engineering III: safety-related vehicle systems[M].北京：机械工业出版社.

LUO L, LIU H, LI P, et al, 2010. Model predictive control for adaptive cruise control with multi-objectives: comfort, fuel-economy, safety and car-following [J]. Journal of Zhejiang University Science, 11(3): 191-201.

MARTINEZ J, CANUDAS D, 2007. A safe longitudinal control for adaptive cruise control and stop-and-go scenarios [J].IEEE, 15(21): 246-258.

NAUS G, PLOEG J, De MOLENGRAFT M J, et al, 2010. Design and implementation of parameterized adaptive cruise control: an explicit model predictive control approach [J]. Control engineering practice, 18(8): 882-892.

第7章　交通流系统的建模与仿真

7.1　道路交通系统及仿真

7.1.1　道路交通系统

道路交通系统是由人、车、路、环境组成的有机整体，每个组成部分都有其独立的功能或特性，按照特定的方式有规律地运行着。道路交通系统的主要特点是：动态、随机、复杂和开放。所谓动态是指系统中的各要素随空间、时间的推移而发生变化。随机是指系统中个体的出行目的、交通方式选择、出行路线选择有规律可循，但群体行为表现出极强的随机性。复杂是指影响道路交通状况的因素众多，且因素关系复杂。例如，在信号灯控制的交叉路口，影响车辆延误的内部因素包括信号灯周期、绿信比、交通量、通行能力、交通组成、转向车比例、非机动车和行人、驾驶人特征等；外部因素包括天气、环境、临时交通管制等。这些内、外部影响因素错综复杂且存在相互影响关系。开放是指不仅道路交通系统内部人、车、路、环境相互联系密切，而且系统本身受国家政策、人民生活方式、文化水平、经济条件等影响，因此对该系统不能离开社会现实，孤立地进行研究。

道路交通系统的问题研究是一个多学科交叉的研究领域，它与流体力学、系统科学、理论物理学、非线性科学、计算机信息科学、交通工程学、统计学等诸多学科有着密切的关系，着重于研究交通流随时间和空间变化规律的模型与方法。交通流建模是交通规划、交通控制与管理、交通工程设计等科学技术工程领域的理论基础，旨在利用现代科学综合知识正确地描述与实测数据相符的交通特性，根据实际情况，建立恰当的数学模型和理论解析，依靠各参数的改变和计算机数值模拟揭示出各种交通流现象的本质特征，为实际的交通规划以及交通管理策略提供可靠的科学理论依据，并研制出适用的程序和软件，达到对道路交通系统实时监控优化的目的，最终实现安全通畅的目标。为了实现这一目标，道路交通系统研究中需要重点研究交通流子系统，主要研究对象是交通流。

7.1.2　交通流仿真

如前所述，仿真技术是分析研究交通复杂系统的强有力工具和手段。交通流仿真是应用仿真技术来复现交通流的时间空间变化，通过建立交通流系统的数学模型来分析复杂的交通现象，属于计算机数字仿真的范畴。根据仿真模型描述程度的不同，交通流仿真可分为宏观仿真、中观仿真、微观仿真。交通流仿真不仅可以描述系统的个体特性，也可以通过真实反映系统的所有个体特性来反映系统的总体特性。交通流仿真一般以一组车流或几组车流为研究对象，以时间驱动来描述每一步长值内所有车辆的动态状况，并以图像或动画的形式显示出来。本书将重点讨论交通流微观仿真。

道路交通系统中的微观仿真模型是指单个车辆按照车辆跟驰、变换车道及可接受间隙等规则沿着道路网络运行的计算机模型。微观仿真模型更好地体现了驾驶人行为及路网特性，它们也是研究复杂交通问题的模型工具，如智能交通系统、复杂交叉口、突发事件的影响及冲击等交通问题。近年来，微观仿真模型在道路交通管理和控制系统的评价与开发中得到了越来越广泛的应用。

在道路交通系统中，以微观仿真模型为基础进行的仿真称为交通流微观仿真。交通流微观仿真是对交通流中车辆的个体行为进行的基于时间的仿真。这种仿真通过考察单个驾驶人和车辆及其相互作用特征来描述系统的状态，可以用来研究交通流的特征，如交通流量、交通密度、平均车速、延误等，也可以用来研究每辆车的运动状态。因此交通流微观仿真是分析评价各种交通工程或规划方案的有效工具。

目前，交通流微观仿真技术已经广泛地应用于交通工程领域，包括交通管理系统设计方案以及道路几何设计方案的评价分析、交通工程理论研究、道路交通安全分析、新交通技术和新设想的测试等。与此同时，交通流微观软件在实际工程中获得了广泛的应用，其作用概括起来，主要体现在以下两个方面。

1. 城市道路交通设施的规划和评价

交通是人类生活的自然需求，城市交通系统是一个城市的重要组成部分，其规划建设具有投资大、影响面广和影响时间长的特点。因此，在规划设计阶段，就有必要对设施建成之后的作用、效益、正负两方面的影响进行科学的、定性的和定量的评价，如如何选择新修道路的等级和走向、立交和平交路口的形式、公交停靠站和换乘中心的选点与设计等。交通微观仿真可以从技术层面上为此类问题的解决提供强有力的支持。

2. 交通设施的改造以及不同方案的比选

对交通设施进行改造和优化是城市道路交通发展的需求，它以实际交通现状为研究基础，分析产生交通问题的主要原因，提出不同的改造方案。交通微观仿真可以对不同方案中所有交通参与者的运动过程进行模拟，获得不同条件下交通流运行状态的评价指标数据，从而选择效益最佳方案，如交通网络设计与改建方案评价，各种管理、控制方案评价，交通信号优化配置等。

在具体层面，交通流微观仿真能为交通工程师或者交通决策人员带来更多的应用。交通流微观仿真具有对复杂道路交叉口及拥堵路网的建模能力，同时能提供有关交通运行影响效果的可视化表示。交通流微观仿真可以用来开发新的系统并对系统进行优化。利用微观交通流仿真可以很方便地通过一系列的评价参数结果来评估新方案的效果。例如，污染排放量在实际中很难测量，但通过交通流微观仿真就可以实现。交通流微观仿真特别适用于开发、测试和评价与单个车辆相关的 ITS，如响应信号控制、公共交通优先和车辆接近交叉口的匝道测量等。通过交通流微观仿真，动态路径诱导系统可为单个车辆提供特定的信息,智能巡航控制系统可调整配备车辆的车速。因此,要评估 ITS 的潜在效益,很明显必须利用某种评估工具,它能对单个车辆水平的交互作用进行建模,而微观交通仿真模型恰恰可以再现单个驾驶人行为,因此可以成为此类评估的重要工具。

此外,当单个车辆建模时,它可以利用微观仿真器作为真实世界与实际系统的一个直接代理,而无需单独构建实际系统的评估模型。同时,由于交通微观仿真通常运行得比现实世界快,能提前对某个道路网络未来几小时的交通状况作预测,因此交通流微观仿真还具备短期预测的能力,这在设置可变速度控制以及事件管理中是非常有用的。交通流微观仿真也可为系统操作员和使用者在现实操作前提供现实培训。通常情况下,交通流微观仿真可用于解决交通运输中各种配置问题,如可以分析交通流在车道设置、交通组成、交通信号、公交站台等限定条件下的运行情况。

7.1.3　交通流仿真优势

交通系统本身的复杂性对交通分析工具的功能提出了更高的要求,由此产生的交通仿真技术与传统的交通分析技术相比,具有非常明显的优势:仿真模型对系统内各基本要素的变化规律及相互作用的描述与系统的实际运行过程紧密对应,有利于形成灵活的模型机制;建模的单元是交通系统中最基本的交通要素,如车辆、车道、信号灯等,有利于建模过程的简便。因此,交通仿真对实际交通行为的描述将更加灵活和准确。

同样地,与传统的数学分析方法相比,功能齐全的交通流仿真方法可以描述多种多样的交通流。在解决特殊情况下的交通情况改善方面具有明显优势。

(1) 可以准确描述多种特殊的道路、交通条件,避免了对实际交通状况的不合理简化。

(2) 可以针对单一影响因素进行仿真实验,确定单一因素对交通流的影响,如信号配时或交通渠化,便于确定交通症结所在。

(3) 对于复杂的道路、交通环境,通过重复的动画仿真,可以直接从交通流现象寻找影响交通流的主要症结。

(4) 通过仿真实验分析,对比多个优化方案,可以在建设项目实施之前寻找出最优方案,避免了个人主观经验的随意性。

(5) 借助于交通仿真技术,通过良好的用户输入输出界面,可以直观地描述路网动态交通状态,交通分析结果一般以动画演示,方便了与用户的交互,增强了软件的实用性、方便性和开放性。

交通仿真技术的上述优势,使其能更好地满足以下应用领域的交通分析需求。

(1) 交通管理系统设计方案的评价分析。

(2) 交通设施改进方案的评价分析。

(3) 道路交通安全分析。

因此,基于交通仿真技术,交通流仿真具备以下的优越性。

(1) 透明。无论是交通方面的专家还是初学者,微观交通仿真都以全面的实时视频显示及易于接受的图像化交互接口方式来操作交通选项。

(2) 准确。通过对复杂网络的单个车辆的建模,无论对于整个道路网络,还是单一路段而言,都潜在地建立了简单或复杂的交叉口以及交汇区段的更准确的模型。

(3) 适应性。对于更大范围的交通问题及其解决方案都能通过一种便利的方法来实现。如车辆感应信号控制、公交优先、收费站、环形信号控制等。对于不同车型的相互作用及不同出行方式(如公交、轻轨)都能实现仿真。

7.2　交通流建模相关理论

在道路上通行的大量行人和车辆在整体上具有类似流体的特点与特性，在交通工程中把在道路上通行的人流和车流统称为交通流(Traffic Stream/Traffic Flow)。本节中如无特别指定，所讨论的交通流主要指车流。

交通流是交通需求的实现结果，是交通需求在有限的时间与空间上的聚集现象。根据交通需求的属性，交通流的载运体是各种交通工具。在道路交通系统中，运行的车辆具有微观运动特性和宏观的运动规律。其中"微观"指的是驾驶人的驾驶行为，揭示速度、密度和流量三个参数之间的瞬态与稳态关系，再现各种交通拥堵现象的发生和发展过程，如因扰动(并线、抛锚、追尾)产生的拥堵，因不合理的信号控制产生的路口拥挤，因基建施工和临时社会活动产生的拥挤，还有因非线性、奇怪吸引子产生的拥挤"幽灵"等。"宏观"指的是交通需求在网络上的实现过程，研究出行者是如何决定自己的出发时间的、是如何选择路径的、最后导致怎样的路段流量分布，需要将大量的微观离散个人决策结果转化为宏观网络聚集现象，即研究从微观拥堵到宏观拥挤的转变过程。

交通流涉及人、车、路三者之间的相互关系，其形成过程是极其复杂的，其中蕴涵着大量的基础科学问题。交通车辆的增多，以及道路上交通拥挤、交通阻塞现象的出现，促使许多交通工程学者开始对交通流进行研究，综合运用行为科学、交通工程和信息科学知识，用数学、物理模型刻画驾驶人的出行决策、车辆跟驰和交通流量的网络分布，揭示交通流的自组织演变规律与拥堵突现轨迹，这些是交通流研究的核心内容。

7.2.1　交通流理论

由于交通问题关系到经济社会发展和人民的生活，因此交通流的研究成为重要的研究领域，国内外众多科学家在这个领域进行了大量的研究并获得了丰硕的研究成果。

交通流理论是描述所研究交通问题中交通车辆的运动规律，探讨车流流量、流速和密度之间的关系，以求减少交通时间的延误、事故的发生和提高道路交通设施使用效率的理论，涉及物理学、力学、数学等多种学科。它阐述了交通现象形成的机理，是研究交通流随时间和空间变化规律的模型与方法体系，是一门边缘科学。交通流理论是交通规划、道路与交通工程设计、交通控制与管理等科学技术工程领域的理论基础，广泛地应用于交通运输工程学的各个领域。交通流理论涉及十个方面的研究：①交通流特性，研究交通流特性的三个参数(流量、速度、密度)的测量方法和分布特性及三者之间的关系模型；②人的因素(Human Factors)，研究驾驶人在人、车、路、环境中的反应及其对交通行为的影响；③车辆跟驰模型，研究车辆的跟驰行为、加速度干扰和交通稳定性等数学模型；④连续流模型，运用流体力学理论研究交通流三个参数之间的定量关系，并根据流量守恒定理重点研究交通波理论;⑤宏观交通流模型,在宏观上(在网络尺度上)研究流量、速度和密度的关系,重点研究路网的不同位置(相对市中心而言)的交通流特性;⑥交通影响模型,研究不同管制下交通的影响(包括交通安全、燃料消耗和空气质量等);⑦无信号交叉口理论,主要利用数理统计和排队论研究无信号交叉口车流的可插车间隙与竞争车流之间的相互作用关系模型;⑧信号交叉口交通流理论,研究信号交叉口对车流的阻滞理论,包括稳态理论、定数理论和过渡函数曲线等;⑨交通模拟,研究模拟技术在交通流分析中的应用,包括交通模拟模型的种类和建模步骤;⑩交通分配,研究交通分配的基本理论和方法及其应用。总而言之,交通流理论以交通现象为对象,通过实测和建模(数学、物理模型)刻画驾驶人的出行决策、车辆跟驰和交通流量的网络分布,揭示交通现象及其机理,探讨交通流各参数之间的相互关系及其变化规律,从而为交通规划、交通控制、道路设计以及智能运输系统提供理论依据和支持,是交通流建模与仿真的基础。

20世纪30年代交通流理论的研究开始起步,主要应用概率论分析交通流量和车速的关系,直到第二次世界大战结束为第一阶段。从40年代起,交通流理论在运筹学和计算机技术等学科发展的基础上,获得新的进展,概率论方法、流体力学方法和动力学方法都分别应用于交通流的研究。由于第二次世界大战的影响,交通流理论的研究曾一度停滞。第二次世界大战以后,世界各国开始着手发展经济,交通问题变得日益重要,对交通流理论的研究也进入了第二阶段。此阶段相继出现了跟驰理论、流体力学模型以及排队论等,丰富和拓展了交通流理论的研究范围。1959年12月在美国底特律召开了首届国际交通流理论学术会议,有美国、英国、澳大利亚、联邦德国等的代表参加。这次会议被认为是交通流理论形成的标志,从此交通流理论得到了迅猛发展。其后,大约平均每3年召开一次交通流理论学术讨论会,每次会议都印发论文集。Daniel 和 Matthew 在汇集了各方面的研究成果后,于1975年整理出版了《交通流理论》一书,全面系统地介绍了交通流理论的内容和发展过程。

伴随着科学的进步,特别是计算机技术的发展,交通流理论的内容也在不断更新和充实。在传统交通流理论的基础上,出现了现代交通流理论。所谓现代交通流理论,就是利用计算机等现代化工具对交通流特性进行更深入的研究。与现代交通流理论相比较,传统交通流理论已经基本趋于成熟,而现代交通流理论正在逐步发展。就目前的应用来看,传统交通流理论仍居主导地位,其方法也较容易实现。现代交通流理论则从更宽广的领域对交通流理论进行了研究。

交通流理论的主要内容有交通流特征参数的分布、排队论(即随机服务系统)的应用、跟驰理论、流体力学模型、交通波理论以及可插车间隙理论等。总体而言,交通流理论包括概率论、三相交通理论、突变理论、流体力学理论(即交通波理论)、排队理论、跟驰理论等。

(1) 概率论:假定道路上行驶的车辆互相独立,车辆分布随机,并假定各个车辆行驶是一种概率过程。但随着汽车的逐渐普及,道路交通流量急速增加,车辆的独立性越来越小,交通现象的随机性也随之变弱,使得原来的概率论方法已不能适用,推动了交通流理论的迅速发展，相继出现了车辆跟驰理论、流体动力学理论和车辆排队理论。

(2) 三相交通理论：将经典的基本图(自由流、拥堵流)中的拥堵流进一步分为同步流和宽运动堵塞，其中相指的是某种时空状态。该理论能够描述高速公路上的交通拥堵转捩的物理原理以及拥堵交通流的性质。

(3) 突变理论：可以解释某些实测交通流数据出现的非连续的"跳跃"式现象。例如，交通流从拥挤状态回到非拥挤状态时，不会再经历流量等于通行能力的状态，即流量曲线存在跃变。尤其是尖点突变理论能够从三维空间的角度分析交通流三参数关系，对交通流参数的"跳跃"变化给出数学上的解释，对于认识交通流模型尤为重要。突变理论中，可以利用交通波理论，将交通流三参数模型与尖点突变数学模型相结合，研究交通流模型的临界状态。

(4) 流体力学理论：即交通波理论，假定交通流是具有特定性质的一种流体，应用气体运动或声波、洪水波理论，宏观地表现这种现象的变化、演进。

(5) 排队理论：是研究分析服务对象发生排队拥挤现象的一种数学理论。排队理论主要研究等待时间，排队长度的概率分布，以便协调服务对象与服务系统之间的关系，使之既能满足服务对象的要求，又能最大限度地节省服务系统的经费。

(6) 跟驰理论：运用动力学方法研究车辆列队在无法超车的单一车道上行驶时，后车跟随前车的行驶状态，并用数学模型表达而且加以阐明的一种理论。

交通系统是一个由人、车、路和环境构成的复杂巨系统，系统参数的数量和变化范围很大。因此，到目前为止还没有一个统一的模型能描述和解释各种实际交通流的复杂行为。要建立一个统一的交通流模型还需要很多的研究工作。

7.2.2　交通流特性

交通流由单个驾驶人与车辆组成，以独特的方式在车辆、公路要素以及总体环境之间产生影响。行驶在道路上的各种车辆，出行目的不同、车型不同，其运行状态随着道路条件、交通环境的改变而变化，即使在完全相同的环境中，由于驾驶人行为受当地特征及驾驶习惯的影响，其判断能力与交通流中的车辆行为不可能一致，使得表现出完全不同的交通流特性。由此可知，自适应、动态、随机、反馈、多行为主体、非线性是交通流的基本特征，积累效应、奇怪吸引性、开放性进一步加深了交通流问题的复杂程度。尽管交通流的变化非常复杂，但是通过大量观测分析发现，各种交通运行状态都具有一定特征性倾向，为此提出了交通流特性的概念。交通流特性是指交通流运行状态的定性、定量特征，同时描述了人、车、路总体的特性。通常情况下，交通流特性包括：驾驶人类型的分布、车辆类型的分布、车辆在各个车道上的分布、车辆随机选择转弯方向的分布、车速分布以及各流量区间内车辆到达分布和车头时距的分布特性等。

用来描述和反映交通流特性的物理量称为交通流参数。交通流参数分为宏观参数和微观参数。其中宏观参数用于描述交通流作为一个整体表现出来的特性，包括交通量或流率、速度和交通流密度；微观参数用于描述交通流中彼此相关的车辆之间的运行特征，包括车头时距和车头间距。

根据不同的条件可对交通流进行不同的划分。按对交通流的影响可以分为非间断交通流或称连续交通流(Uninterrupted Flow)和间断交通流(Interrupted Flow)；按交通流中的成分可以分为机动车流、非机动车流、混合交通流；按交通流的交汇形式可以分为交叉、合流、分流、交织流；按交通流内部的运行条件及其对驾驶人和乘员产生的感受可以分为自由流、稳定流、不稳定流、强制流。

1. 交通流的基本特性

表征交通流特性的基本参数主要有三个：交通流量、速度和密集度，也称为交通流三要素。

交通流量(q)是指在已知时间间隔内，通过一条车道或道路某一点或断面的车辆总数，它通常是个随机量，随时间和空间而变化，称为交通量的时空分布特性。

$$q = \frac{N}{T} \tag{7-1}$$

其中，T 为观测时段长度；N 为观测时段内的车辆数。

速度分为地点速度(即时速度、瞬时速度)和平均速度，其中地点速度(u)为车辆通过某一点时的速度，平均速度(v)为一定车辆地点速度的某种平均值。

$$u = \frac{\mathrm{d}x}{\mathrm{d}t} = \lim_{t_2 - t_1 \to 0} \frac{x_2 - x_1}{t_2 - t_1} \tag{7-2}$$

其中，x_1，x_2 分别为时刻 t_1 和 t_2 的车辆位置。

$$v = \frac{1}{N} \sum_{i=1}^{N} u_i \tag{7-3}$$

其中，u_i 为第 i 辆车的地点速度；N 为观测的车辆数。

密集度(o)是指道路上车辆的密集程度，常用时间占有率和交通密度这两个指标表示。时间占有率即车辆的时间密集度，就是在一定的观测时间 T 内，各辆车通过检测器时所占用的时间之和与观测总时间的比值。交通密度(K)代表车辆的空间密集度，就是某一瞬间单位道路长度 L 上存在的车辆数 N。

$$o = \frac{\sum_{i=1}^{N} t_i}{T} \tag{7-4}$$

$$K = \frac{N}{L} \tag{7-5}$$

速度和密集度反映交通流从道路上获得的服务质量，交通流量可以度量车流的数量和对交通工程设施的需要情况。

2. 交通流的相变特性

交通流的相变特性中的"相"定义为某种时空状态。玻里斯·柯纳在 1996~2002 年提出的一种交通流理论——三相交通理论。该理论着重研究如何解释高速公路上交通拥堵转捩的物理原理以及拥堵交通流的性质。道路交通状态大致可以分成三种：低密度的畅行交通、各车道的车辆齐头并进的高密度同步交通、更高密度的拥堵交通。这三种交通流的时空状态到了某个临界密度，就会发生相变。不同于经典的基于基本图的交通流理论将交通流划分为自由流和拥堵流两相的做法，玻里斯·柯纳将拥堵流进一步划分为同步流和宽运动堵塞两相，从而得到以下三相。

(1) 自由流(Free Flow，F)。

实测数据显示，在自由流中交通流量 q (车辆数/时间单位)和车辆密度 K (车辆数/长度单位)存在正相关性。这一关系的上边界，即最大流量，在临界密度 K_{crit} 处取得。

(2) 同步流(Synchronized Flow，S)。

同步流相 S 的定义为：在同步流下游分界面，车辆加速进入自由流状态。同步流的下游分界面不再呈现宽运动堵塞下游分界面的特性，其传播速度并不是一个常数，且通常情况下同步流的下游分界面固定在瓶颈处不动。

(3) 宽运动堵塞(Wide Moving Jam，J)。

宽运动堵塞相 J 的定义为：一个宽运动堵塞通过一个高速公路瓶颈时，其下游分界面向上游的平均传播速度 v_g 保持不变。车辆加速通过堵塞下游分界面驶离堵塞，进入自由流或同步流状态，这就是宽运动堵塞的本质特征。

在实测中，拥挤交通往往出现在道路瓶颈处，如入匝道、出匝道、道路工事等。这种自由流至拥挤交通的转变称为交通拥堵转捩。在玻里斯·柯纳的三相交通理论中这种交通拥堵转捩被解释为一个 F→S 相变。这一解释已有观测支持，因为在实测交通数据中，当瓶颈处发生交通拥堵转捩后，拥挤交通的下游分界面固定在瓶颈处。因此，交通拥堵转捩后出现的拥挤交通符合同步流交通相的定义。玻里斯·柯纳指出，实测数据显示同步流可自发地在自由流中出现(自发的 F→S 相变)或者由外部扰动诱导出现(诱导的 F→S 相变)。自发的 F→S 相变意味着在交通拥堵转捩前，瓶颈上下游皆处于自由流状态，即自发的 F→S 相变是由于瓶颈附近交通流内在扰动的发展演化而成的。与之不同，诱导的 F→S 相变是由于远离瓶颈处的外在扰动发展演化而成的。一般来说，这种相变与向上游传播的同步流或宽运动堵塞相关。

三相交通理论解释 F→S 相变是由于车辆加速超越前方慢车和车辆减速到前方慢车速度这两种因素的时空竞争。超车造就自由流，速度适配导致同步流。当车辆无法超车时，将会发生速度适配。玻里斯·柯纳指出超车概率是车辆密度的间断函数：在一个给定的车辆密度下，自由流中的超车概率远大于同步流中的超车概率。

3. 交通流的统计分布特性

交通流中车辆的到达具有很大的随机性，依据交通流的统计分布特性，可采用车辆到达概率的离散型分布，以及车辆到达时间间隙概率的连续型分布来描述。车辆的到达及车辆到达时间间隙一般采用车头时距、车头间距等参数进行统计分析。

在一定的时间间隔内到达的车辆数是随机的，描述这类随机数列的统计规律就是离散型分布。交通流的统计分布特性常采用泊松分布(适用于车头间距较大,车辆间相互作用很小)、二项分布(车头间距比较大,难以自由行驶)以及负二项分布(车流的到达率波动特别大)等离散型分布来描述。

在同一条车道上行驶的车辆,前后两车的车头间距或车头时距的概率分布一般服从连续型分布。如用于描述可以自由超车、车流密度较小的单列车流和多列车流车头时距的负指数分布;用于描述难以超车、车速较慢、车流量较低的单列车流和多列车流车头时距的移位负指数分布;还有韦布尔分布、埃尔朗分布、复合指数分布、对数正态分布、皮尔逊Ⅲ型分布等通用连续型分布。

7.2.3　交通流模型分类

现实交通流呈现出许多非平衡、非线性特征,如交通相变、交通激波、同步流、交通滞后、时走时停现象等,人们因此提出交通流模型来从理论上研究这些问题。通常情况下,在道路上行驶的车辆处于自由行驶、车道变换或跟驰行驶三种状态之一,需要对交通流状态进行区分并构建模型。合理准确的交通流模型不仅是进行交通自动控制系统设计、分析、仿真、运行的基础,也是交通流状况分析、交通网络规划、评价以及实现交通优化控制策略等所需要的。

交通流模型是描述交通流状态变量随时间与空间而变化、分布的规律,以及其与交通控制变量之间关系的方程式。在描述方法上可将交通流模型分为随机模型和非随机模型。根据交通流模型对交通系统描述的细节程度不同,按照仿真精度一般把交通流模型分为三大类:一是基于流体力学的宏观模型,主要基于道路路段路阻延误函数的交通流量分配;二是基于空气动力学的中观模型,主要基于交叉口延误计算,但也可结合使用路阻延误函数的流量分配;三是基于自驱动粒子理论的微观模型,主要基于交通仿真技术的车流模拟。其中宏观和微观两种模型由于其准确性、实用性在交通流建模发展过程中占重要地位。

1. 宏观交通流模型

在宏观层面,交通流被视作由车流形成的一个整体,忽略个体行为,以大量车辆组成的车队为研究对象,其运动按照流体机制来处理。采用宏观的流体动力学方法将车辆整体上看成一种可压缩连续流体介质,研究车辆集体的综合平均行为,独立的车辆并不作为研究对象,单个车辆的个体特征并不显示。例如,当考察路径上的某一固定路段时,在给定时间内交通流的变化按照流入与流出的车辆数量来推算。因此,采用宏观方法建立的交通流模型属于连续模型。

宏观交通流模型是基于流体力学的相似性来描述交通流特性的,又称为流体力学模型,也称为交通流连续介质模型,通过对单项运动的交通流在某时刻 t 在某一位置 x 的有关变量来把握交通的特性和本质,主要描述车流(车队)的运动规律,即反映一些集总变量,如流量、速度、密度的变化过程。因此,宏观交通流模型的重要参数是车辆速度、密度和流量。宏观交通流模型对交通系统的要素、实体、行为及其相互作用的细节描述非常粗糙，例如，通过流量密度等关系来描述交通流的一些集聚性的宏观模型，对车道变换之类的细节行为可能根本不予以描述。

宏观交通流模型可分为稳态模型和动态模型。当宏观交通流变量速度、流量和密度与时间无关而与地点有关时，此时的交通流可认为是宏观稳态交通流，用来描述宏观稳态交通流的模型称为稳态模型。稳态模型主要有三种：递推模型、起始-到达模型、起始-终点模型。动态模型则描述交通流随空间和时间的变化规律，由于流量、速度、密度都是随着时间和空间变化的，因而宏观动态交通流模型能够比较精确地描述交通流的真实行为。

此外，宏观交通流模型对计算机资源要求较低，它的仿真速度很快，对于描述整个交通网络的全部流量是有效的，主要用于研究交通基础设施的新建与扩建及宏观管理措施等，但不能刻画瓶颈的动态变化，也很难兼顾每一辆车驾驶人的行为。根据目前计算机硬件的发展水平，可以在大规模的路网范围内进行交通宏观仿真。典型的宏观仿真问题有路径出行选择问题、网络流量分配问题等。常见的宏观交通流模型有如下几种。

1) LWR 动态模型

Lighthill、Whitham 及 Richards 在 1955 年通过将交通流类比为可压缩流体的物理概念，提出了第一个宏观模型——LWR 动态模型。该模型考虑了在不设出入口封闭道路上任意一段$[a, b]$内，单位时间内车流数量的变化率与$[a, b]$断面上的流率差之间的守恒关系，并假设车速仅依赖于密度$(u = u_{(\rho)})$，从而推导了著名的车辆守恒方程。

因假设了流体的可压缩性，所以流量$q(x,t)$与空间坐标x有关，同时密度$\rho(x,t)$与时间坐标t有关。由流体力学守恒定律可知，在某点(x,t)处单位时间内密度的增加(或减少)，等于单位距离内流量的减少(或增加)。于是有

$$\frac{\partial \rho}{\partial t} + \frac{\partial q}{\partial x} = 0 \tag{7-6}$$

由流体力学的有关知识，得到三个交通变量的关系式为

$$q = \rho u \tag{7-7}$$

LWR 理论认为速度应该是密度的一个函数，即假设有第三个方程：

$$u = u_e(\rho) \tag{7-8}$$

代入式(7-7)有

$$q = \rho u_e(\rho) = q(\rho) \tag{7-9}$$

再代回式(7-6)，可得到密度满足微分方程：

$$\frac{\partial \rho}{\partial t} + \frac{\partial q(\rho)}{\partial x} = 0 \tag{7-10}$$

一般称式(7-10)为速度-密度假设或者运动学模型，由于其特征是激波间断普遍存在，所以也称为间断模型方程。由于模型的第三个方程是建立在假设的基础上的，其合理性从一开始就受到怀疑。实际上这一假设可由车辆跟驰分析推导出来，而且这种分析使该假设的局限性变得非常直观。几十年来的交通流建模问题基本上就是围绕着第三个方程进行讨论的，其合理性已不断得到改进，其中以 Payne 模型最为著名，Payne 改进了 LWR

方程中均衡的速度-密度关系假设不能描述非均衡交通流的缺陷，提出了基于车辆跟驰的改进模型。由于车辆跟驰理论描述了驾驶人在调整自身行驶速度时需要一定的反应时间，新模型引入了速度松弛指标 T，原模型转换为

$$\partial(\partial v / \partial t) + v(\partial v / \partial x) = -[v - v_e(\rho)] / T - (u / T)(1 / \rho)(\partial \rho / \partial x) \tag{7-11}$$

由于 Payne 模型允许速度偏离平衡速度-密度关系，比起 LWR 模型，能更准确地描述实际车流，不仅可以描述交通激波的形成和交通阻塞的消散，还能够分析任意小扰动所引起的交通失衡、交通迟滞、时走时停等交通现象的形成等。但是该模型的参数在实际仿真中很难确定。

2) 动态速度-密度流体模型

车流速度随密度上升单调下降，这明显区别于一般流体，车辆守恒方程不能很好地解释这一现象。另外，不存在唯一的速度-密度关系，每条速度-密度曲线都有各自的适用范围。考虑到下游车流的密度变化经一定延时将对上游速度造成影响，于是研究者提出如下动态速度-密度关系：

$$\frac{\partial u}{\partial t} + u \frac{\partial u}{\partial x} = \left[u_e(\rho) - u - \frac{r}{\rho} \frac{\partial \rho}{\partial x} \right] \tau^{-1} \tag{7-12}$$

其中，r 是期望指数，τ 是延迟时间(s)，$u_e(\rho)$ 是稳态速度-密度关系，包含式(7-12)的流体模型可以描述一般车流密度下的交通过程。

3) 递推模型

通常将流量 q 随道路坐标 x 连续变化的规律离散化，即把一条道路按照其实际几何情形和交通状况划分为若干段，使得在每一段内交通状态可近似成均一的，每一段内车道数不变，至多有一个入口和出口，如图 7-1 所示。

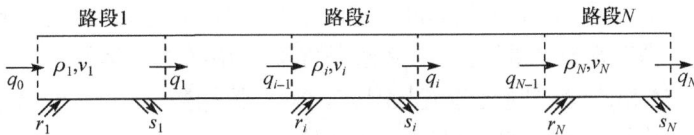

图 7-1　高速公路的分段

显然，q_i、r_i、s_i 的关系为：

$$q_i = q_i - 1 + r_i - s_i, \quad i = 1, 2, \cdots, N \tag{7-13}$$

故只要知道始端主线流量及各入口的流量 r_i、出口匝道的流量 s_i 就可以根据式(7-13)计算出各路段的流量 q_i ($i = 1, 2, \cdots, N$)，故称式(7-13)为递推模型。

4) 起始-到达模型

设从路段 i 的入口进入的车辆(流量 r_i)中有 $100a_{ij}\%$ 到达路段 j，则

$$q_j = \sum_{i=1}^{j} r_i a_{ij}, \quad j = 1, 2, \cdots, N \tag{7-14}$$

其中，
$$0 \leqslant a_{i,N} \leqslant a_{i,N-1} \leqslant \cdots \leqslant a_{i,i+1} \leqslant a_{i,i} \leqslant 1$$

将 a_{ij} 引入 $N \times N$ 阶起始-到达矩阵 A，记 $q = [q_1, q_2, \cdots, q_N], r[r_1, r_2, \cdots, r_N]$，分别称其为流量向量、入口流量向量，则式(7-14)写成矩阵形式为：$q = rA$，在估计出矩阵 A 的条件下，由各入口流量 r_i，可算出各段流量 q_i，称式(7-14)为起始-到达模型。

尽管宏观交通流模型对于大型网络的仿真可以得到比较令人满意的集计结果，使得宏观交通仿真常应用于交通规划领域，但是它却不能模拟交通流的动态变化，尤其是对微观车辆的相互作用不能进行描述，因此研究人员开始着手于开发微观车辆的交通仿真模型。

2. 微观交通流模型

微观交通流模型需要追踪每个车辆的移动过程。在微观模型中，车辆的移动由驾驶人的特性、车辆性能、车辆周围的环境和道路几何条件来决定。微观模型考察的重点是单个的"驾驶人-车辆元素"在交通网络环境下的动态变化，它采用的规则包括三个重要方面：车辆移动基本规则(跟车模型与换道模型)、服务优先规则和信号约束规则。

较早的微观模型是 Gazis 提出的距离模型，它可以近似地研究车辆的移动行为、人的生理感受以及单个驾驶人的心理决策过程，也可以用来仿真和评估由交通车辆产生的环境问题(如污染物质排放量、噪声等)。在微观模型中，驾驶人路径选择决策，一般是在路径诱导系统提供的信息基础上采用概率路径选择模型来刻画。微观模型可以给出单个车辆的详细结果，包括实际速度、旅行时间、拥挤时间等。但是，这种模型在一定程度上受仿真车辆数量的限制，也取决于计算机的 CPU 及内存容量，多数模型难以在大规模网络上进行在线运行，但随着并行计算技术和计算机性能的提高，微观仿真的不足有望得到解决。由于微观交通仿真模型既融合了宏观和中观模型的某些方面，又非常细致地描述了交通系统的交通环境及车辆实体等构成要素，因而它对交通系统的要素及行为等的细节描述程度是 3 种模型中最高的。它以单个车辆为对象，通过一些相对简单但真实的仿真模型来模拟车辆在不同道路和交通条件下在路网上的运行，并以动态图像的形式显示出来，在描述和评价路网交通流状况方面具有传统数学模型所无法比拟的优越性。微观模型的重要参数是每辆车的当前速度和位置。

微观交通流模型对交通流的描述是以单个车辆为基本单元的，车辆在道路上的跟车、超车及车道变换等微观行为都能够得到模拟，因此，这类模型也称为基于行为的模型。模型的建立多是以车辆跟驰行驶(Behavior of Following the Leader)作为基础的，主要分为三类：安全距离模型(Safe-Distance Model)、刺激-反应模型(Stimulus-Response Car-Following Model)以及心理-物理间距模型(Psychophysical Car-Following Model)。此外，元胞自动机模型(CA Model)作为粗粒化的仿真方法，从微观角度描述了车辆状态更新模式。

1) 元胞自动机交通流模型

作为微观模型之一的元胞自动机交通流模型由于其简单性和易于计算机操作而得到广泛的应用。1992 年，Nagel 和 Schrekenberg 提出了最重要的元胞自动机交通流模型之一———NaSch 模型。

　　NaSch 模型是一个随机的单车道元胞自动机交通流模型。该模型将车道视为长度为 L 的一维离散格点链，分布着 N 辆车，假定只有一种车型，每一个格点在每一个时刻或为空或被一辆车占据，每辆车的状态由它的速度来表示。用 x_n 表示第 n 辆车的位置，$d_n = x_{n+1} - x_n - 1$ 表示第 n 辆车与前面第 $n+1$ 辆车之间的车间距，在每个时间步 $t \to t+1$，所有车辆的位置和状态按照下面的演化规则并行更新。

　　步骤 1，加速过程：$v_n(t+1) = \min(v_n(t)+1, V_{\max})$。

　　步骤 2，减速过程：$v_n(t+1) = \min(v_n(t), d_n(t))$。

　　步骤 3，以延迟概率 p 随机慢化过程：$v_n(t+1) = \max(v_n(t)-1, 0)$。

　　步骤 4，位置更新：$x_n(t+1) = x_n(t) + v_n(t+1)$。

　　NaSch 模型可以描述一些实际交通现象，如自发产生的堵塞以及拥挤交通中的时走时停等现象，但利用 NaSch 模型对高速公路建模得到的交通流量值会低于实际测得的流量值。因此，如何使模型更加接近实际是人们一直关注的问题。

　　2) 动态车间距的一维元胞自动机交通流模型

　　考虑到后车要根据前车的行驶状况进行相应的调整，因此可以在一维元胞自动机交通流模型中考虑动态车间距。首先需要在模型中对前车的几种状态进行定义。

　　首先前车会加速，但不能超过它的最大速度：

$$v^e_{n+1} = \min(v^e_{n+1}+1, V_{\max}) \tag{7-15}$$

　　前车为了避免碰撞会减速：

$$v^e_{n+1} = \min(v^e_{n+1}, d_{n+1}) \tag{7-16}$$

　　出于安全考虑，把前车的随机制动行为当作必定发生的事件来对待：

$$v^e_{n+1} = \max(v^e_{n+1}-1, 0) \tag{7-17}$$

　　这里 v^e_{n+1} 是指前车的预期车速，d_{n+1} 是指前车与它前面车辆的车间距，这样 NaSch 模型中的步骤 2 演化规则就变成下面的形式：

$$v_n = \min(v_n, d_n + v^e_{n+1}) \tag{7-18}$$

　　根据不同的道路环境和驾驶人情况，选取不同比例的车辆，遵循动态车间距的一维元胞自动机交通流模型，剩余车辆遵循 NaSch 模型演化规则。这样演化出来的模型与实际道路交通流更加吻合。该模型在流量低时，与原模型基本吻合，但在流量高时，驾驶人的行车特性会受到前后车车间距的影响，驾驶人性格的差异也会对交通流产生影响。

　　3) 具有加权顾前势的交通流模型

　　引入顾前势加权系数及对越靠近自身车辆的相互作用势赋予越大的权重，使得建模过程更符合实际交通，即驾驶员将根据前面车辆和环境情况进行随机决策。在高密度交通情境下，加权系数的作用明显，在加权系数作用下，临界密度、交通流密度和流量高于不加权情况，且车辆运动的波动特征更加明显；加权情况下更有利于在保持较高交通密度的情况下，具有较高的交通流量和道路通行能力；由于低密度时，车辆之间的相互作用不大，因此加权势的作用不明显。可以发现，对元胞自动机的改造模型都是在高密度时呈现与原模型的差异性，说明改良的模型更加充分地考虑了车辆之间的相互影响，使其更符合实际的道路情况。

子微观仿真模型(Submicroscopic Simulation Model)是比微观模型更为精细的模拟驾驶人行为模式的仿真模型。这一类模型可以将驾驶人如何进行车辆制动，如何把握方向盘以及如何系好安全带，并把驾驶人的整个思考过程都模拟出来。因此，子微观仿真模型特别适合于研究人-车交互系统。

微观仿真模型与子微观仿真模型虽然可以更为精细地描述车辆跟驰行为以及驾驶行为，但由于模型的控制变量繁多，参数设置庞杂，所开发的仿真软件可以应用的路网规模、加载车辆数目等，就会受到一定的限制，这也与计算机性能有很大的关系。从系统工程的角度来看，小规模路网的状态变化常常波及更大范围内的路网系统性能，因此为了研究更大范围内的路网系统中实体间的相互作用，开发介于宏观、微观系统之间的交通流模型受到了专家学者的青睐，也就形成了对中观交通流的建模与仿真。

3. 中观交通流模型

鉴于宏观模型与微观模型在应用上存在的不足，实际研究中出现了一类中观模型，又称为介观模型。实际上，交通仿真追求的两大目标是大型网络与巨量交通流量，要在道路网络内建立能够兼顾宏观与微观模型优点的交通流动态运行模型。因此，中观模型既可以描述宏观交通流模型中采用的时间与空间状态特性(如密度、流量与速度)，又可以保留微观交通流模型中的核心数据，如实际速度、旅行时间和旅行距离等特性各异的单个车辆的运行结果。最典型的中观建模方法是：将网络中的各链(Link/Stretch)根据需要分成多个路段(Segment)，在这些路段中，车辆的运行按照宏观流模型来运行。在每一"驾驶人-车辆元素"中，可以加入一些参数来刻画加速度、减速度等动力学特性以及期望速度等驾驶人的心理特性。然而，与微观模型相比，中观模型只能部分刻画"驾驶人-车辆元素"的行为。随着计算机技术的发展，微观仿真模型也许可以在更大的网络上描述更多流量的交通问题。

相对于宏观及微观交通流模型，中观交通流模型仍然以单个运行的车辆为研究对象，但车辆的行驶规则既不像微观模型中通常的跟驰换道那么精密，也不按照宏观的模拟方法将交通流作为可压缩流体来处理。中观模型对交通系统要素、实体运动和相互作用的细节描述程度要比宏观模型高得多，但相比微观模型较为粗糙。例如，中观交通仿真模型对交通流的描述往往以若干辆车构成的队列为单元，能够描述队列在路段和节点的流入与流出行为，就每辆车而言，车道变换被描述成建立在相关车道的实体基础上的瞬时决策事件，而非细致的车辆间相互作用。中观交通流模型对车辆的控制根据不同的建模方法而有所差异。

目前应用较为广泛的中观交通流模型主要有：描述车辆排队与随机分布现象的车头时距分布模型；将路段上运行的车辆按照一定的规则划归为一个个独立单元的聚类模型；以单个车辆作为仿真对象，但车辆的运行受宏观速度、密度函数控制，在路段下游节点处建立一个排队服务器用来模拟信号控制等对排队车辆所形成的延误的排队-服务模型；还有气体动力学模型等。

中观交通流模型是基于车辆而非流体的模型，它能够较好地与微观仿真相结合。

7.2.4　交通流建模的基本要素

交通流建模通常包括以下六类基本要素。

1. 道路设施

道路设施模型是进行交通流微观仿真的物质基础，一般包括道路几何参数、路面状况、交通标志和标线、交通信号等。由于仿真目的的不同，在仿真过程中，若要研究不同交通流量和交通组成的交通特性，则道路设施模型是一成不变的；若要进行道路方案的优化和比选，则道路设施模型可不断变化。

2. 车辆生成

对于每一辆在系统入口处生成的车辆，模型必须产生一个生成时间。根据仿真目的的需要，还应产生描述有关车辆特征的参量，如车辆类型，必要时还应包括其出行目的地。

车辆的生成时间是根据系统每一个入口处的车辆到达间隔分布计算出来的。当入口为多车道时，还必须在其他描述车辆特征的参量中给出车道选择。

3. 车辆特征

驾驶人的行为受到交通规则和车辆动力性能的限制。描述车辆动力性能的最重要的参数为最高车速及给定车速下的加减速能力。当然，这些参数受车辆特征、道路条件和天气状况的影响。车辆特征通常用发动机功率、车辆容量及空气动力学特征来描述。车辆类型分布在仿真模型中一般采用经验分布。道路条件通过道路几何参数和路面状况来描述。

4. 期望车速

车辆在道路上的运动主要受车辆期望速度的影响，当交通密度较高时，主要受慢速行驶车辆的车速影响。实际的期望车速是在低交通量的直线路段上观测出来的，随着交通量的增加，车流中自由行驶的车辆数量将会减少，期望车速的观测将变得越来越困难。在构造微观仿真模型时，通常假设期望车速与交通量无关，其分布服从正态分布。在实际应用中，必须对上述假设的期望车速进行分地点、分车道的检验。

5. 车辆间的相互作用

在构造微观仿真模型时，要对两种不同类型的人-车单元运动加以区分：一种是运动只受车辆、道路条件和外部因素，如天气状况或速度限制等的影响；另一种是除上述影响因素外，还要受其他人-车单元的影响。

6. 车道转换和超车

驾驶人对于来自其他车辆的干扰，一般通过调整自己的车速来进行调节，交通流微观仿真模型中应构造车道转换和超车这一基本要素，当条件允许时，驾驶人能够进行车道的转换和超车。

7.3　交通流的建模与仿真

7.3.1　交通流建模方法

交通流建模的传统欧拉方法不是着眼于个别车辆的运动，而是着眼于整个车道内交通流的状态，即研究表征交通流特性的各种物理量的矢量场与标量场。

对一维空间，用坐标和时间表示速度场和密度场：

$$u = u(x,t) \tag{7-19}$$

$$k = k(x,t) \tag{7-20}$$

按照复合函数求导法则，加速度为

$$a = \frac{du}{dt} = \frac{\partial u}{\partial t} + \frac{\partial u}{\partial x}\frac{dx}{dt} \tag{7-21}$$

由于 $\frac{dx}{dt} = u$ ，故加速度 $a = \frac{\partial u}{\partial t} + u\frac{\partial u}{\partial x}$ 。

用欧拉方法求交通流的其他物理量的时间变化率的一般式为

$$\frac{d}{dt} = \frac{\partial}{\partial t} + u\frac{\partial}{\partial x} \tag{7-22}$$

其中，$\frac{d}{dt}$ 为全导数；$\frac{\partial}{\partial t}$ 为当地导数；$u\frac{\partial}{\partial x}$ 为迁移导数。

例如，对于密度有

$$\frac{dk}{dt} = \frac{\partial k}{\partial t} + u\frac{\partial k}{\partial x} \tag{7-23}$$

对于流量有

$$\frac{dq}{dt} = \frac{\partial q}{\partial t} + u\frac{\partial q}{\partial x} \tag{7-24}$$

此外，用于流体运动研究的拉格朗日法虽然很自然、直观，但实现起来却非常困难，无法对成千上万的流体质点进行跟踪，实际测量的往往是空间固定点的参数。类似于理论力学中把质点作为研究对象，着眼于个别车辆运动的研究，综合所有车辆的运动，便可得到整个交通流的运动规律。

1. 交通流微观建模

交通流微观建模方法在处理车辆相互作用下的个体行为时，包括跟驰模型和元胞自动机模型(或粒子跳跃模型)，车辆跟驰理论模拟道路上前后车跟随的单车运动规律，假定驾驶人只对前方车辆的变化做出反应，主要参数是本车速度、与前车的距离和两车的速度差，最基本的跟驰模型是 Gazis、Herman 和 Rothery 等在 1961 年给出的，是本领域的奠基文献，1995 年 Bando 等提出了优化速度模型。最简单的元胞自动机交通流模型是 Wolfram 于 1983 年提出的 184 号规则模型，Nagel 和 Schreckenberg 极大地改进了这个模型，提出了著名的 NS 模型，美国的 TRANSIMS 就使用了以 NS 模型为基础的改进元胞自动机模型。其他比较著名的元胞自动机模型有：可以一步加速至最大速度的 FI 模型、考虑车辆慢启动行为的 VDR 模型、可以模拟车道变换的双车道模型等。

1) 跟驰理论的双速度差模型

1995 年，Bando 等基于每辆车与前车的距离都有一个最优速度的想法，提出了最优速度模型(Optimal Velocity Model，OVM)；1998 年，Helbing 和 Tilch 利用实验数据进行了 OVM 校正，解决了 OVM 中出现过大加速度和不实际减速度的问题，提出了广义力模型(Generalized Force Model，GFM)；2001 年，Jiang 等鉴于 GFM 不能描述延误时间和拥堵密度时的动态波速问题，提出了全速度差模型(Full Velocity Difference Model，FVDM)；王涛等将 FVDM 扩展为多速度差模型(Multi Velocity Difference Model，MVDM)；Ge 等考虑了 ITS 的应用(驾驶人可以依据导航获得需要的信息)后，改进了 OVM，提出了一个双速度差模型(Two Velocity Difference Model，TVDM)，其动力学方程为

$$\frac{\mathrm{d}^2 x_j(t)}{\mathrm{d}t^2} = a\left[V(\Delta x_j(t)) - \frac{\mathrm{d}x_j(t)}{\mathrm{d}t}\right] + \lambda G(\Delta v_n, \Delta v_{n+1}) \tag{7-25}$$

$$G(\Delta v_n, \Delta v_{n+1}) = p\Delta v_n + (1-p)\Delta v_{n+1} \tag{7-26}$$

2) 跟驰理论的最优速度差模型

Peng 等鉴于前人关于车辆跟驰模型的研究并没有考虑最优速度差这一项，提出了最优速度差模型(Optimal Velocity Difference Model，OVDM)：

$$\frac{\mathrm{d}v_n(t)}{\mathrm{d}t} = k\left[V(\Delta x_n) - v_n(t)\right] + \lambda\Delta v_n + \gamma\left[V(\Delta x_{n+1}) - V(\Delta x_n)\right] \tag{7-27}$$

其中，$\Delta x_n = x_{n+1} - x_n$ 和 $\Delta v_n(t) = v_{n+1} - v_n$ 分别为前导车辆 $n+1$ 与跟驰车辆 n 间的车头间距和速度差；k 为驾驶人的敏感度；γ 为最优速度差的反应系数。并且当 γ 等于零时，最优速度差模型与全速度差模型相符合：

$$V(\Delta x) = V_1 + V_2 \tanh\left[C_1(\Delta x - l_c) - C_2\right] \tag{7-28}$$

2. 交通流宏观建模

交通流宏观建模方法视交通流为大量车辆构成的可压缩连续流体介质，研究许多车辆的集体平均行为，经典的模型是 Lighthill 和 Whitham 与 Richard 独立提出的交通流连续模型，即 LWR 理论。这一理论建立了密度和流量之间的连续方程，可以捕捉交通流激波形成和阻塞疏导等特性，但该理论认为车辆速度始终满足平衡关系，所以它不能揭示非平衡态的车辆运动(如时走时停、相变换等现象)。Payne 在 1971 年从车辆跟驰模型出发，得到一个以密度梯度作为期望项的描述加减速的动量方程，该方程与连续方程一起构成所谓的高阶连续模型，可以用来研究交通流的许多非线性传播特性。随后，很多学者改进了动量方程。1993 年，Kerner 在动量方程里加入黏性项，导出二阶动量方程，可以考虑交通流中的串现象。但由双曲型方程组控制的所有 Payne 类型的高阶连续模型，因为存在不合理的特征速度而导致后车影响前车的不合理行为，违背了交通流各向异性

的基本性质，Daganzo 等对此进行了批评。

宏观方法将交通流看成由大量车辆构成的可压缩连续流体介质，研究重点是车辆集体的平均综合行为，单一车辆的个体特性不再出现。因此，采用此方法建立的交通流模型称为连续模型，它包括运动学模型和动力学模型。

例 7.1　公交车辆借道行驶交通流模型。

当社会车道存在可插入间隙时，途经公交站台不停靠的公交车辆借道超越途经公交站台停靠的公交车辆，以只有一辆公交车辆进入社会车道的现象为研究对象，如图 7-2 所示。

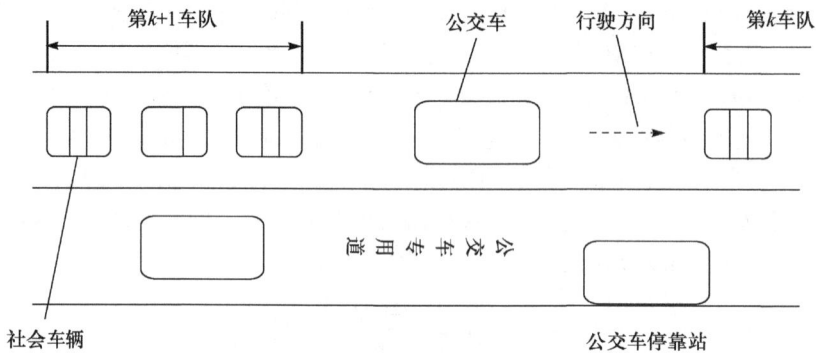

图 7-2　公交车辆占用社会车道

假设上述第 $k+1$ 车队共有 N 辆社会车辆，则社会车辆交通流变化过程可用时间-空间图描述，如图 7-3 所示。

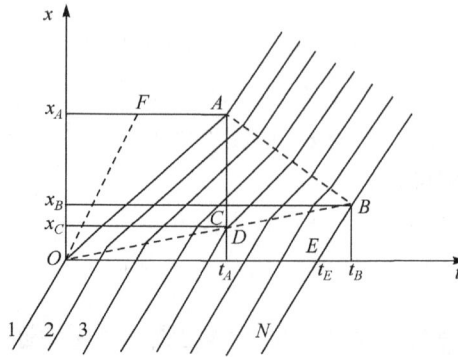

图 7-3　社会车辆时间-空间位移

从而建立公交车借道行驶交通流模型，建模过程包括以下四步。

(1) 社会车道中可插入间隙出现的概率 P_0。

运用泊松分布函数得

$$P_0 = e^{-m} = e^{\frac{-Q_1 t}{3600}} \tag{7-29}$$

$$t = \frac{2s_1 + s_2}{V_1} \tag{7-30}$$

其中，Q_1、V_1 分别为某时间段内，社会车辆的流量和平均速度，要满足在长度为 $L(\text{km})$ 的路段上，车辆到达观测地点的情况符合泊松分布；s_1 为车辆停止位置距离障碍物的安全距离；s_2 为公交车辆的平均长度，可参照《交通工程手册》进行取值。

(2) 公交车辆进入可插入间隙的概率和次数。

假设某时间段内，m 为通过研究站点并需要停车的公交线路数，n 为在单位小时内在此站不停靠公交线路车辆总数(辆)，P_i 表示第 i 条公交线路的发车频率(辆/h)，t_i 表示第 i 条线路公交车在该站点的停靠时间(s)。站台被公交车占用的概率 $P_占$ 为

$$P_占 = \sum_{i=1}^{m} \frac{P_i \cdot t_i}{3600} \tag{7-31}$$

单位时间内(1h)在公交站台处发生超车的次数 N_b：

$$N_b = n \cdot P_占 \cdot P_0 \tag{7-32}$$

(3) 压缩波形成阶段。

公交车辆借社会车道行驶时，社会车辆减速后，密度增加，交通量减少，基于交通波理论和流体力学理论求出压缩波的波速 ω_1：

$$\omega_1 = V_f \cdot (1 - \lambda_1 - \lambda_2) = \frac{X_B}{t_B} \tag{7-33}$$

其中，X_B 和 t_B 分别为社会车辆的被压缩持续距离和持续时间；λ_1 和 λ_2 为界线两侧的标准化密度。

由 Greenshields 的速度-密度模型有

$$V_1 = V_f (1 - \lambda_1) \tag{7-34}$$

$$V_b = V_f (1 - \lambda_2) \tag{7-35}$$

(4) 消散波形成阶段。

公交车辆驶出社会车道后，形成消散波，消散波的波速为 ω_2：

$$\omega_2 = V_f (1 - \lambda_2 - \lambda_3) = \frac{X_A - X_B}{t_A - t_B} \tag{7-36}$$

社会车辆的平均速度 V_2 为

$$V_2 = V_f (1 - \lambda_3) \tag{7-37}$$

运用以上模型，得到与基本路段服务水平相关的评价指标，发生一次拥堵，拥堵社会车辆总数为

$$N_堵 = t_E \cdot Q_1 \tag{7-38}$$

$$t_E = t_B - \frac{X_B}{V_1} \tag{7-39}$$

发生一次拥堵，社会车辆的总延误 $D_堵$ 为

$$D_堵 = \frac{1}{2}(t_A - t_F) \cdot N_堵 \tag{7-40}$$

$$t_F = \frac{X_A}{V_1} \tag{7-41}$$

上述各项指标为公交车驶入社会车道的情况发生一次时的指标，将其乘以发生的次数 N_b，即可得到单位小时内，整个基本路段由公交车的干扰造成的拥堵车辆总数和拥堵总延误等指标。

3. 交通流中观建模

在宏观方法和微观方法之间，还存在着把两者联系起来的中观方法，也称为介观方法，这就是基于概率描述的气体动力论模型。此模型将交通流中的车辆看作相互作用的粒子，利用气体分子动理论研究交通流。1971 年，著名的物理学家 Prigogine 和著名的交通流专家 Herman 在研究交通流时认为不能忽略车辆的个体行为对交通流带来的影响，个体行为的不同会导致不同的集体运动行为。如果把一辆车用一个粒子来表示，那么交通流就被当成由很多互相作用的粒子构成的气体。因此借鉴气体运动的统计物理描述方法，引入粒子分布函数 Boltzmann 方程。通过对此方程逐级求解，就可以得到宏观交通流的连续模型。气体动力论模型虽具有严格的理论基础，但在实际运用中与实测结果相差较大，多位学者对其进行了改进。其中最好的改进模型是 Helbing 等提出的 Helbing 模型，该模型考虑了车辆的加速和相互作用，能够描述"幽灵"式交通堵塞、时走时停、同步流等非线性动态交通现象，以 Helbing 模型为基础开发的软件包 MASTER 可以实时仿真几千公里长的高速公路交通。

例 7.2　考虑超车需求的中观交通流模型。

Prigogine 和 Herman 是中观交通流模型(交通动力学模型)的开创研究者，提出了车流动力学专题理论中的模型系统性研究。

$$\frac{\mathrm{d}f}{\mathrm{d}t} = \frac{\partial f}{\partial t} + v\frac{\partial f}{\partial x} = \left(\frac{\partial f}{\partial t}\right)_{\text{relaxation}} + \left(\frac{\partial f}{\partial t}\right)_{\text{interaction}} + \left(\frac{\partial f}{\partial t}\right)_{\text{adjustment}} \tag{7-42}$$

这一方程描述了速度分布方程 $f(x,v,t)$ 的演变。方程的右边部分包括松弛项、交互项和调节项。

$$\left(\frac{\partial f}{\partial t}\right)_{\text{relaxation}} = -\frac{f - f_0}{T} \tag{7-43}$$

$$\left(\frac{\partial f}{\partial t}\right)_{\text{interaction}} = (1-P)c(\bar{v}-v)f \tag{7-44}$$

$$\left(\frac{\partial f}{\partial t}\right)_{\text{adjustment}} = \lambda(1-P)c\left[\delta(v-\bar{v}) - f\right] \tag{7-45}$$

其中，$f(x,v,t)$ 为速度分布方程；$f_0(x,v,t)$ 为期望速度分布方程；λ 为密度 c 方程的一个参数；$\bar{v}$ 为平均速度；δ 为 Dirac 方程。速度分布方程 $f(x,v,t)$ 的零阶矩为交通密度 $c(x,t) = N\int_0^\infty f(x,v,t)\mathrm{d}v$。速度分布方程 $f(x,v,t)$ 的一阶矩为平均速度 $\bar{v}(x,t) =$

$1/c(x,t) \cdot \int_0^\infty v f(x,v,t) \mathrm{d}v$。$P$ 为超车概率，是关于密度 c 的函数：$P = 1 - c/c_P$，c_P 是拥堵密度。T 为松弛时间，是关于密度 c 的函数。

Lu 等鉴于 Prigogine-Herman 交通流中观模型中的超车概率方程是交通密度方程，是一个线性方程且没有考虑超车需求，故利用期望速度来改进并提出了一个新的非线性的超车概率方程和一个相对应的交通流中观模型。认为超车概率不仅与密度有关，也与期望速度有关。当前行驶速度与期望速度间差值较大时，产生超车需求：

$$P = \left(1 - \frac{c}{c_P}\right) \times \frac{\omega - v}{\omega} \tag{7-46}$$

其中，当密度较低时，所有车辆的速度会在一段时间后达到期望速度 ω。此外，超车概率 $P = 0$ 时，交通流达到稳定状态。当密度类型为拥堵密度时，超车概率 $P = 0$。

为考虑期望速度，来表明超车概率与密度间的关系，假设速度与密度的关系满足 Greenshields 线性方程，即 $V = \omega(1 - c/c_P)$。假设所有车辆的速度为 ω，则

$$P = (1 - c/c_P) \cdot [\omega - \omega(1 - c/c_P)] / \omega \tag{7-47}$$

当速度与密度关系满足 Underwood's 模型 $V = \omega \mathrm{e}^{-\frac{c}{c_P}}$ 时，假设所有车辆的期望速度为 ω，即

$$P = \left(1 - \frac{c}{c_P}\right) \frac{\omega - \omega \mathrm{e}^{-\frac{c}{c_P}}}{\omega} \tag{7-48}$$

7.3.2　交通生成模型

仿真的任务就是尽可能真实地反映被仿真对象。在交通流微观仿真中，生成车流是交通流微观模拟的首要任务。但是什么时间、什么驾驶人、驾驶什么车辆、以什么样的车速进入路网是不可预知的，似乎没有什么规律可言，这便给交通流仿真提出了难题。为了如实地反映现实世界中的这种不确定性现象，就要求仿真程序具有模拟这种现象的功能，以便尽可能提供准确的信息。交通生成模型则是完成这一仿真过程至关重要的一步，如图 7-4 所示。

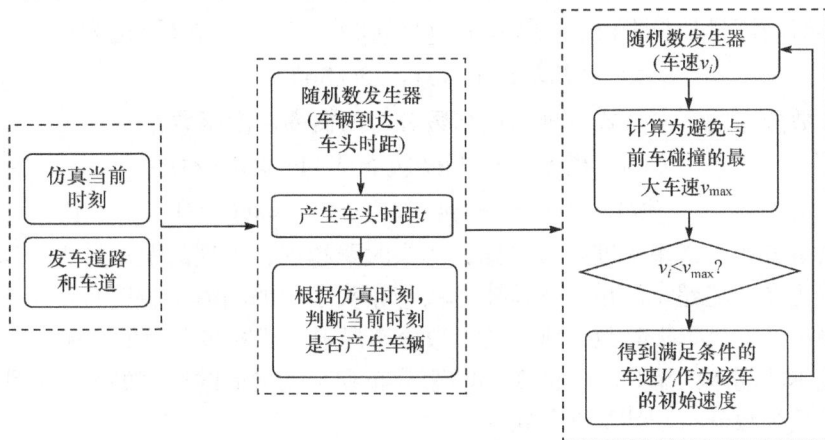

图 7-4　交通生成模型

在产生车辆与驾驶人时，如何解决这种不确定性的问题呢？假如按照某种随机分布来产生一些随机数，并根据这些随机数来确定车辆与驾驶人的种类，那么不管这种分布是服从均匀分布，还是服从正态分布，按照这种特定的随机分布产生出来的随机数都不能说是不确定的，因为毕竟它们还是符合某一特定的随机分布规律的。因此，为了尽可能准确地反映现实世界中的这种不确定性，就有必要寻找可以随机产生车辆与驾驶人的方法。

一般情况下，交通生成模型需要根据设定包括车辆类型、车道分布、车头时距分布、仿真流量和时间等在内的仿真参数，运用蒙特卡洛法可以随机生成符合特定分布的交通流。在生成车流的过程中，只要控制车头间距或车头时距、车辆初始速度以及对车道的分配就可以生成符合交通流特征的车流了。

由于车辆的到达在某种程度上具有随机性，描述这种随机性的统计规律有两种方法。一种是以概率论中的离散型分布为工具，考虑在一段固定长度的时间内到达某场所的交通数量的波动性，如使用泊松分布、二项分布、负二项分布等来描述一定空间间隔内随机到达的车辆数。其中泊松分布适用于车流密度不大，车辆间相互影响较微弱，基本不存在外界干扰因素的自由流状态车流；二项分布适用于车流处于拥挤状态，车辆行驶自由度小，能均匀通过道路断面的高流量交通流；负二项分布适用于到达车流波动性较大，或者涉及高峰和非高峰两个期间的、具有较大方差的车流。另一种是使用连续型分布工具来描述车流到达的规律，研究车辆到达发生的时间间隔的统计特性，可使用负指数分布、移位负指数分布、韦布尔分布、埃尔朗分布等来描述车头时距的统计特性。其中负指数分布与车辆到达分布服从泊松分布对应，描述有充分超车机会的自由流状态车流的车头时距分布；移位负指数分布用于无法超车和车流量较低车流的车头时距；韦尔尔分布和埃尔朗分布是当应用负指数分布和移位负指数分布无法拟合车头时距时，应用最为广泛的车头时距分布，它们也可描述速度分布。

以车头时距为例，当车头时距符合负指数分布时，表示车头时距 h_t 大于 t 的概率：

$$P(h_t > t) = \exp(-\lambda t) \tag{7-49}$$

其中，$P(h_t > t)$ 为车头时距 h_t 大于 t 的概率；λ 为车流的平均到达率(辆/s)。

如果车流的流量为 Q(辆/h)，那么 $\lambda = Q / 3600$，于是公式又可记为：

$$P(h_t > t) = \exp(-Qt / 3600) \tag{7-50}$$

由负指数分布的基本公式可推出负指数分布的概率密度函数：

$$F(t) = P(h_t \leqslant t) = 1 - P(h_t > t) = 1 - \exp(-\lambda t) \tag{7-51}$$

$$P(t) = F'(t) = -\exp(-\lambda t)(-\lambda) = \lambda \exp(-\lambda t) \tag{7-52}$$

由负指数分布的概率密度函数可知，车头时距越短，出现的概率越大，这与实际情况不符。因为在不能超车的单列车流中车头与车头之间的间隔至少应有一个车长，即应存在一个最小的安全车头时距，所以负指数分布局限于研究多车道的车流。

在描述不能超车的单列车流的车头时距分布和车流量低的车流的车头时距分布时，常选用移位负指数分布，其基本公式为

$$P(h_t > t) = \exp[-\lambda(t - \tau)], \quad t \geqslant \tau \tag{7-53}$$

服从移位负指数分布的车头时距，越接近 τ，其出现的可能性越大。这在一般情况下是不符合驾驶人的心理习惯和行为特点的。从统计的角度看，具有中等反应灵敏度的驾驶人占大多数，他们行车时是在安全条件下保持较短的车头时距，只有少部分反应特别灵敏或较冒失的驾驶人才会不顾安全地去追求较小的车间距离。因此车头时距的概率密度曲线一般总是先升后降的。为了克服移位负指数分布的这种局限性，可采用更通用的连续型分布，如埃尔朗分布、皮尔逊Ⅲ分布、对数正态分布、韦布尔分布等。

埃尔朗分布描述如下：设 $X_1, X_2, \cdots, X_k$ 为 k 个相互独立的随机变量，服从相同参数的负指数分布，则 $T = X_1 + X_2 + \cdots + X_k$ 服从 k 阶埃尔朗分布。累计的埃尔朗分布可以写成：

$$P(h_t \geqslant t) = \sum_{i=0}^{k-1} \left(\frac{kt}{T} \right)^i \frac{\mathrm{e}^{-kt/T}}{i!} \tag{7-54}$$

埃尔朗分布比指数分布具有更大的适应性，因为埃尔朗分布提供更为广泛的模型类。事实上，当阶数 $k=1$ 时，埃尔朗分布便化为指数分布，可看成完全随机的；当 k 增大时，埃尔朗分布的图形逐渐变成对称的；当 $k \geqslant 30$ 时，埃尔朗分布近似于正态分布；当 $k \to \infty$ 时，埃尔朗分布化为确定型分布。可见，k 值可以看作非随机性程度的一个衡量指标，k 值增大时，非随机性程度也增大。因此，一般 k 阶埃尔朗分布可看成完全随机与完全确定的中间型，在现实世界中有更为广泛的适应性。

按埃尔朗分布产生随机数时，其 k 值也由计算机随机产生。根据这样的随机数确定的车辆与驾驶人的种类可认为具有不确定性。同样，车辆以什么样的车头时距进入路网也可以采用这种方式确定。这样，按上述原则产生的车辆及其驾驶人进入路网后，从整体上看，路网内车辆的产生时间、车型、驾驶人等因素都是不确定的。由此模拟生成的交通流数据更符合客观实际。

7.3.3 自由行驶模型

1. 车辆状态的确定

确定车辆的状态应根据该车辆上一时刻的位置、所在路口引道的位置及引道的具体类型(主路或支路)和具体车道，判断该车道左右相邻车道上同时行驶车辆的类型、位置，以及本车道前、后行驶车辆的类型、位置。若该车位置是在交叉口前，则应判断该车转向及所在引道路权，以及与该引道冲突车流的具体位置，并根据车辆应采取的加速度、速度计算出下一时刻的位置。

若车辆是在路段上行驶，通过上阶段该车位置和前面车辆类型、位置，确定该车辆是否以自由流速度行驶。若其前行车辆车速比该车车速高，则该车辆按自由流速度计算下一时刻位置：

$$S = S(t) + vT \tag{7-55}$$

其中，v 为车速；T 为时间扫描步长。

若前行车比该车车速低，但两车相对距离大于 $S_0 + vT$（S_0 为安全距离），则该车辆的位置仍按式(7-55)计算。若该车与前行车辆相对距离小于 $S_0 + vT$，则应根据前行车辆当时速度及其相邻车道上车辆的车型、来向、位置，判断是否可以变换车道，或判断是否满足超车视距。若满足，则计算该车完成超车需几个扫描时段，并在这几个扫描时段内计算该车辆的位置，具体模型按路段超车模型计算。若超车视距不满足，该车跟随前行车减速行驶，其减速度为

$$a = \frac{2l + 2(v + v_1)T}{T^2} \tag{7-56}$$

其中，l 为前后两车的停车视距；v_1 为前行车速度。

当前、后两车以基本相同的速度跟随行驶时，后车应与前车保持必要的时间间隔，以确保前车紧急制动时，后车能及时作出判断和反应，并采取相应措施避让或停车，从而避免追尾撞车事件的发生。设两车的跟车间距为 S_f（前车车尾与后车车头之间的距离），a_1、a_2 分别为两车的制动减速度，前后两车的速度分别为 v_1 和 v_2，后车的停车制动反应时间为 t_2，则两车不发生追尾碰撞的条件为

$$S_f > v_2 t_2 + \frac{v_2^2}{2a_2} - \frac{v_1^2}{2a_1} \tag{7-57}$$

若近似取 $v = v_1 = v_2$，则有

$$t_s > t_2 + \frac{v}{2}\left(\frac{a_1 - a_2}{a_1 a_2}\right) \tag{7-58}$$

其中，t_2 为前后两车的空当时间，其最小值不应小于最小安全时距。

2. 车辆的自由行驶

车辆在道路上的行驶分为自由行驶和跟驰行驶。当车辆的运动不受前面运动车辆的影响时，称该车作自由行驶，反之则作跟驰行驶。自由行驶又有两种形式，即加速到目标车速稳速行驶和减速到将车停在既定的位置。此类模型比较简单，即

$$V_t = V_0 + at \tag{7-59}$$

其中，t 为车辆加速所需要的时间；V_t 为 t 时刻车辆的速度；V_0 为车辆的初始速度；α 为车辆的加速度。

当检测到某辆车是该路段的第一辆或它与前面两车之间距离超过某一阈值时，认为前导车对跟随车不产生影响，此时跟随车可以按最大加速度加速并达到最大期望车速。

$$\begin{cases} 若\ v < v_{\max}, \ a = a_{\max} \\ 若\ v = v_{\max}, \ a = 0 \end{cases} \tag{7-60}$$

其中，$a_{\max}$ 为当前车辆最大加速度，与车型有关；$v_{\max}$ 为当前车辆最大速度，与车道及车型有关。

7.3.4 跟驰模型

车辆跟驰模型是交通系统仿真中最重要的动态模型，主要用来描述交通行为，即人-车单元行为。由于模型构造的质量在很大程度上决定着仿真结果的可靠性，因此国内外

学者对此进行了大量深入的研究，提出了众多的理论模型。一般而言，车辆跟驰模型分为线性跟驰模型、非线性跟驰模型；具体来说，又分为刺激-反应跟驰模型、安全距离跟驰模型、生理-心理跟驰模型、行为阈值跟驰模型，以及近年来涌现出来的模糊推理模型和元胞自动机模型。对于本书未作详细介绍的模型，感兴趣的读者可参阅有关交通流理论的参考书籍及相关文献。

车辆跟驰分析的空间变量是离散的，即它所关心的是行进中每一单个车辆的运动轨迹。假设行驶为单车道，方向由左至右，并将行进中的某一车辆设定为头车，其运动方程记为 $x_1(t)$。以此为系统边界，考虑该车及其之后车辆的运动情况，并将任意两相邻的前后车辆分别记为 $x_n(t)$ 和 $x_{n+1}(t)$，则相邻两车的车头间距为 $l_n(t) = x_n(t) - x_{n+1}(t)$。假设每一车辆的型号、性能大致相同，车身长度为 L；在不超车情况下，则有 $L \leqslant l_n(t) < +\infty$，因此可认为第 $n+1$ 辆车的行驶速度 $v_{n+1}(t)$ 为它与前车距离 $l_n(t)$ 的增函数，且当两车距离最小，即 $l_n(t) = L$ 时，$v_{n+1}(t)$ 取最小值 0；而当 $l_n(t) \to +\infty$ 时，$v_{n+1}(t)$ 可以达到道路允许的最大限速 v_m。可表示为

$$v_{n+1} = v(l_n) \tag{7-61}$$

函数 $v()$ 满足：

$$v(L) = 0, \quad v(+\infty) = v_m \tag{7-62}$$

在连续问题中，假设在 (x,t) 处正好对应着某一行驶车辆，不妨设为上述问题中的第 $n+1$ 辆车，于是车流平均速度 $u(x,t)$ 可由该车行驶速度近似代替。该点处的车流密度 $\rho(x,t)$ 可用由它(第 $n+1$ 辆车)前面的一段长度范围的平均密度来代替，这一段长度就取它与前车的距离 l_n，而在这一路段上(第 $n+1$ 辆车车头至第 n 辆车车头)只有一辆车，即第 n 辆在行驶。于是有

$$u(x,t) = v_{n+1}, \quad \rho(x,t) = \frac{1}{l_n} \tag{7-63}$$

u 与 ρ 相应的取值范围为：$0 \leqslant u \leqslant u_m, 0 \leqslant \rho \leqslant \rho_m$。其中，$u_m = v_m; \rho_m = 1/L$。$\rho_m$ 称为最大密度或饱和密度。则记新的单减函数为 $u_e(\rho)$，有

$$u = u_e(\rho) \tag{7-64}$$

相应有

$$u_e(\rho_m) = 0, \quad u_e(0) = u_m \tag{7-65}$$

事实上，满足式(7-63)和式(7-65)要求的函数可以构造很多。根据以上要求，函数 $u = u_e(\rho)$ 实际上就是 ρ-u 坐标平面上连接两点 $(0, u_m)$ 与 $(\rho_m, 0)$ 的单减曲线。

1. 传统跟驰模型

1) GM 跟驰模型

自从 Reuschel 和 Pipes 利用运筹学技术首次成功解析跟车模型以来，20 世纪 50 年代后期和 60 年代早期研究的 GM(General Motor)模型是最为著名的模型。车辆跟驰过程如图 7-5 所示。

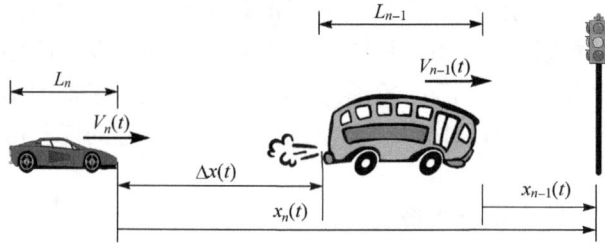

图 7-5　车辆跟驰过程

GM 模型的公式为

$$a_{n+1}(t+T) = c v_{n+1}^m(t+T) \frac{\Delta v(t)}{\Delta x^l(t)} \tag{7-66}$$

其中，$a_{n+1}(t+T)$ 为 $t+T$ 时刻第 $n+1$ 辆车的加速度；$v_{n+1}^m(t+T)$ 为 $t+T$ 时刻第 $n+1$ 辆车的速度；$\Delta v(t)$ 为 t 时刻第 n 辆车与第 $n+1$ 辆车的速度差；$\Delta x^l(t)$ 为 t 时刻第 n 辆车与第 $n+1$ 辆车的距离；T 为反应时间；c, m, l 为常数。

1960 年 Edie 尝试用一些宏观数据来拟合 $m=0$、$l=1$ 模型，所用的方法与 Gazis、Herman 以及 Ports 相似。随后的 15 年中进行了许多类似的研究，他们都尝试着去标定 m 和 l 间的最佳组合。

GM 跟驰模型形式简单，物理意义明确。作为早期工作，具有开创意义，许多后期的跟驰理论研究都源于其建立的刺激-反应的基本方程。但自从 20 世纪 70 年代后期以来，人们对 GM 模型的研究和标定越来越少，因为在标定 m 和 l 的过程中存在大量的矛盾，而导致这些矛盾的主要原因包括如下三点。

(1) 根据 GM 模型，无论前后车相距多少，前后车都相互影响，这不符合车辆跟驰模型的基本定义。

(2) 大量的研究和实验都是在低速度交通运行状态中进行的，而这样的交通流与真实的交通流相差较远。

(3) 在前后车速度相等的情况下允许两车的距离为零，这不符合实际交通情况。

以上三点原因导致 GM 模型的通用性欠佳，所以现在很少使用该模型。

2) 线性跟驰模型

尽管 Chandler、Herman 和 Montrol 所提出的 GM 模型在研究初始阶段是线性的，但是 Helly 对线性跟车模型发展的贡献也不可忽视。他所提出的新线性跟车模型考虑了前方两辆车是否制动减速对后车加速度的影响。模型如下：

$$a_n(t) = C_1 \Delta v(t-T) + C_2[\Delta x(t-T) - D_n(t)] \tag{7-67}$$

$$D_n(t) = \alpha + \beta v(t-T) + \gamma a_n(t-T) \tag{7-68}$$

其中，$D(t)$ 为期望跟车距离；C_1 为借用先前的研究成果，即通过对 14 个驾驶人的跟车行为调查，在相关系数大于 0.8 时，T 的取值范围为 0.5～2.2s，C_1 的取值范围为 0.17～1.3，平均 $T=0.75$s，$C_1=0.5$ 的情况下，得到的结果；C_2 为通过设置 Δv 和 Δx，使前后车的速度相等，即相对加速度为零。

得到下述跟驰的最终公式：

$$a = 0.5\Delta v(t-0.5) + 0.125[\Delta x(t-0.5) - D_n(t)] \tag{7-69}$$

$$D_n(t) = 20 + v(t-0.5) \tag{7-70}$$

1977 年，Bekey、Burnham 和 Seo 再次尝试用源自最优控制系统设计的传统线性模型推导新的跟车模型。应该注意到线性模型的初始模型就是 $m=0$、$l=1$ 的 GM 模型，模型形式简单、实用，目前该模型也大量应用在实践中。但线性跟驰模型和 GM 模型一样都存在通用性差的弊端。相对于 GM 模型，由于考虑到前后车的速度差，线性模型在标定上更加合理。

3) 生理-心理跟驰模型

生理-心理模型也称反应点模型(Action Point Model)，简称 AP 模型。该模型是将刺激抽象为前后车之间的相对运动，包括速度差和距离差的变化。这类模型用一系列阈值和期望距离体现人的感觉与反应，这些界限值划定了不同的值域，在不同的值域，后车与前车存在不同的影响关系。生理-心理模型是一种跟驰决策模型。

1963 年，Michaels 通过分析驾驶人生理和心理一些潜在的因素，首次提出生理-心理跟车模型的理念：驾驶人通过分析视野中前车尺寸大小的改变，即前车在驾驶人视觉中投影夹角的变化，感知前后车相对速度的变化，根据公认的感知阈值 $d/dt(\Delta v/\Delta x^2)$ 约为 6×10^{-4}，判断是否正在与前车接近，一旦超过这个阈值，驾驶人将选择减速，从而使对相对速度的感知不超过这个阈值，是否能够感知到前车的变化是后车驾驶人进行任何操作的基础。

尽管 AP 模型的集成系统可以合理地仿真驾驶人的行为，但在标定各个参数和阈值时却不太成功，很难来评价这些模型的有效性。毫无疑问 AP 模型的基础不仅与实际一致，也最能描述大多数日常所见的驾驶人行为，因此这种模型及其衍生的各种模型应用于许多实践中。

4) 安全距离跟驰模型

安全距离模型也称防追尾模型(Collision Avoidance Model)，简称 CA 模型，该模型最初是由 Kometani 和 Sasaki 提出的，该模型最基本的关系并非 GM 模型所倡导的刺激-反应关系，而是寻找一个特定的跟车距离(通过经典牛顿运动定理推导出)。

最初模型如下：

$$\Delta x(t-T) = \alpha v_{n-1}^2(t-T) + \beta_1 v_n^2(t) + \beta v_n(t) + b_0 \tag{7-71}$$

其中，α、β_1、β、b_0 都是系数。

自 Gipps 提出改进的 CA 模型后，CA 模型广泛地应用于计算机仿真中。CA 模型之所以能被大量应用，主要原因在于可以用驾驶人行为的一般感性假设来标定模型。大多数情况只需知道驾驶人将采用的最大制动减速度，就能满足整个模型的需要。尽管 CA 模型能够得出可以令人接受的结果，但仍有许多问题有待解决。例如，如果要验证"安全车头时距"这个参数，可以发现 CA 模型没有一个非常合理的起始点，而在实际中一个驾驶人可以考虑到前方几辆车的情况，并根据刚获得信息来假设这几辆车将采取的减速度的大小。

2. 基于人工智能的车辆跟驰模型

驾驶人在驾驶过程中受到诸多因素的影响，如驾驶动机、生理因素(年龄、性别、记忆力、驾驶疲劳程度等)、心理因素(气质、情绪、智力程度、职业道德、对环境的熟悉程度等)、技术因素(驾驶年龄、驾驶经历等)等。不同的驾驶人对多源信息的感知、综合、判断、预测、决策的过程不同，因此，驾驶行为是一个复杂的人的行为，用传统的微分方程模型很难描述这一过程的不确定性和不一致性，基于此，随着人工智能的发展，20世纪 90 年代以后出现了人工智能车辆跟驰模型。

1) 模糊推理车辆跟驰模型

模糊推理车辆跟驰模型是近年来才发展起来且发展较快的车辆跟驰模型。该模型主要通过推理驾驶人未来的逻辑阶段来研究驾驶人的驾驶行为，但模型核心仍是刺激-反应关系。与传统 GM 模型相比，该模型具有局部稳定性。近年来，在该领域的一些研究主要包括：Kikuchi 等对经典 GM 模型模糊化后提出的基于模糊逻辑的跟驰模型；Rekersbrink的模糊化的 MISSION 模型；Yikai 等提出的 MITRAM 模型中的微观模型；Henn 的TRAFFIC-JAM 模型等。但是，这些研究都没有标定模型中的最重要部分——模糊集。

2) 神经网络车辆跟驰模型

人工神经网络(ANN)是在现代神经生物学和认知科学对人类信息处理研究的成果上发展起来的。神经网络代表一种新的信息处理过程，它的主要特点是：非线性映射特征、自学习能力强、适时性和容错性。近年来，神经网络被越来越多地应用到交通研究领域，如交通预测、交通控制等。神经网络跟车模型模拟车辆在到达交叉路口前的跟随情况，以预测将等候的车队长度，并将其整合在车流通过路口的模型之中。ANN 模型对交通流建模的优势如下。

(1) ANN 模型提供了一种基于经验数据的数学模型，可以从已有数据中"自学习"规则，使直接量测到真实值后建立动态车流模型成为可能。

(2) 因为 ANN 模型是非参数建模方法，建立车流模型时不需要对前提条件进行分析，也不需要有对模型质量影响很大的标定量。

(3) ANN 模型是一种万能逼近器，可对高度复杂和非线性的系统建模，这恰好适合城市交通这种非线性极高的系统。

3) 基于神经网络的模糊推理车辆跟驰模型

由于建立模糊逻辑推理模型时的隶属函数和模糊规则没有规范的方法，而神经网络可以从现有数据中"提炼"出规则，另外，神经网络在描述不确定事物上不及模糊逻辑推理的方法，因而将两者结合起来是一个建立人工智能模型的有效方法。

与传统的车辆跟驰模型相比，人工智能车辆跟驰模型提高了模型的灵活性，也更适合于描述人的复杂心理与生理行为，是跟车仿真模型发展的重要方向之一。但它也存在一些问题，如稳定性难以预先确定，神经网络模型需要学习的计算量很大，难以符合实时性等。这需要进一步研究加以解决。

以下为跟驰模型建模实例。

跟驰模型的实质是一种"刺激-反应"形式，它根据驾驶人接受某种刺激后做出的反应来分析和研究车辆列队行驶时发生的跟驰现象，其表现形式为

反应=灵敏度×刺激

车辆跟驰示意情况如图 7-6 所示。基本假设如下。

(1) 前导车和后续车的速度及减速行驶的距离相同。

(2) 后续车短时间内速度不变。

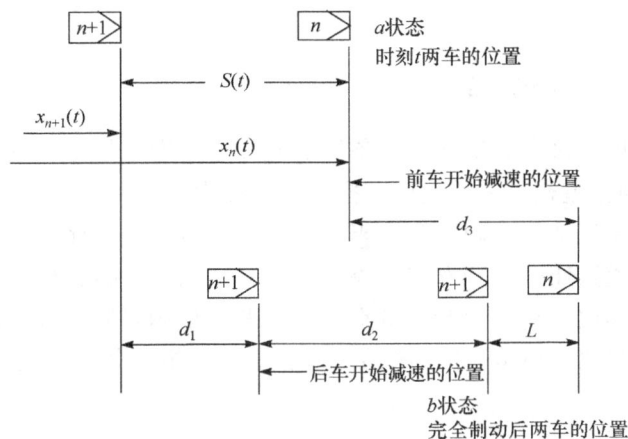

图 7-6　车辆跟驰示意图

设时刻 t 前导车 n 的位置为 $x_n(t)$，后续车 $n+1$ 的位置为 $x_{n+1}(t)$，那么 t 时刻前导车 n 和后续车 $n+1$ 的车头间距 $S(t)$ 为

$$S(t) = x_n(t) - x_{n+1}(t) \tag{7-72}$$

定义车辆的速度为

$$v(t) = \frac{\mathrm{d}x(t)}{\mathrm{d}t} = x'(t) \tag{7-73}$$

车辆的加速度为

$$a(t) = \frac{\mathrm{d}^2 x(t)}{\mathrm{d}t^2} = x''(t) \tag{7-74}$$

根据运行要求，若要使 t 时刻前导车和后续车的间距能保证在突然制动事件中不发生碰撞，则前后车的车头间距应满足以下条件：

$$S(t) + d_3 = d_1 + d_2 + L \tag{7-75}$$

其中，L 为停车后，前导车和后续车的车头间距。

由基本假设(2)可知，后续车在反应时间 T 内所行驶的速度不变。那么后续车 $n+1$ 在 T 时间内行驶的距离 d_1 为

$$d_1 = T \cdot x'_{n+1}(t) \tag{7-76}$$

由基本假设(1)可知，$d_2 = d_3$，即

$$S(t) = d_1 + d_2 + L - d_3 = d_1 + L = x_n(t) - x_{n+1}(t) \qquad (7\text{-}77)$$

对时间 t 求微分得

$$x''_{n+1}(t+T) = \frac{1}{T}\left[x'_n(t) - x'_{n+1}(t)\right] \qquad (7\text{-}78)$$

其中，$x''_{n+1}(t+T)$ 为后续车在时刻 $(t+T)$ 时的加速度，称为后续车的反应；$1/T$ 为灵敏度；$x'_n(t) - x'_{n+1}(t)$ 为时刻 t 的刺激。

因此，式(7-78)又可以理解为：反应＝灵敏度×刺激。在微观仿真程序的设计过程中常取反应时间 $T = 1\text{s}$。

7.3.5　车道变换模型与超车模型

车道变换用以模拟多车道复杂交通条件下的驾驶行为，是交通流微观仿真中较为复杂的模型。车道变换模型构建主要集中在换道实施过程、安全条件以及驾驶人决策过程。车道变换行为是一个复杂的主观行为，当目标车道前后车之间存在可接受间隙时，驾驶人不一定会选择换道操作。影响驾驶人决策的还有性别、年龄、行车经验、驾驶倾向、交通状况等因素。因此，车道变换决策不仅需要考虑车辆间的相对运动关系，同时需要考虑驾驶人的个体特性。超车过程则包含了车道换道、并道等车道变换行为。

1. 车道变换模型

车道变换模型描述的内容为车辆车道变换行为的整个过程，包括车辆车道变换意图的产生、车道变换的可行性分析以及车道变换行为的实施。

车辆在路网中行驶时诱发其产生变换车道意图的原因有多种，但总体上可分为强制性车道变换行为和任意性车道变换行为。

强制性车道变换行为是指车辆为了完成其正常行驶目的而采取的车道变换行为。可能的情形有：正前方出现停车车辆；车辆必须在前方交叉口左转；车辆已接近当前车道的尾端而需变换车道；公交车在接近前方停靠站时从内侧车道转至外侧的专用公交停靠车道等。实现车道变换的关键是车辆必须在前方某一关键点之前完成车道变换行为。也就是说，车辆必须在距前方关键点的某个临界距离之内产生相应的变换车道意图。其临界距离可表示如下：

$$D_i = D_i^0 + \varepsilon_i \qquad (7\text{-}79)$$

其中，D_i 为第 i 种需要变换车道情形相应的临界距离；D_i^0 为第 i 种需要变换车道情形相应的常数值；ε_i 为正态分布随机变量。

任意性车道变换行为是指车辆在遇到前方速度较慢的车辆时，为了追求更快的车速、更自由的驾驶空间而发生的车道变换行为。其与强制性车道变换行为的区别在于，即使车辆不变换车道也能在原车道上完成其行驶任务，因此变换车道行为不是强制性的。

每一车辆都存在期望车速，即在不受其他车辆约束的情况下，驾驶人所希望达到的

最大车速。当满足下列条件时，车辆将产生变换车道意图：

$$V_{跟车} < \beta V_{期望} \tag{7-80}$$

其中，$V_{跟车}$ 为当前车辆在受到正前方车辆跟驰约束时而采取的行驶车速；$V_{期望}$ 为当前车辆的期望车速；β 为当前车辆的期望车速折减系数，其建议值一般取为 0.75~0.85。

以单向三车道上的换车道模型为例，在判断是否变换车道时，必须按车道的不同进行判断。相对来说，车辆变换车道的情况较为复杂，为了简化仿真过程，将换车道的情况分为紧急变换(超车)和非紧急变换(为了遵守交通规则或增加行驶的满意度)。各车道不同，变换的方式也不同。

(1) 当车辆在慢车道上行驶时。①当本车道的最近前方车距离本车过近(小于最小安全距离)，且快车道有富余的行车空间时(快车道最近前方车与本车以及快车道的最近后方车与本车的距离大于最大安全距离)，就可以变换到快车道上去。②当慢车道上的车速过快，快车道上有较大的富余空间时，为了增加行驶的满意度，也可变换到快车道上去。

(2) 当车辆在快车道上行驶时。①本车道上的最近前方车与该车的距离小于最小安全距离，且后车的速度比前车快时，如果超车道有富余的行车能力，就可以变换车道到超车道上去。②当跟驰等原因使车速减低时，如果慢车道有空闲能力，就可以变换车道到慢车道上去。

(3) 当车辆在超车道上行驶时。由于交通规则，汽车不能在超车道上行驶过久。因此当车辆上了超车道后，会时刻注意快车道上的车辆行驶状态，如果相邻车道有了空闲能力，就应当快速变换车道到快车道上去。

(4) 在变换车道时，如果由低速车道向高速车道变换，就应在变换过程中以最大的加速度来加速；如果由高速车道向低速车道变换，在变换过程中，应当减速行驶。这样每车道的平均速度就可以互不相同，更符合交通流的特性。

2. 超车模型

超车行驶这一驾驶行为直接影响驾驶的安全性。双车道公路是我国公路网的主要形式，因此机动车超车模型通常是基于双车道公路进行研究分析的。

1) 超车过程

超车过程分为三个阶段：换道阶段、超越阶段、并道阶段(图 7-7)，主要包括 5 个步骤：超车意愿判断、超车形式选择、超车条件检查、超车行为实施、超车中止强制回车。

2) 超车形式

超车形式主要分为等速超车、加速超车和强制超车。

3) 超车条件

(1) 超越车与被超车之间有速度差，使得超越车有超车需求。

(2) 超越车与超车道前后车辆保持安全跟驰距离。

(3) 对向车道的交通流与本车道车辆间能够提供超车和回车的能力。

4) 换道条件

(1) 超越车车速满足超车道的限速条件。

(2) 超越车与超车道前后车辆的距离满足安全要求，防止车辆侧刮。

(3) 超越车与原车道前后车辆的距离满足安全要求，防止角碰。

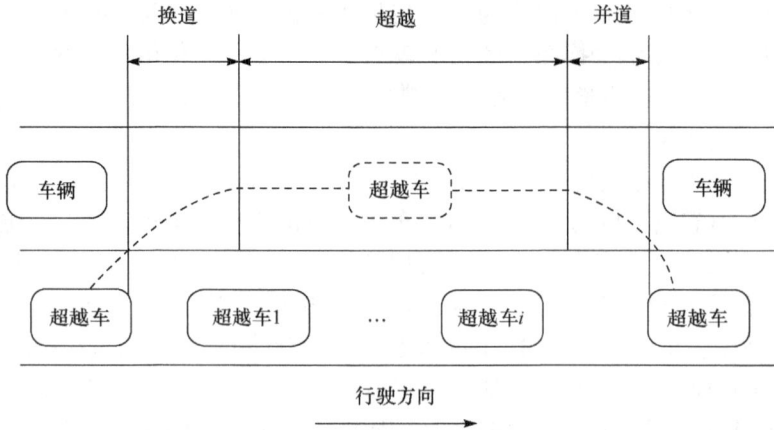

图 7-7　超车过程三阶段示意图

5) 并道条件

(1) 超越车车速满足原车道的限速条件。

(2) 超越车与超车道前后车辆的距离满足安全要求，防止角碰。

(3) 超越车与原车道前后车辆的距离满足安全要求，防止车辆侧刮。

对超车模型的研究始于 20 世纪 30 年代末，1938 年，通过对超车开始条件和结束条件的分析，Matson 和 Forbes 提出了快速超车、加速超车、强制超车和主动超车的概念。1939 年，Nomann 基于整个超车过程又提出了单个超车。随后，Prisk 将超车行为划分为以下四类：超车延时开始、车辆加速回车、延时开始且加速回车、自由超车。国内对超车模型的研究起步较晚，研究内容也主要集中在对理论的研究上。早期，交通运输部公路科学研究所联合东南大学等单位对于"公路交通能力研究"这一课题进行了探索研究，并完成了超车行为的计算机模拟；北京工业大学的刘江提出了可回车车头时距和可超车车头时距这两个概念来研究超车行为，并进行了超车实验。

道路交通系统由人、车、路、环境共同组成，驾驶人性格特点差异、道路条件不同、车辆条件不同等都会对超车行为造成一定影响。超车模型的建立与适用条件也应根据适用环境的不同做出相应的变化。

例 7.3　双车道公路超车模型。

从建模角度出发，可以将超车简化为等速超车和加速超车两种形式，其他超车行为是这两种形式的组合，如图 7-8 所示。

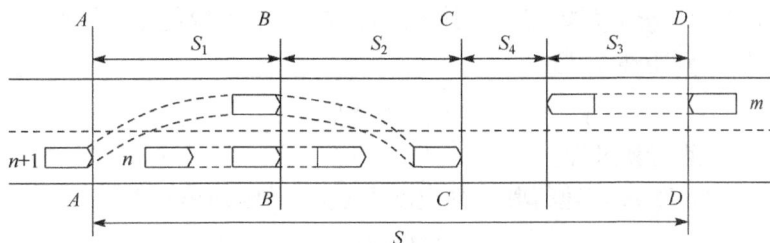

图 7-8　超车过程示意图

(1) 等速超车模型。

等速超车中超越车、被超越车和对向来车的行驶速度是不变的。

车 $n+1$ 为超越车，车 n 是被超越车，车 m 是对向来车。A-A 位置为超越车变换车道开始超车，B-B 位置为超越车完全进入对向车道并追上被超车，C-C 位置为超越车完成超车后回到原车道，D-D 位置为超越车开始超车时，对向来车所在位置。

在 t 时刻，车 $n+1$ 以 $x'_{n+1}(t)$ 速度匀速行驶；车 n 以速度 $x'_n(t)$ 匀速行驶；车 m 以速度 $x'_m(t)$ 匀速行驶。

设 t_c 为超越车完成超车的总时间，即车 $n+1$ 从 A-A 位置到 C-C 位置所需的时间。此时间段内车 $n+1$ 行驶距离为 S_1+S_2，车 m 行驶距离为 S_3，车 $n+1$ 完成超车后与车 m 的安全间隔为 S_4。则超车距离为

$$S = S_1 + S_2 + S_3 + S_4 = \left[x'_{n+1}(t) + x'_m(t) \right] \cdot t_c + S_4 \tag{7-81}$$

(2) 加速超车模型。

处于跟驰状态的车辆，一旦超车条件满足就会立即超车，但必须加速。分为如下四个步骤。

①加速过程。

在 t 时刻，当超车条件满足时，车 $n+1$ 驶向对向车道加速行驶追上车 n，即从 A-A 位置移到 B-B 位置，设加速度为 a，加速时间为 t_a，距离 S_1 为

$$S_1 = x'_{n+1}(t) \cdot t_a + \frac{1}{2} a t_a^2 \tag{7-82}$$

加速过程末车 $n+1$ 速度 $x'_{n+1}(t+t_a)$ 为

$$x'_{n+1}(t+t_a) = x'_{n+1}(t) + a t_a \tag{7-83}$$

其中，a 的取值与 $x'_{n+1}(t)$ 有关。运用中可根据不同条件下的 $x'_{n+1}(t)$ 对 a 进行标定。

由式(7-83)可知：

$$t_a = \frac{x'_{n+1}(t+t_a) - x'_{n+1}(t)}{a} \tag{7-84}$$

若 $x'_{n+1}(t+t_a) > x'_{n+1}(\text{max})$（车 $n+1$ 的最大速度），则

$$t_a = \frac{x'_{n+1}(\text{max}) - x'_{n+1}(t)}{a} \tag{7-85}$$

②匀速行驶过程。

在 $t + t_a$ 时刻，车 $n+1$ 开始匀速行驶，经过时间 t_y 后完成超车返回原车道，即从 B-B 位置到 C-C 位置，则距离 S_2 为

$$S_2 = x'_{n+1}(t + t_a)t_y \tag{7-86}$$

③对向来车匀速行驶过程。

在超车过程中，车 m 匀速行驶，其速度为 $x'_m(t)$，则距离 S_3 为

$$S_3 = x'_m(t) \cdot (t_a + t_y) \tag{7-87}$$

④安全间隔。

超车完成后，车 $n+1$ 与车 m 的安全间隔为 S_4，通常取为 40m。则超车距离 S 为

$$S = S_1 + S_2 + S_3 + S_4 = x'_{n+1}(t) \cdot t_a + \frac{1}{2}at_a^2 + x'_{n+1}(t + t_a) \cdot t_y + x'_m(t) \cdot (t_a + t_y) + S_4 \tag{7-88}$$

(3) 不同限速条件下的超车模型。

在城市干道及高速公路上，不同车道的限速条件对超车行为提出了更高的要求，不同限速条件下的超车模型将超车过程分为三个阶段：换道、超越、并道。该三阶段的约束条件分别为：换道条件、超越条件、并道条件。

在不同限速条件下的超车模型为

$$\min Z = \max \left\{ 0, S_{Y_0} - \max \left[S_{Y_i} + (i+1)d_s + \sum_{i=1}^{n} L_{c_i} \right] \right\} \tag{7-89}$$

其中，S_{Y_0} 表示超越车的行驶里程；S_{Y_i} 表示原车道第 i 辆车在被超越阶段行驶的距离；d_s 表示超越车在原车道与前车之间的安全跟驰距离；L_{c_i} 表示第 i 辆车的安全跟驰距离。

(4) 考虑驾驶人性格特性的超车模型。

一般而言，驾驶人性格可分为焦躁型、常规型、谨慎型。焦躁型表现为加、减速都很快，谨慎型则相反，用 Q 值表示不同的驾驶人类型，不同类型驾驶人的 Q 值对应为：谨慎型：$Q=1.5$；常规型：$Q=1.0$；焦躁型：$Q=0.5$。

一般研究中，往往将车辆视为质点进行处理，但是，将车辆视为质点不能反映出车辆几何尺寸对车辆之间碰撞点的影响及超车过程中车辆相互位置的关系。此处综合考虑各方面因素，将车辆视为椭圆结构，用椭圆的长半轴和短半轴分别表示车辆的纵向和横向危险程度，如图 7-9 所示。

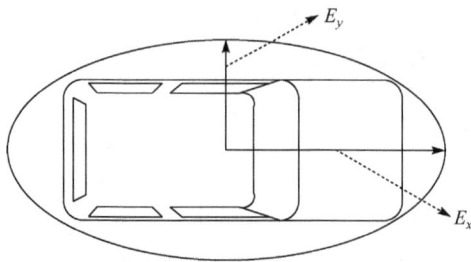

图 7-9　车辆椭圆模型示意图

选取对超车安全影响较大的椭圆长半轴 E_x 建立车辆几何模型，表达式如下：

$$E_x = \frac{L}{2} + \frac{V_F}{V_R} Q^{\frac{L}{W}} \tag{7-90}$$

其中，L 为车辆长度；W 为车辆宽度；Q 为驾驶人类型值；V_F 为后车速度；V_R 为前车速度。

超车车辆 F 超过被超车辆 L 过程中，各车辆运动位置关系示意图如图 7-10 所示。

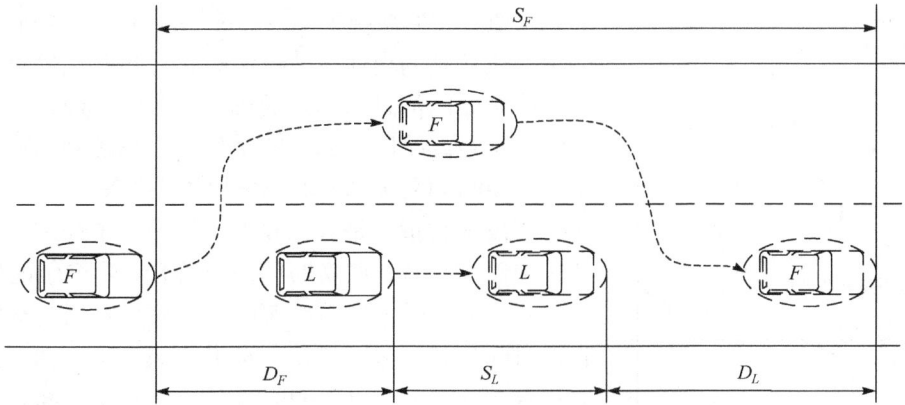

图 7-10　超车过程中各车辆位置关系示意图

根据图 7-10 所示的超车情形，超车车辆在超车过程中所行驶的总距离满足：

$$S_F \geqslant S_L + D_F + D_L \tag{7-91}$$

其中，S_F 为超车车辆 F 在超车过程中行驶的距离；S_L 为被超车辆 L 所行驶的距离；D_F，D_L 分别为车辆的最小安全车头间距。

经综合分析后得最后关系式：

$$S_F = (v_{F0} + v_{F1}) \left(\frac{D_F + D_L}{v_{F0} + v_{F1} - 2v_L} \right) \tag{7-92}$$

其中，v_{F0} 表示超车车辆超车前的初始速度；v_{F1} 表示超车车辆完成超车后的速度；v_L 表示被超车辆的行驶速度。

3. 车辆的停车

在车辆行驶过程中，当车流中车辆正前方有车辆停车或有慢速车辆，或遇到停车标志时，必须停车或变换车道，描述这一现象的模型就是停车模型。其基本思想是车辆在行驶过程中，首先要用停车视距扫描前方位置，若在停车视距范围内扫描到了停车标志，该车就要按一定的减速度停车；若在停车视距内扫描到了停止车辆或慢速车辆，就要运用变换车道模型判断能否变换车道，若不能变换车道，该车就要按一定的减速度停车。否则就保持一定的自由流速度或加速到自由流速度行驶。

7.3.6　交通排队模型

随着我国国民经济的迅猛发展，城市机动车的保有量逐年上升，城市土地利用和开发也带来了城市布局以及环境的改变，由此引起的城市交通阻塞和混乱情况日益严重。为了有效地提高城市道路的利用率，解决交通拥堵问题，有必要对城市道路的交通现状做出科学的分析，找出合理的改善措施。交通流微观仿真作为交通优化设计的一个重要手段，可以从交叉口的设计、交通流的组织和渠化以及信号控制等方面来对交通现状进行仿真分析，在费用及时间投入都很少的情况下及时得出评估结果，提出最优方案，从而改善交通状况。

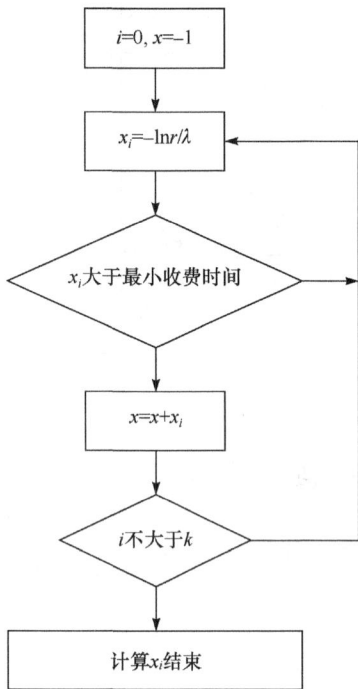

图 7-11　收费站排队模块流程

在道路交通系统中，最常见的排队是收费站的排队。在建立收费站的交通排队模型时，首先路块信息中要保存有收费站的信息，当车辆进入收费区域前，提前计算出收费站距离路段的起点的距离，当车辆到达距离收费站还有 500m 的时候就开始进入收费状态。

假设该收费站是人工收费，每一个车经过收费站时都必须停车收费，收费时间假设符合 k 阶埃尔朗分布。

每一辆车进入收费状态时，需要计算当前车的停车收费时间，其算法同样用蒙特卡洛法，运用伪随机数生成符合 k 阶埃尔朗分布的随机数充当停车时间。可事先产生一个 $(0，1)$ 伪随机数 r。收费站排队模块流程如图 7-11 所示。

图 7-11 中，λ 为来车强度(辆/s)；r 为 $(0，1)$ 的均匀随机数。

当车辆到达距离收费站还有 500m 的时候，车辆就开始减速行驶。如果本车道前面有车而且在跟驰范围内，并且不满足换车道条件，当前车就进入紧急跟驰状态，一直到收费站为止。如果在本车道前面有车已经在排队等候收费，就要扫描相邻车道，判断是否有空闲车位可以挤进去提前收费，如果符合换车道的条件，就可以强制挤入相邻车道，以便提前到达收费站收费。图 7-12 是单方向三车道收费站示意图。

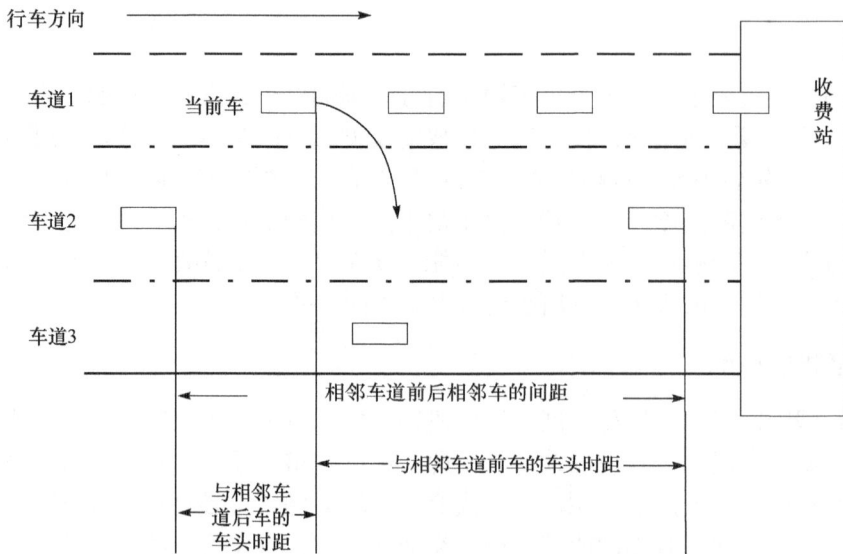

图 7-12　单方向三车道收费站示意图

如果相邻车道的排队车辆数比当前车道排队车辆数少，而且与相邻车道前车的车头时距和与相邻车道后车的车头时距都符合防碰撞条件，并且大于一定的值(具体的值根据仿真具体情况和当前车的情况，如驾驶人类型等来确定)，那么就可以调入换车道模型，进行车道变换。

当目前车道的车到达收费站时，停车收费，同时启动一个计时器计算收费时间。当收费时间到了以后，就调用车辆启动模块，加速启动，一直加速到每一辆车的理想车速为止，或加速到前面有车进入新的跟驰状态为止。

7.4　行人的建模与仿真

从运动特性来看，行人的运动是连续的。但不同于车辆有规则的运动，行人的运动存在一定的随机性和离散性。因此，对行人运动的建模方法分为连续和离散两类。对行人运动的仿真分为连续系统仿真、离散事件系统仿真和连续、离散混合系统仿真三类。

与机动车交通建模类似，行人交通的建模根据对行人行为描述的区域和细节不同分为宏观模型、中观模型及微观模型。一般来说，宏观模型对细节的描述水平低，覆盖的区域范围大；微观模型对细节的描述水平高，覆盖的区域范围小；中观模型介于宏观模型和微观模型之间。宏观模型着重从全局的角度来研究系统特性，对行人运动系统的要素、个体运动、行为及其相互作用的细节描述较为粗糙，对行人流的一些聚集特性是通过"速度-流量-密度"关系来描述的，行人流被视为一个可压缩的流体，行人的运动可按流体机制来处理，模型中不追踪单个行人的运动。中观模型对行人运动系统的要素、个体运动、行为其相互作用的描述比宏观模型更为详细。模型中既可描述宏观模型中采用的时间与空间状态的特性，又能保留微观模型中的核心数据。中观模型对行人流的描述以若干行人构成的队列为单元，能描述节点处的动态变化，但仍不能描述个体行为及相互作用关系。微观模型可描述个体行人的行为、个体之间相互作用关系及周围环境的影响，主要关注个体运动的过程，包括确定视野范围、方向、速度、避让障碍物等。

根据环境的不同，行人运动仿真模型又可分为道路交通行人运动模型、交通场站内行人运动模型和大型活动场所行人运动模型等三类。

根据行人运动微观模型仿真中是否引入"力"的作用，可将行人微观运动仿真模型分为两类：力学模型和非力学模型。其中，力学模型包括由 Okazaki 提出的引力学模型和由 Helbing 提出的社会力模型两类；非力学模型包括元胞模型和多智能体模型。元胞模型包括 Gipps 和 Marksjo 提出的成本效益模型及 Blue 和 Adler 提出的元胞自动机模型。多智能体模型是由人工智能领域发展起来的、在行人交通仿真方面的应用。元胞自动机模型和社会力模型分别代表了行人模型中典型的离散系统仿真模型和连续系统仿真模型。

行人元胞自动机(Cellular Automaton)模型简称 CA 模型，其特点是将行人的移动空间划分为方形的网格，每个网格具有一定的状态，行人的移动通过网格状态的变化完成。其基本形式可以用差分方程表示为

$$x_{t+1} = f[x_t, \beta] \tag{7-93}$$

其中，x_t 为行人在 t 时刻所处位置；β 为模型参数。

行人社会力模型(Helbing 模型)的特点是将行人定义在连续空间上。连续模型的基本形式可以用微分方程表示为

$$\frac{\partial x}{\partial t} = f[x(t), \beta] \tag{7-94}$$

在行人运动仿真模型中，单一连续或离散模型不能完全模拟行人运动的真实情况，为了符合计算机运行机制和行人集群规律，可采用连续和离散事件混合仿真模型，这样才能更精确地反映出行人的运动规律。

7.4.1　元胞自动机模型

元胞自动机是一种时间和空间都离散的动力系统。散布在规则格网 (Lattice Grid)中的每一元胞(Cell)取有限的离散状态，遵循同样的作用规则，依据确定的局部规则作同步更新。大量元胞可以通过简单的相互作用而构成动态系统的演化。不同于一般的动力学模型，元胞自动机不是由严格定义的物理方程或函数确定的，而是用一系列模型构造的规则构成的。凡是满足这些规则的模型都可以算作元胞自动机模型。因此，元胞自动机是一类模型的总称，或者说是一个方法框架。其特点是时间、空间、状态都离散，每个变量只取有限多个状态，且其状态改变的规则在时间和空间上都是局部的。

元胞自动机的发展历程与数学理论研究联系密切，一方面，元胞自动机继承了传统理论的研究成果，如逻辑数学、离散数学、图灵机思想等；另一方面，在某种程度上，由于元胞自动机模型与某些理论方法存在互补的特征，因此促进了相关学科和理论的发展，如人工智能、非线性科学、系统科学等。与传统的建模方法相比，它以"自上而下"的研究思路直接反映系统各组成要素之间的相互作用，具有利用简单的、局部规划的、离散的方法描述复杂的、全局的、连续系统的能力，通过一些简单的规划演化出高度复杂的结果，因此广泛用于分析几何空间以模拟复杂的系统，如交通系统、经济系统、火灾系统等。

7.4.2　元胞自动机的构成

元胞自动机最基本的组成包括元胞、元胞空间、邻居及规则四部分。其中，元胞(也可称为单元)是元胞自动机最基本的组成部分，分布在离散的一维、二维或多维欧几里得空间的晶格点上。元胞的特点是具有记忆储存状态的功能，所有元胞的状态都按照元胞规则不断更新。元胞的状态可以视为由一个元胞空间和定义于该空间的变换函数所组成的。元胞的状态可以是二进制形式，如(0，1)；也可以在一个有限整数集内取值，如在交通领域的元胞自动机模型中，有时元胞的状态可在速度$[-(V_{max}+1)\sim V_{max}+1]$取值。元胞在严格意义上只能有一个状态参量，但是，在实际应用中，也可以具有多个状态参量。

元胞空间是元胞在空间中分布的空间格点的集合。需要对元胞空间进行几何划分，并确定元胞空间的边界条件。常用的元胞自动机是一维和二维的。其中一维元胞自动机的元胞空间只有一种划分方式，二维元胞自动机通常有三角形、正方形、正六边形三种划分方式。边界划分代表了元胞运动的可能方向。

理论上，元胞空间是无限的；实际应用中无法达到这一理想条件。常用的边界条件包括周期型、定值型、绝热型、反射型。

元胞自动机的构成如图 7-13 所示。

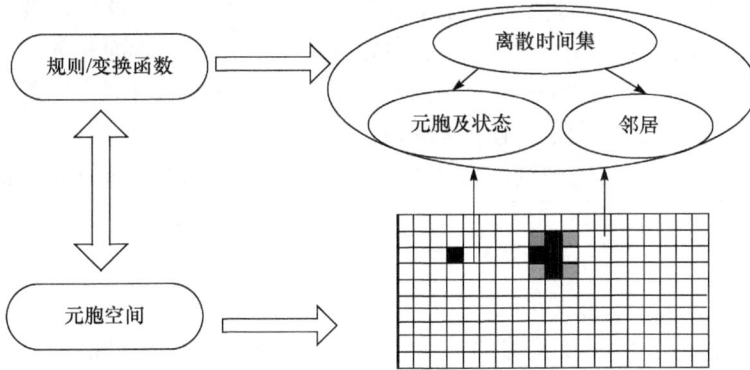

图 7-13　元胞自动机的构成示意图

例 7.4　行人过街模型。

用元胞自动机描述在交通控制下的行人过街模型，该模型由行人元胞子模型、机动车元胞子模型及相互作用子模型三部分组成。行人过街穿越系统如图 7-14 所示，道路系统由双向单车道以及中间的人行横道组成。车道与人行横道的交叉处设置有红绿灯，红绿灯周期由 T 个时步组成。

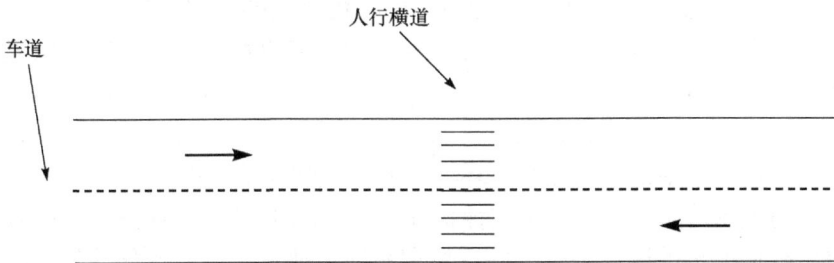

图 7-14　行人过街穿越系统

该行人过街模型包括了机动车元胞自动机模型、行人元胞自动机模型和机动车-行人相互作用模型三部分。

机动车元胞自动机模型用于模拟两个车道上车辆的演化和运行规律。每条车道被视为总长度为 L 的一维离散格点链，格点链上每个格点或为空或只能被一辆车占据。双向车道采用周期性的边界条件，模拟开始时随机在每个车道上放置 N 辆车，每辆车都具有位置、速度、加减速度、车头时距等状态。按照时间步长，所有车辆的元胞状态按照车辆行驶规则计算并行刷新一次。

双向行人元胞子模型用于模拟人行横道上行人的运动和演化规律。行人元胞为 1×1 的正方形，若人行横道的宽度表示为 W，长度表示为 G，则人行横道可以表示为 $W×G$ 的网格，每个格点代表一个元胞。这样，每个元胞都可以标记为 $L(i, j)$，其中 $1 \leqslant i \leqslant W$，$1 \leqslant j \leqslant G$。行人元胞子模型采用开放性的边界条件，在人行横道的两端，行人以二项分布产生，每个时间步长内以一定的概率 P 在行人道的两端产生一个行人。每个行人朝着车道的另一端前进，按一定的规则进行元胞的速度和位置更新。这里需要确定行人的速度选择、换道和跟随规则及相关机制，如冲突避免机制：两个侧面相邻的步行者不能选择侧向移动，两个步行者之间的空位对于两个人各有 50% 概率可以占据等。

机动车-行人相互作用子模型用于考虑行人流和车流之间的相互作用，考虑行人的行为特性，包括行人不遵守交通规则的可能及行人群效应等。基本的规则包括信号灯规则、行人过街规则等。

7.4.3 引力模型

引力模型是将每个行人及其移动空间中的物体假定为具有磁性的粒子，行人、障碍物被赋予正极，而行人的目的地被赋予负极。根据"异性相吸，同性相斥"的原则，行人由于受到目的地的吸引而向前移动，而在移动过程中由于所处环境中其他行人或障碍物的同性排斥作用，为了避免他们之间发生碰撞，行人必然在行驶过程中改变方向。

无论是引力还是斥力，均计算为行人所受引力：

$$\vec{F} = \frac{kq_1q_2}{r^3}\vec{r} \tag{7-95}$$

其中，$\vec{F}$ 为行人所受引力；k 为常量；q_1 为行人加载的磁场强度；q_2 为行人加载的磁极强度；r 为行人与磁极之间的距离；$\vec{r}$ 为行人到磁极之间的位移向量。

模型的输入参数包括两部分：①环境数据，包括障碍物、行走空间的位置，用节点的 (x, y) 坐标及节点之间的连线表示，在一些复杂的场景下，行人行走路径由一系列相互连接的节点组成；②行人数据，包括行人起讫点、最大速度、行走开始时间以及路径选择方式。模型的输入原则是行人在给定环境下的可视化移动过程。

引力模型的优点是应用万有引力定律描述行人运动机理，模型比较简单，容易理解，而且通过改变磁场大小可以控制行人的流量和密度。缺点是行人的移动是固定路径的，不利于模型扩展，模型中的参数给定比较随意，很难验证其正确性和合理性。

引力模型曾有效地应用到火灾疏散、地铁站的候车大厅中的行人运动和旅馆的中央大厅中的行人运动等场景中。在火灾疏散中，该模型可以计算人群逃出建筑物的时间。

7.4.4 社会力模型

社会力模型认为行人的行走并非受到外力作用，而是受到自身的驱动力，这种驱动力就是所谓的"社会力"。模型以牛顿力学为基础，假设行人受到社会力的作用，从而驱动行人运动。在该模型里，依据行人不同的动机和他在环境中所受到的影响，一共受到三种作用力的影响，即驱动力、人与人之间的作用力和人与边界或障碍物之间的作用力，这些力的合力作用于行人，产生一个加速度，表达式如下：

$$m\frac{\mathrm{d}\vec{v}_t(t)}{\mathrm{d}t} = \vec{f}_t^0 + \sum_{j\neq1}\vec{f}_{ij} + \sum_b\vec{f}_{ib} \tag{7-96}$$

从公式中可以看到，构成驱动行人的社会力共有三项。

1. 驱动力

驱动力(Driving Force)模型为式(7-96)右边的第一项。主观意识对个体行为的影响可转化为个体所受自己施加的"社会力"，它体现了行人以期望的速度移动到目的地的动机。驱动力模型可表示为

$$\vec{f}_t^0 = m\frac{v_i^0(t)\vec{e}_i^0 - v_i(t)}{\tau_i} \tag{7-97}$$

其中，$v_i^0(t)$ 为行人期望的速度；$v_i(t)$ 为行人实际速度；$\vec{e}_i^0$ 为期望的运动方向；τ_i 为适应时间，表示由实际速度加速到下一个时间步长所需要的时间，也称为弛豫时间。

2. 人与人之间的作用力

人与人之间的作用力(Interactions between Pedestrians)模型为式(7-96)右边的第二项。表示人在试图与其他行人保持一定距离时所施加的"力"，它包括社会心理力(Socio-Psychological Force)和身体接触力(Physical Interactions)。个体 i 对个体 j 的"影响力"模型如下：

$$\vec{f}_{ij} = \vec{f}_{ij}^{\mathrm{soc}}(t) + \vec{f}_{ij}^{\mathrm{ph}}(t) \tag{7-98}$$

行人在运动过程中，最重要的交互作用是与其他人保持一定的距离，在社会力模型中，采用"排斥力"来描述这种行为。排斥力取决于行人间的距离，在某一微小距离内存在一个最大值(即力不会超过最大极限)，并随着距离增大减小到零。两个行人 i 与 j 之间的排斥力用一个指数形式的函数表示，即

$$f_{ij}^s = A_i \exp\left[(r_{ij} - d_{ij}) / B_i\right]\vec{n}_{ij} \tag{7-99}$$

其中，A、B 均为常数；$d_{ij} = \|\vec{r}_i - \vec{r}_j\|$ 表示两个行人中心间的距离；$\vec{n}_{ij} = (n_{ij}^1,\ n_{ij}^2) = (r_i - r_j)/d_{ij}$ 表示从行人 j 指向行人 i 的标准化向量。

当两人间距离小于相互作用的两人半径之和，即 $r_{ij} < (r_i + r_j)$ 时，两人将互相接触。此时，Helbing 假定粒子交互导致两个额外的作用力产生，一个是身体挤压力，使相互作用的行人个体身体压缩：

$$k(r_{ij} - d_{ij})\vec{n}_{ij} \tag{7-100}$$

而另一个是滑动摩擦力，阻碍行人间的相对运动(切线运动)：

$$\kappa(r_{ij} - d_{ij})\Delta v_{ji}^t\vec{t}_{ij} \tag{7-101}$$

其中，$\vec{t}_{ij} = (-n_{ij}^2,\ n_{ij}^1)$ 表示与碰撞方向垂直的切线方向；$\Delta v_{ji}^t = (v_j - v_i)\cdot t_{ij}$ 表示切线相对运动差；k、κ 是大的常数。

综上，人与人之间的作用力可表示为

$$f_{ij} = \left\{ A_i \exp\left[(r_{ij} - d_{ij})/B_i\right] + kg(r_{ij} - d_{ij}) \right\} \vec{n}_{ij} + \kappa g(r_{ij} - d_{ij}) \Delta v_{ji}^t \vec{t}_{ij} \tag{7-102}$$

其中，令 $g(r_{ij} - d_{ij}) = g(x) = x, \ x \geqslant 0$；$g(x) = 0, \ x < 0$。

3. 人与边界或障碍之间的作用力

人与边界或障碍之间的作用力(Interactions with Boundaries)类似于人与人之间的作用。设边界 b 对个体 i 的"影响力"表达式如下：

$$\vec{f}_{ib}(t) = \vec{f}_{ib}^{\text{soc}}(t) + \vec{f}_{ib}^{\text{ph}}(t) \tag{7-103}$$

类似于式(7-102)：

$$f_{iw} = \left\{ A_i \exp\left[(r_{iw} - d_{iw})/B_i\right] + kg(r_{iw} - d_{iw}) \right\} \vec{n}_{iw} + \kappa g(r_{iw} - d_{iw}) \Delta v_{wi}^t \vec{t}_{iw} \tag{7-104}$$

其中，d_{iw} 为行人 i 与墙 w 之间的距离；$\vec{n}_{iw}$ 与 $\vec{t}_{iw}$ 为行人与墙的法线方向与切线方向。

行人与行人之间的相互作用力计算如式(7-103)所示：

$$f_{ij}\left[X_i(t), \ X_j(t)\right] = -\nabla A(d_{ij} - D)^{-B} \tag{7-105}$$

其中，B 为常数；d_{ij} 为行人与行人之间的距离；D 为行人所占空间的直径；A 为单调递减函数。

行人与边界相互作用力计算公式为

$$f_b(X_i) = -\nabla A(d_{i\perp} - D/2)^{-B} \tag{7-106}$$

其中，$d_{i\perp}$ 为与最近的墙的最短距离；其他变量定义同上。

社会力模型能够非常真实地描述现实中的很多现象，是目前所有仿真模型中最能体现人群真实运动情况的模型，因为模型中的变量所代表的物理意义是可以计算的。模型的优点是运用"社会力"的方法明确了行人交通行为源于自身的主观行动力，能够解释行人交通行为的本质；以行人模型为椭圆体作为行人之间避让的方法较基于网络的模型更精确。

社会力模型能够在隐含的规则下，使行人通过相互之间的行为作用机制，自然地形成成股人流，或者通过演化形成不同方向的行人流线。实际中，同向的行人之间的压力较小，异向的行人之间的压力较大，该模型就是利用处于不同情况下的压力变化，用社会力(引力和斥力)来模拟行人之间的相互影响。

当行人密度不大时，可能会发生行人逗留的情况，在仿真场景中显示为行人振荡现象，表示为行人间或者行人与障碍物之间的徘徊、反复运动，当行人密度较大时，由于瓶颈无法同时容纳两个和两个方向以上的客流，瓶颈只能由一个方向的行人占有并通过，而其他方向的行人只能等待，过一定时间后由另一个方向的行人通过并占据瓶颈，这样两个方向交替进行直到所有行人能够通过该瓶颈为止。在行人密度不大时能够较好地满足仿真结果，但是行人密度增大后，会产生很多不合理的振荡，导致仿真结果失真。

社会力模型的缺点是模型中所提到的"社会力"尚无法完全解决行人的碰撞问题；无法有效模拟行人交通的复杂行为，如大量行人占用很小空间的现象；由于社会力体现了行人之间的交互影响，随着行人数量的增加，运算速度会呈几何级数下降，而且追求社会力的平衡可能导致行人行为异常。行人与障碍物对行人的反作用力计算方法尚不成熟，无法适用于复杂环境下的建模。

7.5　思　考　题

1. 思考道路交通系统的特征，并举例加以说明。

2. 概述交通流模型类别及其各自的特点。

3. 列举交通流微观仿真模型，并举一例说明其建模过程。

4. 以某一交叉口为研究对象，说明对其进行交通流建模需要考虑的因素。

5. 利用程序设计语言编写一个交通生成模型(交通生成模型参数自拟)。

6. 说明单向四车道高速公路上车道变换的过程，并绘制该车道变换模型的仿真流程图。

7. 思考地铁站内行人流的特征，并对其模型进行概述。

8. 分析高速公路交通流状态下，某车辆因前方交通事故的紧急制动过程，以框图表示该车辆制动并停车的过程，建立停车模型。

9. 有一路侧的交警抽查酒驾点，抽查为随机的且为均匀分布，每5min拦下一辆车进行抽查，抽查时间为3min。酒驾嫌疑者出现服从负指数分布，检查时间服从泊松分布，请生成一个模拟本过程交通流中出现路侧停车的车辆模型。

参 考 文 献

刁阳，隽志才，倪安宁，2009. 中观交通流建模与系统仿真研究综述[J]. 计算机应用研究，26(7):2411-2415.

丁丽，方传武，2015. 基于交通波理论的交通流模型[J]. 甘肃科学学报，27(3):135-138.

付传技，2007. 交通流模型的研究[D]. 合肥:中国科学技术大学.

宫晓燕，汤淑明，王知学，等，2002. 高速公路交通流建模综述[J]. 交通运输工程学报，2(1):74-79.

关摇伟，何蜀燕，马继辉，2012. 交通流现象与模型评述[J].交通运输系统工程与信息，12(3):90-97.

黄慧琼，覃运梅，2012. 考虑驾驶人性格特性的超车模型研究[J]. 广西师范大学学报(自然科学版)，33(1):20-26.

黄海军，2004. 道路交通流与网络交通流的研究现状与发展趋势[R]. 北京: 国家杰出青年科学基金实施十周年学术报告会.

刘运通，石建军，熊辉，2002. 交通系统仿真技术[M]. 北京: 人民交通出版社.

龙小强，谭云龙，2012. 微观仿真自主性车道变换模型[J]. 公路交通科技，29(11):115-119.

卢守峰，王杰，薛智规，等，2015. 考虑超车需求的交通流中观模型[J].公路交通科技，32(6):118-122.

裴玉龙，张亚平，2004. 道路交通系统仿真[M]. 北京: 人民交通出版社.

荣建，刘世杰，邵长桥，等，2007. 超车模型在双车道公路仿真系统中的应用研究[J].公路交通科技，24(11):136-139.

邵新慧，韩颖，胡云逸，2014. 一种新的宏观交通流模型[J]. 东北大学学报(自然科学版)，35(7): 1055-1058.

田钧方，2013. 基于基本图和三相交通流理论的离散建模方法研究[D]. 北京: 北京交通大学.

王殿海，曲昭伟，2001. 对交通流理论的再认识[J]. 交通运输工程学报，1(4):55-59.

王殿海，金盛，2012. 车辆跟驰行为建模的回顾与展望[J]. 中国公路学报，25(1):115-127.

王晓原, 隽志才, 贾洪飞, 等, 2004. 基于安全间距的车辆跟驰模型研究综述[J]. 长安大学学报(自然科学版), 24(6):51-54.

吴娇蓉, 2004. 交通系统仿真及应用[M]. 上海: 同济大学出版社.

许伦辉, 胡三根, 伍帅, 等, 2015. 考虑车辆运行特性的双车道超车模型[J]. 华南理工大学学报(自然科学版), (4):7-13.

易涛, 2003. 基于基本图和基于虚拟现实技术的高速公路交通流微观仿真研究[D]. 昆明: 昆明理工大学.

易涛, 熊坚, 万华森, 2004. 高速公路基本路段交通流微观仿真建模与实现[J]. 昆明理工大学学报(自然科学版), 29(3):94-97.

岳昊, 邵春福, 姚智胜, 2009. 基于元胞自动机的行人疏散流仿真研究[J]. 物理学报, 58(7): 4523-4530.

张生瑞, 邵春福, 周伟, 2010. 交通流理论与方法[M]. 北京: 中国铁道出版社.

张智勇, 荣建, 任福田, 2004. 跟车模型研究综述[J]. 公路交通科技, 21(8):108-113.

AYCIN M, BENEKOHAL R, 1998. Linear acceleration car-following model development and validation [J]. Transportation research record journal of the transportation research board, 1644(1):10-19.

GARTNER N H, CARROLL J M, AJAY K R,1997. Monograph on traffic flow theory[M]. Washington The Federal Highway Administration(FHWA).

LIGHTHILL M J, WHITHAM J B, 1955. On Kinematic Waves: I. Flow movement in Long Rivers. II. A theory of Traffic Flow on Long Crowded Roads[J]. Pharmacology & Therapeutics, 53(3):275-354.

KERNER B S, KONHAUSER P,1993. Cluster effect in initially homogeneous traffic flow[J]. Physical Review E: Statistical Physics Plasmas Fluids & Related Interdisciplinary Topics, 48(4):R2335.

RICHARDS P I, 1956. Shock waves on the highway[J]. Operations Research, 4(1): 42-51.

第 8 章　道路交通环境三维虚拟仿真

8.1　概　　述

自二十世纪九十年代以来,三维虚拟仿真技术得到了迅速发展,广泛应用于各行各业的仿真领域。在现实中,人们是通过视觉、听觉、触觉、味觉、嗅觉等感官系统来感知自然界的,其中,视觉是获取外界信息最为重要的感官系统,视觉获取信息的比例占到80%以上。因此,在各类需要人员参与的仿真系统中,通过三维虚拟仿真技术建立与系统相关的外部环境和人机界面就成为该类仿真系统重要的组成部分。三维虚拟建模与仿真技术极大地扩展了仿真领域,使仿真技术从纯数字仿真发展到三维虚拟仿真,在某些领域可以发展成为虚拟现实系统。

三维虚拟仿真一个重要的应用是它可作为一种仿真演示或人机交互的辅助功能,三维虚拟仿真模型可以使人感受到仿真系统模拟真实世界的环境。这类仿真系统需要后台的数学模型来支持三维虚拟实体的运动,三维虚拟模型只是作为一种"实体"依附于各种仿真体之上,而数学模型是决定其运动状态的"内动力"。道路交通三维虚拟仿真基本属于这一类仿真系统。对人机系统而言,三维虚拟图像是与人信息交互的主要界面,因此,对于具有人机交互的三维虚拟仿真系统,三维视景生成的效果就决定了三维仿真系统的有效性。

8.2　三维视景的建模基础理论

8.2.1　计算机图形学理论在三维视景建模中的应用

随着计算机技术的进步,计算机图形技术的发展越来越受到人们的重视。计算机的应用逐步由数值计算、数据处理领域向信息处理和知识处理领域拓宽。计算机的应用不断提出各种各样的要求,进一步促进了计算机科学技术的发展和提高。计算机图形学学科的出现,就是计算机应用与计算机技术相互促进的一个范例。

与其他形态的信息相比,图形具有直观明了、含义丰富等优点。因此,图形有着广泛的用途。虽然图形的表示、生成、处理、存储、检索和管理等要比文字复杂得多,但用计算机处理图形信息比传统的手工或机械方式提高了一大步,它使图形的用途更加广泛、更加有效,而成本越来越低。

计算机图形学是应用计算机建立、存储、处理某个对象的模型,并根据模型产生该对象图形输出的有关理论、方法与技术。这里所说的对象(Object),可以是各种实实在在的物体,如汽车、房屋、机械零件等,也可以是抽象的或者是假想的事物,如天气形势、人口分布、世界各国经济发展增长速度等。无论何种对象，计算机图形学的主要任务是先对这些对象进行描述(建模)，然后对描述这些对象的一组数据或过程进行各种处理，产生能正确反映这些对象某种性质的图形输出，如汽车外形图、零件加工图、大楼布局图、人口分布图、交通热点图等。

计算机图形学的核心技术是如何建立所处理对象的模型并生成该对象的图形，其主要内容包括几何模型构造技术、图形生成技术、图形操作与处理方法、图形信息的存储与交换技术、人机交互及用户的接口技术、动画技术、图形输出设备与输出技术、图形标准与图形软件包的研究开发等。

计算机图形学的研究内容十分丰富。随着计算机技术的进步和图形显示技术在应用领域的扩大与深入，计算机图形学在虚拟现实领域的开发与应用得到进一步的发展。

利用计算机图形技术，通过使用随机纹理可生成计算机立体画。当从画面后的某个定位点观察时，会产生惊人的深度感景象。但并不是人人都能看编码的三维图，事实上，人群中至少10%的人体验不到立体深度感，这些人靠运动视差和透视来判断深度。除这些实验外，还有其他一些实验表明：立体视觉和强烈的深度感来自于图像在两个视网膜上的位移。眼睛聚焦在一个物体上时，物体落在视网膜相应部位的特征合成一体。物体在定位平面之前及之后的部分落在视网膜上的不同点上，给大脑提供了一定的深度。通过经验及其他感觉(如眼睛的聚焦角度)，大脑便学会了如何判断空间距离的技巧。

人类的大脑里充满了几十亿个电脉冲形式的视觉信息。人们处理这些信息的目的是想获得对于环境的理解。例如，人们希望知道，汽车是否向我们开过来了；山野离我们有多远；或者我们应到哪里去提水壶。为了得到这些问题的答案，人们必须具有空间(即深度)的感觉。术语"深度"一般可以指：某一点到远处某物体之间的距离，也可以指两个物体或同一物体的两点之间的距离。

当视觉的信息被神经节细胞获得后，大脑的视觉皮层处就综合出一幅图像。然后大脑寻找图像中的线索，如边界线。图像中的边界线有助于人们决定深度的感觉。人们的大脑利用四种基本类型的线索来获得深度的感觉，它们是静态的深度线索、运动的深度线索、生理的深度线索和立体视觉线索。

1. 静态的深度线索

首先讨论的深度感觉来自静止的单幅图像，例如，一张照片，人们可以用一只眼来看并且不需要移动观察位置。虽然所看的只是二维视网膜上的平面图像，但仍然可以得到一些关于环境的空间深度的信息。

这里将提到的6种静态的深度线索是：遮挡、影调、亮度、尺寸、线性透视和纹理。运用它们中的每一种都可以使虚拟环境看起来更真实一些。

1) 遮挡

当一个物体的一部分被另一个物体阻挡，看不到了，那么这部分被阻挡的物体，给人们较远的感觉。这种称为阻挡的现象，是一种强有力的深度线索。如图 8-1 所示，树遮挡了山体，说明山体离我们比树远一些。如果各种深度线索提供的信息有冲突，则遮挡线索通常处于优先地位。

图 8-1　遮挡线索(近处的树遮挡了远处的山体)

2) 影调

影调是指图像中的明暗变化。这也是人们感受到的较强有力的深度线索之一。事实上，影调不仅提供了关于深度的信息，而且提供了有关被观察物体的其他形状信息。例如，光从某个角度落在立方体上会形成明确的边界，但是落在曲面上就不一定有明确的边界。

3) 亮度

由于人们周围的空气中含有水蒸气和其他微粒，光从远处传播到人们的眼睛，要比从近处物体传播的显得较为暗淡和雾蒙蒙的。因此，亮度就成为确定深度的一个因素，远山总是显得较为模糊和暗淡。

4) 尺寸

物体的大小在深度感觉中起着重要的作用。同样的物体，较近的投射在视网膜上的图像较大，较远的投射在视网膜上的图像较小。用尺寸作为深度的线索，最重要的是观察者要对物体的大小熟悉。如图 8-2 所示，画面中间的路面，同样的宽度，远处变窄了；还有两侧的树木，同样的高度，远处变矮了。

图 8-2　尺寸线索(同样尺寸，近处图像大、远处图像小)

5) 线性透视

人们观察某一建筑物，屋顶和地面形成的直线看起来会聚于一点。如果知道建筑物的高度是一致的，就可以确定建筑物的深度了。这种利用物体上的直线投影的角度来判断距离的方法，就是利用了线性透视，如图 8-3 所示。

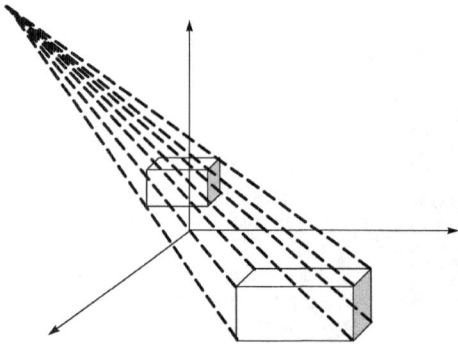

图 8-3　线性透视图说明

6) 纹理

例如，在看一大片稻田时，在近处组成的图案就很粗，甚至可以分清这株和那株。在远处，稻秧就成了很密的一片了。这种纹理网格的疏密程度就会给人们深度信息。

2. 运动的深度线索

当人们用一只眼睛去看几棵树的上部，如果它们之间没有互相遮挡，很难说出哪棵树近，哪棵树远。但当人们左右移动一下头部时，树的远近就很容易发现了，因为近处的树在人们看来移动得多或者说移动得快，而在远处的树则移动得慢一些。

3. 生理的深度线索

从上面的介绍来看，如果全靠静止图像中的线索或者头部运动，人有一只眼睛就够了。但是实际上，最重要的近处物体的深度信息要靠两只眼睛来获取。从生理上来探讨，当人们看近处的物体时，因为两只眼睛要看同一处，眼睛就要内向(向脸的中心线)转动。物体离脸越近，眼睛的转动就越多，如果看的物体在六七米之外，两眼就基本平直了。所以，眼睛转动的多少，提供了深度的信息。

从眼睛聚焦的过程来看，为了要看清一个物体，眼睛要调节晶状体，使得物体的像能清晰地聚焦眼底，这种调节过程能给人们一些深度线索。你可以实验这种方法，但获得的深度信息一般不太准确。

4. 立体视觉线索

通过使用随机点立体图，Bela Julesz 于 1971 年证实立体感与认知无关。当通过立体镜观察两个完全相同的随机点的图案时，观察到的正是感觉到的，没有任何深度感。然而，如果一个图案水平错位后，两幅图像间的差异会让大脑产生正在观察三维结构的感觉。

有些动物，如兔子和鹿，看世界的方法与人不太相同，因为它们的两只眼睛能同时看到不同的方向，而人类的两眼同时指向一个方向。兔子的眼睛能帮助它偷吃园子的菜，但人的眼睛却有一个有趣的能力：人们可以比较从左眼和右眼看到的东西，从中提取恰当的深度信息，这就称为立体深度线索。

当两只眼睛相隔约 60mm，每只眼睛从略有不同的角度观察同一物体时，每只眼睛看到的并不完全相同，这称为视差。大脑是如何把两种不同的图像结合起来的呢？尽管这种过程没有被完全理解，但已经知道脑中的神经元对某些规定的刺激才有反应，其中有几种直接与双目的信息相联系。当双眼观察到左右配对的特征时，某种神经元反应最为灵敏。在虚拟现实的显示技术中，利用双目视差来造成立体感是一个重要的方面。头盔显示系统就是利用了这一点来实现虚拟现实系统的立体视觉线索的，因为头盔显示器中左眼和右眼所看到的视景系统有些差别。

在三维虚拟视景系统中，三维立体图形的实现至关重要，立体视觉主要是通过静态深度线索中的遮挡、尺寸、线性透视、精细的纹理及运动深度线索来实现的。

5. 图形变换

视网膜的电化学特性将反应的时间引入视觉过程，当眼睛看到很短时间的光后，视杆细胞接收器约在 0.25s 后达到峰值。比视锥细胞反应时间要快 4 倍，视杆、视锥共同作用引起视觉暂留现象。

视觉暂留是电影、电视、计算机乃至虚拟现实显示技术的基础。人眼将一系列快速播放的离散图像合成为连续的视觉流，要求图像的播放频率在临界停闪频率(Critical Fusion Frequency)之上，该频率可低至 20Hz，它很大程度上取决于图像的大小及亮度。

因此，只要图像的播放频率大于 20Hz，基本就可以使观察者产生连续的视觉流，即实现动画显示。

在图像的播放频率(即动画速度)方面，当然是越快越好，但是这主要取决于计算机硬件的处理能力和程序的优化，所以在保证一定价格的前提下，尽量配置性能高的计算机以达到更高的动画速度。

在现实生活中，改变视点就会看到不同的景象。在计算机中，是通过改变视景系统的所有景物的位置和方向来产生观察者移动视点的效果的。下面介绍计算机是如何移动视景系统中的物体的。

在计算机处理图形的时候，一般是用齐次坐标来进行运算处理的。齐次坐标表示法就是由 $n+1$ 维向量表示一个 n 维向量。N 维空间中点的位置向量用非齐次坐标表示时，具有 n 个坐标分量($P_1, P_2, \cdots, P_n$)，且是唯一的。若用齐次坐标表示，则变成 $n+1$ 维向量($hP_1, hP_2, \cdots, hP_n, h$)，而且该向量的形式不唯一。齐次坐标表示法主要有以下优点。

齐次坐标提供了用矩阵运算把二维、三维甚至高维空间中的一个点集从一个坐标系变换到另一个坐标系的有效方法，图形变换矩阵如表 8-1 所示。

齐次坐标可以表示无穷远点，在 $n+1$ 维中，$h=0$ 就表示了一个 n 维的无穷远点。三维齐次坐标变换矩阵的形式是

$$T_{3D} = \begin{bmatrix} a_{11} & a_{12} & a_{13} & a_{14} \\ a_{21} & a_{22} & a_{23} & a_{24} \\ a_{31} & a_{32} & a_{33} & a_{34} \\ a_{41} & a_{42} & a_{43} & a_{44} \end{bmatrix} \tag{8-1}$$

三维图形的变换矩阵 T_{3D}，从变换的功能上可以把 T_{3D} 分成四个子矩阵，其中 $\begin{bmatrix} a_{11} & a_{12} & a_{13} \\ a_{21} & a_{22} & a_{23} \\ a_{31} & a_{32} & a_{33} \end{bmatrix}$ 是对图形进行比例、旋转、错切等变换；$\begin{bmatrix} a_{41} & a_{42} & a_{43} \end{bmatrix}$ 是对图形进行平移变换；$\begin{bmatrix} a_{14} \\ a_{24} \\ a_{34} \end{bmatrix}$ 是对图形进行投影变换；$[a_{44}]$ 是产生整体的比例变换。

假设三维图形变换前的坐标是 $\begin{bmatrix} x & y & z & 1 \end{bmatrix}$，经过几何变换后的坐标为 $\begin{bmatrix} x^* & y^* & z^* & 1 \end{bmatrix}$，则运算表达式为

$$\begin{bmatrix} x^* & y^* & z^* & 1 \end{bmatrix} = \begin{bmatrix} x & y & z & 1 \end{bmatrix} \cdot T_{3D} \tag{8-2}$$

表 8-1　图形变换矩阵

变换类型	变换矩阵	变换说明
平移变换	$\begin{bmatrix} 1 & 0 & 0 & 0 \\ 0 & 1 & 0 & 0 \\ 0 & 0 & 1 & 0 \\ T_x & T_y & T_z & 1 \end{bmatrix}$	T_x，T_y，T_z 分别是在 x、y 和 z 方向上的平移量
比例变换	$\begin{bmatrix} s_x & 0 & 0 & 0 \\ 0 & s_y & 0 & 0 \\ 0 & 0 & s_z & 0 \\ (1-s_x)\cdot x_f & (1-s_y)\cdot y_f & (1-s_z)\cdot y_z & 1 \end{bmatrix}$	(x_f, y_f, z_f) 是比例变换的参考点，s_x, s_y, s_z 分别是沿 x、y 和 z 轴上的缩放量
旋转变换	$\begin{bmatrix} 1 & 0 & 0 & 0 \\ 0 & \cos\theta & \sin\theta & 0 \\ 0 & -\sin\theta & \cos\theta & 0 \\ 0 & 0 & 0 & 1 \end{bmatrix}$	θ 表示右手坐标系下绕 x 轴旋转的角度
	$\begin{bmatrix} \cos\theta & 0 & -\sin\theta & 0 \\ 0 & 1 & 0 & 0 \\ \sin\theta & 0 & \cos\theta & 0 \\ 0 & 0 & 0 & 1 \end{bmatrix}$	θ 表示右手坐标系下绕 y 轴旋转的角度
	$\begin{bmatrix} \cos\theta & \sin\theta & 0 & 0 \\ -\sin\theta & \cos\theta & 0 & 0 \\ 0 & 0 & 1 & 0 \\ 0 & 0 & 0 & 1 \end{bmatrix}$	θ 表示右手坐标系下绕 z 轴旋转的角度

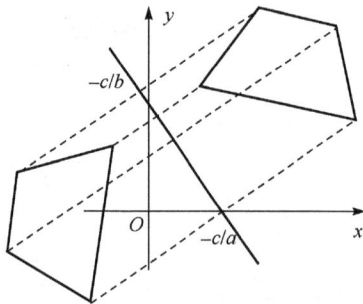

图 8-4　绕任意轴的对称变换

例 8.1　关于任意一条直线的对称变换矩阵求解。

问题描述：点 $P(x,y)$（或直线、面）绕任意轴（直线 $L: ax+by+c=0$）的镜像操作，求变换矩阵 T，如图 8-4 所示。

分析：该例为二维图形变换问题，涉及图形变换的级联，也就是将一个复杂的变换分解为多个简单的变换。复杂变换矩阵最终就是多个简单变换的乘积。

求解过程如下。

(1) 首先使直线平移 $x = c/a$，使直线通过坐标原点，变换矩阵 T_1 为

$$T_1 = \begin{bmatrix} 1 & 0 & 0 \\ 0 & 1 & 0 \\ c/a & 0 & 1 \end{bmatrix}$$

(2) 逆时针旋转 θ 角，$\theta = \arctan(-b/a)$，使直线与 y 轴重合，变换矩阵 T_2 为

$$T_2 = \begin{bmatrix} \cos\theta & \sin\theta & 0 \\ -\sin\theta & \cos\theta & 0 \\ 0 & 0 & 1 \end{bmatrix}$$

(3) 对称于 y 轴的对称变换矩阵 T_3 为

$$T_3 = \begin{bmatrix} -1 & 0 & 0 \\ 0 & 1 & 0 \\ 0 & 0 & 1 \end{bmatrix}$$

(4) 顺时针旋转 θ 角的变换矩阵 T_4 为

$$T_4 = \begin{bmatrix} \cos\theta & -\sin\theta & 0 \\ \sin\theta & \cos\theta & 0 \\ 0 & 0 & 1 \end{bmatrix}$$

(5) 使直线从原点处反平移 $x = -c/a$，回到直线原来位置，变换矩阵 T_5 为

$$T_5 = \begin{bmatrix} 1 & 0 & 0 \\ 0 & 1 & 0 \\ -c/a & 0 & 1 \end{bmatrix}$$

(6) 点 $P(x,y)$ 绕任意轴(直线 $L: ax + by + c = 0$)的镜像操作变换矩阵 T 就是 T_1、T_2、T_3、T_4、T_5 这五个矩阵的乘积：

$$T = T_1 \times T_2 \times T_3 \times T_4 \times T_5 = \begin{bmatrix} -\cos 2\theta & \sin 2\theta & 0 \\ \sin 2\theta & \cos 2\theta & 0 \\ -c/a(1+\cos 2\theta) & c/a \sin 2\theta & 1 \end{bmatrix}$$

8.2.2 三维图形接口——常见三维图形 API

API 即应用程序接口(Application Programming Interface)。简单地说，API 的出台使得软件开发工作者的工作更加轻松容易。有了它，各种软件的接口功能就有了可比性。过去，如果人们想让它们发挥最大功效，必须做的一件事，就是记录相关硬件设备的地址。现在，API 已成为软、硬件之间一种控制的传媒。

而三维图形 API 则是指显卡与应用程序之间的接口，3D API 能使编程人员所设计的 3D 软件只要调用其 API 内的程序，从而使 API 自动与硬件的驱动程序沟通，启动 3D 芯片强大的 3D 图形处理功能，从而大幅度地提高 3D 程序的设计效率。

在图形图像行业里，有三种 API 格式逐渐确立了它们在图形领域的地位，它们是：Direct3D、OpenGL 和 Quick Draw 3D(Heidi——Autodesk 系列产品的 API)。这三种常用的 API 格式在使用中都体现了一定的扩展性、灵活性和便捷性等。三种常见图形接口比较如表 8-2 所示。

表 8-2　三种常见图形接口比较

功能	Direct3D	OpenGL	Heidi
Alpha 混合(Alpha Blending)	√	√	√
纹理映射(Texture Mapping)	√	√	√
MIP 映射(MIP Mapping)	√	√	√
视频动态映射(Video Motion Mapping)	√	×	√
雾化(Fogging)	√	√	√
抗失真过滤(Anti-aliasing Filter)	√	√	√
直接描绘法(Flat Shading)	√	√	√
Gouraud 描绘法(Gouraud Shading)	√	√	√
Phone 描绘法(Phone Shading)	×	×	×

1. Direct3D

Direct3D 是微软公司专为 PC 游戏开发的 API，与 Windows 和 NT 等操作系统兼容性好，可绕过图形显示接口直接进行支持该 API 的各种硬件的底层操作，极大地提高了游戏的运行速度。但由于要考虑与各方面的兼容性，在执行效率上未见得最优。Direct3D 可以仿真大部分软件中的 3D 渲染功能。目前 Direct3D API 的大多数用途是编写游戏软件，而这些游戏都不支持几何加速。

一个完整的 DirectX 应用程序接口由以下部分组成。

(1) DirectDraw：该应用程序接口负责显示内存的管理。

(2) DirectSound：对声音设备进行统一支持，同时在游戏应用中还增加了特殊 3D 效果。

(3) DirectPlay：可以提供有效方法使游戏满足个人微机的要求。

(4) DirectInput：用通用的应用程序接口来统一管理所有的输入设备，如游戏杆、高级游戏操纵杆等。

(5) Direct3D：就游戏而言，它是 DirectX 的主要设计成果。用 Direct3D，可以非常简单地调用 3D 图形加速卡的许多新的功能。用 Direct3D，游戏厂商不需要过分依赖特殊的硬件就可以完成高质量的性能和表现效果。

(6) DirectSetup：它的作用是安装所有的 DirectX 的组成部分。

2. Heidi

Heidi 应用程序接口是 Autodesk 系列产品的守护神。Autodesk 是目前全球 CAD/CAM/CAE/GIS/MM 工业领域中拥有用户量最多的软件公司，也是基于 PC 平台的全球最大的 CAD、动画及可视化软件公司。就目前的 AutoCAD 的应用状态和用户类型来看，从事纯三维设计的小于 25%(用于大型装配设计和复杂工程分析)，从事纯二维设计的约 25%(用于绘制企业生产性数字化二维工程图)，而既从事二维绘图又从事三维设计的大于 50%(广泛用于零部件和一般装配设计分析)。Heidi 就是 Autodesk 在 CAD、动画及可视化软件领域中最重要的主流支撑应用软件接口。Heidi 和 OpenGL 的区别在于：Heidi 不能通过显示表进行操作。Heidi 是一个纯粹的立即模式接口，主要适用于应用开发。著名的 3D 程序软件，如 3D STUDIO MAX/VIZ、AutoCAD 12/13/14/2005、经济建模、商业图形演示和机械设计等都使用 Heidi 系统。与 OpenGL 相比，Heidi 还只是一种原始对象接口，功能请求单一化，靠使用标准界面或者直接利用特定的 3D 芯片来进行硬件加速。如果没有硬件的密切配合，在对大型的高质、高分、高刷的图形工作时，显示效果会受到很大的影响。Heidi 的突出特点是灵活多变，这要归功于 Plug-ins(插入式结构)和内部定义的 Heidi 接口。

3. OpenGL

OpenGL(Open Graphics Library，开放图形库)是近年来发展起来的一个性能卓越的三维图形标准，它是在 SGI 等多家世界闻名的计算机公司倡导下，以 SGI 的 GL 三维图形库为基础制定的一个通用共享的开发式三维图形标准。

SGI 公司于 1990 年开始着手 OpenGL 的研制。1992 年 OpenGL 体系结构委员会制定了 1.0 规范，截至 2003 年 7 月，经历了 1.1、1.2、1.3、1.4、1.5 等各个版本。并于 2004 年 9 月、2008 年 8 月、2010 年 3 月分别推出 OpenGL2.0 版、OpenGL3.0 版、OpenGL4.0 版，当前最新版本为 OpenGL4.5(2015 年 5 月推出)。

什么是 OpenGL？OpenGL 被严格定义为"一种图形硬件的软件接口"，不是一门新的"语言"。从本质上讲，它是一个完全可移植并且速度很快的 3D 图形和建模库。使用 OpenGL，可以创建视觉质量接近射线跟踪程序的精致漂亮的 3D 图形，但其速度却比射线跟踪程序快好几个数量级。

OpenGL 不是像 C 和 C++那样的编程语言，它更像 C 的运行库，提供一些预封装的运行库。OpenGL 不是一种编程语言，而是一种 API。当人们说某个程序是基于 OpenGL 的或者是个 OpenGL 程序时，意思是它是用某种编程语言编写的，其中调用了一个或多个 OpenGL。并不是指这个程序只是用 OpenGL 进行绘图。它可能会结合两个不同图形软件包各自最好的功能，或者只把 OpenGL 用于某些特殊任务，而把特定于环境的图形(如 Windows GDI)用于其他任务。

OpenGL 是图形硬件的软件接口。OpenGL 中包括大约 250 个不同的函数，其中核心函数(前缀为"gl"的函数)200 个，应用库函数(前缀为"glu"的函数)50 个，程序员可以使用这些命令设定所需的物体和操作，来绘制交互式的三维应用程序。

OpenGL 是作为一种新型的接口来设计的，它与硬件无关的特性，使其可以在不同的硬件平台上实现。也是为了实现这一跨平台性能，OpenGL 没有包括执行窗口任务或获取用户输入的命令，所以，程序员必须通过所使用的窗口系统来控制正在使用的特定硬件。另外，OpenGL 也不提供描述复杂三维物体模型的高级函数，如绘制汽车、人体、飞机或者分子模型等。使用 OpenGL 的程序员，必须利用一系列简单的点、直线和多边形等几何图元的组合来建立期望的模型。在 OpenGL 应用库中，也提供了许多模型特征，如四面体平面、NURBS 曲线和曲面，不过是些简单的模型。

图形标准存在显而易见的优点：图形质量高、性能好，标准化，稳定性，可靠性和可移植性，但是标准也存在着缺点，Andries Van Dam 指出："标准是很多人经过多年的努力共同创建的，它的规范与实现总是落后于最新技术。经验表明，绝大多数领域最先进的设计都是极小数精英小组创作的，但是标准却是一个庞大委员会的技术、政治折中的产物。"

8.2.3　虚拟现实技术

虚拟现实(Virtual Reality, VR)技术是 20 世纪 90 年代以来兴起的一种新型信息技术，它与多媒体、网络技术并称为三大前景最好的计算机技术。自 1962 年美国青年 Morton Heilig 发明了实感全景仿真机开始，虚拟现实技术越来越受到人们的关注。1970 年 Ivan Sutherland 领导研制成功第一个头盔显示器，并首次正式演示。Virtual Reality 的概念由美国 VPL Research 公司的创始人 Jaron Lanier 在 1989 年正式提出，中文通常译作"虚拟现实"。

钱学森曾建议把 Virtual Reality 的技术称为"灵境技术"，由它构成的信息处理环境称作"灵境"。一般认为，虚拟现实是利用计算机生成的一种模拟环境，通过多种传感设备使用户"投入"该环境中，实现用户与该环境直接进行自然交互的技术。这里所谓的"模拟环境"一般是指用计算机生成的有立体感的图形，它可以是某一特定现实环境的表现，也可以是构想的虚拟世界。

在仿真世界中，利用计算机系统可以人为创建一种虚拟空间，人们能够在这个虚拟环境中观察、聆听、触摸、漫游，并与虚拟环境中的实体进行交互，从而使用户亲身体验沉浸在虚拟空间中的感受。

1. 虚拟现实的 3I 特性

虚拟现实具有三个基本特性，包括沉浸性(Immersion)、交互性(Interaction)、想象力(Imagination)，因为三个特性的英文首字母为 I，所以简称 3I 特性。3I 特性的具体含义如下。

(1) 沉浸性：是指用户感到被虚拟世界所包围，就好像完全融入其中一样。通常有两种实现方法：一种是多"窗口"显示法，常用于飞行或者驾驶模拟器中，用户能够通过任一"窗口"看见虚拟的世界，就好像通过一个真实的窗口看见外部世界一样；另一种是多数沉浸式虚拟现实系统所采用的头盔法，通过跟踪用户头部的运动，用户能看到变化的景象。

(2) 交互性：是指用户能通过自然的动作与虚拟世界的物体进行交互作用。例如，在建筑中"穿行"，人们可以开门或关门，也可以开关家电设备；在工程设计时，人们可以用手拆散自己的设计或者做其他的交互动作。

(3) 想象力：是指用户沉浸在多维信息空间中，依靠自己的感知和认知能力全方位地获取知识，发挥主观能动性，寻求解答，形成新的概念。

概括起来讲，3I 特性是指人们能够沉浸到计算机系统所描述的环境中，利用多种传感器和多维化的信息环境进行交互作用，从定性和定量结合集成的环境中得到感性和理性的认识。

2. 虚拟现实的三维建模技术

模型是用严格定义的语言或者数据结构对于三维物体的描述，它包括几何、视点、纹理以及照明信息。虚拟环境建模是 VR 技术的核心内容。虚拟环境建模是根据应用需要，利用获取的三维数据建立相应的 VR 模型。三维数据的获取可以采用 CAD 技术(有规则的环境)，而更多的情况下则需采用非接触式的视觉建模技术，两者有机结合可以有效地提高数据获取的效率。VR 建模是基于 VR 的 FFSR 自主运动规划系统的重要组成部分。FFSR 的 VR 建模主要由三部分组成：几何建模、运动建模和物理建模。

几何建模是建立物体的几何形状，是以计算机图形学为基础的，常用的表现方法有线框表示法、表面或边界法和实体模型表示法；运动建模是建立虚拟空间中任何运动物体的运动规律或动力学模型及其约束条件；物理建模是对几何建模的结果进行渲染，包括对材质、纹理、颜色、光照的处理，在计算机上生成具有真实感的图形，并对虚拟环境对象的特性进行描述。

3. 虚拟现实的渲染技术

渲染(Render)是指用软件从模型生成图像的过程。渲染是三维计算机图形学中的最重要的研究课题之一，在图形流水线中，渲染是最后一项重要步骤，通过它得到模型与动画的最终显示效果。

渲染技术根据其建模方法及渲染方法的不同，可分为基于图形的渲染技术、基于图像的渲染技术和基于点的渲染技术三种。三种技术的区别主要体现在对三维模型的建模方法上。其中，基于图形的渲染技术是比较常用的一种渲染技术，完全基于三维模型的几何结构建模，运用计算机图形变换、透视变换进行渲染；这种建模方法在几何建模、纹理贴图上比较费时，但渲染效果较好。基于图像的渲染技术混合了计算机图像学和计算机视觉技术，是对基于图像建模的渲染，基于图像的建模和渲染方法可以减少对详细几何结构建模等的劳动密集型工作，它们也可以处理被采集图像中的微妙的真实世界效果，这是使用传统图像技术难以达到的。基于点的渲染技术是指对像素点建模进行渲染，一般用于保护文物的三维展示，通过拍摄图像片断，基于像素点构建其三维模型。

8.2.4　三维实体的基本建模方法

三维实体建模方法分为线框建模、表面建模、实体建模、特征建模、参数化建模等。

1. 线框建模

像借用金属丝框架来描述几何形状那样，将棱线、轮廓线、交线等表示立体形状特征的线作为形状参数表示三维立体，这种模型称为线框模型。一般用来代替手工绘图，可以生成任意视点或视向的透视图及轴测图,操作比较简单。线框模型的数据结构简单,只有点、线的信息,耗用系统资源小,所以具有计算机处理速度快的特点。但是用线框模型表示的空间体是用线相关的信息来表示的,描述实体形状特征的信息不够充分。

2. 表面建模

表面建模是在线框模型的数据结构基础上,增加与形成空间体的各个面相关的数据构成的。表面模型与线框模型相比,只增加了定义面的那一部分数据量,所以,通过使用处理这些数据所得到的信息能够实现求两个面的交线、绘制剖面图、消除隐线等功能。

3. 实体建模

在表面模型的基础上,再增加实体面的内侧信息就构成了实体模型。在实体建模中,人们着重关注包含更多的实体几何信息,这就使得剖分一个实体成为可能,并且能够观看其内部的形状。实体建模的方法包括边界描述、创建实体几何形状、截面扫描、放样和旋转等。

4. 特征建模

特征是物体具有的某种属性。它包含了物体的几何信息、精度信息、材料信息和管理信息等属性,特征建模是指从 CAD/CAM 集成的角度出发,要求从整个生命周期各个阶段的不同需求来描述产品,能完整地、系统地、全面地描述产品信息,使各应用系统可直接从该零件模型中抽取所需信息的建模技术。目前,特征建模方法主要有交互式特征定义、特征识别和基于特征设计三种。

5. 参数化建模

参数化建模是指将模型中的定量信息变量化,使之成为任意调整的参数,对于变量化参数赋予不同数值,就可得到不同大小和形状的模型。

参数化建模具有提高模型的更新速度、减少出错、降低劳动强度、提高建模效率的优点。另外,它可以应对缺少模型真实设计数据的情况,设计人员可以预先设定一个缺省值,在得到真实的设计数据时,只需调整参数的设定,极大地扩大了使用的广泛性。图 8-5 为参数化建模的用户界面。

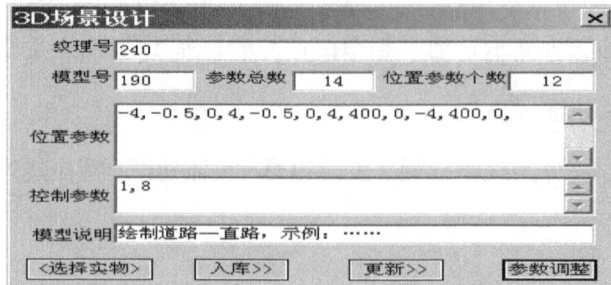

图 8-5　参数化建模的用户界面

8.3　交通静态视景建模方法

8.3.1　交通视景分类

根据视景在仿真期间位置是否发生变化、是否运动,将交通视景分类两类:交通静态视景、交通动态视景。交通静态视景一般包括:道路(含标线)、地形(含自然景观)、交通设施、交通标志等。交通动态视景一般包括:参与交通的车辆(机动车、非机动车)、行人等。本节先介绍交通静态视景建模方法。

8.3.2　道路视景的三维建模方法

道路仿真视景的基本要求是再现道路及周边环境的三维景象,给人一种道路交通环境的真实感,为道路交通的模拟或主客观评价提供必要的视觉环境。根据道路交通三维仿真的特点,观察道路视景的视点始终在道路上方,因此,可以忽略地基构造,而采用表面建模方法,即将道路路面、边坡、地形等均简化为表面三角形或多边形构建仿真面,如图 8-6(a)所示。在网络模型基础上增加纹理后成为仿真视景模型,如图 8-6(b)所示。

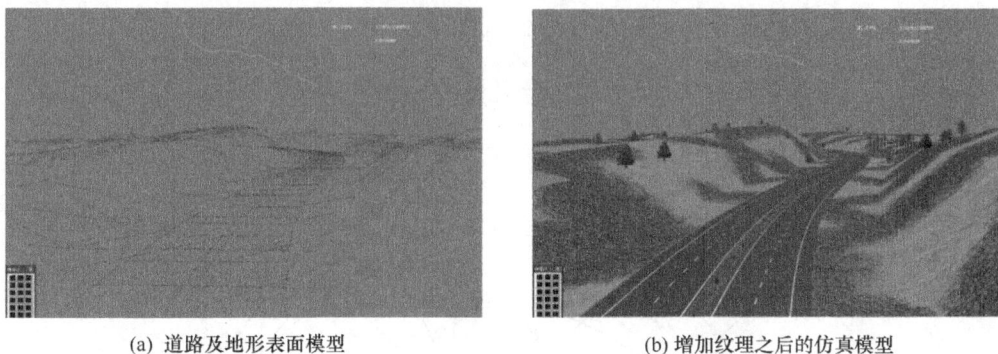

(a) 道路及地形表面模型　　　　　　　　　(b) 增加纹理之后的仿真模型

图 8-6　道路仿真视景模型

道路是一个带状构造物,由平、纵、横三个断面构成,它的中线是一条空间曲线。道路的线形设计是指确定路线空间位置和各部分几何尺寸的工作,下面介绍路线的平面、纵断面、横断面的建模方法。

1. 路线的平面模型

当道路的平面线形受地形、地物等障碍的影响而发生转折时,在转折处就需要设置曲线或者曲线的组合。曲线一般为圆曲线,对于等级较高的,在直线和圆曲线间还要插入缓和曲线,回旋线是比较常用的缓和曲线。因此,直线、圆曲线和缓和线是平面线形的主要组成要素。道路平面线形设计主要是路线平面几何要素的设计,包括直线、圆曲线、缓和曲线以及三者的线形组合设计。

道路路线平面组合线形有：简单形(即直线与圆曲线的组合形式)、复曲线形(指两个或两个以上半径不同、转向相同的圆曲线径相连接或插入缓和曲线的组合曲线)、基本形(即按直线、缓和曲线、圆曲线、缓和曲线、直线的顺序组合而成)、S 形(即用缓和曲线连接两条反向圆曲线的组合形式)、凸形(两同向缓和曲线间不插入圆曲线而径相衔接的组合形式)、C 形(两同向回旋线在其曲率为零处径相衔接的形式)等，如图 8-7 所示。

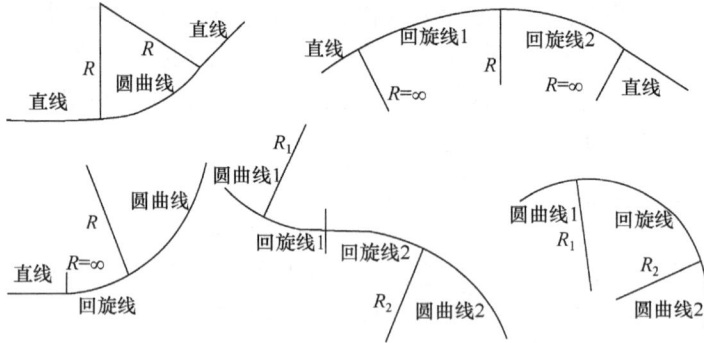

图 8-7　路线平面组合线形

下面介绍一种典型的带缓和曲线的圆曲线的计算方法。图 8-8 是一基本型的线形组合，其回旋曲线上的任意点的坐标计算公式如下：

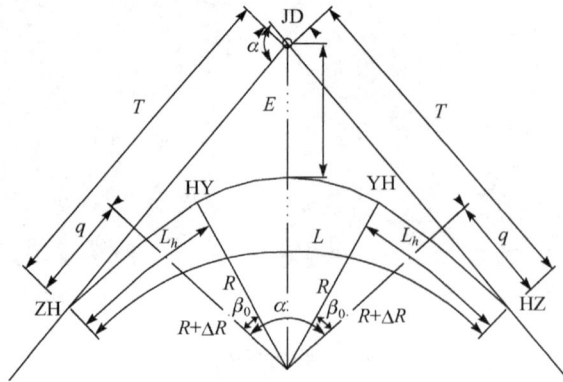

图 8-8　基本形曲线计算

$$x = L - \frac{L^5}{40R^2 L_h^2} \tag{8-3}$$

$$y = \frac{L^3}{6RL_h} - \frac{L^7}{336R^3 L_h^3} \tag{8-4}$$

在圆曲线上任意一点的坐标公式为

$$q = \frac{L_h}{2} - \frac{L_h^5}{240R^2}$$

$$p = \frac{L_h^2}{24R} - \frac{L_h^4}{2384R^3}$$

$$\phi_m = \frac{90}{\pi} \cdot \left(\frac{2L_m + L_h}{R} \right) \tag{8-5}$$

$$x = q + R \cdot \sin\phi_m$$

$$y = p + R\left(1 - \cos\phi_m\right)$$

其中，R 为圆曲线半径(m)；L 为由缓和曲线起点到任意点的弧长(m)；L_m 为圆曲线上任意点至缓和曲线终点的弧长(m)；L_h 为缓和曲线长度(m)。

2. 路线的纵断面模型

纵断面线形设计主要是解决道路线形在纵断面上的位置、形状和尺寸，具体内容包括纵坡设计和竖曲线设计。纵断面线形设计应根据道路的性质、任务、等级和自然因素，考虑路基稳定、排水及工程量等要求，对纵坡的大小、长短、前后纵坡情况、竖曲线半径大小

图 8-9　纵断面线形

以及与平面线形的组合关系等进行组合设计，从而得到坡度合理、线形平顺圆滑的最优设计，以达到行车安全、快速、舒适、工程造价较低、营运费用较少的目的。道路纵断面线形常采用直线和竖曲线，竖曲线又分为凸形和凹形两种，如图 8-9 所示。

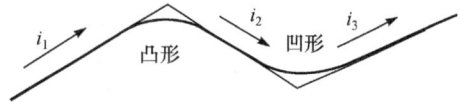

1) 路线纵坡

路线纵断面上同一坡段两点间的高差与其水平距离的比值(用百分率表示)称为路线纵坡，通常用 i 表示。路线纵坡的主要技术指标有最大纵坡和最小纵坡、最大坡长和最小坡长、平均纵坡、合成坡度等。

2) 竖曲线

纵断面上两相邻不同坡度线的交点称为变坡点。为保证行车安全、舒适以及视距的需要，在变坡处设置的纵向曲线，即为竖曲线。相邻两坡度线的交角用坡度差 ω 表示，ω 为正，变坡点在曲线下方，竖曲线开口向上，称为凹形竖曲线；ω 为负，变坡点在曲线上方，竖曲线开口向下，称为凸形竖曲线。竖曲线的线形采用二次抛物线。由于在其应用范围内，圆曲线和抛物线几乎没有差别。因此，竖曲线通常表示成圆曲线的形式，用圆曲线半径 R 来表示竖曲线的曲率半径。

竖曲线的几何要素主要有：竖曲线切线长 T、曲线长 L 和外距 E，如图 8-10 所示。

$$L = R \cdot \omega, \qquad T = \frac{L}{2}, \qquad E = \frac{T^2}{2R} \tag{8-6}$$

竖曲线上任意点距离切线的纵距 y 为

$$y = \frac{x^2}{2R} \tag{8-7}$$

图 8-10　竖曲线计算示意图

其中，x 为竖曲线上任意一点距离起点或终点的距离(m)。

竖曲线上任意点切线高程为

$$H_1 = H_0 - (T - x) \cdot i \tag{8-8}$$

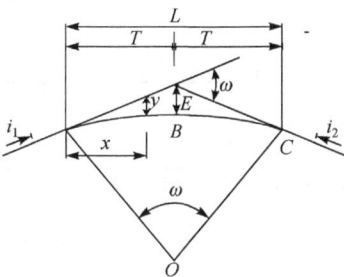

其中，H_0 为变坡点标高 (m)；H_1 为计算点切线高程；i 为纵坡度。利用该公式可以计算直坡段上任意点的设计标高：

$$H = H_1 \pm y \tag{8-9}$$

其中，H 为设计标高；"±" 为凹形竖曲线取 "+"，为凸形竖曲线取 "−"。

3. 路线的横断面模型

如图 8-11 所示，高等级公路横断面一般由以下几部分组成。

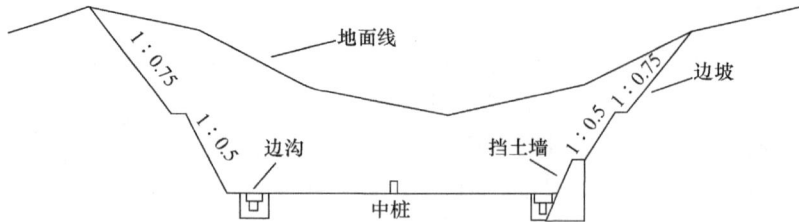

图 8-11　横断面设计图

(1) 行车道：供各种车辆行驶部分的总称。

(2) 路肩：位于行车道外缘至路基边缘，增加路幅的侧向净宽，供临时停车、错车或堆放养路材料之用，并具有保护路面及支撑路面结构的作用。

(3) 中央分隔带：用于分隔对向车辆的带状构造物。

(4) 边坡：为保证路基稳定，在路基两侧具有一定坡度的坡面。

(5) 挡土墙：是设计在路基侧向的一种多棱体构造物，用来支撑天然边坡或陡峭坡段，以保持土体稳定。

(6) 边沟：为汇集和排除路面、路肩及边坡流水，在挖方或填方路基两侧设置的纵向排水沟。

公路三维模型由多个三维空间曲面构造而成，平面投影包括直线、圆曲线和缓和曲线；纵断面中包括直线和竖曲线；横断面的情况复杂，包括填方、挖方、半填半挖和不填不挖四种形式。但新设计的高等级公路一般都有规范的数据文件，数据主要包括逐桩坐标等，如表 8-3 所示。

表 8-3　路基横断面设计数据的构成

数据名称	数据包含内容
逐桩坐标表	中桩桩号、平面坐标、切线方位角等
路基设计计算成果	中桩设计高程、路基宽度、填挖值等。此部分数据同逐桩坐标表的数据相结合，可以完成整条路线的三维坐标计算，包括超高和加宽
横断面查询用表	边坡坡高、坡宽、构造物形式和填挖方面积等
横断面地面线	提供地面线各控制点距离中桩的水平距离和高差
平面数据	曲线性质、交点桩号、半径、缓和曲线长、交点里程等
纵坡竖曲线	变坡点里程、变坡点高程、竖曲线半径、纵坡坡度、坡长、切线长、外距和竖曲线起止点桩号
横断面设计坐标参数	提供各种构造物的控制点距离中桩的水平距离和高差

8.3.3　三维地形模型构建方法

道路交通建模离不开地形，需要有好的方法表达真实地形，以满足道路交通虚拟仿真逼真性的需要。道路及周边地形环境作为仿真虚拟视景的重要内容，其仿真模型的准确度关系到研究数据的准确性和可靠性。因此，道路周边地形模型的构建是道路仿真应用的重要内容之一。

1. 地形建模方法概述

地形建模的基本目标是与实际情况吻合。为此，一类方法为基于简单几何图形逼近思想，建立地形的网格模型，称为图形建模方式；另一类方法利用真实图像进行构造，称为图像建模方式。前者基于计算机图形学技术，后者基于计算机图像处理技术。本节内容主要介绍基于图形学技术的地形建模方法。

根据地形生成技术的发展阶段，三维地形建模方法可以分为如下三种。

(1) 基于真实数据的地形生成技术。这种技术主要使用 DEM 数据构成的多边形网格进行逼近。最有代表性的是由 Hoop 提出的渐进格网法。这种算法的主要思想是将原始格网通过一系列边的折叠简化成一个基础格网。在这个格网上进行逆操作边的分裂，这样可以在基础格网上添加一些细节，比较适用于需要网络传输的数据绘制。另外一种代表性的算法是由 Mark Duchaineau 提出的“实时优化自适应网格”算法，这种算法的主要思想是以三角网的二叉树的动态表示法为基础，增删顶点时网格的连续性通过对三角形二叉树的定义、分裂和合并来保证。指定三角形的数目可以通过对矩阵的优化产生误差约束来获取。

(2) 基于分形技术的地形生成技术。1973 年 Mandelbrot 提出了分形几何学。分形几何学主要研究的是物体的随机性、奇异性和复杂性。分形几何的主要特性是统计相似性和细节无限性，主要使用递归算法使复杂的景物通过简单的规则就能形成。分形技术现在广泛应用到三维建模方面。

(3) 基于数据拟合的地形生成技术。目前国内许多优秀的半自动扫描矢量化软件使得这种地形生成技术成为可能。可以从等高线数据直接生成不规则三角网模型，也可以从等高线直接生成规则格网模型，还可以由等高线先生成不规则三角网模型，然后通过内插得到规则格网模型。

基于真实数据的地形生成技术是道路地形常用的建模方法。根据 DEM 数据组织形式，三维地形建模方法可以分为如下两种。

(1) 规则格网地形建模。

规则格网地形模型是数字高程模型中最常见的一种形式，它是指模型的顶点在 XY 平面上沿 X 轴和 Y 轴呈等间距均匀分布的一种高度场。RSG 实际上就是一个二维数组，其元素为格网节点上的高程，或高程加属性的值，其格网的宽和高通常是缺省的。RSG 地形模型等间距均匀分布的特性，使其得到了比不规则三角网(TIN)地形模型更为广泛的应用。在地理信息系统(Geographical Information System，GIS)中的数字高程模型也常常选用 RSG 三维地形建模的设计与实现模型作为地形的描述，因为基于这种模型更加有利于对地形进行各种分析、量算和查询等操作。

(2) 不规则三角网地形建模。

在数字地形建模中，不规则三角网(Triangulated Irregular Network，TIN)通过不规则分布的数据点生成的连续三角形面来逼近地形表面。与规则网格模型相比，当地形包含有大量特征线(如断裂线、构造线)时，TIN 模型能够更好地顾及这些特征，从而能够更加精确合理地表达地形形态。

TIN 的数据结构是数字地形表示中最复杂的，主要是因为 TIN 的不规则性及其丰富的几何拓扑关系。基于 TIN 进行地形分析，必须具有构成 TIN 的顶点、边、三角形面等图元之间的拓扑关系。对于 TIN 的数据结构，人们通常要在时间与内存之间找到平衡。一方面，要想在进行三角形的修改时，能够快速搜索到数据，就要采用复杂的数据结构；另一方面，复杂的数据结构需要消耗更多的内存。

2. 地形建模方法

下面介绍几种基于 DEM 的地形建模方法。

1) RTN 建模方法

RTN 方法用于规则 DEM 格网数据的地形建模。图 8-12 是一种规则格网 DEM 数据的示意图。

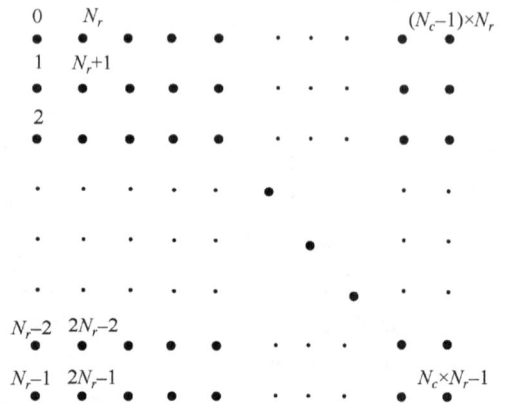

RTN 建模方法用矩形划分 DEM 点，获取矩形网格。分两步完成，以图 8-12 所示的格网为例阐述如下。

(1) ID 分配。

给每个 DEM 点分配一个唯一的 ID，根据 ID 可以得到 DEM 点的坐标值。ID 值范围为 $(0, N_c \times N_r - 1)$，图 8-13 是分配 ID 后的 DEM 格网。

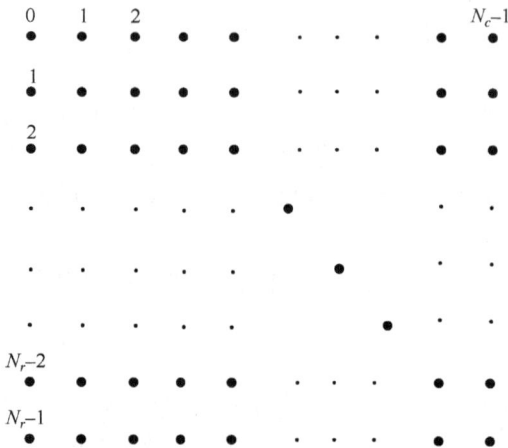

图 8-12　规则格网 DEM 数据　　　　　　　　图 8-13　DEM 点标号

(2) 矩形划分。

把离散的 DEM 点连接成矩形，每个 DEM 点至少是一个矩形的顶点；每个矩形至少有两条边被其他某个矩形所共用。矩形顶点排列顺序遵循逆时针方向。

将剖分得到的结果写入模型文件中。图 8-14 是矩形划分后的格网，由规则排列的矩形相连而成，划分出的每个矩形的四个顶点都是相邻行或相邻列上的 DEM 点。

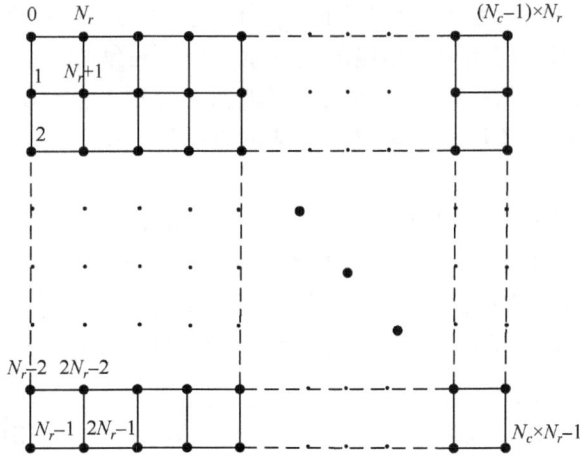

图 8-14　网格 DEM 矩形划分

2) TRN 建模方法

TRN 建模方法是用三角形划分 DEM 点，获取三角形规则网格。分两步完成，以图 8-15 所示的格网为例阐述如下。

(1) ID 分配。

给每个 DEM 点分配一个唯一的 ID。每个 ID 对应唯一一个 DEM 点，根据 ID 可以得到 DEM 点的坐标值。ID 分配与 RTN 方法的 ID 分配方法相同，见图 8-15，ID 值从 0 到 $N_c \times N_r - 1$。

(2) 三角划分。

把离散的 DEM 点连接成三角形，每个 DEM 点至少是一个三角形的顶点，每个三角形的三个顶点用 ID 标识，三角形顶点排列顺序遵循逆时针方向。图 8-15 是划分后的格网，由规则排列的三角形相连而成。可以认为，TRN 的三角形划分是在 RTN 矩形划分基础之上把每个矩形剖分成两个三角形，任意一个三角形的顶点都是某个矩形顶点中的三个。

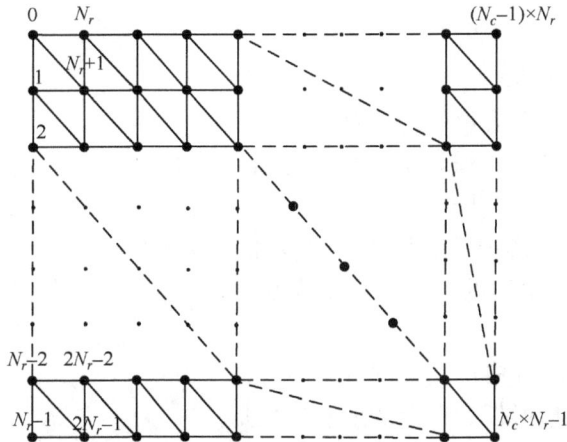

图 8-15　网格 DEM 三角划分

3) TIN 建模方法

RTN 建模方法和 TRN 建模方法建立的地形模型使用了 DEM 格网的所有数据点，数据量很大。在满足使用要求和模型精度的情况下，应尽可能地减少模型的数据量，如果去掉 DEM 格网中的一些数据点，或插入一些地物的控制点会打破原有格网的规则性，用这些不规整的点连成三角形网也可以表现地形表面的起伏。这种三角形网即为不规则三角网(TIN)。

运用 TIN 构网方法构建三维地形，是在给定的 DEM 数据情况下，根据地形精度要求删除一些数据点后，用剩下的不规划 DEM 数据点建立不规则三角形网格。在构建 TIN 过程中运用 Delaunay(德洛奈)方法进行三角划分。利用拼接算法、生长算法、插入算法等将其他控制点作为内点插入三角网，从而构建 TIN 地形模型。图 8-16 为 Delaunay 方法构建的三角网地形效果图。

根据 Delaunay 三角网构建过程的不同，把生成 Delaunay 三角网的算法分为逐点插入法、三角网生长法和分治法。

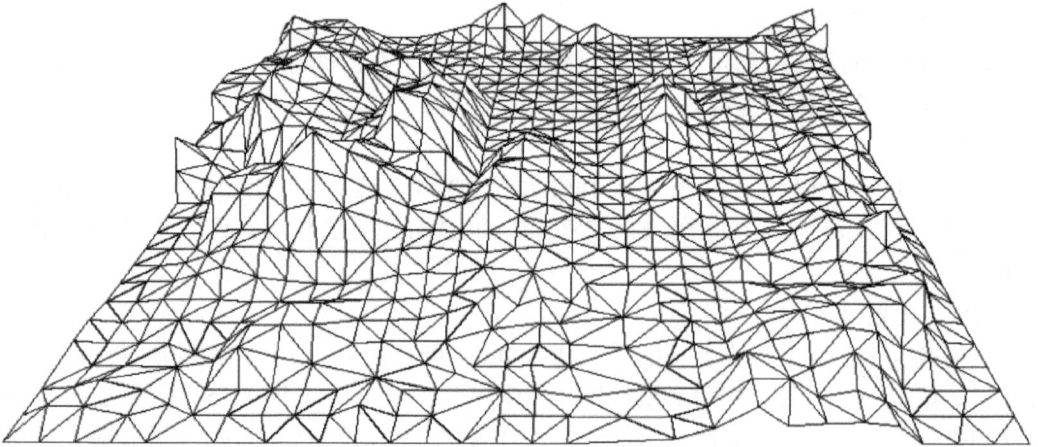

图 8-16　Delaunay 方法构建的三角网地形

(1) 逐点插入法。

① 构建初始大三角形。

② 排列随机 DEM 点集 Q 中的所有点。

③ 对点集 Q 中的点 q，按以下步骤执行插入操作。

a. 定位包含点 q 的三角形。

b. 如果点 q 在三角形内部，则连接点 q 和三角形的各个顶点，将其剖分成三个子三角形；如果点 q 在三角形的边上，则连接点 q 与两个三角形的第三个点，剖分形成四个子三角形。

c. 通过边交换方法规格化三角剖分。

d. 移除包含大三角形任意顶点的所有三角形。

逐点插入法的各种实现算法的差别在于其构建初始多边形方法、搜索定位三角形和重构方法的不同。

① 初始多边形的构建。

初始多边形可以是三角形,也可以是其他形状的多边形,采用最多的还是凸壳。凸壳是指包含点集内所有点的最小凸集。如图 8-17 所示,所构成的多边形就是该点集的凸壳。

由平面点集生成凸壳的算法有多种,主要有卷包裹法、格雷厄姆法、分治法、增量法。这些算法中,格雷厄姆法是一种常用的求点集凸壳的方法。其构造过程如图 8-18 所示。

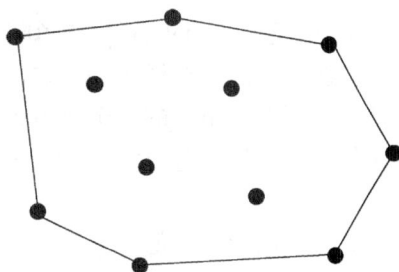

图 8-17　平面点集凸包

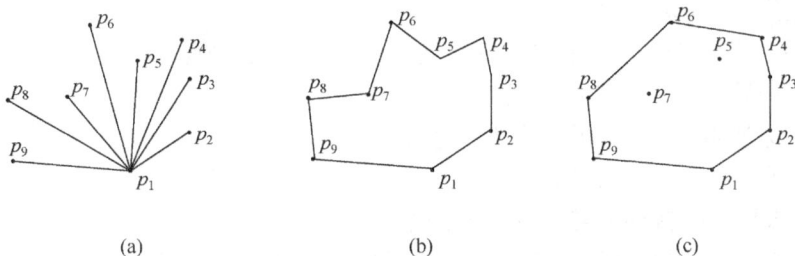

(a)　　　　　　　　　　(b)　　　　　　　　　　(c)

图 8-18　格雷厄姆法

a. 依各点倾角到 P_i 的距离排序(图 8-18(a))。

b. 按序连线成一多边形(图 8-18(b))。

c. 根据"凸多边形的各顶点必须在该多边形的任意一条边的同一侧"这一定理,删去非凸壳顶点,得到凸壳点集(图 8-18(c))。

② 初始 Delaunay 三角网的形成。

在凸包形成之后,初始 Delaunay 三角网的构建一般包括以下 3 种方法。

a. 点插法:从点集的非凸包点中随意选取一点,与每一个凸包点相连形成初始三角网。

b. 环切边界法:在凸壳链表中每次寻找一个由相邻两条凸壳边组成的三角形,此三角形的内部和边界上都不包含凸壳上的任何其他点。

c. 凸包点法:以凸包中某点为中心,一般取 y 值最小的凸包点,与凸包中其他点构成初始 Delaunay 三角网。

③ 三角形的搜索及定位。

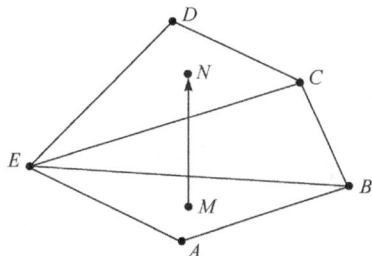

图 8-19　点搜索

根据逐点插入方法的步骤,初始 Delaunay 三角网建立完成之后,要进行点的内插。当一个点内插到三角网中时,需要对该点所在的三角形进行定位。定位算法是提高逐点插入方法效率的关键之一。

快速定位点所在的三角形的一个重要方法就是通过对数据进行分块管理,先定位目标点所在的块,然后在该块管理的三角形中寻找目标三角形,如图 8-19 所示。这种方法极大地缩小了搜索目标三角形的范围,提高了定位速度。

④ 点插入及 Delaunay 三角网的优化。

当在三角网中新插入一个点 P 后，三角网重构一般有两种做法：一种是边交换方法，将 P 与其所在三角形的三个顶点连接起来形成新的三角形，再采用边交换进行重构优化；另一种是影响域凸包方法，确定 P 的影响域凸包，将 P 与所有影响域凸包顶点连接构成新三角形。

(2) 三角网生长法。

生长算法于 1978 年由 Green Sibson 提出，随后 Brassel Reif 等众多学者对其进行了改进，三角网生长算法的基本步骤如下。

① 任意选择点集 Q 中的一点。

② 从点集 Q 中选取距离最近的点。

③ 如果点满足条件：满足空圆特性且夹角最大，则选择点。

④ 创建初始边列表和初始三角形列表。

⑤ 如果边列表不为空，则执行以下步骤。

a. 从边列表中取出一条边。

b. 寻找满足空圆特性的点插入三角网中。

c. 与新插入的点构建新的边和三角形，并加入边列表和三角形列表中。

d. 重复执行第⑤步，直至退出。

该类方法的各种实现算法的不同点多表现在搜寻"第 3 点"的策略上。传统的三角网生长算法大部分时间花费在搜索符合要求的离散点中。可以引入直线分割式正负区的原理来查找第 3 点，每次只需查找部分离散点，从而极大地提高构网的速度。如图 8-20 所示，可以求出和构成的直线方程判别式 $F(x,y)=y-Ax-B$，将点坐标代入，若 $F(x,y)>0$，则点位于正区，若 $F(x,y)>0$，则点位于直线上，若 $F(x,y)<0$ 则点位于负区。只有位于不同区的点才有可能成为扩展点，这样就不需要判断整个点集来找第 3 点，缩小了选点范围。

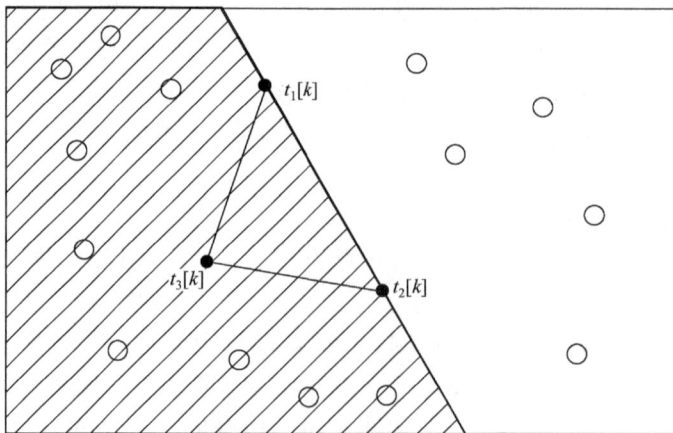

图 8-20　搜索第 3 点示意图

在三角网生长算法构网过程中，还可以利用拓扑关系——任意一个三角形的一条边最多只能和另外一个三角形公用(边缘三角形除外)，来简化构造过程。

贺全兵等提到了封闭点的概念：点 P 是离散点集 S 中的一点，与 P 连接点的集合 $F(P) = \{Q_1, Q_2, \cdots, Q_n\}$，如果在某一时刻有 $F(P)$ 不为空，且 $D(Q_1, P, Q_2), D(Q_2, P, Q_3), \cdots, D(Q_n, P, Q_1)$ 均是已形成的三角形，则称点 P 在此时是封闭的，或称点 P 是封闭点。图 8-21(a) 中的点 P 是封闭点，而图 8-21(b) 的点 P 不是封闭点，因为还有一个三角没有生成。

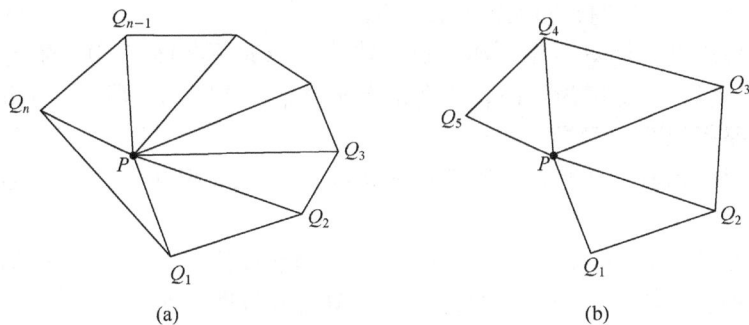

图 8-21　封闭点

一旦一个点成为封闭点，那么它将不可能再与其他点构成满足剖分要求的三角形。所以在扩展三角形时，动态地排除封闭点将加快构网速度。为了进一步加快选点的速度，可以在构网前对点集进行分区。而分区的策略谭仁春总结了两种方法：固定分区范围和固定选点数量。

(3) 分治法。

分治算法思想于 1975 年由 Shamos 和 Hoey 提出。并由 Lewis 和 Robinson 将此思想应用在 Delaunay 三角网构建中。此后，Lee 和 Schachter 对其进行了改进。分治算法的基本步骤如下(图 8-22)。

① 根据点坐标对点集进行排序。

② 将排序后的点集二分成两个点集。

③ 如果点集 n 中点的数量大于 3，重复第②步。

④ 合并点集。

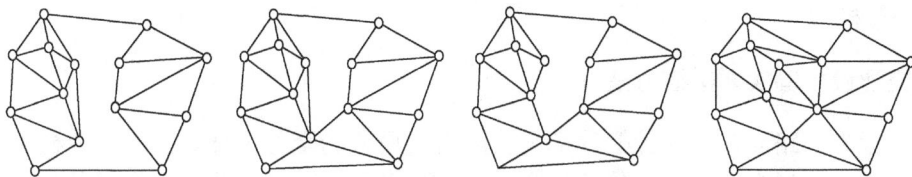

图 8-22　分治算法

4) Terrain Vista 软件地形建模介绍

Terrain Vista 是基于 Windows 平台，用于构建三维地形模型的软件平台，适合处理大数据量地理信息数据，能自动将高程数据、影像数据、矢量数据合成为细节丰富的地形模型。

Terrain Vista 输出的地形数据格式为 OpenFlight 格式或 TerrainPage 格式，便于用户使用与编辑。Terrain Vista 将所有的虚拟模型分成三类，即点元素、线元素、面元素，所有外部或内置模型均以上述三种形式导入地形。

点：以一对坐标表示其一个独立点，逻辑上不能再分。这里所指的点是抽象点，它可以具体指某一个独立点，在小比例尺图或影像中可以表示某个村落、某个城市。Terrain Vista 中，树、房子、电线杆等以点元素导入。

线：用坐标序列表示具有相同属性点的轨迹。线上各点具有相同的公共属性并至少存在一个属性。线有时也称为弧段，特别是指两个结点之间的线段。Terrain Vista 中，河流、铁路、公路等以线元素导入。

面：以系列坐标表示具有相同属性点的轨迹，Terrain Vista 中，某区域的湖泊、森林等均以面元素导入。

点、线、面都是一个空间实体。实体是基本的地理信息单元。空间的点、线、面可以按一定的地理意义组成区域，有时称为一个覆盖或数据平面。

高程数据：Terrain Vista 可以利用多种高程数据生成三维地形，构建道路三维地形需将包含道路的 DEM 数据导入 Terrain Vista。该数据主要用于生成起伏的地形表面。数字高程数据可从相关地理信息管理部门或地理信息数据代理商处获取。精度较低的数字高程数据可从相关网站获取。

遥感影像数据：要逼真表现地形细节，仅有起伏的地形表面远远不够。需叠加影像数据以增强地形逼真度。遥感影像数据包含大量地面属性信息，如地表植被、河流形态、城郊划分等。此外还可根据遥感影像利用 Terrain Vista 自带的矢量构建工具构建矢量，以增加更多的地形细节。遥感影像数据可从相关地理信息管理部门或地理信息数据代理商处获取。地面分辨率较低的影像数据可以从相关网站获取。如可利用 GetScreen 从 Google Earth 上下载精度较低的遥感影像数据。如果没有遥感影像数据，可用 Terrain Vista 纹理库里的纹理代替。

矢量数据：DEM 和遥感影像可表现地形的宏观信息，如从遥感影像可知河流河床路径等，矢量数据则从细部表现地形细节，如河流河床高度与宽度需通过细部模型表达。上述章节构建的道路模型需作为矢量数据导入 Terrain Vista。Terrain Vista 支持外部导入 OpenFlight 模型。

8.3.4　交通设施等实体建模方法

交通标志、路面标线和护栏等都是公路沿线设置的交通设施。这类几何模型，除了在结构上具有不规则形状，有的还包含了文字信息。考虑到这些模型本身的最小几何图形单元(三角形)的数据量较纹理贴图还要小一些，必须使其具有较强的立体感。

因此，结合建模软件 3DS Max 和 MultiGen Creator，生成各种 3DS 和 OpenFlight 格式的三维几何模型，并在 Visual C++环境下对其数据生成视景动态库。这样，在虚拟场景中加载各种三维几何模型时，只需确定模型的 ID 号及其空间坐标和方向角参数就可以了。

在进行高等级公路视景设计时，树木和建筑等是必不可少的，主要用来增强视景效果和绿化环境。

　　道路两边的树木、花草、建筑等的真实形状是非常复杂多变且不规则的，都只是整个场景中的一个辅助物体，在设计中自动创建其三维模型是十分困难的。如果采用多边形的办法来表示，虽然增强了场景效果和立体感，但同时由于模型文件太大，增加了模型的数据量，极大地影响了程序的运行。因此，对于这一部分视景，可以视为规则物体，无需实现其具体构造细节，一般采用"块"插入方法来实现树木、建筑等模型的三维建模，即预先绘制好树木、建筑的框架模型，然后作为"块"在需要的空间位置处进行插入。作者从现实中采集带有光照和阴影等细节的图像，利用计算机图形图像技术加工整理成纹理，建立纹理库，将其映射在两个交叉平面或者由多个四边形构建的多面体上进行实时动态显示，从而实现道路两边景物的绘制，如图 8-23 所示。

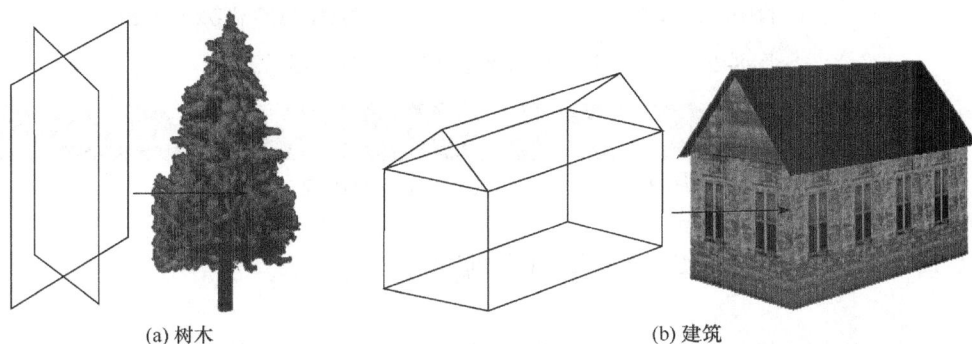

(a) 树木　　　　　　　　　　　　　　　　(b) 建筑

图 8-23　实体模型

8.3.5　交通视景状态建模方法

　　交通视景建模中，有一部分实体基本的位置不会发生变化，但实体的部分状态会发生变化，依然归入静态视景的范畴，如交通信号灯灯色的变化、收费站闸机的放行与禁行状态。下面以交通信号灯灯色的状态变化为例，说明其建模方法。

　　交通信号灯除了最基本的几何实体特征，还包括信号指示灯(红灯、绿灯、黄灯、直行、左转等)、倒计时牌，这些信息是根据信号灯的信号配时周期变化的。在交通建模仿真中，又是如何动态切换红灯、绿灯，动态显示倒计时的呢？其基本原理就是纹理贴图，纹理贴图就是一个用图像、函数或其他数据源来改变物体表面在每一处的外观的过程。例如，人们不必用精确的几何建模来表现一面砖墙，而只需把一幅砖墙的图像贴到一个多边形上。

　　如图 8-24(a)所示，将所有信号灯色组合在一张图像(纹理)中，X 方向的坐标为 U 坐标，Y 方向为纹理 V 坐标，纹理左下角 UV 坐标为(0，0)，右上角 UV 坐标为(1，1)。因此，如果需要显示"直行绿灯"(第 2 行、第 2 列)信号灯，则用(0.50，0.50)、(0.75，0.50)、(0.75，0.75)、(0.50，0.75)这 4 对纹理坐标更新信号灯的贴图参数，就实现了"直行绿灯"的切换。"直行绿灯"的纹理坐标如图 8-24(b)所示。图 8-25 为"倒计时数字"的组合纹理，应用同样的方法，可以显示信号灯倒计时。

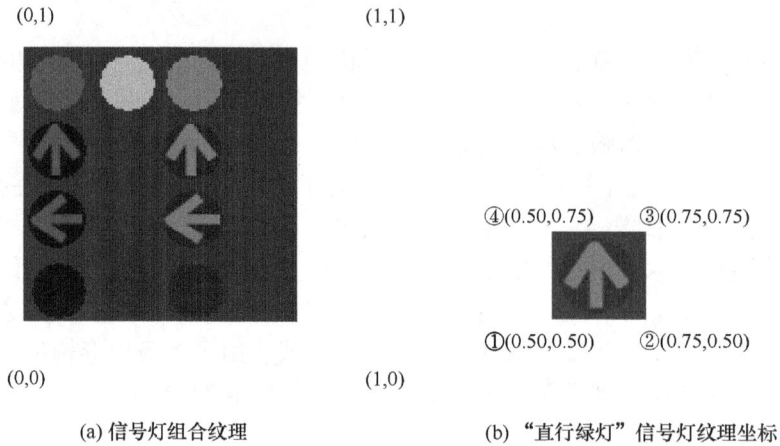

(0,1)　　　　　　　　　　　　(1,1)

④(0.50,0.75)　③(0.75,0.75)

①(0.50,0.50)　②(0.75,0.50)

(0,0)　　　　　　　　　　　　(1,0)

(a) 信号灯组合纹理　　　　　　(b) "直行绿灯"信号灯纹理坐标

图 8-24　"信号指示灯"纹理组合与纹理坐标示意图

图 8-25　"倒计时数字"的组合纹理

8.4　交通动态视景建模方法

交通动态视景建模一般指的是交通流建模，包括机动车、非机动车、行人等的运动建模。在交通动态视景中，有一类特殊的交通流建模，这里称为交通情境建模。交通情境建模指的是在道路交通环境下，根据实验要求设计的特殊交通流，如突然横穿的行人、突然变道的汽车，这样的交通情境建模不同于常规的交通流建模。常规的交通流建模在第 7 章进行了介绍，本章只介绍交通情境建模。

8.4.1　典型交通情境的提炼

通过对历年交通事故的统计分析，归纳总结出交通事故的典型类型。根据分析，易发生事故的交通情境描述如下。

1. 行人过街

(1) 易发生冲突的地点。人行横道、公交车停靠站、居民区巷道口等。

(2) 交通环境的设置。事件发生的地点不同，交通环境也不同。一般包括：道路、交通设施、人行横道等交通标线、周围景观、行人、道路交通流。

(3) 交通情境描述。车辆进入场景预设位置(接近人行横道)时，行人横穿公路。

2. 交叉口闯红灯

(1) 易发生冲突的地点。各类信号交叉口处。

(2) 交通环境的设置。道路、交叉口、交通设施（包括信号灯等）、人行横道、周围景观、交通流（包括交叉口处等待绿灯通行的车辆、非机动车和行人）。

(3) 交通情境描述。在场景交叉口处，实验车行驶方向绿灯通行，相交方向有车辆(行人)闯红灯。

3. 换道

(1) 易发生冲突的地点。交叉口、匝道、城市公交车停靠站前后、道路作业区等。
(2) 交通环境的设置。道路、交通设施、周围景观及道路交通流。
(3) 交通情境描述。进入场景预设位置，前方车辆低速行驶或因故障停车、或者前方有障碍物，后方车辆超车换道。

4. 前车紧急制动

(1) 易发生冲突的地点。交叉口处、人行横道处，或视距不良的急转弯道。
(2) 交通环境的设置。道路、交通设施、人行横道、过街行人、周围景观、道路交通流。
(3) 交通情境描述。①交叉口处：接近信号交叉口的前方车辆，遇到违规过街行人，紧急制动。②人行横道处：遇有行人横穿，前车礼让行人，紧急停车。

8.4.2　动态交通事件设计理论基础

1. 交通冲突技术

交通冲突技术是将交通事件定义为冲突分析影响交通事件危险程度的影响因素，可任意通过对这些影响因素的定义来设计培训所需要的动态交通事件。如果将动态事件定义为冲突，这种冲突的特征是冲突双方在相互作用的过程中可能导致某种损害后果，换言之，即可能造成交通事故。按照冲突后果的严重程度，将冲突分为四个等级：无干扰通过、可能冲突、轻微冲突和严重冲突。能够客观地度量冲突严重性程度的基本方法如下。

(1) 道路使用者之间的空间距离。
(2) 时间距离。
(3) 为避让事故所需要的减速度。

上述因素可作为衡量严重性程度的基本标准，选择"距离"作为度量参数，在实际应用中是十分直观且合乎逻辑的，冲突双方之间的距离越小，则相撞的值可能性越大。换言之，事故极有可能发生。此外，还有一些条件因素在确定接近程度方面也起一定作用。

(1) 道路使用者的种类。
(2) 道路使用者的速度。
(3) 避险行为的种类。

主车(指模拟器)的速度和运动轨迹是由被试驾驶人控制的，因此为了在虚拟交通情境中定义具有一定危险性的动态交通事件，只能通过对与主车相冲突的道路使用者的设置来实现。"距离"作为衡量冲突事件严重性程度的标准之一，采用主车与道路使用者之间的距离作为影响动态事件的重要参数。

2. 汽车制动原理与过程

汽车制动距离是评价汽车制动效能的直接而有效的指标，汽车制动时间与制动力的关系以及制动距离与车速的关系分别如图 8-26(a)和(b)所示。

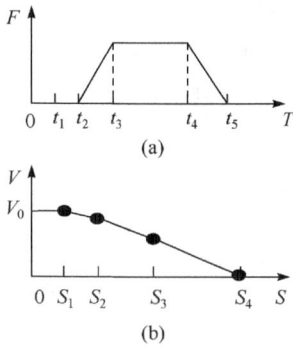

图 8-26　汽车制动过程

汽车制动距离是从驾驶人发现情况开始到踩住制动踏板使汽车制动停车为止所行驶的距离。制动距离越短，制动效能越好，发生交通事故的可能性越小。制动距离与驾驶人的反应时间、路面状况、车速等因素相关。

驾驶人发现情况并采取制动，其制动过程可以分为四个阶段。

(1) 驾驶人反应阶段。这个阶段为驾驶人发现情况到采取制动之间的反应时间阶段。在这个阶段驾驶人还没来得及做出制动的措施，车辆依然以制动前的初始速度行驶。

(2) 制动系统延迟阶段。这个阶段是驾驶人经过反应时间以后采取了制动措施，车辆系统的制动延迟阶段。在这个阶段车辆制动系统压力没有改变，不会对车辆造成减速的影响，因此车辆还是以初始速度行驶。

(3) 制动系统作用阶段。这个阶段是经过驾驶人反应、制动系统延迟以后，制动系统压力上升阶段，制动系统开始对车辆产生作用，车辆以一定的减速度开始减速。

(4) 车轮抱死滑动阶段。这个阶段是车辆制动系统压力达到最大，车轮被抱死以后，车轮在路面滑动摩擦减速的阶段，这个阶段车辆以另外一个加速度进行减速运动，直到车辆速度减为 0，这个阶段车辆的减速度与路面附着系数和车辆载重相关。

8.4.3　动态交通事件触发条件

1. 动态交通事件冲突点

冲突点是指交通冲突中的道路使用者之间发生冲突的地点，本书中研究虚拟动态交通事件的设计，可用于对驾驶人的交通安全意识进行仿真评价，驾驶人所操作的主车运行状态是未知的，但是结合静态虚拟环境的设计结果，主车的运行轨迹可以预知得到。

2. 动态交通事件发生时机

动态交通事件发生时机是指交通情境中用于驾驶人交通安全意识评价的动态交通事件激发时机，当条件满足时动态事件被激发。根据交通冲突技术理论分析，"距离"可以作为冲突严重程度的标准，为了使虚拟交通情境中的动态事件具有一定危险性，使用"距离"来控制事件的冲突严重程度。

动态交通事件设计的目的是提高驾驶人安全意识，要求驾驶人在行驶过程中提高警惕，留意道路周边环境。例如，在行人过街的事件中，只有当驾驶人在发现行人以后没有及时采取措施，或者采取措施不当时，才会与行人发生碰撞，引发交通事故，否则交通事故可以得到避免。因此本书中动态事件的设计应该选择可能冲突这种情况。

8.4.4　交通情境动态生成基本方法

在进行道路交通系统仿真实验研究中，需要根据实验目的，设定一些特定的交通情境(车辆、行人)，车辆、行人作为一个特定的实验刺激条件，处于"潜伏"状态，只有在特定的时机，才被触发(激活)、启动，按既定路径运动。这种实验方式有利于控制实验条件(刺激)，实现仿真实验的可重复性。如何触发呢？下面介绍两种方法：触发区触发、距离触发。

1. 触发区触发

在车辆(模拟器)必经的道路路面上，设定一个多边形封闭区域，当车辆经过这一区域时，"潜伏"的车辆、行人被激活、启动。这个多边形区域称为触发区，这种触发模式就是触发区触发。触发区一般设置为四边形，用四边形的四个点的(X,Y)坐标来描述，车辆(模拟器)简化为一个点$P(X_c,Y_c)$，用点P是否落在四边形内来判断是否触发，其原理如图 8-27 所示。

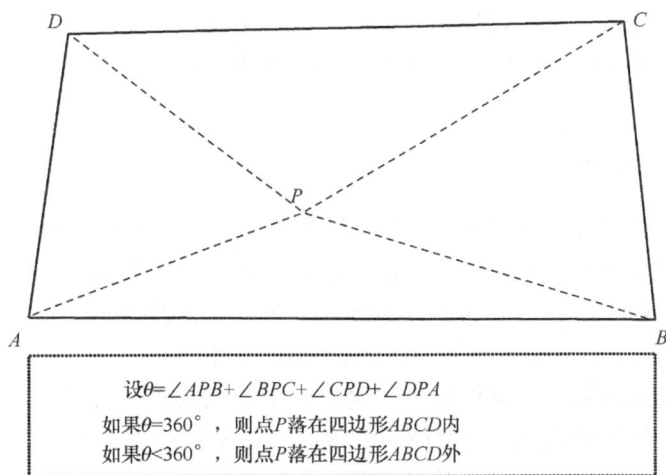

设$\theta = \angle APB + \angle BPC + \angle CPD + \angle DPA$

如果$\theta = 360°$，则点P落在四边形$ABCD$内

如果$\theta < 360°$，则点P落在四边形$ABCD$外

图 8-27　点是否落在凸多边形内的检测算法

2. 距离触发

在车辆(模拟器)接近"潜伏"的车辆、行人时，一旦接近程度到达指定阈值，"潜伏"的车辆、行人被激活、启动。这个接近程度一般用距离来衡量。这种触发模式就是距离触发。

3. 触发后的运动设计

一般而言，"潜伏"的车辆、行人都会预设一个运动轨迹、运动速度，预设的运动保存在一个文本文件中，如图 8-28 所示。该运动轨迹一般用 5 个参数来描述其轨迹点，称为 5 点格式轨迹点：X(轨迹点 x 坐标)、Y(轨迹点 y 坐标)、Z(轨迹点 z 坐标)、point Speed(在此点的速度，km/h)、point Stop Time(在此点的停留时间，s)。

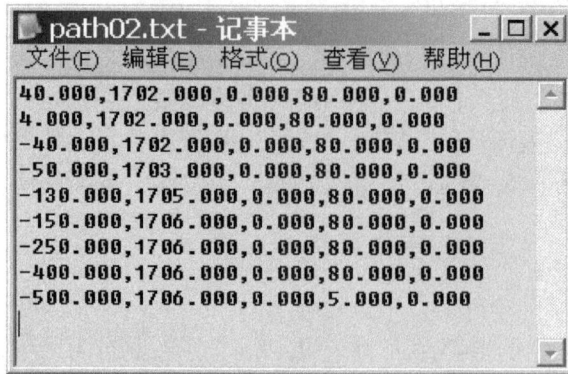

图 8-28　运动轨迹文件示例图

8.4.5　基于脚本语言的交通情境建模

8.4.4 节对交通情境的设计进行了分析，但是功能相对单一，不利于用户二次开发，因此，考虑加入脚本语言来实现控制。常用的脚本语言有 Python、Lua 等，Python 无疑是一种功能强大的脚本语言，但其性能不如 Lua 强大。因此，选择 Lua 作为动态交通情境的建模脚本语言。

1. Lua 脚本语言介绍

Lua 于 1993 年诞生于巴西的一家石油公司，最初是作为一种数据入口语言(Data Entry Language)来设计的。随着它的不断发展，其功能越来越强大，但是在设计之初便融入灵魂的精致小巧的特性依旧保持并传承了下来。Lua 具有很高的执行效率，统计表明在众多脚本语言中，Lua 是平均效率最高的脚本语言。

Lua 不像其他重量级语言那样提供了网络通信、图形界面等特性。作为一种轻量级的语言，Lua 的官方版本只包括一个精简的核心和最基本的库，它全部以标准 C 语言实现并以自由软件的形式发布。由于被设计为易于扩展的，尽管核心非常小，Lua 可以利用其他语言来扩充功能，特别是与 C 和 C++的互访问特性使其能力能够得到最大程度的发挥。

由于 Lua 语言具有这种效率高、简单小巧、易扩展的优点，适合用于模拟器软件的动态事件情景呈现，在本书中选用 Lua 动态脚本语言来实现动态交通事件的呈现。由于模拟器软件是使用 C++语言编写的，通过在 C++工程中配置 Lua 的运行环境，再利用 Lua 的 API 函数与 C++语言进行交互，可以实现动态事件在模拟器中的呈现。

2. 有限状态机

动态事件的参与者包括驾驶人控制的主车、与主车发生冲突的机动车、行人、非机动车以及事件中的其他可能参与者。每个事件参与者作为一个对象有它的运动状态，除了主车是由驾驶人控制的，其他事件参与者的运动状态需要通过计算机语言来控制。每个参与者作为一个对象都会被给定动作，为了使动作更加简化、便于处理，使用有限状态机原理。

有限状态机常常称作 FSM(Finite State Machine)，作为人工智能编程者选用的工具主要用于设计具有智能幻觉的游戏智能体。从历史上来说，有限状态机是一个被数学家用来解决问题的严格形式化的设备。或者说它是一个设备模型，具有有限数量的状态，可以在任何给定的时间根据输入进行操作，从一个状态变换到另一个状态，或者是促使一个输出或者一种行为的发生。一个有限状态机在任何瞬间只能处在一种状态。

对于一个对象的多个状态，可以使用状态变换表来更好地反映组织状态和影响状态之间的变换，状态变换表是和那些条件导致的状态之间的映射关系。用一个简单的例子来介绍状态变换表，车辆在行驶过程中超车时的状态切换如表 8-4 所示。

表 8-4　一个简单的车辆行驶状态变换表

当前状态	条件	状态转换
行驶	不可以容忍前车慢速行驶	超车
行驶	可以容忍前车慢速行驶	跟车
跟车	前车加速	行驶
跟车	前车减速	超车
超车	超过前车	行驶

3. 动态交通事件的状态机

将有限状态机的思想用于动态交通事件的实现，交通事件中的每一个冲突对象作为一个状态机，设置状态条件，一旦满足某个条件则转换到该条件对应的状态上。以行人过街的动态事件为例，行人作为动态事件中与主车冲突的对象，其动作直接影响事件的效果。使用有限状态机将行人的动作分解为多个状态，每个状态对应不同的状态条件，通过条件的转换，状态之间切换连贯起来就形成了行人过街的整个动作。

将行人过街的动作分解为"沿人行道行走""行走过街""驻足犹豫""奔跑过街"四个状态。该事件的状态变换表可以清楚地反映状态之间的切换关系。

在这些动态交通事件中，每个与主车相冲突的对象利用有限状态机的原理进行状态划分，根据状态变换条件来确定不同情况下的状态，最终形成冲突对象的连贯运动。利用脚本语言来设定动态交通情境，脚本被模拟器主程序加载以后在驾驶模拟系统中呈现。

8.5　思　考　题

1. 图形变换矩阵：绕坐标原点外任意一点 A 的旋转变换矩阵求解。

问题描述：点 $P(x, y)$ 绕任意点 $A(x_a, y_a)$ 旋转 θ 角，求变换矩阵 T。

2. 简述人类获取自然界深度信息的线索有哪些，并分析三维视景建模时一般通过哪些线索。

3. 简述虚拟现实的 3I 特性。

4. 简述三维实体的基本建模方法。

5. 三维实体的参数化建模方法的优缺点有哪些?

6. 简述交通动态实体建模的基本方法，并分析触发区触发突发事件建模方法的优缺点。

7. 设计突发事件交通情境时，如何随机生成突发事件，避免被试者可以预见突发事件?

8. 简述 Delaunay 方法构建地形三角网的原理、步骤。

参 考 文 献

陈学工, 陈树强, 王丽青, 2006. 基于凸壳技术的 Delaunay 三角网生成算法[J]. 计算机工程与应用, 42(6):27-29.

高丽娜, 2015. 驾驶人安全意识模拟驾驶评价方法研究 [D]. 昆明: 昆明理工大学.

江良华, 2011. 道路选线三维虚拟视景构建方法[D]. 昆明: 昆明理工大学.

李国华, 2005. 面向驾驶模拟器的高等级公路三维视景建模[D]. 昆明: 昆明理工大学.

沈少博, 2008. 三维地形建模的设计与实现[D]. 大连: 大连理工大学.

孙家广, 1998. 计算机图形学[M]. 3 版. 北京: 清华大学出版社.

孙冉, 2009. 基于汽车驾驶模拟器的动态情景建模与仿真 [D]. 武汉: 武汉理工大学.

谭仁春, 杜清运, 杨品福,等, 2006. 地形建模中不规则三角网构建的优化算法研究[J]. 武汉大学学报(信息科学版), 31(5):436-439.

万华森, 2003. 道路交通模拟器视景建模及图像生成研究[D]. 昆明: 昆明理工大学.

万华森, 熊坚, 2003. 汽车驾驶模拟器虚拟场景的交互式生成研究[J].系统仿真学报增刊, 15:204-206.

谢春荣, 万华森, 熊坚, 2008. 基于驾驶模拟器的危险场景设计研究[J]. 交通信息与安全, 26(3): 133-136.

熊坚, 万华森, 2007. "道达" 道路交通虚拟视景建模与驱动软件 V2.0：2007SR02015[P].

杨钦, 徐永安, 陈其明,等, 1998. 任意平面域上离散点集的三角化方法[J]. 软件学报, (4):241-245.

曾纪国, 2001. 驾驶模拟器三维视景系统的开发及应用[D]. 昆明: 昆明理工大学.

曾纪国，熊坚，万华森, 2002. 驾驶模拟器场景自动生成系统的开发及应用[J]. 系统仿真学报, (14)6: 752-755.

张金水，张廷楷, 2009. 道路勘测与设计[M]. 2 版. 上海: 同济大学出版社.

周颖, 2011. 面向安全意识培训的典型道路交通情景设计与实现 [D]. 武汉: 武汉理工大学.

DUCHAINEAU M, WOLINSKY M, SIGETI D E, et al, 2002. ROAMing terrain: real-time optimally adapting meshes[C]// Visualization '97. Proceedings. IEEE.

HESSE M, GAVRILOVA M L, 2003. An efficient algorithm for real-time 3D terrain walkthrough[C]//International Conference on Computational Science and Its Applications. Berlin: Springer.

MultiGen-Paradign, 2000. OpenFlight API User's Guide (Volume 1).

MultiGen-Paradign, 2000. The MultiGen Creator Desktop Tutor.

第9章 "人-车-路-环"驾驶模拟系统

9.1 概　　述

"人-车-路-环"驾驶系统是道路交通系统中最基本的动态控制单元,是将人作为一种智能控制器的车辆闭环控制系统。该系统反映了"人-车-路-环"作为系统的组成元素及相互关系。这里的人是指机动车驾驶人,车是指机动车,路是指车行驶的道路,环是指车行驶的环境,包括交通环境、气候环境和景观环境。该系统反映了驾驶人与车辆的操纵关系,驾驶人与道路、环境的认知关系,车辆与道路的制约关系,以及车辆与环境的交互关系。

汽车驾驶模拟系统是"人-车-路-环"半实物人车混合仿真系统的典型代表,它是利用电子计算机图像,在电子控制等技术支持下,从"人-车-交通环境"闭环系统的整体性能出发,对汽车的驾驶行为、动态性能、交通系统等问题等进行载人仿真和研究的实验装备。如第6章中所述,在传统的"人-车"系统研究中,常用驾驶人模型代替人,但这是一种具有明确针对性的驾驶行为模型,往往对人的驾驶行为做了极大地简化。人的驾驶行为涉及生理、心理等人因工程问题,极为复杂,相对于车辆模型、道路交通模型等,建立全面的驾驶人模型困难得多。事实上对于很多问题来说,建立精致的驾驶人模型也是没有必要的。因此在建立精致的车辆及道路交通环境模型的基础上,采用真人驾驶,建立驾驶人在环仿真系统就成为一种更好的选择。采用真人驾驶模拟器带来的另一个好处是:让驾驶人成为被试者,就可实现对驾驶行为研究的仿真实验。

9.1.1 驾驶模拟器的发展

驾驶模拟器最早用于飞机驾驶。1910 年一种名为 the Sanders Teacher 的飞行模拟器被用于学生训练平衡控制操作。到 20 世纪 20 年代末,Edwin Link 开始提出由方向舵、副翼和升降杆输入控制的三自由度飞行模拟器。在第二次世界大战期间,模拟计算机开始应用飞行模拟器来进行飞机对空气动力学响应的计算。现代飞行模拟器时代的到来则是在 60 年代后期,以数字计算机及先进的可视化设备的应用为标志。自从 70 年代初美国通用汽车公司的福克斯·瓦根用胶片式放映进行汽车驾驶模拟方面的研究以来,汽车驾驶模拟的研发与应用已有 40 多年的历史,并已得到广泛的应用。

20 世纪 80 年代以后,德国、瑞典、日本、美国的各大汽车厂家都分别建立了研发型汽车驾驶模拟器。德国奔驰汽车公司于 1985 年建成 6 自由度汽车驾驶模拟器,其性能代表当时汽车模拟驾驶器技术的最高水平;1989 年,德国大众汽车公司则更新了原有驾驶模拟器的计算机系统和视景生成系统,并用于新产品的研制中。在 80 年代,瑞典 VDI 公司也投资建成了汽车驾驶模拟器,用于瑞典车辆和交通系统的研究与开发;美国 GM 汽车公司 1989 年开始研制开发型模拟器,至今已经开发出第二代产品,其性能指标居世界领先水平;1991 年,日本马自达公司兴建了跑车开发型驾驶模拟器;1993 年,美国 FORD 汽车公司也开始研制自己的开发型驾驶模拟器；1995 年，日本汽车研究所也建成了带有体感模拟系统的驾驶模拟器。美国艾奥瓦车辆中心于1993年就启用1300万美元来开发汽车驾驶模拟系统,1996年又增加投资 3000 万美元由 TRW 公司进行改进，作为研究高速公路及车辆系统的国家研究基地的一部分，称为美国交通部(DOT)国家先进汽车驾驶模拟器(NDAS)。

同一时期出现的一些专业模拟器生产厂也取得了较大的发展。从 20 世纪 80 年代法国 OKTAL 与雷诺汽车公司合作开发模拟器以来，已经为 20 余家研究机构提供了模拟器或者技术解决方案。成为该领域最大的提供商；挪威的 AutoSim AS 公司于 90 年代后期兴起，作为驾驶模拟器的提供商之一，占有了一定的市场份额，该公司主要提供小汽车及卡车的驾驶模拟系统。可以为驾驶人模拟不同的驾驶环境。驾驶模拟器的应用从汽车企业跨入到交通领域后获得了迅速的发展，极大地扩展了驾驶模拟器的应用市场，一些专业企业同时也得到快速发展，成立了跨国公司，将模拟器产品推向全球。

我国在驾驶模拟器方面的研究起步较晚，经历了一个从引进国外产品到自行研制的较漫长的发展过程。20 世纪 80 年代由清华大学引进捷克的点光源平板投影式仿真器，道路盘上的道路是用笔描绘而成的平面景象，无坡道；之后相关部门又引进了美国的胶片放映式的被动式汽车仿真器，均以展示为主，基本没有开展相关的应用研究。

到了 20 世纪 90 年代，随着计算机技术和图形、图像技术的发展，国内相继出现了自己研制的主动式汽车驾驶模拟器，但主要都是针对驾驶培训开发的模拟器产品。

1995 年，装甲兵工程学院开发了 MUL-QJM 汽车驾驶模拟器，该模拟器采用了实时车辆动力学、运动学仿真模型和实时计算机图像生成系统，主要用于车辆驾驶培训和战术训练，是早期的 DOS 操作系统下的产品。南京大学软件新技术国家重点实验室开发的主动式汽车驾驶训练模拟器，则应用了最新的三维场景技术和人工智能技术。之后，国内从事驾驶人培训用驾驶模拟器的开发的还有南京工程兵学院、昆明理工大学、中国航空精密机械研究所等。国内很多专业生产驾驶培训模拟器企业的核心技术基本来自于这些科研院校部门。

1998 年，吉林工业大学(现吉林大学)汽车动态模拟国家重点实验室通过引进三维虚拟软件的方式自主建立了我国第一台可开发的大型驾驶模拟器，用于汽车动力学仿真的研究，开启了驾驶模拟器在我国车辆研发中的应用；2002 年，昆明理工大学通过自主开发三维虚拟软件，研发出了我国第一台面向道路交通研究的具有自主知识产权的大型驾驶模拟系统KMRTS，首次将大型驾驶模拟系统用于道路交通的研究。这一时期，国外各种用于道路交通三维建模及图像驱动的专业软件开始进入我国，一些企业或研究部门开始应用这些专业的仿真软件搭建驾驶模拟系统，用于科学研究。2008 年以后，一些具有交通工程专业的高校开始从国外引进各种类型的驾驶模拟器，进一步促进了驾驶模拟器在我国交通运输领域的应用。

驾驶模拟系统一般包括驾驶舱(可包含运动系统)、计算机控制、车辆动力学仿真、计算机图像生成及显示、动态交通仿真、声响六个子系统。其基本原理是由安装在驾驶舱的传感器将驾驶人的操纵信号采集到计算机上，由汽车动力学模型软件计算出车辆瞬间的位置及运动姿态参数，再将车辆的运动参数不断地传送到图像计算机和驾驶舱运动平台上，运动平台反馈车辆的响应，同时由图像软件生成与车辆运动相对应的连续变化的道路交通场景，并由投影仪将场景图像投射到驾驶舱正前方的屏幕上。所有这些过程都实时发生，以产生连续变化的图像，给驾驶人一个接近真实的驾车感觉。

在实际驾驶过程中，驾驶人可以从视觉上可以获得90%以上的道路交通信息，所以视景图像显示系统是驾驶模拟器最重要的系统之一。作为研究用的驾驶模拟器，视景系统应提供尽可能高的图像解析精度和景物运动的平滑性以使驾驶人能够沉侵在更接近真实的虚拟交通环境中。

CGI(Computer Generated Image)是目前驾驶模拟器视景生成的主要方式，即使用计算机生成道路交通环境的动画图像。在CGI基础上应用虚拟现实技术，现在也可以在驾驶模拟器上实现3D视景显示，使驾驶人真正地沉侵在虚拟现实的道路交通场景中。但3D显示往往要求驾驶人佩戴3D眼镜，会影响到对驾驶行为的测试，此外图像的解析度也会因为成本的考虑而达不到2D图像的水平。总之，虚拟现实技术用于驾驶模拟器会有较好的前景，但很多方面还有待进一步成熟。

汽车驾驶模拟器最早主要用于汽车的性能和驾驶行为的模拟研究，后来逐渐在交通领域得到应用。相对于汽车模拟实验，驾驶模拟器对交通问题的实验研究具有更大的优势。对道路交通问题的研究，大多属于依赖于历史数据的事后研究，其原因就是道路交通的很多问题难以开展现场实验研究，难以有针对性地获取道路交通建设的相关技术。在交通工程的另一个领域——驾驶人心理和驾驶行为特征的研究，出于安全的考虑，同样也不可能做现场实验。因此，驾驶模拟器为道路交通问题的实验研究无疑提供了一个较为可行和有效的解决方案。

国内外研究表明，应用驾驶模拟器用于道路交通的模拟研究具有以下几个方面的优势和潜力。

(1) 可以任意建立某一个道路交通环境，包括真实的、设计中的或用于特殊实验的场景，用于各类交通问题的研究。

(2) 可以任意记录驾驶车辆的运动参数、车辆的动力学参数、交通流特性参数，用于实验数据的统计和分析。

(3) 通过安装仪器设备，可以测取驾驶人在各种交通环境下驾驶时的生理和心理反应，用于研究驾驶人行为特征。

(4) 通过比选方案的场景设计和驾驶行为对比实验，可以评价交通系统或交通设施的有效性。

(5) 可用于智能车、网联车和智能交通系统的有效性评价。

传统的汽车驾驶模拟器已不能适应现代道路交通问题的研究。要实现上述道路交通领域的仿真研究，作为一台高效的实验工具，还需要更多的技术支持，软件方面有：虚拟城市路网生成系统，公路及环境快速生成系统，交通标志、标线、各种设施视景库的建立，各类交通微观仿真模型，智能网联车辆和交通系统模型等。硬件方面有：支持动态交通的外围计算机系统，可控的驾驶舱内的人机界面系统，各种智能系统的外挂装备，多台网联的驾驶模拟器等。

9.1.2　驾驶模拟器的分类

由于驾驶模拟器的应用范围较为广泛，近年来，驾驶模拟器发展迅速，按照不同的要求、建设规模和成本，驾驶模拟器有多种形式。

从使用目的上来分，驾驶模拟器可分为研究型和培训型两类。研究型驾驶模拟器专用于相关领域的科学实验研究，而培训型驾驶模拟器一般用于驾驶技能或安全驾驶培训。本章主要介绍研究型驾驶模拟器。

从驾驶人视景显示范围来分，驾驶模拟器可分为单通道视景图像模拟器和多通道视景图像模拟器两类。单通道视景图像模拟器是由一台计算机提供的单屏或单投影视景图像，驾驶人的水平视角范围比较窄，与实际情况差距较大，多通道视景图像模拟器是由至少三个显示屏或投影图像构成的视景，可以显著拓宽驾驶人的水平视角，使驾驶人的视觉更接近真实的情况。

从驾驶舱来分，驾驶模拟器可分为实车驾驶舱和模拟驾驶舱两类。实车驾驶舱是采用真实的车辆作为驾驶舱，小客车驾驶模拟器一般直接采用某一轿车的车体作为驾驶舱，卡车模拟器一般采用某一卡车车头作为模拟器。采用实车驾驶舱可以保证驾驶操纵机构、显示信息和驾驶空间与真实车辆完全一致，实现了驾驶舱的硬件在环。模拟驾驶舱是指驾驶舱是按车辆驾驶操纵机构和驾驶空间的比例尺寸自制的，因此，这种模拟舱一般由座椅、驾驶操纵机构、仪表台组成，没有车顶、车窗和车门。

从运动反馈来分，驾驶模拟器可分为舱体固定式和舱体动态式两类。固定式模拟器的驾驶舱是不动的，可放在地面或一个固定的平台上，因此没有车辆的动态反馈，车辆的运动完全靠视觉反馈给驾驶人。而动态式模型器的舱体可提供一定的车辆动态反馈，车辆的运动依靠视觉和一定的体感反馈给驾驶人。动态式模型器的舱体一般放置在一个由电动系统驱动的动平台上，动平台由计算机控制产生车辆的运动反馈，为驾驶人提供一个接近真实的运动体感。

对于研究型驾驶模拟器，应用范围不同，对模拟器的要求也有区别。例如，用于研究汽车动态特性的驾驶模拟器，对其驾驶舱的运动就有较高的要求，包括对自由度、运动范围、精度等方面的要求；而用于道路交通问题研究的驾驶模拟器，则对驾驶人视景图像的要求较高，包括对道路、交通标线、标志、交通设施、建筑、景物、动态交通等"实体"有较好的表现。考虑到成本，这类驾驶模拟器很多都做成固定驾驶舱式。

对于研究型驾驶模拟器，从建设规模和成本上来分，可分为大型、中型、小型三类驾驶模拟器。

1. 大型驾驶模拟系统

大型驾驶模拟系统的一个主要特征是具有一个大型的圆形穹顶的模型舱(Dome)，驾驶室采用真实的汽车(小客车)车身或驾驶车头(卡车)放入模拟舱内，并在模拟舱内设置多台投影系统即球面显示屏幕，用于实时显示道路交通场景，构成车-视一体的驾驶模拟系统，视觉效果沉浸感强。一些高级驾驶模拟系统的显示屏幕可以环驾驶舱一周，构成360°的水平视角，形成更为真实的驾驶视觉虚拟环境。另一个重要特征是模拟舱安装在一个运动平台上(一般由电动系统驱动),运动平台具有 6～8 个自由度,一般由一个六自由度的史都华平台和 x-y 轴两个方向自由度的运动平台组成。模拟汽车的纵向、横向加速度,垂直振动和侧倾、纵倾角度。驾驶汽车时,计算机采集驾驶操作信息,通过汽车动力学模型实时运算出汽车的瞬时运动轨迹,输入图像计算机生成道路交通场景,投射到模拟舱内四周的弧形屏幕上,作为驾驶人的视觉反馈;同时将汽车的运动姿态输入运动平台,驱动模拟舱生成相关运动,作为驾驶人的运动反馈;大型驾驶模拟系统属高精度仿真系统,但建造成本和使用成本一般也很高,只有极少数部门能拥有这类设备。如德国奔驰汽车公司的 Benz-DS-1 型驾驶模拟器,有 6 个自由度、用于汽车动力学实验。美国艾奥瓦大学的国家先进驾驶模拟器(NADS)有 8 个自由度,可在水平面方向上在 $400m^2$ 的空间内进行运动,并可进行 $360°$ 的旋转,目前仍然是世界上规模最大的驾驶模拟器。驾驶人可体会到真实的加速、制动和转向等感觉,可进行汽车动力学、碰撞避免和交通事故再现等交通安全方面的研究,还可对先进的汽车通信、导航和控制技术进行评价。我国同济大学的驾驶模型系统有 8 个自由度(横、纵向工作台的活动范围为 5m×20m),目前是我国规模最大的驾驶模拟器,如图 9-1 所示,主要用于道路交通驾驶行为的研究。

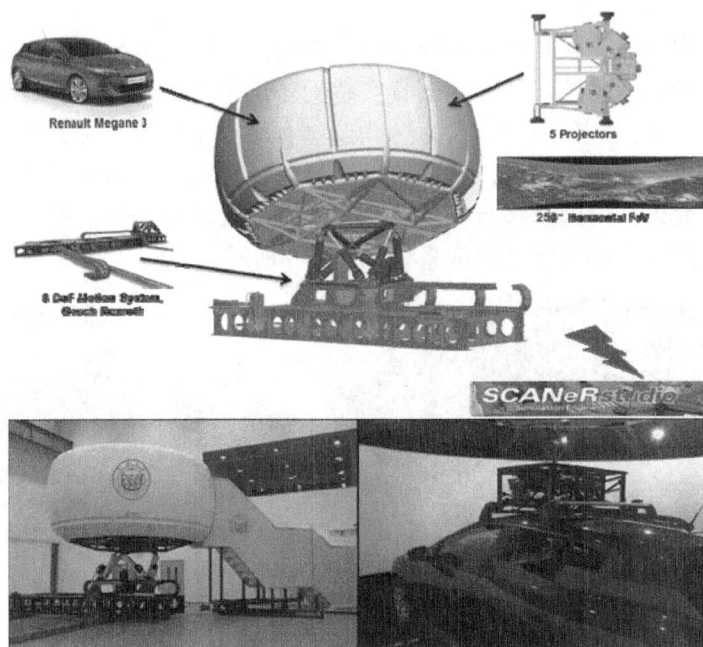

图 9-1 同济大学模拟舱式的驾驶模拟系统

2. 中型驾驶模拟系统

中型驾驶模拟系统与大型驾驶模拟系统的主要区别是没有大型的车-视一体的模拟舱。但驾驶舱还是采用真实车辆,并采用三通道及以上的投影系统,通过图像融合实现视景的一体化,沉浸感强,能够模拟真实车辆的视觉效果。这类模型器大多数采用固定式驾驶舱,有的系统也提供了 1～3 个有限自由度的驾驶舱,但运动范围很小,反馈作用有限。这类系统虽然结构简单,但视觉范围大,效果也很好,而且建设和使用成本较低，因此是目前应用较为广泛的模拟器。这种驾驶模拟系统主要应用于驾驶行为、驾驶心理学、道路交通评价等方面的实验研究。图 9-2 为昆明理工大学自主研发的固定式驾驶模拟系统 KMRTS-5000。

图 9-2　昆明理工大学固定式驾驶模拟系统 RTS-5000

3. 小型驾驶模拟系统

小型驾驶模拟系统一般受到成本的制约，在硬件上进行了较大的简化。一般采用模拟驾驶舱及小型的显示系统。驾驶舱的真实感受相比实车驾驶舱有一定差距，显示系统一般直接采用显示器，视觉范围小，沉浸感较差。有的小型模拟系统为了扩大视角范围，采用三台尺寸较大的液晶显示器，显著增加了驾驶视角范围，增强了视觉效果，也可以达到较好的仿真效果。但因是多台显示屏，不能消除显示屏边界，在一定程度上会影响到驾驶人的视觉感知。小型驾驶模拟系统如图 9-3 所示。

图 9-3　小型驾驶模拟系统

9.1.3　驾驶模拟器的组成

驾驶模拟器整个系统由驾驶舱系统、车辆动力学仿真系统、视景图像生成系统、交通微观仿真系统、声响模拟系统和计算机控制系统等六个子系统构成。其中，驾驶舱系统包括为驾驶人提供驾乘和操纵空间的驾驶舱体；为车辆动力学模型提供驾驶操纵输入信号，安装在操纵机构上的电传感系统；对于具有运动反馈的驾驶舱还包括能使驾驶舱运动的电动系统。车辆动力学仿真系统包括从操纵信号输入到整车运动的动力学模型和仿真软硬件。视景图像生成系统包括为驾驶人提供驾驶视景图像的计算机图像软硬件生成和显示系统，一般一个图像通道需要一台计算机，如三通道视景图像系统就需要三台图像计算机。此外，如果显示采用多通道投影系统，则需要一台图像融合机，进行不同通道图像边缘的融合，使图像看起来是一个整体。交通微观仿真系统由微观交通仿真模型和仿真软件组成，提供驾驶模拟主车周边交通运动的仿真结果作为视景系统的一部分，微观交通仿真可与主车交互形成一体，更真实地反映驾驶中的实际情况。声响模拟系统由各种模拟声音库、功放器和音箱组成，结合车辆动力学模型模拟发动机、轮胎的行驶噪声、风声等。计算机控制系统是系统的核心，将上述五个子系统进行统一的控制和管理。

因此，对于一台完备的驾驶模拟系统，其硬件部分应包括驾驶舱系统、数据采集系统、计算机处理系统、投影仪系统、屏幕系统、运动平台系统、控制操作平台七个部分，软件系统应包括车辆运动仿真系统、道路交通微观仿真系统、计算机图像实时生成系统、运动平台控制系统、车辆与交通声响模拟系统、软件管理控制系统等部分。

驾驶模拟器软硬件系统结构如图 9-4 所示。

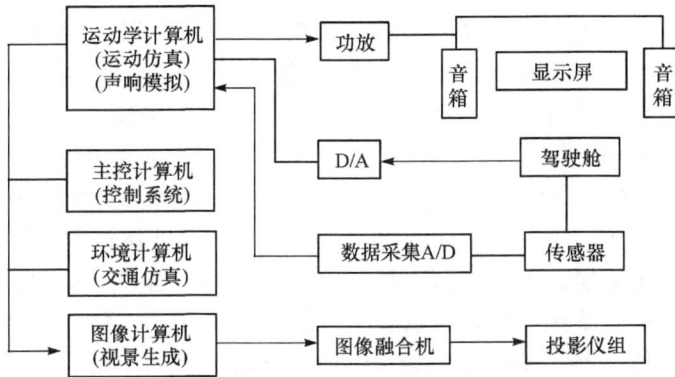

图 9-4　模拟器系统的组成

9.2　驾驶舱系统

驾驶舱是模拟器中用于驾驶人乘坐、操纵、观察道路交通状况，以及通过传感器采集驾驶人操纵信息的主要设备。小型驾驶模拟器的驾驶舱可以根据模拟车型的驾驶操纵机构来专门设计，一般需要包括方向盘、脚踏板、变速杆、手制动、仪表显示台、车灯控制开关、驾驶人座椅等部分。大、中型驾驶模拟器的驾驶舱一般可直接采用真实的车辆驾驶室。如果是小轿车，就采用整车(拆除发动机和不需要的部件)，如果是卡车，就采用车头的驾驶室，这样可以为驾驶人提供一个真实的驾驶环境。

9.2.1　数据采集系统

无论是模拟驾驶舱还是真实驾驶室，驾驶操纵机构都必须安装传感器，为车辆动力学模型的计算提供输入信号。其中，方向盘转角采用角位移传感器；离合器、脚制动、油门、手制动采用线位移传感器；电门开关、启动开关、变速器挡位、喇叭、转向灯等信号采用开关量传感器。传感器信号被送入数据采集卡进行信号处理，再传送到汽车动力学模型计算机。驾驶舱信号流程如图 9-5 所示。

```
┌────────┐    ┌────────┐    ┌────────┐    ┌────────┐    ┌────────┐
│ 驾驶舱 │───→│  操纵  │───→│ 传感器 │───→│信号处理│───→│车辆模型│
│        │    │  机构  │    │        │    │        │    │        │
└────────┘    └────────┘    └────────┘    └────────┘    └────────┘
```

图 9-5　驾驶舱信号流程图

模拟器的数据采集和控制可以有很多方式。传统的方法是由传感器、信号调理电路板、AD/DA 多功能数据采集卡、计算机等部分组成。由传感器实时输出测控对象上的模拟量，经信号调理电路放大整形后，再由 A/D 采样电路实现模拟量的数字转换，得到测控对象上所输出的数字量。计算机软件根据测控对象的输出，进行一系列的处理(数字滤波、标度变换等)后形成进行汽车动力学模型计算所需的数据。也可以采用 PLC 工业控制器的方法，选定传感器，通过编程采集传感信号后直接输入信号处理计算机，提供车辆模型数据。驾驶模拟器专业生产企业一般是研制出专门的数据采集系统为车辆模型计算提供输入数据。

传感器的选择取决于被测对象的精度要求，对于驾驶模拟器，方向盘的转角是最重要的测量参数，对测量精度有较高的要求，这样才能保证驾驶操纵的稳定性。方向盘转角传感器可采用光电编码盘转角传感器。光电编码盘精度高、不漂移，很适合驾驶方向转角的测量，可直接安装在方向盘转轴上。如果传感器的精度为 $\Delta\theta$，则用于车辆模型计算的前轮转角的精度为 $\Delta\delta = \Delta\theta / i$，$i$ 为车辆转向系统的传动比。例如，LEC-4096BM-G12E 光电编码转角传感器每转一圈输出的脉冲数为 4096 个，精度小于 0.1 度。此外，方向盘转角传感器应采用绝对量测量，这样才能保证没有累计误差。

相对于方向盘传感器，驾驶模拟系统对于油门、离合器、脚制动及手制动信号的要求精度不是很高，一般采用位移传感器，常见的有电位计式位移传感器、电感式位移传感器、电容式位移传感器、差动变压器式位移传感器，以及光栅、激光位移传感器等，也可以采用转角传感器，通过机械转换实现对位移的测量。位移传感器的测量范围一般为 0～10 cm，精度为 1%，就能够满足驾驶精度的要求。但因为运动频繁，有冲击力，要求有较高的可靠性，可采用非接触式传感器。

变速器的每个挡位可用"开"或"关"两种状态来表示，因此，在计算机内部采用 0 或 1 表示即可，所以挡位状态信号可采用非接触开关传感器，常用的有干簧管、霍尔传感器等。无触点传感器具有使用寿命长、工作可靠的优点。

传感器的性能对驾驶模拟装置的性能有着关键的影响，性能优良的传感器可以保证系统的高精度和高可靠性。实际使用中应针对被测对象的要求以及采集信号的特点来选择不同的传感器，以期达到最优的性价比。

9.2.2　信号处理

在由计算机参与构成的测控系统中，模拟量经过 A/D 转换器转换后变成数字量送入计算机中，这些数字在进行显示、报警及控制计算之前，还需进行加工处理，如标度变换、数字滤波、数值计算、逻辑判断及非线性补偿等，以满足各种系统的不同要求。

1. 标度变换

在测控系统中，各个被测对象的参数都有着不同的数值和量纲，所有参数都经过变送器转换成 A/D 转换器所能接受的 ±5 V 之间的统一电压信号, 又由 A/D 转换器转换成 000～FFFH(12 位)的数字量。必须将数字量转换成相应的数值和量纲后, 才能为车辆动力学计算模型所利用, 这就需要进行所谓的标度变换。标度变换有各种不同的类型, 它取决于被测参数测量传感器的类型, 应根据实际情况选择适当的标度变换方法。

2. 数字滤波

被测对象所处的环境常存在有干扰源, 如电场、磁场、电源、I/O 接口等, 导致出现各种随机出现的干扰信号, 所以要使微机测控系统正常工作, 不仅要对系统的硬件进行抗干扰设计, 还应在软件设计上采用必要的抗干扰措施, 其中数字滤波则是提高数据采集系统可靠性最有效的方法之一。通过对多次采样信号构成的数据系列进行平滑加工, 提高其有用信号在采样值中所占的比例, 减少乃至消除各种干扰及噪声, 以保证系统工作的可靠性。

数字滤波的方法有很多种, 常见的有程序判断滤波、中值滤波、算术平均值滤波、加权平均值滤波、滑动平均值滤波、RC 低通数字滤波及复合数字滤波等。具体应用中可根据需要设计相应的数字滤波程序。同时每一种滤波程序都各具特点, 可根据具体的测量参数进行合理的选用。图 9-6(a)和(c)为本系统硬件进行一系列抗干扰措施后的某一信号输出, 可以看出, 单纯的硬件抗干扰效果还不太理想。这是因为在数据采集通道尽管采取了必要的抗干扰措施, 但在数据的传输过程中仍然会有一些干扰侵入系统, 造成采集的数据不准确。

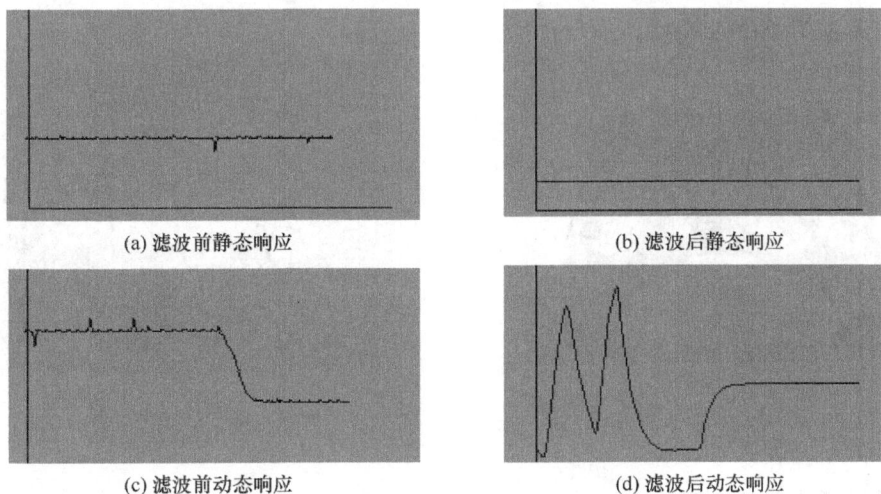

(a) 滤波前静态响应　　　　　　　　　(b) 滤波后静态响应

(c) 滤波前动态响应　　　　　　　　　(d) 滤波后动态响应

图 9-6　信号处理前后对比图

经验说明, 许多物理量的变化需要一定的时间, 相邻两次采样值之间的变化有一定的限度, 程序滤波的方法就是根据生产经验, 确定相邻两次采样信号之间可能出现的最大偏差 ΔY。若超过此偏差, 则表明该输入信号是干扰信号, 应该去掉; 否则可以将信号作为本次采样值。这种方法对采样信号由于随机干扰出现尖峰或严重失真等比较有效。

9.2.3　驾驶舱运动控制系统

驾驶模拟舱的运动控制系统有两部分: 一是对方向盘阻力转矩的控制; 二是对舱体

反馈运动的控制。在实际驾驶过程中，方向盘的阻力转矩来自地面对车轮转向的回正力矩，是自然产生的。但在模拟器上，不存在这样的力矩，因此需要对方向盘在转向时额外施加一个阻力矩。这个阻力矩的大小是根据地面条件、转角大小和转向系统的动态特性来确定的，需要结合车辆动力学模型计算。计算结果通过转向控制器和安装在转向轴上的力矩马达来实现对方向盘转轴的力矩控制。对汽车动力学转向特性要求不太高的模拟器，可以减少这一控制环节，而是通过采取弹性元件加阻尼的方式来增加方向盘的转向阻力矩，也可以获得较好的模拟效果。

具有运动反馈的驾驶模拟器需要对支撑驾驶舱的运动平台进行控制。运动平台用于产生驾驶过程中车辆的纵向加减速、侧向加速度、车身的纵倾角和侧倾角。如图 9-7 所示的史都华平台常用于各种模拟器的运动反馈机构，模拟器固定在该运动平台上。

运动平台通过对六个缸体伸缩运动的控制,可以使上面的平台面在空间作任意运动,使模拟器产生沿 x、y、z 三个方向的移动和绕三个轴的转动等六个自由度。但这种平台由于受到结构和尺寸的限制,其运动参数的变化范围有限。对于汽车的运动模拟来说,对垂向振动、纵倾角和侧倾角,史都华平台有出色的表现,但对于汽车的加减速度、转向运动和侧向加速度,史都华平台只能模拟较小和瞬时的加减速度,很难满足车辆动态响应的要求。为了克服史都华平台在水平方向位移太小的弊端,可将史都华平台放置在可纵、横向移动的轨道上,从而极大地增强了系统在任意方向的加减速度。图 9-8 是美国先进驾驶模拟器(NADS)的运动平台。

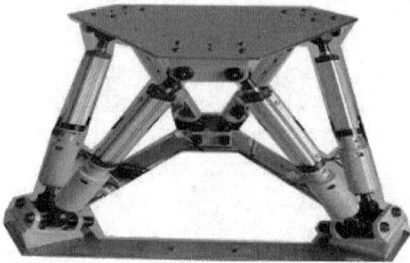

图 9-7　六自由度运动平台　　　　　图 9-8　美国先进驾驶模拟器(NADS)运动平台

9.2.4　数据采集与检测平台

驾驶操纵数据是驾驶模拟器最重要的输入数据。不同于单纯的数字仿真系统，驾驶模拟系统的输入数据直接来源于驾驶人的实际操纵。如前所述，这些输入数据来源于安装在驾驶舱操纵机构上的传感器及电路系统，因此，数据的准确性和可靠性是保证驾驶仿真精度的前提。为了保证仿真实验的精度，实验前必须对系统采集的操纵数据进行检测和检验，对于不满足要求的传感信号必须进行重新标定。KMRTS 驾驶模拟器的驾驶操纵信号数据采集检测界面如图 9-9 所示，传感器的标定与测试界面如图 9-10 所示。

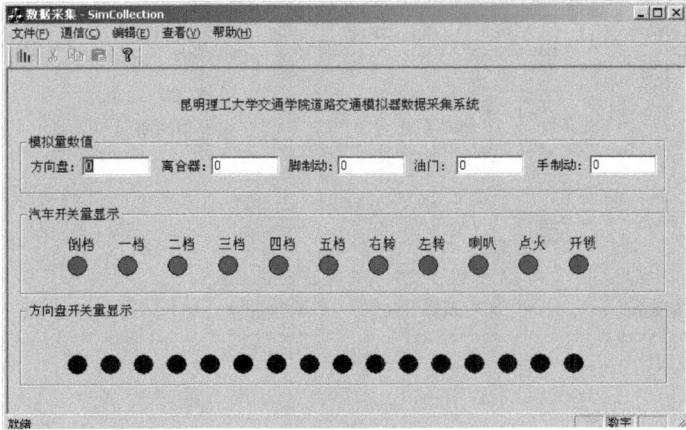

图 9-9 KMRTS 数据采集检测界面

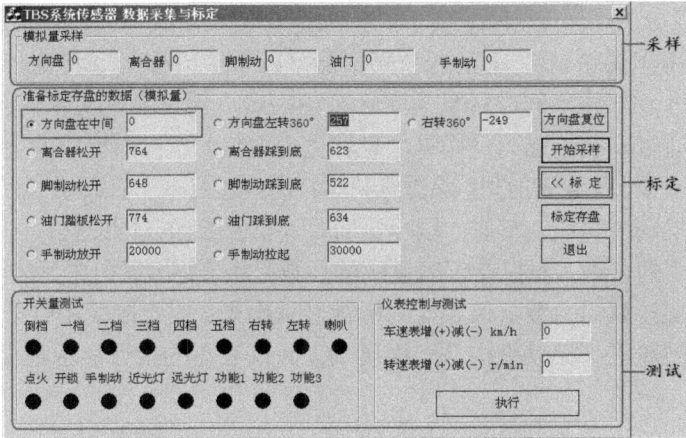

图 9-10 KMRTS 传感器标定与测试界面

9.3 车辆动力学模型

车辆动力学计算是驾驶模拟器系统中自控车辆"运动"的核心部分，在驾驶过程中，模拟车辆的所有运动都是通过汽车动力学模型计算获得的。汽车动力学模型计算的输入信息来自上位的驾驶舱电传感系统，输出信息(计算结果)输入下位的道路交通视景生成系统。

9.3.1 车辆动力学模型的构成

用于驾驶模拟的车辆动力学模型的复杂程度要根据模拟器的用途来确定，但不管用于什么目的，模拟器的车辆动力学模型一般应该具有从启动到停车连续完整的过程。因此，车辆模型应包括启动开关、离合器踏板(手动变速器)、油门踏板、换挡变换、制动踏板、方向盘等操纵机构系统的信号输入和与之相关的子系统模型，这些子系统包括车身系统、发动机系统、传动系统、转向系统、制动系统、车轮系统、悬架系统。车辆信号输入和相关模型系统的构成及相互关系如图 9-11 所示，相关模型参见第 5 章。

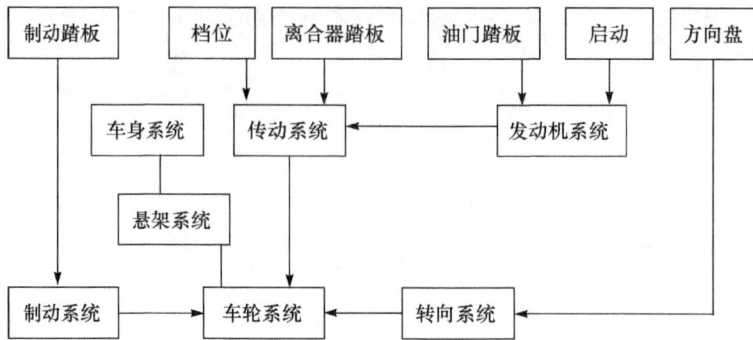

图 9-11　车辆模型系统的构成

1. 驾驶舱操纵机构模型

驾驶舱操纵机构模型以实物模型为主，布置在驾驶舱内，原则上与实际车辆操纵机构的布置相同，可以分为小轿车和大货车两类。大型驾驶模拟器一般直接采用真实的车辆(轿车用整车，货车用车头)；中、小型驾驶模拟器可以采用模拟的驾驶舱，但操纵机构实物模型的结构、尺寸和驾乘空间应尽量与实际车辆一致。无论是真实车辆还是模拟驾驶舱，操纵机构都需要通过安装传感器将操纵信息转化为电信号，再由专门的电路集成系统实现操纵信息的数据采集。在驾驶舱里，除操纵机构以外，还有一个重要的显示设备：仪表盘。仪表盘用于显示发动机转速、车速、里程、油耗等重要参数，因此是模拟器驾驶舱必备的设备。不同于真实的车辆。模拟器仪表显示的参数是由车辆动力学模型提供的，并通过转换装置将车辆模型计算的参数由仪表盘的指针显示出来，或直接使用电子仪表显示屏来显示。因此，在驾驶舱里，操纵机构是实物模型，而仪表盘的指针显示是模拟的。

2. 车身模型

车身是指汽车弹簧悬架以上的部分。用于驾驶模拟器的车身模型可以看成一个整体质量，在空中最多具有 6 个自由度。与车身模型主要关联的是悬架模型，由悬架为车身提供 6 个运动方向的力和力矩。若采用简化模型，可以不考虑车身的垂向运动、绕 x 轴的侧倾角和绕 y 轴的纵倾角，则车身简化为三自由度模型，这是驾驶模拟器对车身模型的最低要求。但是，对于固定式驾驶模拟器也可以采用六自由度车身模型，其垂向和绕 x、y 轴倾角的变化可以通过图像的变化来反馈，以增加驾驶场景的真实感。

3. 发动机模型

发动机模型是车轮驱动力矩的来源。但是，用于驾驶模拟器的发动机模型应包括发动机的点火模型、怠速模型、起步模型、加速模型和反拖模型。点火模型通过点火开关来启动，用于确定发动机的启动状态和熄火状态，除主动关闭发动机外，当发动机转速被强制低于怠速时，应能自动熄火。怠速模型描述发动机启动后或空挡时的最低转速。当采用自动变速器时，怠速模型要扩展到最低起步模型，即在不踩油门的情况下，车辆能够在平坦的道路上以最低车速行驶。通过油门踏板改变发动机的节气门开度，可实现对发动机的加速；反拖模型是丢油门后发动机在高转速下的阻力模型。

4. 传动系模型

传动系将发动机扭矩传送至车轮。传动系模型包含离合器模型、变速器模型、主减速器和驱动半轴模型。在驾驶舱,驾驶人通过离合器踏板和变速杆控制传动系模型。对自动变速器模型,离合器与变速器合二为一。用于驾驶模拟器的传动器模型一般不考虑传动系统的动态特性,传动系的作用一是连接或断开发动机与驱动车轮之间的动力传输;二是改变发动机与驱动轮的速比,达到合理的动力输出。用于驾驶模拟器的传动系模型分为手动变速器和自动变速器两种。手动变速器的模型较为简单,但模拟实验时对被试者的换挡要求较高。采用自动变速器不仅可以有效减轻被试者的操纵负担,还有利于被试者对车速的控制。因此驾驶模拟器中的传动系模型建议采用自动挡变速器模型。

5. 转向系模型

转向系模型为汽车前轮提供转角,从而实现汽车的转向行驶。驾驶人通过方向盘为转向模型提供操纵转角,通过模型计算求出汽车前轮转角。转向系模型是影响模拟器驾驶操纵性最重要的模型之一。若不考虑驾驶模拟器的转向动态特性,可采用最简单的转向系模型,即只是计算方向盘转角与前轮转角的传动比;考虑到车辆转向系统存在的机械滞后,可采用具有一个自由度的转向系统动态模型。此外,忽略梯形转向机构对左右轮转角的影响,可采用理想的左右轮转角关系求解右轮转角。

6. 制动系模型

制动系模型为汽车车轮提供制动力矩,从而实现汽车的减速停止。驾驶人通过制动踏板控制制动力大小,通过模型计算作用在车轮上的制动力矩。汽车制动系包括制动主缸、制动分缸、制动器等部分,其中制动主缸、制动分缸涉及液压传动(小车)或气压传动(大车),模型的建立较为复杂。但作为驾驶模拟器,对制动系统的动态响应要求并不高,因此,可以忽略制动系统内部的特性,直接建立制动踏板与制动器制动力矩之间的关系(因果关系),并且把这种关系简化成一种在给定踏板力(或踏板行程)下的基于时间的线性增长的关系,但要考虑到车辆前后轮的制动力分配关系。

一个更为复杂的制动系模型要考虑防抱死制动控制系统(ABS)和车辆电子稳定控制系统(ESP)。ABS 是在传统制动系统的基础上采用电子控制技术来实现的。带有 ABS 的制动系模型包含传统制动系模型及新增的控制器和执行器模型。ESP 也是通过改变制动力矩来实现的,它是在 ABS 的基础上发展起来的,是为了防止汽车在行驶过程中出现横摆和侧滑而开发的控制系统。ESP 模型包括从整车获取控制参数的上层控制器和调节制动力矩的下层控制器。驾驶模拟器如果要考虑车辆在行驶中的稳定性,在制动系模型中就要增加 ABS 或 ESP 模型。有关 ABS 或 ESP 的模型参见第 6 章。

7. 轮胎模型

轮胎模型包括地面切向力计算模型和地面横向力计算模型。轮胎地面切向力模型接受来自发动机的驱动力矩和来自制动系的制动力矩,同时受到地面有限的纵向约束力;轮胎地面横向力模型接受来自车辆转向时的向心力,同时受到地面有限的横向约束力。

因此，轮胎模型对车辆动力学的影响最大，轮胎的模型参数也是决定车辆操纵稳定性的重要参数。用于驾驶模拟器的车辆模型中必须具备轮胎模型。若不考虑车辆极限工况的运动，可采用线性轮胎模型。若要考虑在车辆行驶中车轮可能存在的纵向或横向滑移，则要采用非线性轮胎模型。

8. 悬架模型

悬架模型用于连接车轮与车身。车辆悬架由弹性元件、阻尼元件和悬架运动机构组成，可以刚性地传递车轮的驱动力、制动力和侧向力；弹性传递来自地面的垂直载荷。因此车身的垂直运动及绕 x、y 轴的纵倾和侧倾运动都是由悬架模型所确定的。具有运动平台的驾驶模拟器悬架模型应考虑车身的纵倾、侧倾和垂直振动；若用于固定式驾驶模拟器，悬架模型一般只考虑车身的纵倾和侧倾。

9.3.2　车辆模型与其他系统的关系

车辆动力学模型用于模拟器车辆的运动仿真，是模拟器作为科学仿真工具的核心。实际上，驾驶模拟器的驾驶舱、驾驶人和道路交通图像的生成都是为车辆动力学模型服务的。其中驾驶舱操纵机构是为车辆模型提供驾驶人的操纵命令(输入)的，道路交通图像的生成是将车辆模型的运算结果(输出)转换为车辆行驶时的环境变化，为驾驶人提供视觉的感知，作为驾驶操纵的信息反馈。

作为车辆模型重要的外部条件，路面模型(包括路面附着系数、路面不平度)、空气阻力也为车辆的动力学模型提供了重要的外部环境输入。此外，车辆动力学的运行状态的监测和结果输出也是驾驶模拟器的重要组成部分。车辆运行状态的监测可以保证驾驶模拟实验的有效实施，而车辆运动结果的输出更是仿真实验分析的主要依据。

车辆动力学模型与其他系统之间的关系如图 9-12 所示。

9.3.3　模拟器对车辆模型的要求

对车辆模型精细度的描述体现在对上述 8 个子系统模型精细度的描述。一般来说，用于研究车辆动态特性仿真的驾驶模拟器，对车辆模型精细度的要求较高，而用于研究道路交通问题的驾驶模拟器，对车辆模型精细度的要求可以低一些。此外，对车辆模型中各子系统模型的精细度也会因不同的仿真内容有所区别。例如，若模拟车辆的加速特性，就要求对车辆的发动机模型有精细的描述；若模拟车辆的操纵稳定性，就要求对车辆的轮胎模型有精细的描述；若模拟车辆的控制系统(如 ABS 或 ESP)，就要对控制系统的算法和制动执行机构有精细的描述。

此外，作为驾驶模拟器的车辆动力学模型，不仅要求其较为真实地反映模拟车辆的动态性能，一般还要求具有以下功能。

(1) 对同一类型的车(如轿车类或货车类)，根据研究需要可以选择不同性能的车辆，如选取不同动力或操稳性的车辆作为驾驶车辆。

(2) 车辆模型中的子系统模块要相互独立，便于模块的升级和替换，并可以改变或调整车辆模型的参数。

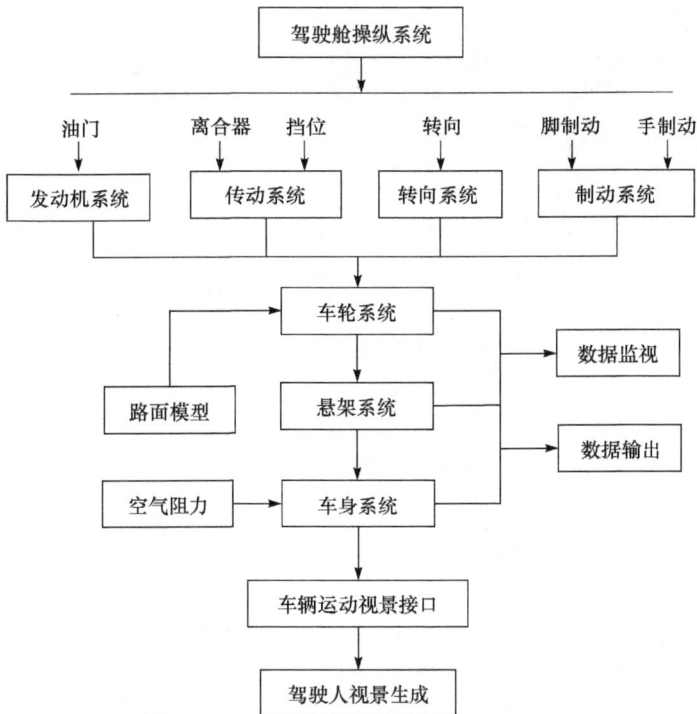

图 9-12 模拟器车辆动力学模型结构及相互关系

（3）在模拟实验中可以对车辆的运动参数进行实时监控和保存。

为实现上述功能，模拟器应具备车辆动态响应操作界面。

9.3.4 车辆动力学仿真平台

由于车辆动力学仿真模块在驾驶模拟器中的重要作用，一般需要提供车辆动力学仿真平台，用于集成传感器标定、测试，车辆模型参数设置，数据或图像观测，数据输出等功能。下面以 KMRTS 驾驶模拟器为例，简要说明车辆动力学仿真平台的组成和功能。图 9-13 为 KMRTS 驾驶模拟系统的动力学仿真平台主界面，主要用于驾驶操纵信号的采集与标定、车辆动力学模型计算、数据监视、数据记录等。其中，系统菜单及其子菜单如图 9-14 所示。

其中，"文件"菜单用于打开三维实验场景；"车辆"菜单用于选择模拟车辆的类型；"传感器"菜单用于传感器的测试和标定；"运行"菜单用于连接系统网络，"监视"菜单用于选择仿真车辆运动参数的 2D 监视还是 3D 整车监视；"数据输出"菜单用于选定需要输出的车辆运动参数。

在监视子菜单中，"2D 图形监视"用于选择需要监视的车辆运动参数，如图 9-15 所示。在系统仿真监视区最多可显示 6 个车辆运动或动力学参数的实时曲线图。

监视/3D 图形监视功能用于在三维虚拟视景下对运行车辆进行观察，可以设置固定视觉点和随车视觉点。视觉点确定了观察车辆的注视(视线)方向，包括俯视、正视、后视、左侧试、右侧视等，也可以自定义视觉点。固定视觉点还可以通过键盘操作实现前后、左右、高低的移动。

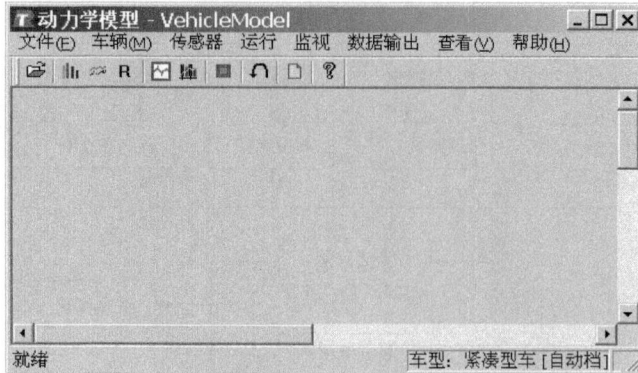

图 9-13　KMRTS 驾驶模拟系统的动力学仿真平台主界面

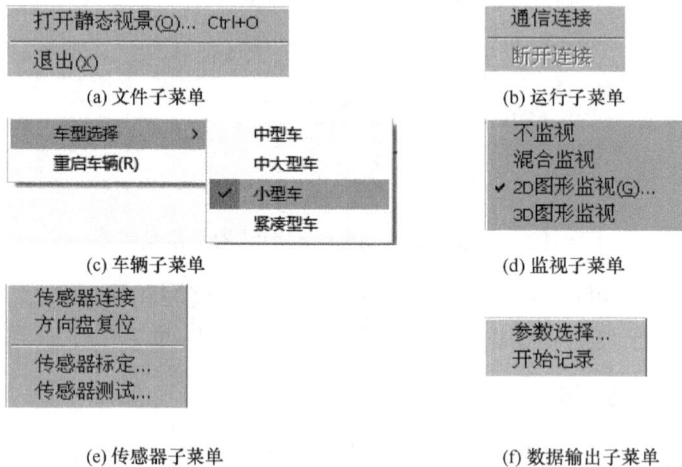

(a) 文件子菜单　　　　　　　　　　(b) 运行子菜单

(c) 车辆子菜单　　　　　　　　　　(d) 监视子菜单

(e) 传感器子菜单　　　　　　　　　(f) 数据输出子菜单

图 9-14　系统主要子菜单

数据输出参数选择功能用于选择输出参数，如图 9-16 所示。允许从参数库中选择需要文本输出的参数。

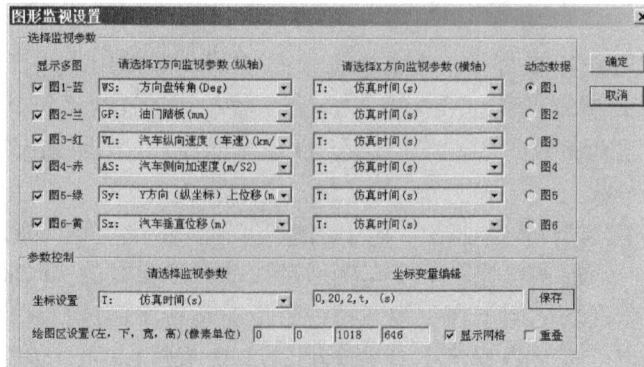

图 9-15　2D 图形监视设置

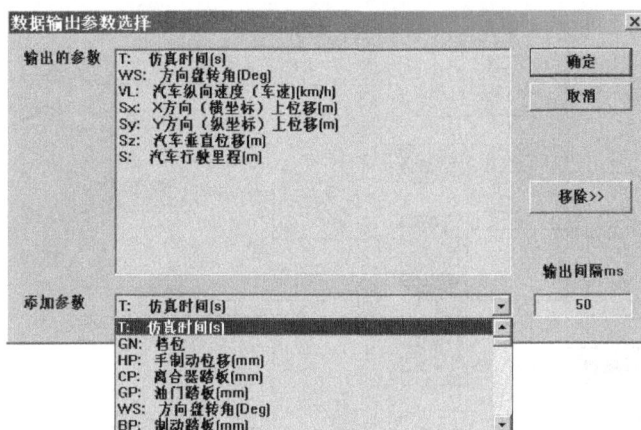

图 9-16　数据输出参数选择

系统工具栏包括导入实验场景、传感器标定、传感器测试、显示/隐藏、监视图形、重置车辆的初始位置、启动数据记录等。

9.4　驾驶模拟器视景系统

视景是驾驶人获取道路交通信息的主要来源，并为驾驶行为提供反馈信息，是驾驶人-车辆-道路-环境系统中重要的一环。正是有了动态视景系统，才真正实现了车辆人机控制系统的仿真，才有可能使车辆与道路交通的仿真融为一体。动态视景系统由图像驱动引擎软件和相关图像显示硬件组成，其中，图像显示系统可以是单通道图像系统，也可以是多通道图像系统。图 9-17 为一个三通道投影图像系统的组成。下面分别介绍驾驶模拟器动态视景的图像生成与显示系统。

9.4.1　视景虚拟图像的生成

驾驶模拟器视景图像的生成是以计算机图形学和虚拟现实技术为基础的，包括三维场景的建模与驱动，驾驶模拟器的三维场景只涉及与道路交通相关的静态和动态实体，相关的建模技术已在第 8 章做了介绍。

道路交通三维场景中的模型一般应包括静态场景和动态场景。静态场景包括道路构造物、静态交通设施、路边景观等；动态交通场景包括动态交通设施、机动车、非机动车、行人等。总体来看，交通三维视景一般包括以下几类模型。

(1) 道路结构类：包含地形、路基、路面、边坡、隧道等。这类模型基本是三维几何模型。

(2) 护栏类：包括隔离护栏、中央分隔护栏等。对有一定厚度的护栏可以用三维模型表示，其他可以用二维模型表示。

(3) 交通标志牌类：包括所有形式的交通标志牌及支撑架。这类模型一般由支撑架和标志牌组成，支撑架一般采用三维模型表示，有的也可以用二维模型表示；标志牌一般均采用二维模型表示。

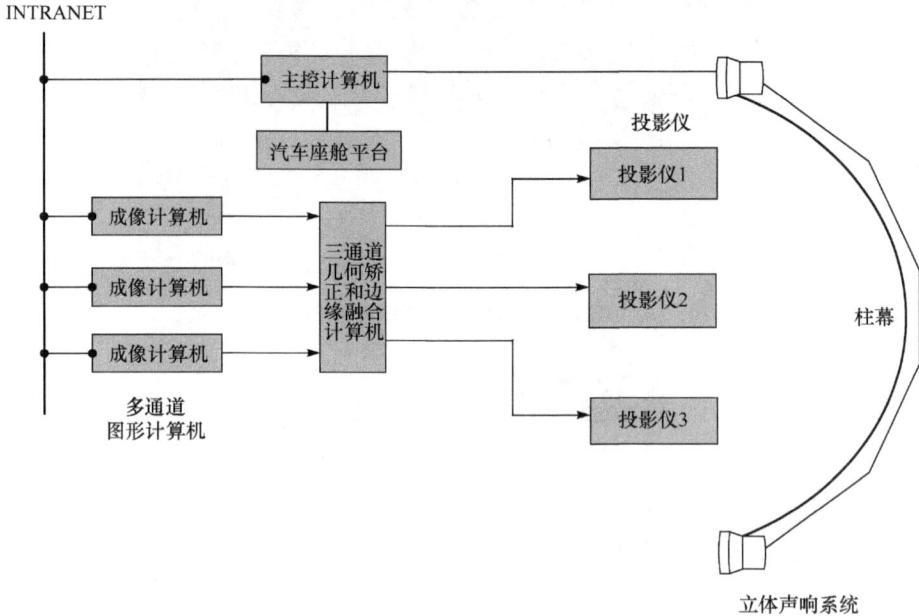

图 9-17　动态视景系统的组成

(4) 植物类：包括行道树、中央隔离植物等近景植物和远景植物等。这类模型的近景植物一般采用三维模型表示，远景模型一般采用二维模型表示。

(5) 其他交通设施：如锥筒、安全岛、公交车站、信号灯架等。这类设施基本采用三维模型表示。

(6) 建筑物类：道路边需表现的各类建筑物，可以是三维模型，也可以是二维模型。一般三维模型用于近景，二维模型用于远景。

(7) 动态模型类：包括其他机动车、非机动车、行人、信号灯、可变交通标志等在交通系统中需要设定运动规律的模型。这类模型一般由三维模型表示，并需要附加自身运动模型。

(8) 交通情景模型：驾驶车辆与交通环境中运动物体之间的互动 "情景"称为"交通情景"(Scenarios)，交通情景模型是驾驶模拟实验的需要，也是驾驶实验场景中最重要的部分。

如前所述，驾驶模拟系统作为一种仿真实验工具，已经广泛地应用于车辆及交通的实验研究中，因此，对三维虚拟场景的要求仅限于上述模型的建立和驱动是不够的，一般还应具有图像驱动优化、动态交通设置、情景设计、碰撞检测、声响设置、大规模场景快速生成、三维场景编辑器等功能。下面分别作简要介绍。

1. 图像驱动优化

如上所述，道路交通三维场景中包含各种模型和纹理，但用于图像生成的计算机资源是有限的，当虚拟图像模型达到一定数量后，就会影响到图像显示速度的实时性。因此，用于驾驶模拟的三维虚拟场景为了保证图像具有足够的显示速度，一般采用下述两种方法。一种是在建模时，尽量简化模型，能用二维模型的不用三维模型，即便是三维模型也要尽量减少模型的细节，减少三角面。这种方法可以有效降低模型面数量，但对于一些涉及边坡、地形或山体的长距离路段或城市交通大场景模型，优化模型的作用也是有限的，这时就要采用另一种方法，即图像驱动优化，这是图像驱动引擎应具备的功能，基本原理是在图像显示时对不可见模型进行裁剪，以减少计算机运行模型，提高运行速度。

例如，对于长路段高速公路这样大规模、复杂边坡的虚拟场景(图 9-18)，场景中的模型对象约 2000 个/km，如果路段长 30km，就有约 6 万个模型对象。

图 9-18　高速公路虚拟视景

因此，由计算机绘制图像的工作量极大，为了保证必要的帧速率(一般要求 FPS≥24 帧/s)，必须采用视景裁剪算法，对场景进行优化，以增加场景的动画速度。

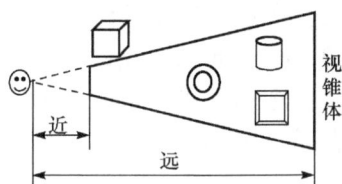

图 9-19　视锥体裁剪算法原理

视景的可见性裁剪算法是虚拟场景绘制中的重要研究内容。依据简化的目的和使用范围可分为视锥体裁剪、闭塞裁剪、背面裁剪、入口裁剪技术等。例如，采用视锥体裁剪算法对视景进行优化，如图 9-19 所示，只有在视锥体内部的视景对象(如图 9-19 中的对象：圆环、柱体、锥台)，才交付计算机渲染，这样就可以节省计算机图形渲染的时间。根据视点的位置与方位，可以实时计算出视锥体的各个顶点的坐标，通过判断对象的各个顶点是否落在视锥体的投影四边形内，来确定对象是否在视锥体内部。

2. 动态交通设置

在道路三维场景中，很多时候需要设置一定的动态交通，才具有真实感；尤其在很多驾驶仿真实验研究中，需要自控车辆与其他车辆或行人发生一定的交互作用。机动车、非机动车、行人、信号灯、可变交通标志等，都属于三维场景中可出现的动态交通。动态交通需要设定相应的运动规律。

动态交通的设置一般有两种方式。一种是实时嵌入式，即在运行中通过外部文件实时调入"活动物体"的运动参数，由图像系统完成动态交通的实时动态显示。这种设置方式灵活，运动模型独立于图像系统(但需与图像模型匹配)，可单独开发计算，以数据文件的形式提供给图像生成系统。但是，这种方法的缺点是场景中的活动物体不能识别主车，因此不能实现主车与动态交通的有效交互。场景中如果需要有一定规律的交通流，可采用这种方法。交通流模型可以任意选择，还可以借用其他交通流仿真软件生成的数据。例如，昆明理工大学研发的三维图像生成系统可以将交通流仿真 VISSIM 软件产生的仿真结果提取后直接导入图像系统，实现了 VISSIM 仿真在驾驶模拟器三维场景中的再现。另一种是在图像生成系统内产生动态交通的方式。这种方法要求系统本身提供动态交通的模式和方法。通过一些基本的运动模型，然后编辑来实现活动物体某一完整的运动过程。这种方法一般用于局部动态交通的设置，因此需要有触发区。当主车行驶到一定区域时再触发其他物体的运动。路口的交通灯、交通冲突等实验场景一般采用这种方法。

交通系统的特性就体现在自身的动态特性上。因此，动态设计是交通实验场景中最重要、也是难度最大的一项任务。一般来说，动态交通场景是连续系统仿真和离散系统仿真的融合，其中既包含确定性模型，又包含概率模型。智能化设计是动态交通场景设计的发展趋势：场景中的动态交通实体既能实现相互间的交互，又能在最大限度上满足仿真实验研究的需要。

声响模拟是配合主车运动和交通动态场景出现的，可以归为动态交通系统的一部分。声响一般包括主车的声音(发动机声、行驶风声、振动声等)、通过车辆的声音和实验需要听到的其他声音。模拟声音应该是可变化的，如发动机声音应随节气门开度而变化，车辆通过的声音应能随通过车辆与主车的相对位置而变化等。

3. 情景设计

三维场景中的情景设计是指通过静态和动态交通元素结合主车运动规律设计出用于仿真实验的一个完整的"情节"(Scenarios)。情景设计一般需在场景编辑器中完成。情节中最重要的环节就是动态场景的设计，包括选取运动元素、确定运动规律、设定运动触发区域等。基于驾驶人在环的仿真实验基本属于心理学实验范畴，因此，精心设计实验情景是实验有效性的根本保证。

4. 碰撞检测

三维物体模型之间的碰撞检测是计算机图形学的一个基本问题。在驾驶模拟虚拟场景中应有碰撞检测的功能，它可以用来确定实验环境的边界，以提高虚拟环境的真实性；制约实验车辆的行为，以保证仿真实验的顺利开展。对于一些研究交通冲突或事故再现的仿真实验，碰撞检测则成为必备的功能。

一般来说，不同的应用有不同的碰撞检测对象。对于道路交通问题的研究，其碰撞检测的对象是主车与其他交通流的车辆的碰撞，主车与道路防护栏和相关边界的碰撞等；碰撞检测算法大致可分为两类：空间分解法、层次包围盒法。

9.4.2　实验场景的编辑

驾驶模拟器三维虚拟场景由各类模型组成，这些模型可以通过各种建模方式产生，甚至可以从已有的模型库中调用。只有把这些不同的模型编辑组合在一起，才能实现一个完整的实验场景。另外，在驾驶模拟三维虚拟场景中，一个非常重要的内容是情景的生成，包括常规的用于增加驾驶真实感的情景，如车流、行人等，还包括专用于实验目的的特殊情景，也称为交通事件。三维虚拟场景编辑器就是用于模型组合、情景设置，并具有交互式设计、模型调入、修改、演示、场景输出等功能的场景编辑工具。

MultiGen Creator 是美国 MultiGen-Paradigm 公司开发的新一代用于虚拟仿真的通用图形建模软件，包括一套综合的强大建模工具，具有精简、直观的交互能力，专门创建用于视景仿真的实时三维模型。MultiGen Creator 使得输入、结构化、修改、创建原型和优化模型数据库更容易。不仅可用于大型的视景仿真，也可用于娱乐游戏环境的创建。

OpenFlight 数据格式是 MultiGen Creator 的根基,是逻辑化的、有层次的景观描述数据库,用来通知图像生成器何时及如何渲染实时三维景观,非常精确可靠。MultiGen Creator 强大的工具核心为 25 种不同的图像生成器提供自己的建模系统和定制的功能。先进的实时功能,如等级细节、多边形删减、逻辑删减、绘制优先级、分离平面等是 OpenFlight 成为最受欢迎的实时三维图像格式的几个原因。许多重要的 VR 开发环境都与它兼容。

MultiGen Creator 的 OpenFlight API 允许增加自定义的数据库实体、扩展功能、延伸、生成工具和算法。结合 MultiGen Creator 通用的输入/输出 API,能为数据库增加更高的使用价值。OpenFilght API 是用户进一步开发 MultiGen Creator 所构建虚拟视景的基础,利用 OpenFlight API 可以把 MultiGen Creator 的模型信息读取出来,通过 OpenGL API 编程,高效地构建复杂虚拟视景。

VSDesign 是由昆明理工大学自主研发的基于 OpenGL 图形库,采用 Visual C++编程,在 PC 系列计算机及 Microsoft Windows 操作系统下运行的,具有三维实体建模、交互式场景生成、开放接口、任意视点 3D 漫游、为模拟器提供三维虚拟场景模型文件等功能的道路交通三维虚拟场景编辑平台,系统菜单与工具栏如图 9-20 所示。

图 9-20　VSDesign 软件主界面

9.4.3　实验场景的快速建模

公路及相关地形、设施的模型具有带状的特点,具有一定的规律性。因此,当场景模拟的路段较长时,可以采用自动生成的方法,提高建模速度。同样,针对城市道路交通路网的特点,也可以通过交互式方法实现快速建模。

公路的三维虚拟建模可以采用 CAD 数据库资料,通过公路模型接口与数据库的连接实现道路及边坡三维几何模型的自动转换,然后根据公路景观的外观,通过文理贴图实现公路场景的建立。结合公路带状地面模型就可实现公路三维场景的快速建模。图 9-21 显示了公路 CAD 数据库向三维几何模型的转换;图 9-22 显示了公路三维几何模型向三维虚拟场景的转换。

城市道路快速建模可采用交互式的方法。图 9-23 为交通场景自动生成界面。包括系统菜单、系统工具栏、绘图工具栏、信息提示窗体及绘图区。

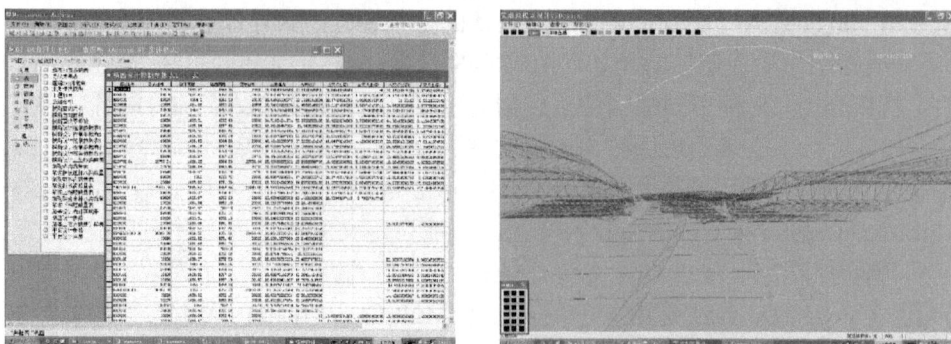

图 9-21　公路 CAD 数据库向三维模型的自动转换

图 9-22　公路三维几何模型向三维虚拟场景的转换

在系统菜单中，包括文件操作、编辑操作等；在系统工具栏中，包括新建文件、打开文件、图形的剪切、图形的复制、图形的粘贴、图形文件打印、图形放大、图形缩小及三维场景的预览；在绘图工具栏中，包括路网直线的绘制、垂直 T 形交叉及 L 形交叉的绘制、垂直十字交叉的绘制、过渡圆曲线半径设置、路网拾起、图形删除、路网处理、房子的绘制、树的绘制、限速标志的绘制、其他交通标志的绘制、红绿灯的绘制及圈选工具。

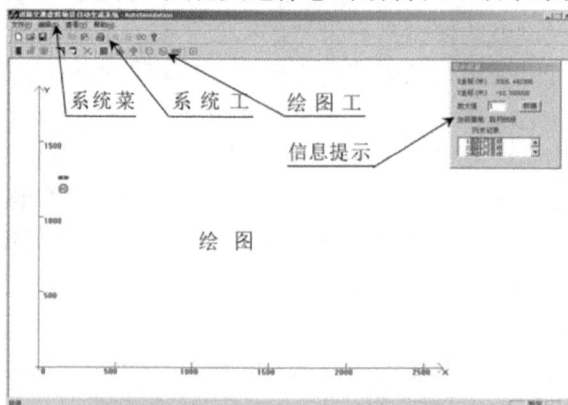

图 9-23　三维场景自动生成系统界面

三维路网系统首先根据道路节点自动生成路网图，如图 9-24(a)所示，然后确定各路段的车道数、路网节点(交叉口)的形式和渠化方式，包括交点处的圆曲线半径等参数。路网处理完成后就可以在路网基础上摆放交通设施，设置路边环境。图 9-24(b)是在上述路网基础上种植行道树、设置建筑物。图 9-24 为绘制好的路网图，图 9-25 为自动完成的三维场景中的一幅画面。

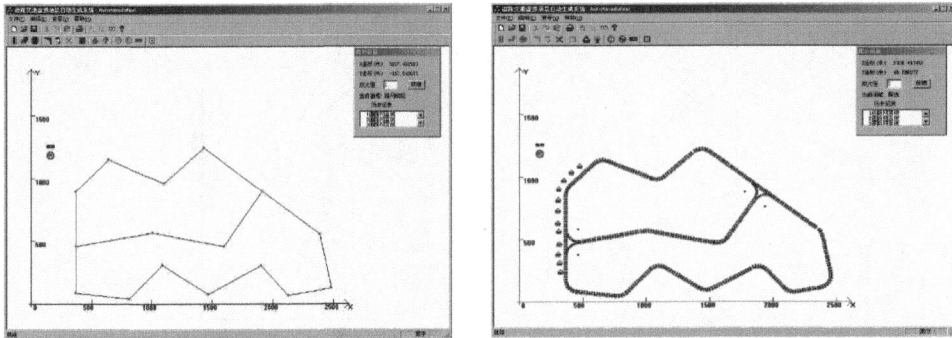

(a) 路网生成　　　　　　　　　　　　　　　(b) 环境设置

图 9-24　道路及环境设置

9.4.4　虚拟图像显示系统

　　单通道图像系统由一台独立的显示器或投影屏幕显示道路交通图像，硬件比较简单，只需一台图像生成计算机、一台显示器或一台投影仪；多通道图像系统则有多台显示器(一般为三台)或多台投影仪(可以为三个、五个或更多，形成环形视景)。多通道图像系统的视屏硬件如果是显示器，则只要按通道数增加即可，如三通道系统需要三台显示器；视频硬件如果采用投影仪，则需按通道数等量配置投影仪，为了消除图像边界，还需要增加一台多通

图 9-25　场景生成

道图像融合校正机。多通道图像系统需要的图像生成计算机一般应与通道数相等，以保证整个视景图像具有足够的像素，达到必要的图像分辨率。

　　多通道投影图像显示系统是应用网络、数字通信技术及计算机图像处理技术构成的一个具有大视景范围显示的平台，还要求有多屏融合显示、图像色彩校正、边缘融合功能，来满足对高分辨率、大幅虚拟图像的显示，为驾驶人提供视觉宽广、逼真、临场感强、沉浸感强、无缝、连续、亮度均匀、色彩统一的整体图像。一个三通道投影图像系统中投影仪的光路如图 9-26 所示。

　　此外，驾驶模拟器的动态视景系统还要合理设置投影仪、投影屏幕与驾驶人视点的空间关系，一个基本原则是要使驾驶人在视网膜上形成的虚拟图像尺寸与在实际中同样情况下(相同的物体尺寸和视距)看到的图像尺寸基本一致。下面以驾驶人双目视觉特征分析虚拟图像的形成及大小。

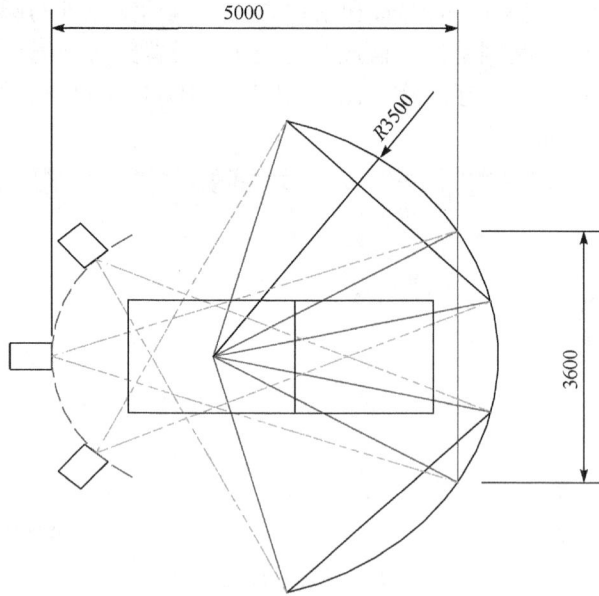

图 9-26　图像投影系统光路图

1. 基于视点的物体实际尺寸与虚拟成像尺寸之间的关系

用于仿真实验的驾驶模拟器不同于游戏模拟器。它的虚拟视景图像系统应使驾驶人在模拟器上看到的道路交通物体与在实际道路驾驶中看到的物体在空间尺寸的体验上相一致。

如图 9-27 所示，设在实际环境中有两根标杆，标杆放置在与驾驶人双眼平行的平面上，将其定义为物平面，两根标杆相距 L，驾驶人双目间距为 a，驾驶人双眼与物平面的距离为 S，任意确定虚拟成像平面(虚拟图像显示面)，成像平面与驾驶人双眼的距离为 d，根据相似三角形原理，则物平面标杆间距 L 与成像平面上的虚拟标杆间距 PL 之间的关系为

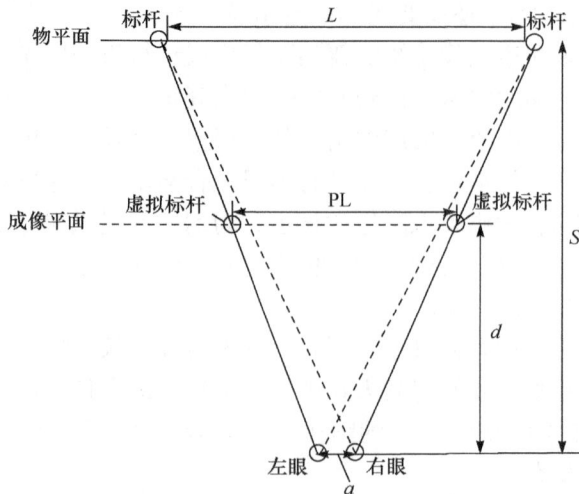

图 9-27　基于视点的物体实际尺寸与虚拟图像尺寸之间的关系

$$PL = \frac{d \times L - a \times d}{S} + a \quad (9\text{-}1)$$

同理,如图 9-28 所示,设在实际环境中有一根长度为 K 的标杆,在物平面上标杆的设置方向与驾驶人视点方向垂直,驾驶人视点与物平面的距离为 S,任意确定成像平面,成像平面与驾驶人视点的距离为 d。

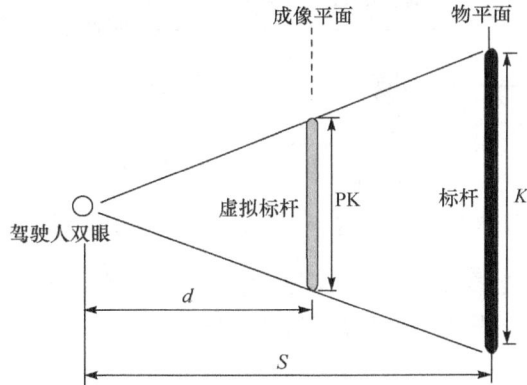

图 9-28 三维虚拟图像中物体垂直方向空间尺寸真实性标定原理示意图

根据相似三角形原理,物平面上标杆的长度 K 与成像平面上虚拟标杆的长度 PK 之间的关系为

$$PK = \frac{d \times K}{S} \quad (9\text{-}2)$$

以上原理说明,当虚拟图像中的物体在实际中与人的视点的距离为 S 时,且人的视点与虚拟图像显示屏幕的距离为 d 时,则在虚拟图像中物体的尺寸与物体的实际尺寸应满足式(9-1)和式(9-2)。只有这样才能保证驾驶人在虚拟环境中看到的物体尺寸与实际看到的物体尺寸基本一致。

三维虚拟图像由计算机生成,经投影仪放大、视屏的显示等多个环节,驾驶人看到的虚拟图像与实际的景象往往有较大的差异,特别是当使用多通道图像显示系统时,图像的拼接会使这种差异进一步加大。为了保证驾驶人看到的虚拟图像尺寸接近真实的情况,需对相应的虚拟模型的尺寸按上述关系进行标定。

2. 物体实际分辨率与虚拟成像分辨率之间的关系

按上述方法标定驾驶模拟器虚拟视景系统,可以解决道路交通在驾驶模拟器虚拟场景中的空间真实感问题。但是,虚拟图像是由若干像素点表示的,由于显示屏幕或投影仪上的像素点是有限的,其分辨率目前还远远低于人眼的分辨率。因此,对于道路交通场景中较远处物体的识别与实际中相差很大,即场景中有的远处物体在虚拟场景中根本看不清楚,尤其是道路交通标志标牌一类重要设施,在实际中的视认距离与在虚拟场景中的视认距离差异很大。这种视认距离差异的大小取决于视景图像显示系统的分辨率。为了解决驾驶仿真实验中视认对象的距离差异性问题,可以采用一种放大视认对象模型尺寸的方法。

如图 9-29 所示,在实际环境中,假设有一个尺寸为 t 的视认对象(可以是标牌也可以是其他需要视认的物体)，在实际中与视认对象相距 SL 处为驾驶人视点 A。当驾驶人视点 A 刚好能看清楚视认对象时，视点 A 与视认对象的距离 SL 称为极限视距。现将视认对象按同样尺寸做到虚拟图像中，A' 点为驾驶模拟系统中驾驶人的视点。

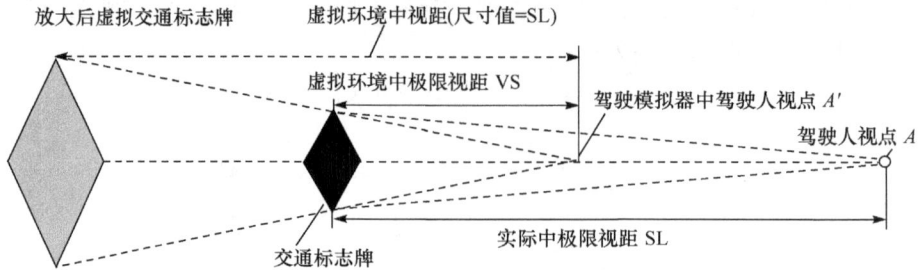

图 9-29 三维虚拟图像中视觉对交通标志、标牌分辨率标定原理示意图

由于计算机图像、投影仪分辨率、图像质量等因素的影响，在驾驶模拟系统中驾驶人刚好看清视认对象时，视认对象与视点 A' 之间的距离 VS 必然小于 SL (即 $VS < SL$)。定义：

$$R_d = \frac{VS}{SL} \tag{9-3}$$

其中，R_d 为虚拟图像视距与实际视距的视距比($R_d < 1$)。R_d 越小，说明虚拟图像的分辨率越低；当 R_d 接近 1 时，说明虚拟图像的分辨率接近真实情况。

对于确定的驾驶模拟系统，R_d 一般是确定的。为了保证虚拟场景中视认对象的视认距离与实际距离相当，就需将视认对象的模型尺寸放大 w 倍，设 t 为原标牌尺寸，T 为放大后的标牌尺寸，根据相似三角形原理：

$$T = \frac{t \times SL}{VS} = wt$$
$$w = \frac{SL}{VS} \tag{9-4}$$

其中，w 为实物在虚拟图像中的放大倍数，不同的标牌类型，放大倍数一般也不同。因此，应根据实验中具体的视认对象，通过上述标定的方法来确定。

考虑到在虚拟场景中交通标牌与其他景物的整体关系，在仿真实验中 w 一般可取 1.5～2，再大就失去场景的真实性了。

9.4.5 虚拟图像显示系统的标定

为了使驾驶模拟器中驾驶人看到的三维图像与在实际中看到的图像比例和视认性相一致，应用上述成像原理，应对驾驶模拟器的图像进行标定，即通过标定后，驾驶人在驾驶舱中看到的虚拟图像物体的尺寸(水平和垂直方向)与在现实中同样条件下看到的基本一致；虚拟图像中的可认视距与现实中的视距基本一致，以增加虚拟场景的真实感和认知感。

下面介绍一种通过样板模型标定驾驶模拟器图像的方法。首先设计一个标定场景，如图 9-30 所示。场景中有六根标杆，标杆视距为 10m，间距为 3m、长度为 2m，均匀分布在三个屏幕中。由式(9-1)，忽略驾驶人双目之间的距离，有

$$\text{PL} = \frac{d}{S}L = \frac{d}{10} \times 3 = 0.3d \qquad (9\text{-}5)$$

图 9-30 驾驶模拟器三维图像标定样本

分别测量出屏幕中相邻标杆之间的像距 PL 和屏幕标杆至驾驶人目视点的目距 d，若满足式(9-5)，说明图像在水平方向满足实际的视觉比例。如果测量的像距和目距不满足式(9-5)，则需要调整图像的生成比例，使其满足一定的误差范围。在每一组相邻两杆之间进行测量，可以保证每个图像通道和通道之间的视觉比例相一致。

同理，测量屏幕中标杆的长度 PK 和屏幕标杆至驾驶人目视点的目距 d，由式(9-2)有

$$\text{PK} = \frac{d}{S}K = \frac{d}{10} \times 2 = 0.2d \qquad (9\text{-}6)$$

若测出的标杆图像长度 PK 和驾驶人的目距 d 满足式(9-6)，则说明图像在垂直方向满足实际的视觉比例。如果测量的标杆图像长度和目距不满足式(9-6)，则需要调整图像的生成比例，使其满足一定的误差范围。在每一组相邻两杆之间进行测量，可以保证每个图像通道和通道之间的视觉比例相一致。

图 9-30 所示的图像标定样本还包含了对交通标牌的可视性标定。在每个通道的两根标杆中设置有交通标牌，标牌按实际尺寸标准建模，如图 9-31 所示。标牌在虚拟图像中的视距可调，标牌分为数字、图形和字型三种(使用者也可根据需要设定标牌的形式及尺寸)。设某一类型标牌的标准尺寸为 t_0，分别在实际场景和虚拟场景下由远至近调整该标志牌的视距，直至驾驶人能够看清楚标志牌的内容，记下认知该标牌的实际视距 SL_0 和虚拟视距 VS_0，由式(9-4)，该标牌在虚拟场景中的建模尺寸为

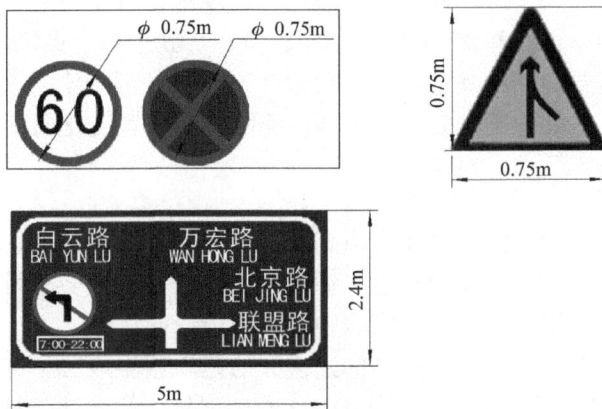

图 9-31 几种典型标牌的实际尺寸

$$T_0 = \frac{SL_0}{VS_0} \times t_0 = w_0 t_0 \qquad\qquad (9\text{-}7)$$

即该标牌在虚拟场景中的建模尺寸需要放大 w_0 倍,才能使其在虚拟场景中的视认距离与实际的相同。

9.5　交通动态环境的建模

交通动态视景模型是指在道路交通环境中运动的实体模型。一般主要是指机动车、非机动车或行人,也指一些会发生状态变化的交通设施,如信号、可变交通指示牌等。交通动态环境建模一般有两个目的:一是营造驾驶环境;二是参与驾驶模拟实验。营造驾驶环境较为容易,只是在驾驶车辆周围或附近添加若干行驶的车辆或行人以加强驾驶人的真实感。由于增加的动态交通不与驾驶车辆发生实质性的关系,其他车辆或行人在时间、方向和轨迹上可以独立运行,建模相对容易。相比之下,参与驾驶实验的动态交通建模就要复杂得多了。参与实验的其他车辆、行人或控制设施一般要与驾驶车辆发生交互行为,因此要根据实验设计所要求的情景来建模。在这种情况下,一般是在实验场景中设置动态交通触发区,一旦驾驶车辆进入触发区,就启动动态交通。如果交通动态环境要模拟接近真实的情况,就要建立更为复杂的微观交通系统,包括车辆运动模型、交通流模型、行人模型以及车辆之间、车辆与行人之间的约束和互动等。此外,这些模型还需与驾驶车辆形成互动的关系。模拟真实的环境能够显著地提升驾驶模拟实验的有效性和应用范围,但模拟真实的交通环境是驾驶模拟器目前较为薄弱的环节,也是"人-车-路-环"驾驶仿真系统今后一个重要的发展方向。目前,对交通动态环境的生成主要有两类方法。一类是在道路交通静态场景的基础上,编辑设置各种自走车辆或行人,并给定触发区域。当驾驶车辆进入触发区后,激活预先设置的车辆或行人。另一类是从外部导入动态交通流或其他交通模型。从外部导入动态交通流需要有其他交通流仿真软件在与驾驶模拟实验相同的路网和条件下进行仿真运算,并将运算结果导入驾驶模拟场景中,从而在驾驶实验场景中再现其他交通实体的运动情况。

声响模拟是配合驾驶车运动和交通动态场景出现的,可以归为动态交通系统的一部分。模拟声响一般包括驾驶车的声音(含发动机声、行驶风声、振动声等)与其他车辆交汇的声音和实验中需要听到的其他声音。模拟声音应该是可变化的,如发动机声音应随节气门开度而变化,与其他车辆交汇的声音应能随相对位置变化而变化。

9.5.1　交通情景编辑

大多数驾驶模拟实验不仅需要建立道路交通三维虚拟静态模型,还需要设计动态交通模型。除了营造驾驶环境,多数动态交通模型用于设计基于实验目的的交通情景。动态交通场景编辑器就是用于设定仿真实验中的交通情景的。

在动态交通场景编辑中,一个基本的建模方法是轨迹生成法,即使用编辑器生成轨迹文件。如在 VSDesign 编辑器中,可使用 3D 设计工具栏的设计工具勾出车辆的行驶轨迹,如图 9-32 所示。选定在此轨迹上行驶的车辆或行人模型和运动特性就可实现自走车辆或行人的动态建模。

图 9-32　三维场景编辑器中的车辆轨迹模型

在交通模拟中，更多的时候，车辆或行人是作为一个特定的实验刺激条件，处于"潜伏"状态，只有在特定的时机，才被触发激活，按设定的规律运动。采用这种实验方式，有利于控制同等的实验条件，使仿真实验的刺激因素具有可重复性。这里介绍两种触发方法：触发区触发和距离触发。

1. 触发区触发

在驾驶车辆的实验道路上，按要求设定一个多边形的封闭区域，当车辆进入这一区域时，在附近潜伏的车辆或行人就会被激活。这个触发车辆或行人启动的区域就称为触发区，以驾驶车辆进入区域后触发其他车辆的方式称为区域触发模式。触发区一般设置为四边形，用四边形的四个点的 (x, y) 坐标来描述，驾驶车辆简化为一个点 $P_{(x, y)}$，用点 P 是否落在四边形内来判断是否触发，其原理如图 9-33 所示。

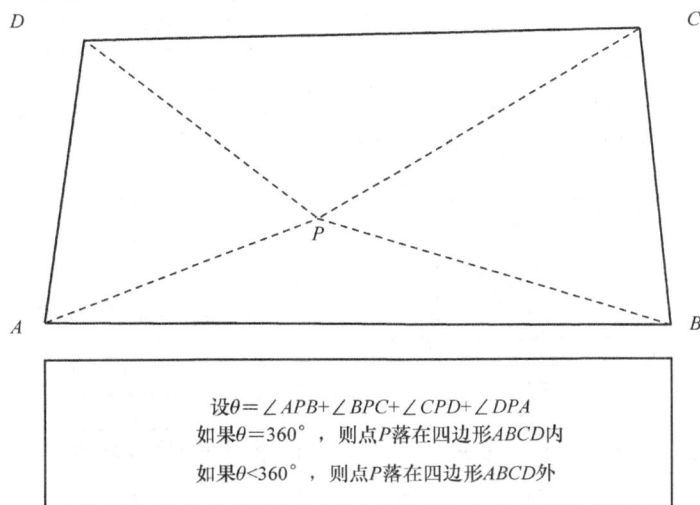

设 $\theta = \angle APB + \angle BPC + \angle CPD + \angle DPA$
如果 $\theta = 360°$，则点 P 落在四边形 $ABCD$ 内
如果 $\theta < 360°$，则点 P 落在四边形 $ABCD$ 外

图 9-33　点是否落在凸多边形内的检测算法

2. 距离触发

距离触发是当驾驶车辆接近自走车辆或行人，并达到设定的距离时，触发"潜伏"

的车辆或行人按预定的规律运动。这种触发车辆或行人启动的距离称为触发距离，通过
设置距离阈值触发车辆或行人的方式称为距离触发模式。

3. 触发后的运动

自走车辆或行人的运动规律是道路交通情景设计的核心模型，要根据实验目的来设计。
情景模型可以是一个确定的模型，也可以是一个概率模型。具体采用什么模型要根据实验
的目的和效度来确定。模型的实现方法一般是轨迹模型+运动模型，预先设定好模型的相
关参数，一旦触发启动，车辆或行人就按模型确定的规律运动，营造出实验需要的情景。

9.5.2　外部交通流的导入

交通流是道路交通动态环境中的重要组成部分，特别在公路上的动态交通主要就是
指交通流。交通流的建模本身可自成一体，并有很多较为成熟的软件。因此，通过数据
接口，可以将动态视景的交通流数据从外部输入，从而可实现在驾驶场景中模拟交通流
的情况。下面以 VISSIM 为例，简要介绍将交通流导入驾驶场景中的过程。

VISSIM 是由德国 PTV 公司开发的微观交通流仿真软件。该软件车辆的纵向运动模型
采用"心理-生理跟驶"模型，横向运动(车道变换)采用基于规则的算法，驾驶人行为模拟
分为保守型和冒进型。在交通行为模型中，VISSIM 较为贴近实际，且仿真输出数据结构
较为适合模拟器场景数据的转换。VISSIM 仿真结果的转换是通过接口程序来实现的。

交通流的接口设计分两步来实现：首先进行道路转换，即将驾驶场景中的道路数据
通过接口转换，导入 VISSIM 中，如图 9-34(a)所示；然后进行交通流的仿真和导入，如
图 9-34(b)所示，即在 VISSIM 环境下进行交通流的仿真，再将交通流结果转换成驾驶模

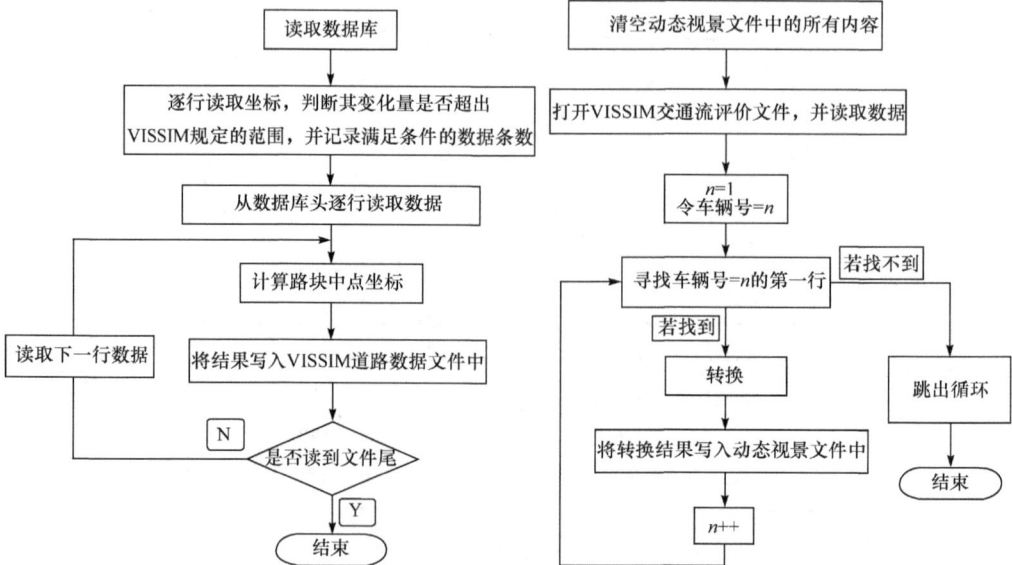

(a) 将场景中的道路导入仿真软件　　　　　　　(b) 将交通流仿真结果导入场景

图 9-34　在驾驶场景中导入交通流

拟场景的动态视景数据格式,导入驾驶场景中。

图 9-35 为某一段 10km 的高速公路的三维模型。首先获取该路段的数据库,位置标定后,进行数据的转换,并导入 VISSIM 中重现该路段,如图 9-36 所示。

图 9-35　驾驶模拟系统中道路三维视景

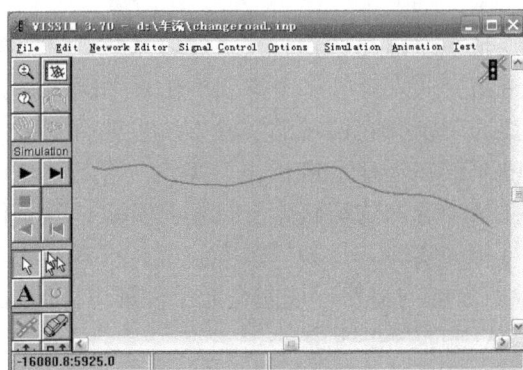

图 9-36　VISSIM 中生成的道路

根据实验要求设置交通流参数(包括交通流的组成、比例及车速分布)及相关交通流模型,在 VISSIM 上进行交通流仿真,仿真结果如图 9-37 所示,并获取交通流数据文件。再通过数据格式转换,将交通流仿真结果导入驾驶场景中,如图 9-38 所示。

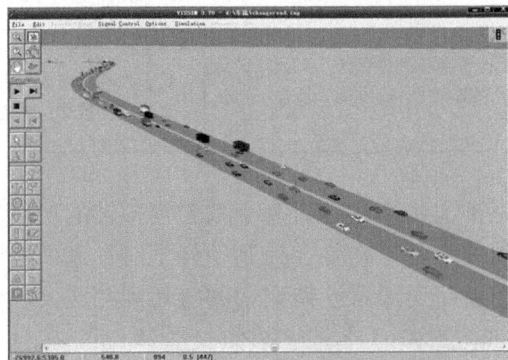

图 9-37　VISSIM 中交通流仿真结果

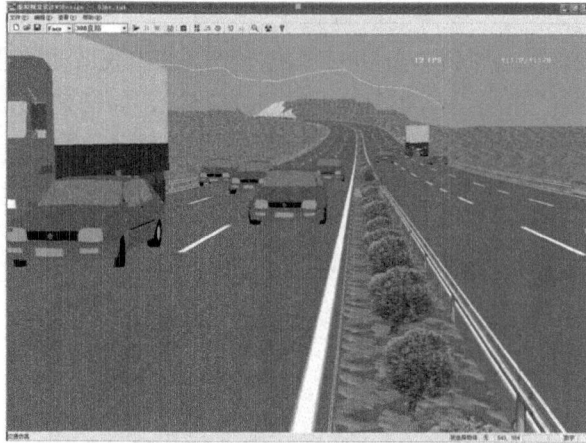

图 9-38　驾驶模拟系统生成交通流

9.6　驾驶模拟器仿真实验方法

　　驾驶模拟器仿真实验是在道路交通驾驶模拟实验系统上进行的，涵盖驾驶人行为、车辆动态性能及设计、道路交通安全等多个方面的仿真系统实验。

　　应用于车辆与道路交通系统研究领域的实验方法主要有三种：第一种是场地实验，即采用装备了测试仪器的车辆在场地上进行相关实验；第二种是道路实验，同样采用装备了测试设备的车辆，在某个选取的道路上进行相关实验；第三种是驾驶模拟器实验，即在驾驶模拟系统上进行相关实验。驾驶模拟实验中，只有驾驶人是真实的，车辆和道路场景都是虚拟的，实验所需要的道路环境或交通条件都可以通过三维虚拟模型来构建。上述三种实验方法的优缺点如表 9-1 所示。

表 9-1　车辆与道路交通系统实验方法对比

实验方法	优点	缺点
场地实验	实际车辆、实际驾驶，数据采集方便，适合车辆特定行为实验，实验可控，数据重复性好，实验风险小	没有交通环境，不适合进行与交通环境或交通条件相关的实验项目
道路实验	真实的车辆和道路状态，数据采集反映接近自然状况，数据接近真实情况	实验可控性差，安全类实验存在风险，不易做大样本实验，实验成本较高
驾驶模拟器实验	实验场景可按要求设计，实验条件可控，无风险，易于大样本实验，数据采集方便，成本低，适合于驾驶行为和驾驶心理实验	实验虚拟场景逼真性有限，驾驶人的感受与实际存在一定差异，数据结果与实际有一定误差

　　从表 9-1 可见，在三种实验类型中，基于驾驶模拟器的仿真实验更适合于进行驾驶心理行为、安全评价方面的实验。它是在控制条件下对驾驶人心理和行为进行研究工作的心理学实验。它不同于道路交通系统研究中的自然观测法，在使用自然观测法时，研究者一般只能被动地仔细观测和记录研究对象(交通参与者)在自然状态下所发生的情况，而不能有任何干预；而且这种观察需要被观测的事物出现时才能进行，因此受到自然条

件的限制。而驾驶仿真实验则是人为地设计实验，并对实验条件和观测对象进行必要的控制；实验者可以设计出相关道路交通条件及交通事件来观测被测对象的状态或变化，并可实现同等条件下的重复实验，为具有随机性质的实验结果的统计分析提供了可能。当然，驾驶模拟实验存在着仿真与实际的误差问题，尤其是实验设计导致的结果有效性(效度)问题。因此，应用驾驶模拟器进行仿真实验，首先要解决好实验系统的误差和实验设计的效度问题，才能够开展有意义的科学实验。

正因为如此，这种驾驶仿真实验具备了心理学实验的相关特征，从而需要满足心理学实验的相关要求。

9.6.1 驾驶仿真心理学实验的特征

1. 实验变量

如前所述，驾驶模拟器仿真实验是一种可控制的观测。实验需要观测，因此需要观测变量；实验需要控制，因此还需要控制变量。

变量是指在数量上或质量上可变的事物的属性。例如，交通量、车辆的百米加速特性、道路的里程、高速公路上的运行车速等可以由小到大，这些都属于量的变量。又如，交通流状态有自由流、稳定流、不稳定流及强制流，交通安全指数有安全、较安全及不安全等，这些是质的变量。质的变量有时也可以用数字代替类别，以便于统计分析。在自然科学中，常用数学方程式来描述一些现象。用驾驶模拟器仿真实验研究交通参与者心理学问题时，也用数学方程式来探明变量与变量的关系。在实验中实验者所操纵的、对被试者的反应产生影响的变量称为自变量；由操纵自变量而引起的被试者的某种特定反应称为因变量。例如，当研究黄灯时长对驾驶人反应的影响时，实验者所操纵的信号黄灯时长(变化的黄灯时长)就是自变量，而驾驶人反应(可以以是否制动、减速度等来表示)就是因变量。因此，自变量和因变量是相互依存的，没有自变量就无所谓因变量，没有因变量也无所谓自变量。

除了自变量，还有许多其他因素都会影响因变量的变化。凡是对因变量产生影响的实验条件都称为相关变量，而对因变量不产生影响的实验条件称为无关变量。在相关变量中，实验者用于研究的变量称为自变量，实验者不用于研究但需要控制的变量称为控制变量，或称为额外变量。在实验中，额外变量是必须加以控制的，否则就会弄不清因变量的变化是由自变量的影响引起的，还是由控制变量的变化引起的，因而就无法得出明确的结论。由于心理学实验中存在控制变量，因此才不能轻易地说，自变量是因，因变量是果。

用于驾驶模拟实验的自变量大致可以分为两类。

(1) 环境变量。当实验呈现某种作业时，改变实验环境的某种因素，如交通信号、风险因素、路旁景观、道路几何等特性的改变，均可称为环境变量。

(2) 被试者变量。被试者的年龄、性别、健康状况、经验、人格特性、动机、态度等因素的改变都可称为被试者变量。例如，在驾驶行为相关实验中，不同经验的驾驶人群体、新老驾驶人群体等都可以作为被试自变量。

由自变量的变化而产生的现象变化或结果称为因变量。在驾驶模拟实验中，被试者的某种反应常常作为因变量。常用的测量参数有：①反应速度，如简单反应时间、安全行驶完成一个路段所需的时间、在一定路程内完成超车的次数等；②反应的正确性，如选择反应正确的次数、正确按照指示标志完成行程的次数等；③反应的难度，有些作业可以定出一个难易等级，看被试者能达到什么水平，如可以设置的交通流状态有四个难度等级；④反应的次数或概率，是指在一定时间内被试者能做出某种反应的次数；⑤反应的强度，如交通风险实验中的脑电变化、皮肤电反射电阻变化的大小。

除了上述反应指标，被试者的口语报告内容(即口语记录)也是一项重要的反应变量。口语记录是指被试者在实验时对自己心理活动进程所作叙述的记录，或在实验之后，被试者对主试者提出问题所作回答的记录。在驾驶模拟器仿真心理学实验中，口语记录有时是一种必要的参考资料，有助于分析被试者的内部心理活动、了解被试者解决问题时所使用的思维策略等。

2. 驾驶仿真实验中主试者与被试者的关系

在心理学实验中，组织实施实验的人称为主试者，参与实验的驾驶人称为被试者(Subjects)。如何处理好主试者和被试者的关系是实验取得成功的一个重要条件。主试者和被试者的关系包括下面两类性质不同的相互作用。

(1) 按实验程序进行的主-被试者的相互作用。

心理学实验中涉及的人包括主试者和被试者。主试者对被试者的干预及被试者对主试者的实验态度都会对实验结果产生影响。由于心理实验都是通过被试者完成任务的方式进行的，所以主试者对被试者最直接的干预是向被试者交代任务。主试者为交代任务向被试者所讲的话，在心理实验中就称为指示语。在以人作被试者时，指示语在实验中不仅是对被试者说明实验，更重要的是给被试者设定课题，这也是控制被试者这一有机体变量的一种手段。指示语不同，所得的结果也不相同。因此，主试者在给出指示语时应注意以下几点。

① 要严格确定给被试者什么样的指示语。不同的实验会有不同的要求，有的要求被试者尽量做得准确，有的要求尽量做得快，还有的要求又准又快。此外，是让被试者按特殊的方式完成某任务，还是让他随便用什么方式完成任务。类似这样的问题，主试者都要事先确定，写到指示语中。

② 在指示语中，要把被试者应当知道的事交代完全。主试者要求被试者所做的事，可能是他从未做过的，要说明将要给他呈现什么，要他怎样做等。

③ 要保证被试者确实懂得了指示语，指示语要写得简单明确。切忌模棱两可，也不要用专门术语。为防止被试者误解指示语，可以让被试者用自己的话重述让他做什么、怎么做等。

④ 指示语要标准化，事先要把指示语写下来念给被试者听。应做到所给的指示语前后一致。不要任意改变同一指示语中的有关词句。对有些实验最好能使用录音机给出指示语。

在指示语不能充分控制反应时,就要很好地考虑刺激条件和实验装置,使刺激条件、实验装置与指示语配合起来，使被试者只能做出主试者所要求的反应。

(2) 干扰实验程序的主-被试者的相互作用。

在心理实验中，除了主试者给出指示语及被试者按指示语完成任务的相互作用，他们之间还可能存在着某种干扰实验、使实验结果发生混淆的相互作用。例如，主试者在实验中可能以某种方式(如表情、手势、语气等)有意无意地影响被试者，使他们的反应符合主试者的期望，这种现象称为实验者效应。实验者效应往往会以一种颇为微妙的方式起作用。这里，除主试者无意识地以某种方式影响被试者的反应外，还可能故意地对被试者暗示、提醒或鼓动，或不能耐心地等待被试者真实反应的出现就进行记录，或仅仅记录自己所期望的行为反应。

此外，由于人类被试者参加实验并不是消极被动的。他们总是以某种动机、态度来对待实验。因而实验结果在很大程度上也依赖于被试者对待实验的态度，可以这样说，在以人作为被试者的任何研究中都可能出现霍桑效应或安慰剂效应现象。被试者对指示语的理解、参与实验的动机、焦虑水平、有关经验、当时的心理状态、生理状态等，都会影响他们完成任务的质量和数量。而被试者的反应成绩又会影响主试者的行为。这种相互作用有的是不知不觉地在进行，主试者往往没有察觉到。因此，主试者给予被试者的某种处理，所获得的不一定就完全是此处理所引起的反应，自变量也不一定只是主试者加以操纵的那个自变量。

总之，心理学实验中的主试者和被试者(人类被试者)都是具有主观能动性的。主试者用指示语规定被试者的反应，试图控制额外变量，使因变量的变化成为自变量的一种效应；但与此同时，主试者与被试者又可能以某些干扰实验的方式不知不觉地相互作用，使额外变量成了实验中的自变量，从而混淆了实验结果。

3. 额外变量的控制

额外变量是使实验结果发生混淆的主要根源。要提高研究的科学水平，就要采取一定的方法来控制额外变量。对额外变量的控制，通常采用以下几种方法。

(1) 排除法：把额外变量从实验中排除出去。例如，采用双盲实验可以排除影响主试者和被试者的各种因素。在驾驶模拟实验中，一般采用单盲实验，即不让被试者知道实验目的。

(2) 恒定法：使额外变量在实验的过程中保持固定不变。不同的实验场所、不同的主试者、不同的实验时间都是额外变量。有效的控制方法是在同一实验室、由同一主试者、在同一个时间对实验组和控制组使用同样的实验程序进行实验。在驾驶模拟器仿真实验中，主试者和控制组被试者的特性(如年龄、性别、驾驶风格、动机等)很大程度上是实验结果发生混淆的主要根源，应保持恒定。只有这样，两个组在作业上的差异才可归于自变量的效果。

(3) 匹配法：使实验组和对照组中的被试者的特点相等。使用匹配法时，先要测量所有被试者和实验中要完成的作业具有高相关的特点；然后根据测得的结果把实验组和对照组的被试者的特点匹配成相等的。这种方法在理论上虽然可取，但在实际上很难行得通。因为，当超过一个特性(或因素)时，主试者常感到顾此失彼，甚至无法匹配。例如，主试者要同时考虑年龄、性别、起始成绩、智力等因素，力图使所有因素均匹配成相等的而编为两组就很困难了。即使能解决此困难，也将使很多被试者不能参加这个实验。更何况，属于中介变量的诸因素，如动机、态度等，更是无法找到可靠的依据进行匹配。因此，匹配法在实际中并不常用。

(4) 随机化法：根据概率理论，把被试者随机地分派到各处理组中。从界定的被试者总体中用抽签法或随机数字法抽取被试者样本，由于随机取样使总体中的各个成员有同等机会被抽取的，因而有相当大的可能性使样本保持与总体有相同的结构。随机取样后，再把随机抽出的被试者样本随机地分到各种处理中。从理论上讲，随机化法是控制额外变量的最佳方法，因为根据概率理论，各组被试者所具备的各种条件和机会是均等的，不会导致系统性偏差。它不仅能克服匹配法顾此失彼的缺点，还能控制难以观察的中介变量(如动机、情感、疲劳、注意等)。随机化法不仅能应用于被试者，也能应用于呈现刺激的安排。例如，如果有许多处理施加于被试者，为了消除系列效应(即前面的处理对后面的处理的影响)，可以用随机化法安排各种处理出现的顺序。

(5) 抵消平衡法：通过采用某些综合平衡的方式使额外变量的效果互相抵消，以达到控制额外变量的目的。这种方法的主要作用是控制序列效应。如果给被试者施加一系列以固定顺序出现的不同处理，被试者的反应将会受到时序先后的影响。如果先后两种处理在性质上无关，就会产生疲劳的影响。这两种影响都可以使实验发生混淆，因而要加以抵消。如果只有 A、B 两种处理，最常用的抵消序列效应的方法是用 ABBA 的安排。即对同一组被试者先给予 A 处理，再给予 B 处理；然后倒过来，先给予 B 处理，再给予 A 处理。如果对几组被试者给予两种以上的处理，为了抵消序列效应则可采用拉丁方实验。

(6) 统计控制法：事后用统计技术来控制额外变量。上述各种方法都是在实验设计时可以采用的，这些方法统称为实验控制法。但有时候由于条件限制，上述各种方法不能使用，明知有因素将会影响实验结果，却无法在实验中加以排除或控制。在这种情形下，只有做完实验后采用协方差分析(或共变数分析)，把影响结果的因素分析出来，才能达到对额外变量的控制，这种方法称为统计控制法。统计控制法除协方差分析外，还可用偏相关等方法。

9.6.2　驾驶模拟器仿真实验设计

实验设计是在进行科学实验前所做的具体计划，其实质是确定实验条件和安排实验程序。实验设计的目的在于找出被试系统某种现象的因果关系，或对系统问题的某个假设做出验证。驾驶仿真实验一般是通过完成一个特定的驾驶任务来实现的。设计的内容一般包括：确定自变量、因变量、控制变量和相关实验条件；设计驾驶任务、实验场景及实验过程。自变量可以是不同群体的被试者，也可以是不同的道路交通环境，还可以是不同的驾驶系统。

无论选择什么作为自变量，驾驶仿真实验设计最重要的一个内容是确定有效的刺激变量，刺激变量的呈现方式一般是通过设计三维虚拟场景来实现的，驾驶人(被试者)通过感知(视觉、听觉)获取刺激变量。这种刺激变量可以是自变量，也可以是控制变量。驾驶模拟实验设计另一个重要的内容是确定反应变量。反应变量一般是通过测取驾驶行为或驾驶人的生理反应来实现的，反应变量一般是因变量。

选择被试者是组织驾驶仿真实验的重要内容。被试者可以是自变量，也可以是控制变量。被试者若是作为自变量进行实验，则需要进行有效的分类；若是作为控制变量进行实验，则需要保证被试者的一致性。被试者人数的多少和选择被试者的方法，要根据实验目标和内容确定，一般应具有保证统计精度的足够样本数。

实验过程的设计包括对被试者的指示语、实验次序、实验持续时间、实验数据的处理方法等。实验设计一般要对实验结果有一定的预见性，以保证获取有效的实验数据。

驾驶心理现象很少是由单一刺激因素决定的，往往是多因素的结果。因此，在驾驶模拟实验中，除了单自变量基本实验，有时需要进行多自变量实验。多自变量是指在一个实验中包含两个或两个以上的自变量。

多因素实验设计是指在同一个实验里可以同时观测两个或两个以上的自变量的影响，以及自变量与自变量交互作用的效果的实验设计。它与只有一个自变量的实验设计是不同的。多自变量实验设计包括析因设计和拉丁方设计，其中析因设计有双向(或二向)析因设计、三向析因设计。但是，因素越多，交互作用越多，解释结果的难度也越大，因此，一般将研究变量限于2~4个。在析因设计中，研究者要操作的实验处理的个数就是各自变量的水平个数的乘积。拉丁方设计是多因素实验设计中一种较为常用的设计方案，只要实验中自变量的个数与水平数相同，且自变量之间没有交互作用，都可以采用拉丁方设计方案。拉丁方设计能够抵消实验中因实验顺序、被试者差异等造成的无关变量效果，因此在心理实验中经常应用。随着统计科学的发展，多因素设计的可选方案越来越多，但驾驶模拟的多因素实验较为复杂，要求的样本数较多，控制变量复杂，要根据实验条件慎重选择。

9.6.3 辅助仪器的使用

驾驶行为与驾驶人的生理和心理测试是驾驶仿真实验最重要的测量参数，大多数作为实验的因变量。驾驶行为数据的获取一般是通过模拟器本身记录的驾驶操纵参数、车辆行驶轨迹或动态响应来实现的，而驾驶人的生理和心理特性的测取则需要外部辅助仪器来完成。这类仪器一般包括眼动仪、生理心理检测仪或其他辅助仪器。

1. 眼动仪

驾驶人驾驶过程中可通过眼动仪来测量、跟踪眼动及采集、记录数据，眼动仪系统可以提供基本的数据分析系统，可以对图像和眼动数据进行分析。眼动仪的基本工作原理是通过发光器发出的红外光找到人的眼睛，眼球上瞳孔和角膜反射的光斑被摄像头获取，这个过程是为了识别眼球上瞳孔和角膜，在实验过程中记录眼动轨迹，获取相关眼动参数。获得的重要相关数据包括：注视点位置分布情况、注视时间、眼跳时间和眼跳幅度等。眼动仪能够记录到丰富的眼动数据，在基于视觉的驾驶行为领域的研究中扮演着重要角色，其应用主要表现在以下几个方面：不同路况下驾驶人的驾驶行为研究、不同驾驶经验驾驶人的行为研究，以及驾驶人视觉信息搜索行为的眼动研究；还可以把眼动仪运用到驾驶培训中，通过比较分析新老驾驶人的视觉搜索策略、行为上的差异，对新手驾驶人的视觉信息处理和认知决策等方面进行眼动培训；还可以把眼动仪运用到对驾驶人的疲劳检测、驾驶人注意力检测中等。

　　2. 生理心理检测仪

　　驾驶人驾驶过程中的心理状态可以引起人体生理指标的变化，并且人体生理指标的变化可以定量描述心理状态，应用多通道生理仪可在驾驶人驾驶过程中实时记录及检测其在各种驾驶情景及状态下的生理变化情况，针对特定刺激下的生理变化趋势分析被试者的心理状态及情绪稳定性等，可记录被试者的心电(ECG)、皮电(GSR)、肌电(EMG)、呼吸(RESP)、脉搏(PPG)、心率(HR)、心率变异性(HRV)等。分析被试者在特定的驾驶环境与活动状态下的交感神经与副交感神经变化状态。生理仪能够记录到丰富的、反映驾驶人心理状态的生理数据，在基于生理、心理状态的道路交通领域的研究中扮演着重要角色，其应用主要表现在以下几个方面：驾驶人自身因素如不同年龄、驾龄、性别、性格等对应激反应的影响；应用驾驶人多种生理指标检测驾驶人的疲劳状态；从道路条件和驾驶人的驾驶行为出发，定量地研究驾驶人行车时心理状态与道路线形间的关系；采用心电、皮电和呼吸信号评价多任务工况下驾驶人认知负荷的研究等。

　　3. 其他辅助仪器

　　除上述用于测量驾驶人被试者的生理和心理检测仪器外，根据研究目的，用于驾驶模拟实验数据的获取还可以设计其他辅助仪器。例如，驾驶人面部视屏记录仪，可用于分析驾驶人的面部特征；驾驶人第二任务发生器，可用于研究驾驶人的注意与分心等问题。

9.6.4　驾驶模拟器仿真实验的有效性

　　驾驶模拟器已成为车辆工程、道路工程、交通工程、人体工效学、心理学和相关领域的辅助性仿真实验的工具。但是，应用驾驶模拟器进行模拟实验存在实验的有效性(Validity)问题。

　　一般的仿真，其有效性主要依赖于系统模型的物理效度，即物理模型的准确性。基于驾驶模拟器仿真实验的有效性，不仅需要模拟器模型(包括硬件模型和软件模型)物理效度的要求，还需要满足心理学实验的效度要求。因为驾驶模拟实验涉及实验目标构想的科学性、内容选取的合理性、选取被试者样本的代表性、场景设计的准确性等问题，所有问题都可能影响实验结果，甚至使得模拟结果与实际情况有所不符。因此，驾驶模拟器存在物理效度和实验效度的检验问题。

　　物理效度是指测量数据和结论的准确性程度，或者说测量工具能否稳定地测量到要测量的事项的程度。驾驶模拟器的物理效度包括系统各部分(如动力学模型、机械传感系统、视觉系统等)物理效度的总和,属于传统的工程技术问题。实验效度在实验心理学上的定义是指一项实验所能揭示的事物本质规律的有效程度。驾驶模拟器是由道路环境、车辆、驾驶人组成的一个操纵控制系统,由于在实验中驾驶人的感知与实际状况的差异会对驾驶者的心理产生较大的影响,从而干扰实验结果。因此类似于心理学实验,需要对驾驶模拟实验进行实验效度的检验。

驾驶模拟器物理效度和实验效度的检验所采用的基本方法是模拟实验与实车实验的对比评价。物理效度的检验就是让模拟器与实际车辆在性能上作对比,检验是否满足要求的精度。如通过对比实验测试两者在加速、制动、转向等性能上的差异及精度。实验效度的检验较为复杂。由于驾驶模拟实验是由一系列驾驶行为构成,因此对驾驶模拟实验效度的检验可以分解为对驾驶行为的效度检验,即对模拟器特定的驾驶行为进行有效性评价。由于影响模拟器驾驶行为的因素很多,驾驶行为效度的检验在评价方法上经常使用"相对效度"的概念,相对效度是针对绝对效度来说的,是指驾驶模拟实验的相对有效性,很多驾驶模拟对照实验只要实验系统满足一定的相对效度,实验结果的正确性是可以得到保证的。研究表明,很多研究型驾驶模拟器的相对效度容易得到保证,而绝对效度很难保证。因此,如果条件有限,对模拟器的效度检验应以检验相对效度为主,而上不必追求系统的绝对效度。

从各种类型和档次的驾驶模拟器的效度检验结果来看,虽然方法多样,但都是针对各自的研究目标,在特定的条件下均可获得相对的效度检验。

通过模拟实验与实车实验的对比方法,属于效度的客观检验方法。此外还有一种对驾驶模拟器效度检验的主观评价方法:即通过专家或有经验的驾驶者的问卷调查来确认模拟器的"逼真性",这种方法也是有效的,一般作为客观评价的补充。

目前,驾驶模拟器正朝着更高精的方向发展,视觉和运动范围都有增大的趋势,在图像方面,建模方法更完善,显示精度更高,情景制作能力更强;同时,对驾驶模拟器应用范围也迅速扩大。虽然模拟器本身的性能质量和应用功能都得到了进一步提高,但对驾驶模拟器实验的效度检验依然是必须做的一项工作。

9.6.5 驾驶模拟器的晕车现象

晕车现象一般是出现在乘车、乘船、乘飞机的过程中,但使用驾驶模拟器也会使人产生晕车甚至引发相关疾病的现象,而且驾驶模拟器的晕车现象有时更为严重。模拟器晕车可能会出现视力模糊、冷出汗、注意力不集中、困倦、眼疲劳、头胀、恶心、脸色苍白和呕吐等症状。产生晕车和各种症状现象的机理很复杂,目前还不是很清楚。影响晕车的原因很多,一般来说,主要与三方面有关:一是与模拟器系统本身有关,包括视野、系统反应滞后、图像闪烁、视点位置等因素;二是与被试者个体情况有关,包括性别、年龄和身体状况;三是与实验的内容和实验的持续时间有关。

视觉系统是驾驶模拟器的重要组成部分,也是最易引起晕车现象的重要因素之一。首先是图像质量,一般来说,图像分辨率过低、闪烁频繁等会使驾驶人的眼部紧张和疲劳,从而引发晕车现象。其次是视觉的宽度。有研究表明,视觉范围宽度本身对晕车程度的影响不大,但当图像质量不高时,增大视觉宽度会加大驾驶人视觉的不适感,从而引发程度更大的晕车现象，尤其采用投影仪放大视觉范围时，由于图像的总像素不变，过分放大图像还会显著降低图像的分辨率，加大被试者眼部的疲劳。因此，增加视觉宽度虽然可以提升系统的真实感，但同时会加大驾驶晕车的风险。

身体运动感知与视觉运动感知之间的不协调是造成模拟器晕车的另外一个重要原因。对于固定式驾驶模拟器，驾驶人的身体是固定不动的，而视觉上在景观运动，从而造成身体运动感知和视觉感知的差异，打乱了身体内部的平衡系统，从而造成晕车。有一些驾驶模拟系统，虽然带有运动反馈装置，但由于模拟舱体的运动范围很有限，或不能保证身体运动感知与视觉感知的一致性，仍然会出现晕车现象，而且如果舱体运动与图像运动不一致，晕车现象会更严重。

晕车现象还与被试者个体特质有关。国外有研究表明，女性比男性更易晕车；此外，年纪大的人比年轻人更容易出现驾驶不适问题。由于个人的特质不同，被试者对不适驾驶的承受力和反应时间也不同，有的人实验开始不久后就会出现恶心、呕吐，再也不能坚持实验，只能退出。国外研究报告表明，有 10%左右的被试者会出现较严重的不适感。国内实验表明，有 3%～5%的被试者因恶心不能完成实验。

实验性质和持续时间直接影响被试者晕车的程度与数量。一般来说，实验过程中频繁制动、转向容易引起晕车现象；实验持续时间越长晕车现象越明显。实验持续时间应使大多数被试者没有出现明显的晕车现象，这样才能保证实验数据的可靠性。实验可持续时间的长短与模拟器的性能和实验的内容有关，在实验方案设计中应予以考虑。

9.7　驾驶模拟系统的发展

随着计算机仿真和虚拟现实技术的发展，驾驶模拟系统还将不断地得到发展，并得到越来越广泛的应用。由于不同的应用范围对驾驶模拟系统的要求不同，驾驶模拟器系统的发展将按不同的方向走专业发展的道路。

驾驶模拟器作为一种科学的研究工具，系统的逼真性和仿真实验的效度是其重要的发展方向。逼真性包括系统的物理效度和驾驶人的沉浸感，硬件方面，采用具有高分辨率的图像显示系统可以提高实验场景的清晰度，特别是提高对驾驶人可视距离内交通标志标牌的识别，采用 3D 显示技术可以提高驾驶人的沉浸感；软件方面，需要为驾驶模拟器提供更快速的图像生成技术，以保证大场景图像动画的平滑度，提供精确的车辆动力学模型，以保证车辆在各种工况下运动的准确性。效度是驾驶模拟器作为驾驶行为心理学实验的有效性，是保证实验数据有效的前提。驾驶模拟器的实验效度较为复杂，有系统的问题，也有实验设计的问题。保证驾驶模拟实验中驾驶人对道路交通信息接近真实的感知是驾驶模拟系统设计要解决的关键问题，涉及系统的各个方面的综合协调。

此外，开放性好、建模方便快捷、易于扩展和升级也是研究型驾驶模拟系统的一个发展方向。开放性好可以使驾驶模拟系统更好地利用其他仿真模型或资源，还可以实现二次开发，有利于扩展模拟器的应用范围；同样，方便、快捷的建模方式可以极大地提高驾驶模拟器的应用效率，使模拟器真正成为便捷的实验平台。

　　建立连续、离散、不同尺度的混合仿真系统是研究型驾驶模拟器的另一个发展方向。目前的驾驶模拟器是以车辆动力学为基础建立的仿真系统，这是一个连续的、具有高精尺度的仿真系统。但在交通动态环境中所采用的模型尺度一般远高于车辆模型尺度，并且有可能是离散-连续的混合系统。很多驾驶模拟实验需要提供交通动态环境，因此，驾驶模拟系统应该能够提供具有连续-离散和不同分辨率的混合仿真技术，从而实现驾驶模拟与动态场景的逼真性，以提高模拟实验的广度和深度。

　　晕车现象也是驾驶模拟器在发展中要解决的一个问题。总体来说，驾驶模拟实验中的晕车现象不可避免，但程度不同。好的模拟器晕车现象程度轻，基本不影响实验结果，而有的模拟器晕车现象程度严重，有的被试者由于晕车甚至不能完成规定的实验，即使能完成的，对实验结果可能会产生较大的影响。如前所述，晕车现象的成因较为复杂，涉及模拟系统的各个方面，特别是运动系统与图像系统的协调匹配。类似于驾驶模拟器的实验效度问题，只有对模拟系统各个方面的综合设计和协调才能最大限度地消除晕车现象。

　　由于应用范围和目标不同，用于培训和教学实验的驾驶模拟器与研究型驾驶模拟器具有显著的差异。培训和教学用驾驶模拟器一般不需要用户自己建模，而是由开发者预先提供用于培训或教学实验的各种道路交通模型，以满足驾驶培训或相关教学实验的需要。用于培训和教学实验的驾驶模拟器的发展对模拟器的逼真性及效度也有一定的要求，但要求远不如研究型模拟器高。培训和教学实验用驾驶模拟器的一个重要的发展方向是对培训或教学实验方法的设计，并在此基础上提供各种实验场景和培训(实验)的评价方法。

9.8 思　考　题

1. 简述驾驶模拟器的工作原理。
2. 驾驶模拟器由哪几部分组成，各部分的功能是什么？
3. 道路交通驾驶模拟系统涉及哪些建模技术？
4. 培训用驾驶模拟器与研究用驾驶模拟器有什么区别？
5. 用于科学研究的驾驶模拟实验为什么要进行有效性检验？
6. 驾驶模拟器的有效性检验包含哪些内容？

参 考 文 献

陈亮, 熊坚, 等, 2017. 基于视觉及认知的驾驶模拟器图像标定方法[J]. 中国公路学报, 30(1):129-135.

丁立, 熊坚, 万华森, 等, 2003. 驾驶模拟器视景逼真度客观评价研究[J].系统仿真学报(增刊), 15: 378-380.

顾海根, 2008. 心理与教育测量[M]. 北京: 北京大学出版社.

廖英, 熊坚, 万华森,等, 2007. KMRTS 视景仿真系统的设计及应用[J]. 交通信息与安全, 25(1):122-124.

孟庆茂, 常建华, 2009. 实验心理学[M]. 北京: 北京师范大学出版社.

秦雅琴, 熊坚, 高晶,等, 2007. 驾驶模拟器与微观交通仿真 VISSIM 的数据接口研究[J]. 昆明理工大学学报(自然科学版), 32(1):77-79.

万华森, 2003. 道路交通模拟器视景建模及图像生成研究[D]. 昆明: 昆明理工大学.

万华森, 熊坚, 2003. 汽车驾驶模拟器虚拟场景的交互式生成研究[J]. 系统仿真学报增刊, 15:204-206.

吴启迪, 2002. 系统仿真与虚拟现实[M]. 北京: 化学工业出版社.

谢春荣, 万华森, 熊坚, 2008. 基于驾驶模拟器的危险场景设计研究[J]. 交通信息与安全, 26(3):133-136.

熊坚, 吴爱平, 秦雅琴, 等, 2016. 驾驶模拟器培训的有效性实验研究[J]. 人类工效学, 22(1):63-67.

熊坚, 曾纪国, 丁立, 等, 2002. 面向道路交通的汽车驾驶模拟器的研究及应用[J]. 中国公路学报, 15(2):117-119.

熊坚, 曾纪国, 水瑞锋, 等, 2002. 主被动式网络化汽车驾驶模拟器的研究及应用[J]. 汽车工程, 24(2):126-129.

熊坚, 曾纪国, 2001. 驾驶模拟器用于交通系统仿真的研究[J]. 系统仿真学报, (S2): 385-387.

曾纪国, 2001. 驾驶模拟器三维视景系统的开发及应用[D]. 昆明: 昆明理工大学.

曾纪国, 熊坚, 万华森, 2002. 驾驶模拟器三维场景自动生成系统的开发及应用[J]. 系统仿真学报, 14(6):752-755.

中华人民共和国交通运输部, 2014. 汽车驾驶培训模拟器: JT/T 378—2014[S]. 北京: 人民交通出版社.

BÉ LANGER A, G AGNON S, S TINCHCOMBE A, 2015. Crash avoidance in response to challenging driving events: the roles of age, serialization, and driving simulator platform[J]. Accident analysis and prevention, 82(1): 199-212.

BELLA F. 2005.Driving simulator validation for work zone design[C]//TRB 84th Annual Meeting CD-ROM, Washington.

DOLS J F, et al, 2016. Design and development of driving simulator scenarios for road validation studies[J]. Transportation research procedia, 18: 289-296.

HELLAND A. LYDERSEN S, LERVAG L F, et al, 2016. Driving simulator sickness: impact on driving performance, influence of blood alcohol concentration, and effect of repeated simulator exposures[J]. Accident analysis and prevention, 94: 180-187.

MCGEHEE D V, LEE J D, RIZZOM, et al, 2004. Quantitative analysis of steering adaptation on a high performance fixed-base driving simulator[J]. Transportation research part F, 7(3): 181-196.

PIECHULLA W, MAYSERC, GEHRKE H, et al ,2003. Reducing drivers' mental workload by means of an adaptive man-machine interface[J].Transportation research part F, 6(4):233-248.

ROSENTHAL T J, CHRSTOS JP, 2004. A Driving simulator for testing the visibility and conspicuity of highway designs and traffic control device placement[C]// TRB Annual Meeting CD-ROM.

ROSEY F, AUBERLET J M, 2014. Driving simulator configuration impacts drivers' behavior and control performance: an example with studies of a rural intersection[J]. Transportation research part F, 27: 99-111.

SALAANI M K, 1996. Development and validation of a vehicle model for the national advanced driving simulator[J].

STRAUS S H, 2005. Driving simulators: yesterday and today[EB/OL]. http://www.esracorp.com.

SUN J MA Z, LI T, et al , 2015. Development and application of an integrated traffic simulation and multi-driving simulators[J]. Simulation modelling practice and theory, 59: 1-17.

第 10 章　驾驶模拟系统的应用

驾驶模拟器作为一种综合的仿真工具，也是唯一能通过驾驶人在环模拟道路交通最基本运动单元的仿真系统，得到了越来越广泛的应用。驾驶模拟系统不仅可用于车辆动力学、控制系统的研究和评价，还可用于研究驾驶行为及对道路和交通环境进行评价，包括客观和主观的评价。

本章将介绍驾驶模拟器的几种应用类型和相关实例，应用类型包括车辆动力学仿真实验、车辆控制系统仿真实验、道路线形评价仿真实验、道路安全设施仿真评价、交通诱导系统评价实验、驾驶行为评价等。所有实例是在昆明理工大学驾驶模拟系统实验平台(KMRTS)上完成的。KMRTS 是由昆明理工大学交通工程学院自主开发的驾驶模拟系统。该系统具有较好的开放性和功能扩展性，为车辆动力学仿真、道路交通仿真评价、驾驶行为特征研究提供了必要的模拟实验条件。

10.1　车辆动力学仿真实验

10.1.1　实验背景和目的

车辆的动力学稳定性是保障车辆行驶安全的重要特性之一。随着计算机技术的飞速发展以及对汽车模型和轮胎模型的精确构建，以计算机仿真技术为手段，研究汽车的操纵动力学已成为该领域重要的研究方向之一。过去，这种仿真技术基本都是数字化的，即仿真结果多数是数据的形式，或是以曲线、图形动画的形式给出。这种仿真方法的优点是可以预测汽车在特定输入下的动态特性，分析相关参数对汽车操纵稳定性的影响。

但是，这种对车辆动力学特性的数字仿真大多是以开环的形式进行的，并没有考虑驾驶操纵的环节。事实上，车辆是由"人-车-路-环"构成的控制系统，其动态特性是在人的操纵下产生的。正因为如此，汽车的操纵稳定性以场地实验(驾驶人在环)为终极的评价手段。

车辆驾驶模拟针对的是"人-车-路-环"的仿真系统，它有效地将驾驶人与车辆动力学模型和道路环境结合在一起，实现了人对车辆的控制。因此，应用驾驶模拟器进行车辆动力学仿真，既解决了在车辆设计阶段的理论分析问题，又解决了人对车辆的控制问题，可以最大限度地仿真车辆的操纵稳定特性。

车辆操纵稳定性的场地实验包括稳态转向实验、瞬态转向实验、移线实验、蛇形实验等，是汽车样机生产出来以后必须进行的实验之一，以检验汽车的操控及稳定能力。通过驾驶模拟器，既可以分析汽车在驾驶人控制下的转向动态响应特征，又可以在汽车设计完成之后和样车出来之前实现对汽车场地实验的仿真。本实例以某轿车为实验车型，介绍应用驾驶模拟器对汽车进行蛇形实验的仿真。

10.1.2　仿真实验方法

首先将实验车型的参数输入驾驶模拟器的车辆模型参数中，并对车辆的基本参数或性能进行标定或验证；然后建立汽车标准的穿杆场地的虚拟实验场景；最后由具有一定经验的驾驶人在驾驶模拟实验平台上进行穿杆驾驶。实验速度从低速开始，保证车辆不碰、不漏锥桶，顺利走完实验路段，然后逐渐增加实验车速，直至车辆不能顺利走完实验路段。测取车辆的速度、方向盘转角、横摆角速度、车身侧倾角等参数。

1. 实验虚拟场景

汽车蛇形实验是在平坦的场地上放置锥桶，实验场景采用了图 10-1 所示的标准的蛇形标桩设置，标桩的间距为 30m，共设 10 棵标桩。根据锥桶形状、摆放位置及场地情况建立虚拟场景，如图 10-2(a)、(b)所示，其中图(a)为汽车驶入前的场景，图(b)为汽车驶入后的场景。

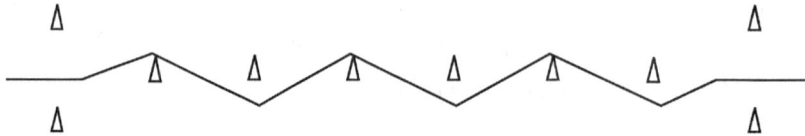

图 10-1　标准的蛇形实验标桩设置

(a)　　　　　　　　　　　　　　　　(b)

图 10-2　汽车穿杆实验虚拟场景

2. 操纵驾驶人

汽车场地实验的驾驶人一般属于专业实验人员，应具备较多的实验经验。因此，模拟实验的驾驶人也应具备相应的实验经验。实验前先让驾驶人熟悉并适应驾驶模拟器，并在实验场地上进行多次预实验，适应后开始正式实验。

3. 仿真实验

根据车辆动态特性，仿真步长取 0.02s，不会丢失动态信号。仿真实验可参照车辆场地实验相关规则，实验车速从 30km/h 开始，驾驶人要保证车辆稳定地穿过所有锥桶。

每完成一次实验，车辆增加 5km/h，直至漏杆或碰杆后结束实验。

10.1.3　实验数据的处理与分析

虚拟汽车在 50km/h 时完成最后的实验。仿真数据处理结果如图 10-3～图 10-5 所示。其中，图 10-3 为汽车方向盘的输入转角；图 10-4 为汽车的横摆角速度；图 10-5 为汽车车身的侧倾角。

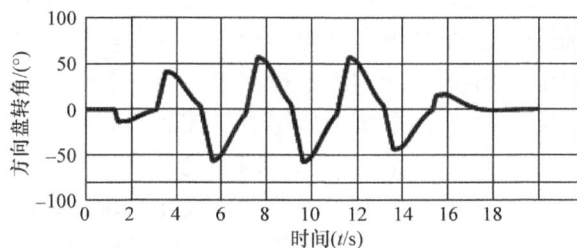

图 10-3　汽车方向盘输入转角

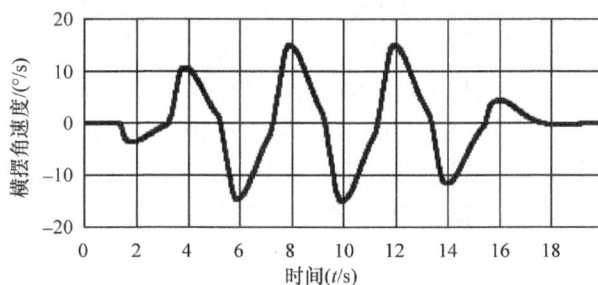

图 10-4　汽车的横摆角速度

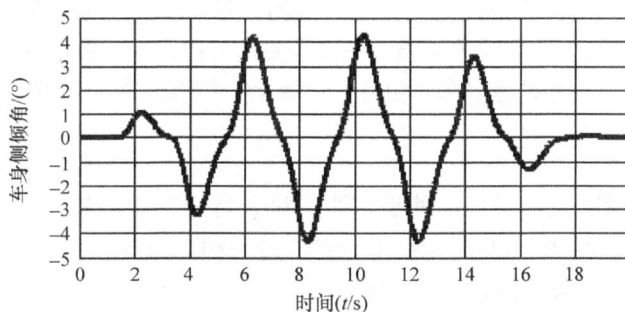

图 10-5　汽车车身的侧倾角

通过车辆蛇形仿真实验，一方面，可以确定车辆的最大通过速度，通过速度越高，说明车辆的转向稳定性越好，反之亦然；另一方面，由于是仿真实验，可以进行车辆参数的敏感性分析，通过改变车辆的敏感性参数来调整车辆的转向特性和行驶稳定性，提高车辆的通过车速。因此，在车辆设计初期，通过反复的仿真实验和影响分析对其相关参数进行优化设计，可体现出仿真技术的巨大优势。

10.2 车辆控制系统仿真实验

10.2.1 实验背景和目的

为了提高车辆的运行质量和安全，在现代车辆系统中，采用了很多控制系统，从各个方面实现了对车辆的优化控制。车辆控制系统分为车辆纵向动力学控制、侧向动力学控制、垂向动力学控制三类。车辆纵向动力学控制包含发动机控制、动力传动控制、车速控制、制动或驱动控制；车辆侧向动力学控制包含转向和横向稳定控制；车辆垂向动力学控制包含悬架控制。汽车控制系统由传感器、控制器和执行器三部分组成。在实际运行中，控制系统必须配合整车运动，使系统的控制对象达到理想的控制目标。控制器算法是控制系统的核心，通过仿真实验可以验证或优化系统的控制算法，检验控制系统与整车系统的匹配情况，优化控制模型，最终使其达到理想的控制状态。在现代汽车控制系统的设计中，虚拟仿真实验已成为必不可少的分析或验证环节。控制系统在初步设计时可采用模型进行初步的仿真分析和验证，为了减少建模引起的误差，后期可采用硬件在环(HIL)的仿真实验，验证系统的有效性和可靠性。

本节介绍车辆电子稳定控制系统(ESP)的驾驶模拟仿真实验。ESP 在车辆转向时控制车身的运动，即防止汽车在转向过程中出现横摆和侧滑。ESP 的控制模型包括上层控制器模型和下层控制器模型，上层模型获取车速转向运动参数，下层控制器输出控制制动力。本驾驶模拟实验，用于检验 ESP 在驾驶转向过程中的有效性。

10.2.2 仿真实验方法

首先把可选的 ESP 控制模型添加到模拟器车辆整车动力学模型中，并标定好模型参数；然后设计一个带急弯的实验场地，并建立虚拟实验场景；最后由驾驶人在驾驶模拟实验平台上按相关要求进行两种情况驾驶的实验，一种是关闭 ESP，另一种是打开 ESP。测取车辆的速度、方向盘转角、横摆角速度、车身侧倾角等参数。仿真结束后对 ESP 进行分析和评价。

1. 实验虚拟场景

建立了两种虚拟实验场景：一种是直线后接急弯道实验场景，如图 10-6 所示，道路直线长 300m，弯道半径为 100m，无缓和曲线；另一种为双移线运动实验场地，如图 10-7所示，场地布置如图 10-8 所示，单位为 m。

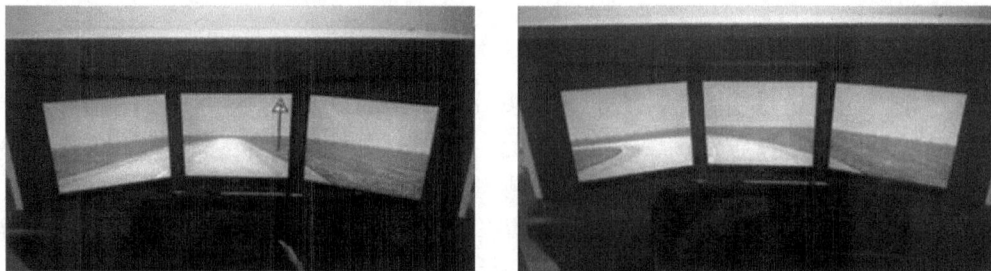

图 10-6 弯道实验场景

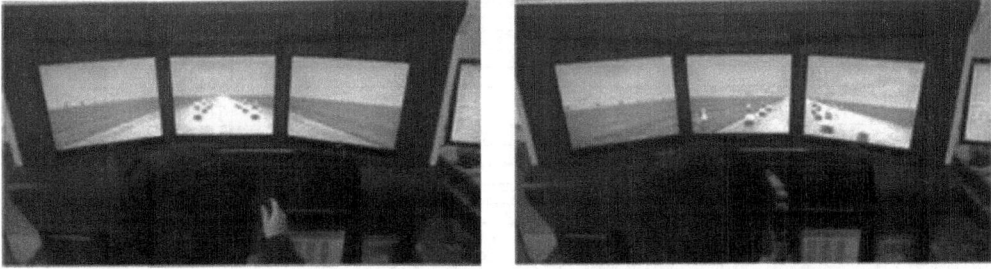

图 10-7　双移线实验场景

2. 操纵驾驶人

对 ESP 仿真实验操纵的驾驶人没有特别要求，但应具备一定驾驶经验。实验前先让驾驶人熟悉并适应驾驶模拟器，并在实验场地上进行预实验，适应后按要求开始正式实验。

3. 仿真实验

仿真步长取 0.02s。弯道实验时，车速为

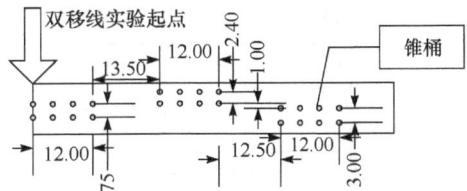

图 10-8　双移线实验场地布置

70km/h，进入弯道后，车速基本保持不变，驾驶人根据弯道走向转动方向盘，直至离开弯道。在同样条件下，关闭 ESP 做三次，打开 ESP 做三次。双移线运动时，车速为 50km/h，驾驶人控制好车速，按标杆指示两次移线换道后结束实验。在同样条件下关闭 ESP 做三次，打开 ESP 做三次。

10.2.3　实验数据的处理与分析

弯道转向仿真实验数据处理后的部分结果如图 10-9～图 10-12 所示。其中，图 10-9 和图 10-10 分别为关闭 ESP 时车辆的响应情况。实验表明，在给定条件下，车辆在弯道中部即发生甩尾现象，车辆失去了稳定性，图中显示，横摆角速度和质心侧偏角出现了不收敛的情况。而打开 ESP 时，车辆就能够保持在弯道上的稳定行驶，顺利完成转向运动，图 10-11 和图 10-12 分别显示了打开 ESP 时车辆的横摆角速度和质心侧偏角在弯道上仍保持收敛的变化情况。图 10-13 为两种情况下的仿真虚拟轨迹。

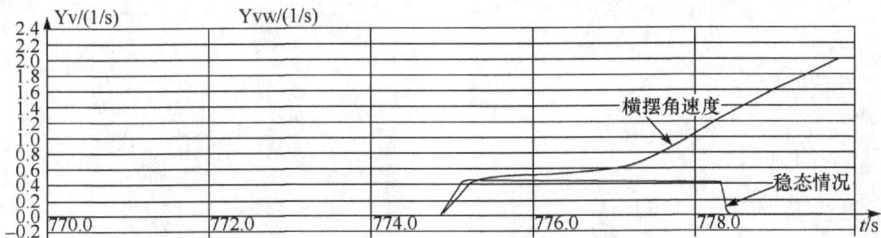

图 10-9　关闭 ESP 时车辆转弯时的横摆角速度

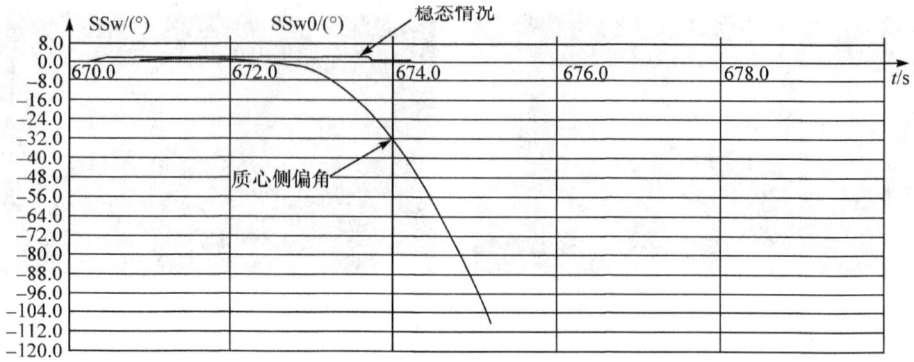

图 10-10　关闭 ESP 时车辆转弯时的质心侧偏角

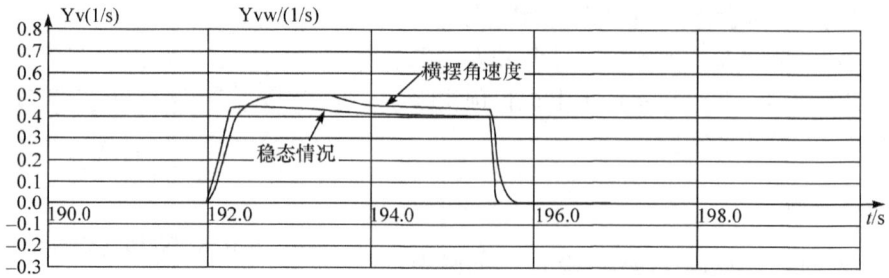

图 10-11　打开 ESP 时车辆转弯时的横摆角速度

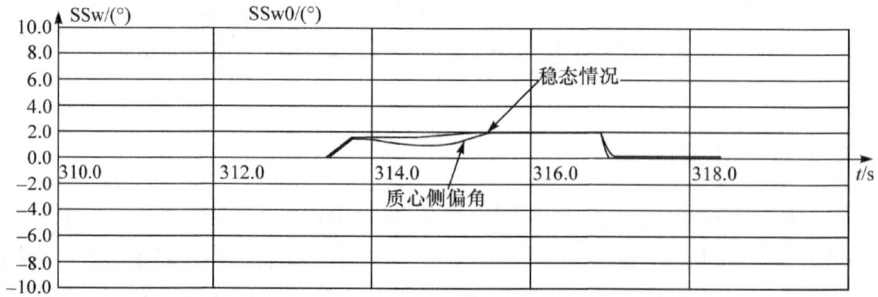

图 10-12　打开 ESP 时车辆转弯时的质心侧偏角

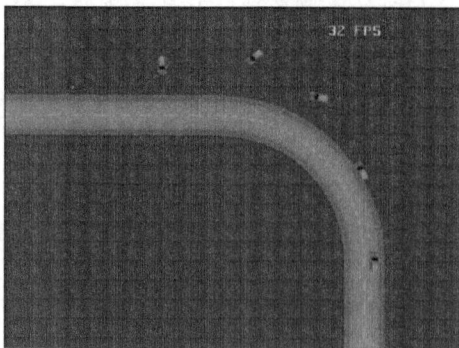
(a) 无ESP控制

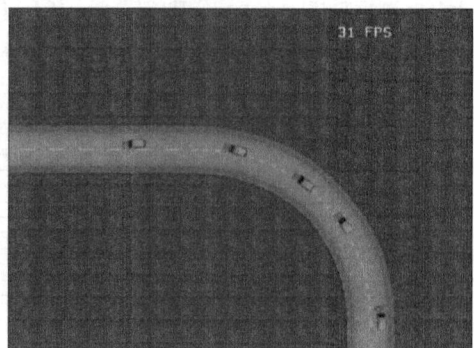
(b) 有ESP控制

图 10-13　有无 ESP 时车辆转向情况对比

双移线运动仿真实验数据处理后的部分结果如图 10-14 和图 10-15 所示。其中图 10-14 为关闭 ESP 时车辆的响应情况。可以看出，在给定条件下，车辆在第二次移线换道时横摆角速度和质心侧偏角出现了不收敛的情况(图中虚线)，车辆失去了稳定性。而打开 ESP 时，车辆就能够顺利完成两次移线运动。图 10-15 显示了在 ESP 打开时车辆的横摆角速度和质心侧偏角的变化情况(图中虚线)，在两次移线时都能够保持收敛状态。

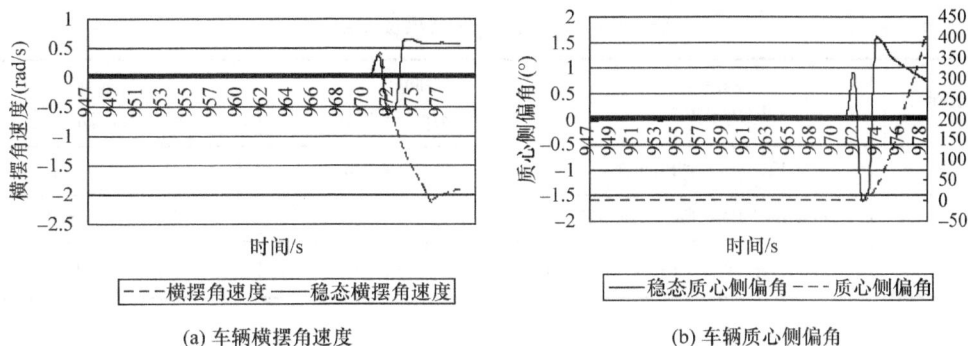

(a) 车辆横摆角速度　　　　　　　　　　(b) 车辆质心侧偏角

图 10-14　关闭 ESP 时车辆的响应

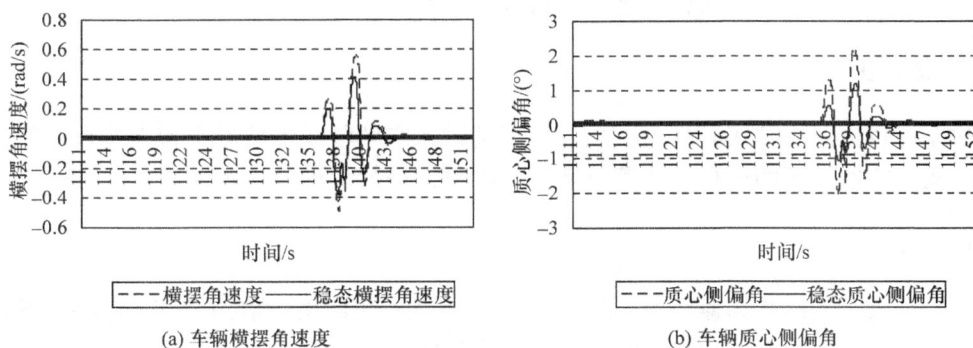

(a) 车辆横摆角速度　　　　　　　　　　(b) 车辆质心侧偏角

图 10-15　打开 ESP 时车辆的响应

10.3　道路线形评价仿真实验

10.3.1　实验背景和目的

道路设计对交通安全有重要的影响。20 世纪 70 年代末，有学者提出了道路设计一致性的概念，即道路设计不应违背驾驶人的驾驶期望或安全控制车辆的能力。与道路设计一致性最相关的就是道路线形设计的一致性。对道路线形的研究表明，真正导致事故频次增加的原因的是由线形引起的速度变化。因此，对道路线形的评价是基于车速变化的评价。具体是采用运行车速 V_{85} 与设计车速 V_D 之间的差值及相邻路段运行车速的差值 ΔV_{85} 来评价道路线形设计的一致性。

道路线形一致性设计的另一类评价指标是基于汽车的侧向动力学特性，即汽车在曲线上行驶时应具有的侧向稳定性，通常由道路提供足够的横向力系数(Side Friction Factor)来保证。因此，采用道路提供的横向力系数 f_{RA} 与汽车行驶时要求的横向力系数 f_{RD} 之间的差值 Δf_{RA} 来评价道路线形的一致性。综上所述，道路线形一致性评价标准如表 10-1 所示。

表 10-1　道路线形一致性评价标准

级别	标准 I $\|V_{85}-V_D\|$	标准 II $\Delta V_{85}\left(\|V_{85i}-V_{85i+1}\|\right)$	标准 III $f_{RA}-f_{RD}$
好	$\|V_{85}-V_D\|\leqslant 10\text{km}/\text{h}$	$\Delta V_{85}\leqslant 10\text{km/h}$	$f_{RA}-f_{RD}\geqslant 0.01$
一般	$10\text{km/h}<\|V_{85}-V_D\|<20\text{km/h}$	$10\text{km/h}<\Delta V_{85}\leqslant 20\text{km/h}$	$-0.04<f_{RA}-f_{RD}\leqslant 0.01$
差	$\|V_{85}-V_D\|>20\text{km/h}$	$\Delta V_{85}>20\text{km/h}$	$f_{RA}-f_{RD}<-0.04$

从上述评价指标来看，无论是汽车的运行车速，还是汽车的侧向稳定性，都与汽车的运行状况密切相关，汽车运行状况应反映出的是驾驶人的某种期望行为。因此，通过驾驶模拟实验获取车辆的运行状况，就可以实现对实验道路线形的一致性评价。

10.3.2　仿真实验方法

建立评价道路虚拟实验场景，由若干名驾驶人在驾驶模拟实验平台上按自己的经验驾驶，实时测取车辆的运行车速和侧向力等参数，进行统计分析及评价。

1. 实验虚拟场景

实验场景为云南某高速公路，路段长 20km，六车道。由于群山错落，道路线形较为复杂，路段上有 22 条平曲线段和直线段，平均坡度为 2%，最大坡度 5%。该段道路的平纵面线形变化情况见图 10-16。从该路段数据库获取相关数据，建立道路及相关设施模型(包括限速标志)。实验路段三维场景如图 10-17 所示。

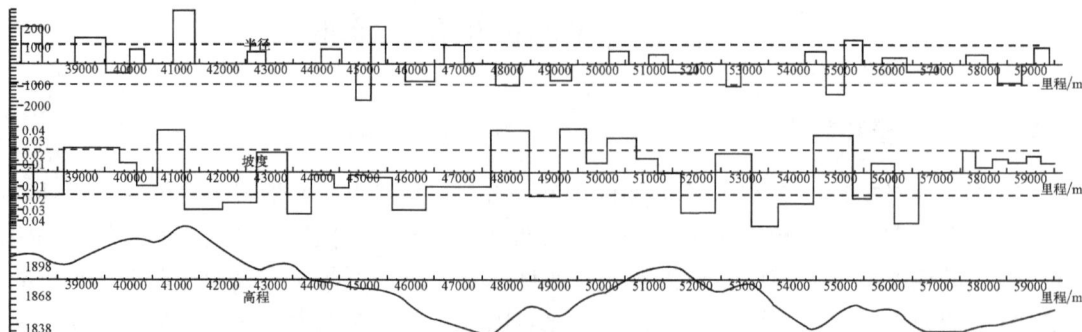

图 10-16　实验路段的线形情况

2. 被试驾驶人

本实验采用比较有经验的驾驶人。从出租车驾驶人中任意抽取 30 名被试者。年龄在 27～50 岁，驾龄最低 5 年，最高 27 年，平均驾龄 14 年，其中男性 23 人，女性 7 人。实验前先让被试驾驶人熟悉并适应驾驶模拟器，并在预备路段上进行预驾驶，适应后开始正式实验。

图 10-17　实验路段三维场景

3. 仿真实验

实验要求被试驾驶人根据自己的经验按常态驾驶。为了获得车辆的自由流速。在实验道路中不设置其他车流，每个人正常的实验时间大约 20min，实验完成后，做问卷调查。

在每位驾驶人进行驾驶模拟实验的过程中，计算机会实时记录汽车的各种运动参数，包括速度、纵向加速度、横向加速度等。图 10-18 为该路段被试者驾驶车辆的运行车速和平均车速轨迹图。图 10-19 为该路段被试者驾驶车辆运动时的横向力系数轨迹图。

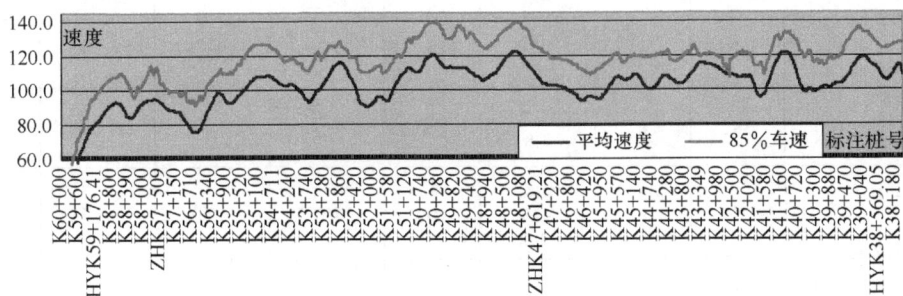

图 10-18　车辆的运行车速和平均车速轨迹图

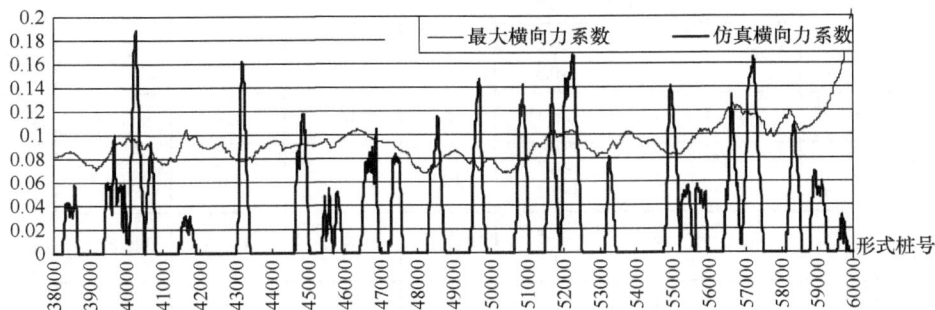

图 10-19　车辆的运行横向力系数轨迹图

10.3.3　实验数据的处理与分析

根据道路平面线形参数，将实验道路分为 38 个单元路段，从实验结果中统计出各单元路段的运行车速和横向力系数，按表 10-1 的评价标准，给出了该路段线形的一致性水平，如表 10-2 所示。

表 10-2　某高速公路实验路线形的一致性评价

路段	半径/m	长度/m	e/%	坡度/%	V_d/(km/h)	V_{85}/(km/h)	指标 I $\|V_{85}\bar{V_D}\|$	指标 II $\|V_{85i}-V_{85i+1}\|$	指标 III $f_{RA}-f_{RD}$
1	∞	220	2	0.6	100	117	17(一般)	—	—
2	2100	444	2	0.6 −2.1	100	114	14(一般)	3(好)	0.113(好)
3	∞	669	2	−2.1 2.2	100	123	23(差)	9(好)	—
4	1500	682	3	2.2	100	109	9(好)	14(一般)	0.160(好)
5	506	464	8	2.2	100	107	7(好)	2(好)	0.013(好)
6	851	311	5	0.8 −1.2	100	110	11(一般)	3(好)	0.049(好)
7	∞	622	2	−1.2 3.9	100	121	22(一般)	11(一般)	—
8	3086	480	2	3.9 −3.5	100	98	1(好)	23(差)	0.137(好)
9	∞	1105	2	−3.5 −2.7	100	110	10(好)	12(一般)	—
10	710	382	6	−2.7 1.8	100	121	21(差)	11(一般)	−0.0003(一般)
11	∞	1207	2	1.8 −3.9 −0.3	100	107	7(好)	14(一般)	—
12	820	441	5	−0.3 −1.5	100	108	8(好)	1(好)	0.048(好)
13	∞	302	2	−1.5 −0.3	100	110	10(好)	2(好)	—
14	2100	306	2	−0.3 −0.5	100	106	6(好)	4(好)	0.120(好)
15	2113	289	2	−0.5	100	107	7(好)	1(好)	0.119(好)
16	∞	455	2	−0.5 −3.5	100	102	2(好)	5(好)	—
17	1000	588	4	−3.5 −1.4	100	105	5(好)	3(好)	0.076(好)
18	∞	208	2	−1.4	100	108	8(好)	3(好)	—
19	1100	421	4	−1.4	100	111	11(一般)	3(好)	0.074(好)
20	∞	657	2	−1.4 3.9	100	126	26(差)	15(好)	—
21	1200	498	4	3.9	100	124	24(差)	2(好)	0.061(好)

续表

路段	半径/m	长度/m	e/%	坡度/%	V_d/(km/h)	V_{85}/(km/h)	指标 I $|V_{85}-V_D|$	指标 II $|V_{85i}-V_{85i+1}|$	指标 III $f_{RA}-f_{RD}$
22	∞	652	2	3.9	100	117	16(一般)	7(好)	—
23	900	452	5	4.0	100	125	25(差)	8(好)	0.025(好)
24	∞	781	2	4.0 0.8 3.2	100	130	30(差)	4(好)	—
25	750	406	6	3.2	100	120	20(差)	10(一般)	0.011(好)
26	∞	413	2	3.2 1.2	100	109	10(一般)	11(一般)	—
27	560	405	7	1.2 -0.1	100	101	1(好)	8(好)	0.089(好)
28	453	621	9	-0.1 -3.7	100	100	0(好)	1(好)	-0.013(一般)
29	∞	605	2	-3.7 1.7	100	115	15(一般)	15(一般)	—
30	1300	302	3	1.7	100	112	12(一般)	3(好)	0.086(好)
31	∞	1361	2	1.7 -5.0 -2.9	100	107	7(好)	5(好)	—
32	700	416	6	-2.9 3.4	100	116	16(一般)	9(好)	0.010(一般)
33	1712	384	2	3.4	100	112	12(一般)	4(好)	0.114(好)
34	1377	382	3	3.4 -2.5	100	99	1(好)	13(一般)	0.106(好)
35	∞	423	2	-2.5 0.8	100	99	1(好)	0(好)	—
36	405	493	10	0.8 -4.7	100	83	17(一般)	15(一般)	0.107(好)
37	420	632	10	-4.7 0	100	89	11(一般)	6(好)	0.013(好)
38	∞	625	2	0 2.0	100	104	4(好)	15(一般)	—

　　仿真实验表明，获取的运行车速基本能够体现出驾驶人的期望值。评价路段的线形大多数满足一致性的标准要求，但也有几个路段的车速指标超出标准值。从线形来看，运行车速不仅取决于平面线形，还与纵坡有关。在这几个车速超标的路段上，坡度的变化也是比较大的。

10.4　道路安全设施仿真评价

10.4.1　实验背景和目的

　　中央隔离设施一般用于公路和城市道路，以保证交通流的畅通和行车安全。由于特殊的地理环境，一些山区公路还存在非分离式隧道，并设有人行道。因此，隧道内的隔离设施对交通安全有着较大的影响，成为山区公路安全保障技术研究的对象之一。本仿真实验将对隧道内的三种隔离设施进行比较评价，并考虑行人的影响。这三种隔离设施为：可倒伏示警柱、视觉标线、常规标线，分别如图 10-20(a)～(c)所示，可倒伏示警柱隧道内的布置方式如图 10-21 所示。通过驾驶模拟实验，获取汽车相关的动态参数，从车辆行驶速度、轨迹两个方面进行对比分析，为非分离式隧道中央隔离设施的有效设置提供依据。

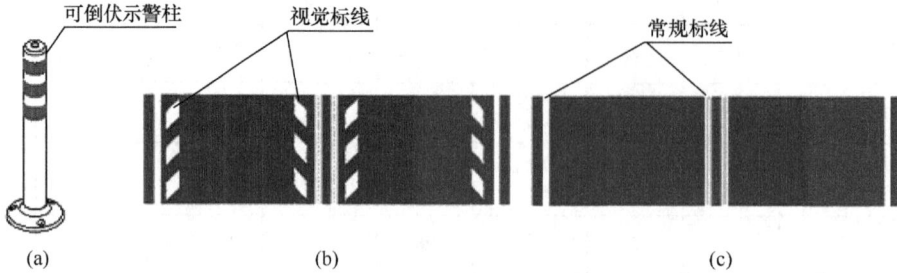

图 10-20　用于对比分析的三种隔离设施

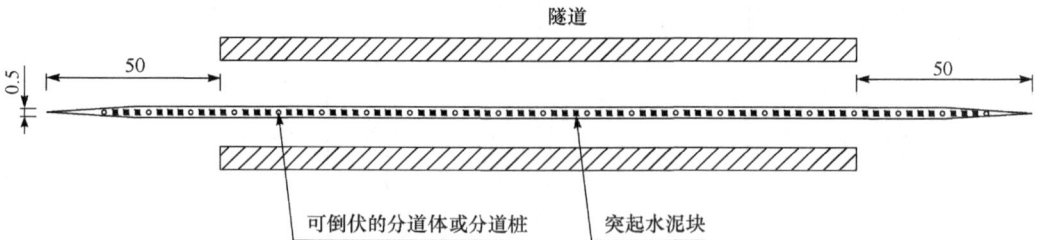

图 10-21　可倒伏示警柱在隧道内的布置方式(单位：m)

10.4.2　仿真实验方法

　　分别建立三种隔离设施的隧道模型，并将模型按一定规律设置于实验道路的虚拟场景中。由被试驾驶人分别对这三种隧道进行驾驶模拟实验，测取车辆在隧道中的运行速度和轨迹误差等运动参数，统计分析实验数据，并进行问卷调查，以此获得评价结果。

　　1. 实验虚拟场景

　　评价对象为隧道内的隔离设施：可倒伏示警柱、视觉标线、常规标线，分别命名为B1、B2、B3。评价对象设置在样本路段上的 3 个隧道中，分别命名为 T1、T2、T3。根据相关道路数据资料，建立包含三个样本隧道在内的实验路段三维虚拟场景。其中，在隧道内设置了上述三种应用评价的隔离设施，为了保证隧道内驾驶实验处于自然状态以及车速在隧道内的平稳状态，在每个隧道前后延续了一定的路段距离。

　　考虑到实验过程应有的随机性和有效性，对三个样本模型隧道进行了排列组合，建立了三个实验场景组，分别表示为 STB1、STB2、STB3。各场景组的隔离设施的设置如表 10-3 所示。

表 10-3　实验场景组

场景组	隧道		
	T1	T2	T3
STB1	B1	B2	B3
STB2	B2	B3	B1
STB3	B3	B1	B2

　　为了营造真实的驾驶环境，在实验样本路段的对向车道上加载了一定的车流，同时在驾驶模拟车辆的前、后方(同车道上)设定了一定的车辆。另外，在 T2 隧道内加载了行人，以考察行人的影响；在 T3 隧道设置了前置车，以考察超车情况。图 10-22 为模拟实验场景图。

(a) 隧道入口处　　　　　　　　　　(b) 隧道内

图 10-22　三维虚拟实验场景

2. 被试驾驶人

　　选取 40 名驾驶人进行驾驶模拟实验，其中男性 25 人，女性 15 人，年龄在 28～48 岁，驾龄最低 5 年，最高 24 年，平均驾龄 13 年。实验前先让被试驾驶人熟悉并适应驾驶模拟器，并在预备路段上进行预驾驶，适应后开始正式实验。

3. 仿真实验

　　每位驾驶人要完成 3 个实验场景组(STB1、STB2、STB3)的实验(顺序随机抽取)，这样可以保证每种场景下都有 40 组数据进行分析。根据实验场景隧道中有行人及无行人两种情况，又将实验人员分为 2 个组，每组 20 人：第一组做有行人实验；第二组做无行人实验，见表 10-4。实验时实时记录车辆的位置与车速等动态参数，驾驶人完成实验后填写问卷。

表 10-4　被试人员分组

实验人员分组	参加实验场景组 1	参加实验场景组 2	参加实验场景组 3
1 组(20 人)	STB1+H(有人)	STB2+H(有人)	STB3+H(有人)
2 组(20 人)	STB1+NH(无人)	STB2+NH(无人)	STB3+NH(无人)

10.4.3　实验数据的处理与分析

　　记录的数据包括车辆的行驶轨迹、速度等。选取 T1 隧道的入口前 200m、入口前 100m、隧道入口、入口后 100m、入口后 200m、隧道中部、出口前 200m、出口前 100m、隧道出口、出口后 100m、出口后 200m 等 11 个点为统计特征点，分析车辆的速度及车辆行驶轨迹位置(车辆中心与道路中桩之间的水平距离)。

　　图 10-23 为 T1 隧道实验路段各个特征点的速度分布情况。可以看出，在隧道各特征点处，三种设施下的速度大小及变化趋势基本相同。但从速度的离散程度来说，在隧道入口处，常规标线的程度离散程度较小；在出口处，三种设施的速度离散程度差别不大；在隧道中间段，常规标线的速度离散程度大于可倒伏示警柱和视觉标线；三种设施中，可倒伏示警柱的离散度最低。

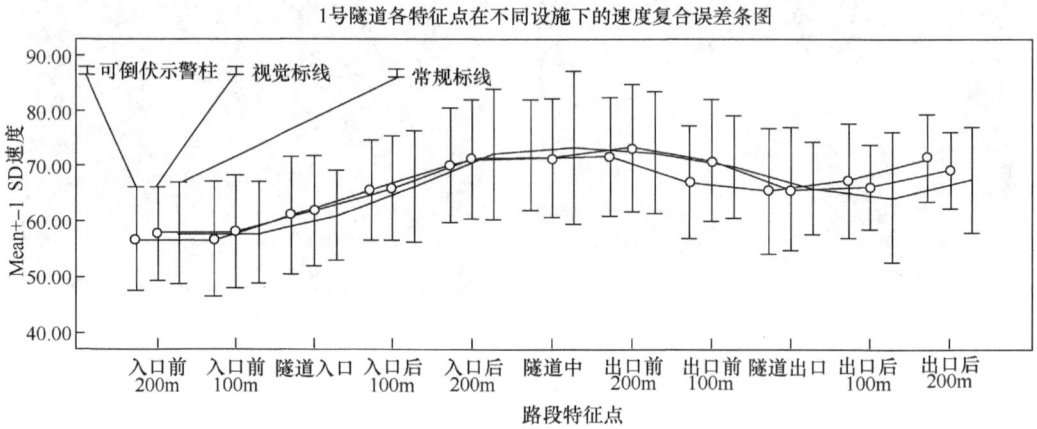

图 10-23　T1 隧道各特征点的速度复合误差条图

　　图 10-24 为 T1 隧道内各特征点处的车辆轨迹横向距离。可以看出，在隧道入口段、中间段及出口段，可倒伏示警柱的车辆横向位置均大于其他两种设施，即车辆轨迹距中桩的距离最大，且波动小于另外两种设施。

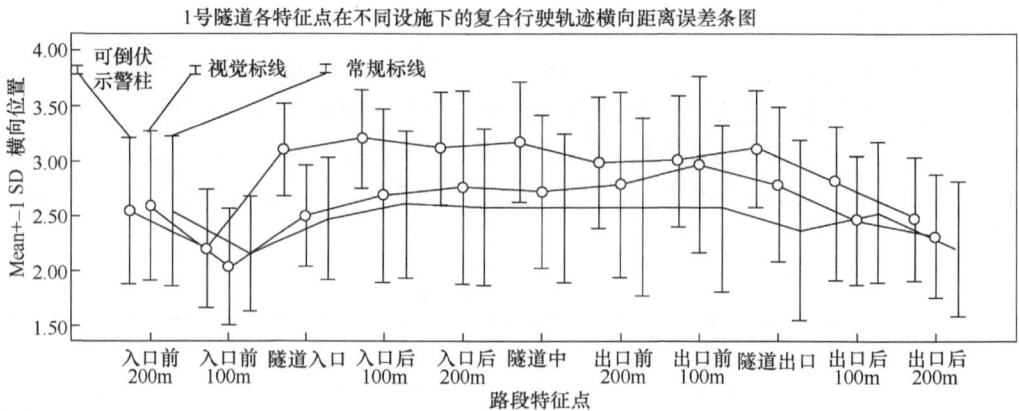

图 10-24　T1 号隧道特征点的复合横向位置误差条图

为了分析了三种隔离设施在有行人时(在最右侧突起无隔离的人行道上)车辆的运行情况,对隧道中有无行人的情况进行了对比分析,图 10-25 和图 10-26 分别为 T2 隧道内可倒伏示警柱在有无行人情况下车辆的速度和行驶轨迹分布情况。由图可见,有行人后,车速明显下降,同时车辆行驶轨迹向中心线靠近。另外,有行人时,速度的离散程度在隧道入口处增大,而在进入隧道至出隧道的过程中逐渐减弱;轨迹的横向位移离散程度总体减弱。

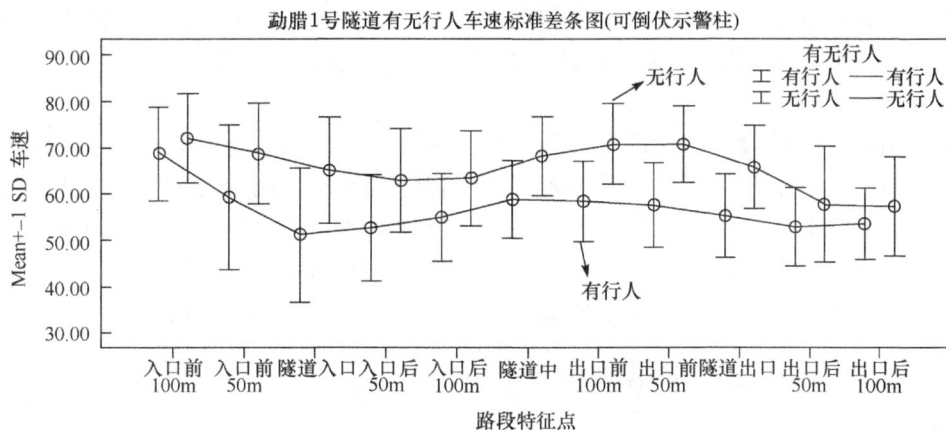

图 10-25　T2 隧道有无行人时的车辆速度分布对比

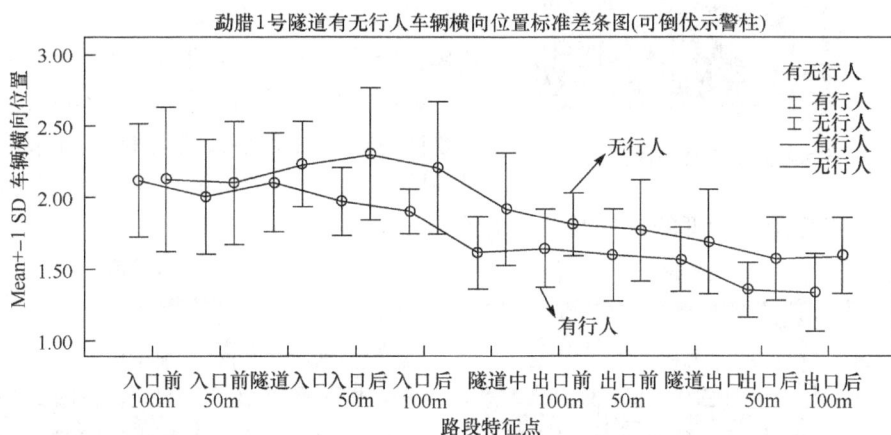

图 10-26　T2 隧道有无行人时的车辆轨迹分布对比

仿真实验结果表明:用于评价的 3 种隧道内隔离设施对车辆的平均速度影响不大;在可倒伏示警柱和视觉标线隔离情况下,隧道中车速的离散程度(标准差)相对于普通标线明显减小,并且在整个隧道中车辆运行平稳;可倒伏示警柱隔离下的车辆轨迹偏离中线最远,其次是视觉标线、常规标线,说明由于视觉的影响,可倒伏示警柱隔离会使车辆略偏右行驶,但偏离变化的幅度较另外两种小,说明车辆行驶相对稳定;在有行人的情况下,3 种隔离设施下的车速都要下降,速度变化幅度总体减小;3 种设施中,可倒伏示警柱的轨迹偏离变化幅度最小。总体来看,可倒伏示警柱和视觉标线有利于隧道内的行车安全。

10.5　交通诱导系统评价实验

10.5.1　实验背景和目的

交通指路标志,是为驾驶人预告前方道路信息或目标、引导其正确行驶的指示牌,是交通重要的诱导信息。合理地设计和布置交通指路标志,是保证交通顺畅、高效的前提。

交通指路标志的设计包含两方面的内容:一是外观,如颜色、形状、字体大小、字符间隔、行距、边框尺寸等;二是内容,即标牌的内容及表现方式。外观设计主要解决感知问题,即驾驶人在适当的位置能否明显注意到标牌和看清楚标牌上的内容;内容设计主要解决认知问题,即驾驶人在一定时间内能否理解标牌上的内容。对于公路系统指路标志的外观及内容,我国制定了相关标准,但对于城市道路的指路标牌,仅对部分外观尺寸做了相关规定,而对内容的表现形式没有明确的要求。因此,在我国的各个城市里,指路标志形式多样,不仅外观不同,内容上也会有较大的差别。无论什么形式的标志,一旦指向不够明确,就会影响车辆对路径的选择,尤其会给外来的出行者带来不便。

本仿真实验将对三种类型指路标志的认知有效性进行对比评价。这三种指路标志来自不同的城市,分别如图 10-27～图 10-29 所示。各标牌的含义参考图中标牌的位置及对应的路网。

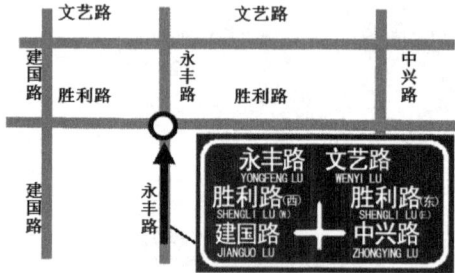

图 10-27　指路标志方案 1 及与路网的关系

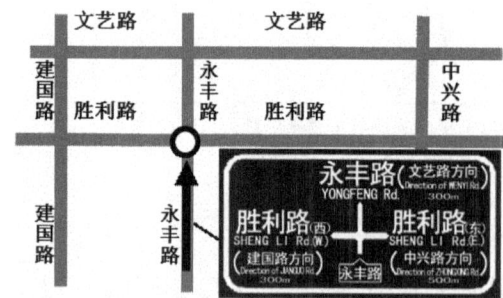

图 10-28　指路标志方案 2 及与路网的关系

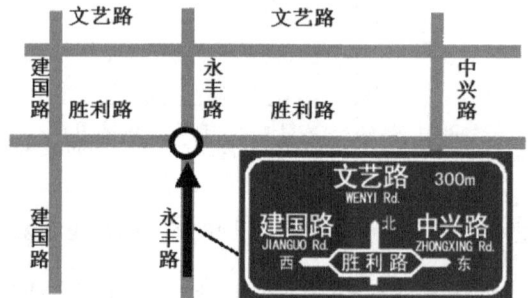

图 10-29　指路标志方案 3 及与路网的关系

10.5.2　仿真实验方法

分别建立含有上述三种指路标牌的一个虚拟城市路网,为驾驶人提供一种接近真实的驾驶动态环境,并进行对比模拟实验;分析统计驾驶人在不同指路标牌环境下路径选择的正确率,并进行问卷调查。以此评价指路标牌的有效性。

1. 虚拟场景设计

首先需建立一个虚拟城市路网，用于驾驶模拟器虚拟场景，并分别采用上述三种指路标牌形成的诱导系统作为评价对象。三种标牌方案形成的实验场景分别如图 10-30(a)～(c)所示。

(a) 方案1 模拟实验场景　　　　(b) 方案2 模拟实验场景　　　　(c) 方案3 模拟实验场景

图 10-30　驾驶模拟实验路网及标志系统

2. 被试者

指路标志的服务对象是陌生的驾驶人，而不是熟悉路况者，故从大学生及研究生中选择了 42 名被试者，其中男 27 名，女 15 名，驾龄低于 3 年。实验前先让被试驾驶人熟悉并适应驾驶模拟器，并在预备路段上进行预驾驶，适应后开始正式实验。

3. 仿真实验

要求驾驶人车速控制在 40km/h 左右。指路标志所提供的信息主要是相邻道路之间的关系，因此，为了便于对比，实验时为被试者提供了一个明确的目标及相关的行驶路线信息，被试者按照该行驶路线信息，根据路标指示驾驶车辆行驶，从而到达目的地。评价的基本思路为：如果路标指示明确，被试者就可以按照提供的路线快速到达目的地；如果路标指示含糊，被试者可能就会驶入其他道路，到达或不能到达目的地。

为了对比被试者对三种路标的认知力，但又不能走相同的路(否则实验效度受影响)，因此设计了三条实验行驶路线信息，分别对应于不同的标志诱导系统，方案 1 的路线信息：永昌路—中兴路(北)—胜利路(西)—建国路(北)—文艺路(西)，如图 10-31(a)所示。方案 2 的路线信息：中兴路—永昌路(西)—永丰路(北)—文艺路(西)—建国路(北)，如图 10-31(b)所示。方案 3 的路线信息：永昌路—永丰路(北)—胜利路(西)—建国路(北)—文艺路(西)，如图 10-31(c)所示。

将实验人员随机分为三个组，每组 14 人，各组对应实验如表 10-5 所示。

表 10-5　实验分组及对应的实验路标和预定路线

实验分组	首次实验	第 2 次实验	第 3 次实验
被试 1 组	路标1＋路线 1	路标2＋路线 2	路标3＋路线 3
被试 2 组	路标2＋路线 2	路标3＋路线 3	路标1＋路线 1
被试 3 组	路标3＋路线 3	路标1＋路线 1	路标2＋路线 2

(a) 对应方案1的行驶路线信息　　　　　　　　(b) 对应方案2的行驶路线信息

(c) 对应方案3的行驶路线信息

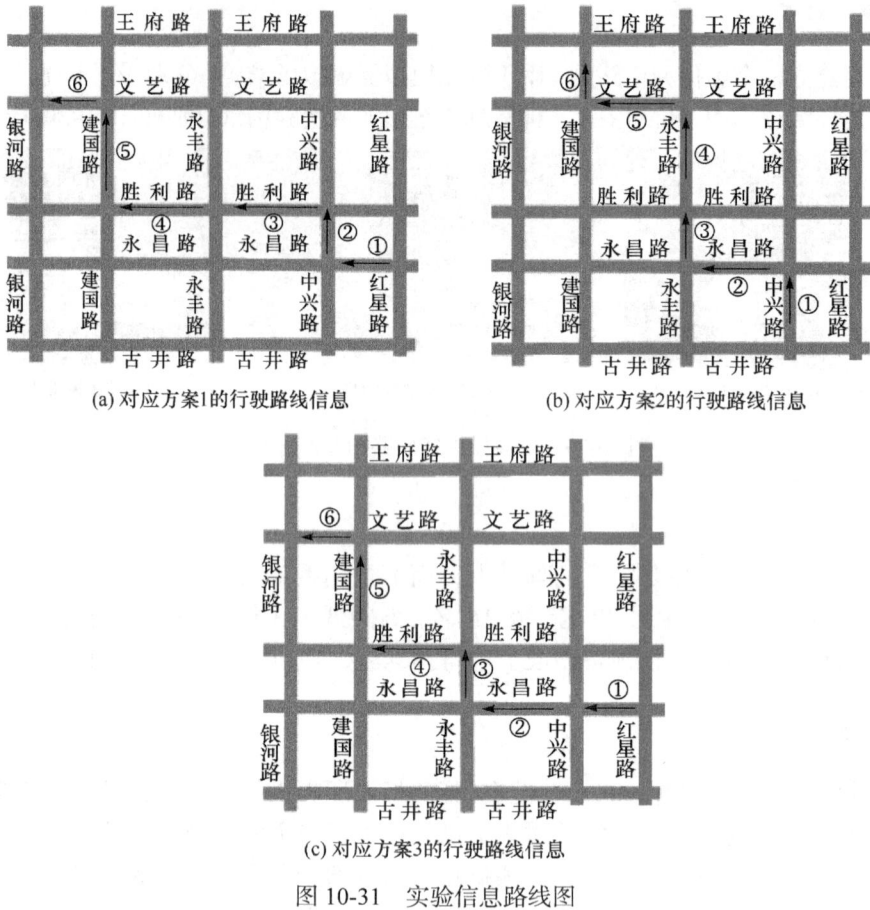

图 10-31　实验信息路线图

10.5.3　实验数据的处理与分析

实验最高车速为 45km/h，最低车速为 28km/h，平均车速为 35km/h，基本符合城市道路运行情况，结果全部有效。按 3 种方式统计实验结果：①首次实验统计，即统计 3 个小组分别对应于 3 个方案的首次实验结果；②全部实验统计，即统计每一种方案 3 个小组的全部实验结果；③路段统计，即统计每一种方案中各路段的正确率。

前两类统计又分为 3 种情况：①完全按提供的路线信息行驶，到达目的地，简称"完整到达"；②部分按提供的路线信息行驶，但最终到达目的地，简称"非完整到达"；③未能到达目的地，简称"未能到达"。

1. 首次实验统计

首次实验统计，即每个人只对一个方案做一次实验，每种方案下有 14 人完成实验。这种统计方法的优点是消除了不同方案重复实验给被试者带来的心理影响。要注意的问题是各组被试人员的认知水平要相当。表 10-6 为 3 种方案首次实验结果统计。

表 10-6 各小组对首次实验方案的结果统计

结果＼方案	方案 1	方案 2	方案 3
完整到达/人次	1	3	8
非完整到达/人次	3	3	0
未能到达/人次	10	8	6

2. 全部实验统计

每种方案共有 42 人完成实验，全部实验完成后，统计出每一种方案的实验结果，如表 10-7 所示。

表 10-7 全部实验方案结果统计

结果＼方案	方案 1	方案 2	方案 3
完整到达/人次	9	12	21
非完整到达/人次	9	11	4
未能到达/人次	24	19	17

3. 路段统计

将 3 个路标方案的给定路线各分为 6 段，统计各路段的正确率，如图 10-32 所示。

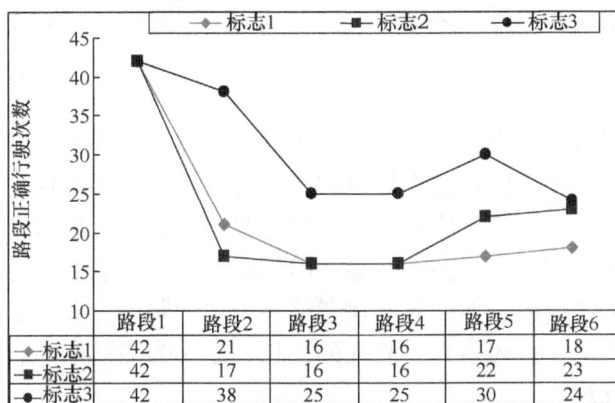

图 10-32 各方案路段的正确行驶率

4. 结果分析

(1) 首次实验统计。方案 3 的完整到达的为 8 人次，占 57%；方案 2 的完整到达的为 3 人次，占 21%，而完整和非完整到达的为 6 人次，占 42%；方案 1 的完整到达的只有 1 人次，占 7%，完整和非完整达的有 4 人次，占 28%。

(2) 全部实验统计。方案 3 的完整到达率为 50%，完整和非完整到达的比例为 59%；

方案 2 的完整到达率为 29%，而完整和非完整到达的比例为 54%；方案 1 的完整到达率有 21%，完整和非完整到达的比例为 42%。

从首次对比实验统计来看，方案 3 的诱导效果最好，其次是方案 2，方案 1 效果最差。全部实验统计结果表明，方案 3 仍然是最好的；方案 2 虽然完整到达率只有近 30%，而目标到达率为 54%，也是可以接受的；方案 1 无论是完整到达率，还是目标到达率都是最低的。

10.6　驾驶人注意容量测试实验

10.6.1　实验背景和目的

根据心理学认知理论，注意是有容量的，且可以分配。认知资源理论也认为，人的认知资源是有一定限度的，这种限度使人们必须把有限的资源有控制地分配到不同的活动或同一活动的不同方面上。一般来说，简单的活动对资源的要求较低，复杂的活动对资源的要求较高。例如，在宽阔无人的高速公路上，熟练的汽车驾驶人可以一边开车，一边和车内的人说话。他之所以能够同时进行两种或两种以上的活动，是因为这些活动没有超出他的信息加工的总容量。相反，如果在行人拥挤的街道上行驶，由于来自视觉和听觉的大量刺激占用了他的认知容量，他就没有能力再和别人聊天了。

注意容量是驾驶人心理行为的一个重要特征。经过培训的驾驶人逐步实现了手脚操作的自动化，从而能够把更多的注意力放到对道路交通及环境的观察上。对道路交通环境的全面观察是对驾驶人安全意识的基本要求，是安全驾驶的重要保证。本仿真实验通过设计一组实验场景及实验方法来测试驾驶人可用于观察道路交通环境的注意容量。

10.6.2　仿真实验方法

采用驾驶模拟器可以实现对驾驶人注意容量的测试，因为在模拟驾驶的过程中，与真实驾驶车辆一样，驾驶人同样会有效分配注意容量，把主要的注意容量放到对道路交通环境的观测上。因此，测试方法的重点是设计道路交通环境的信息量和测试方法。

道路交通环境中的信息量很多，有静态的信息，也有动态的信息。但对于驾驶人来说，很多信息是无关紧要的，他必须要注意那些与驾驶路线、安全隐患提示，或与安全风险相关的信息。因此，首先定义驾驶人的注意容量作为测试参数，即单位时间内驾驶人注意到的最大信息量。

设 AM 为驾驶人在单位时间的注意信息量，则有

$$AM = \frac{SM}{t} \tag{10-1}$$

其中，SM 为驾驶人注意到的信息量；t 为驾驶人注意这些信息所用时间。

作为驾驶人注意容量的测试系统，首先，要选取驾驶人值得关注的各种信息，其次，要设计每个测试地点信息源对应的信息量，信息量的增加要是渐进的，以便能够测出被试者的极限容量。最后，将不同信息量的测试地点有效地布置在测试场景中。驾驶人在

实验中要通过每一个测试地点，记录其在一定时间内对相关信息的注意程度，在单位时间内驾驶人注意到的信息量越多，说明驾驶人的注意广度越大，即他分配在视觉观察上的注意容量也越大。

1. 虚拟场景设计

本测试系统中，测试的注意信息包含 4 类：交通标牌、行人、非机动车、机动车。每一类又通过数量改变信息量。建立 5 级信息源，各级信息源的信息量从少到多，逐渐递增，表示如下。

1 级信息源。注意信息量：1 个(1 个标牌)。

2 级信息源。注意信息量：2 个(1 个标牌+行人)。

3 级信息源。注意信息量：3+1 个(2 个标牌+电动车+1 辆机动车)。

4 级信息源。注意信息量：4+2 个(2 个标牌+行人+电动车+2 辆机动车)。

5 级信息源。注意信息量：5+3 个(3 个标牌+行人+电动车+3 辆机动车)。

将上述 5 级信息源分别设置在实验场景中的交叉口，各场景信息如表 10-8 所示。

表 10-8　场景设计总表

信息量	场景 1	场景 2	场景 3	场景 4	场景 5
测试信息	1	2	3	4	5
噪声信息	0	0	1	2	3
总信息	1	2	4	6	8

各场景描述如下，场景中的示意图含义如下。

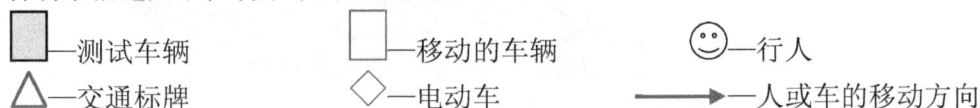

■—测试车辆　　　□—移动的车辆　　　☺—行人

△—交通标牌　　　◇—电动车　　　——→—人或车的移动方向

场景 1，如图 10-33 所示。

在交叉口设置了一个信息量的实验情景，该信息源由 1 个交通标志构成，没有其他信息，是本实验信息量最少的一个场景。

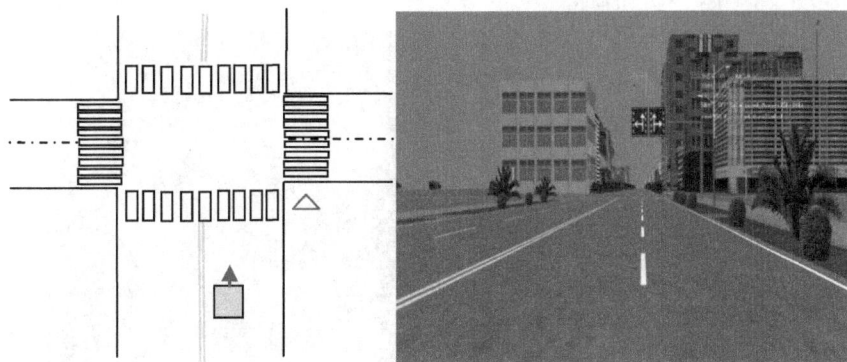

图 10-33　场景 1 设计及效果图

场景 2，如图 10-34 所示。

在路口的信息量为 2，比场景 1 增加了一个路口行人的信息，无其他信息。

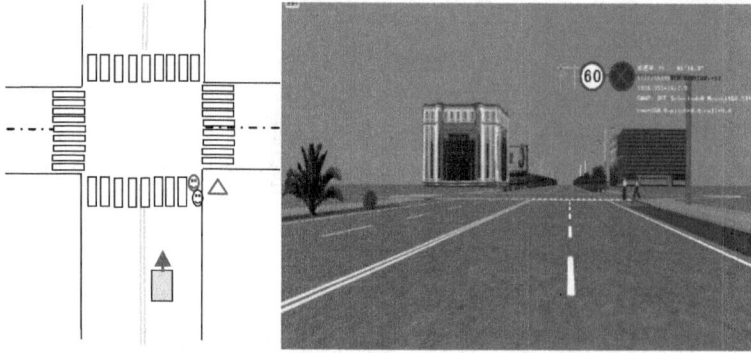

图 10-34　场景 2 设计及效果图

场景 3，如图 10-35 所示。

信息量为 4，信息源为道路两旁的交通标志(2 个)、电动车，对向行驶的小汽车作为信息噪声，场景 3 对信息注意的广度增加。

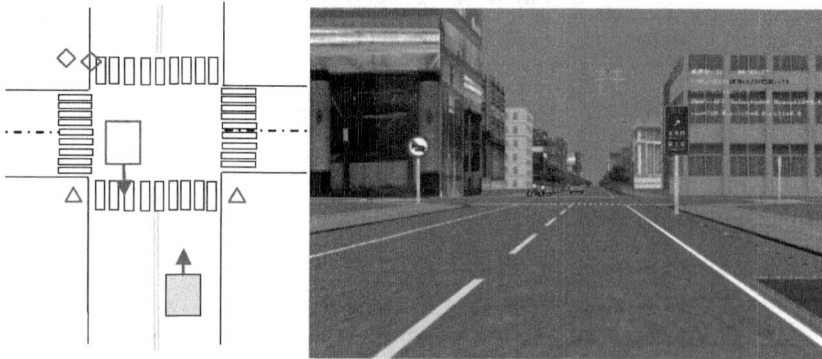

图 10-35　情景 3 设计及效果图

场景 4，如图 10-36 所示。

信息量为 6，信息源为道路旁的交通标志(2 个)、电动车、行人，增加了对向行驶小汽车、横穿小汽车两个噪声信息。

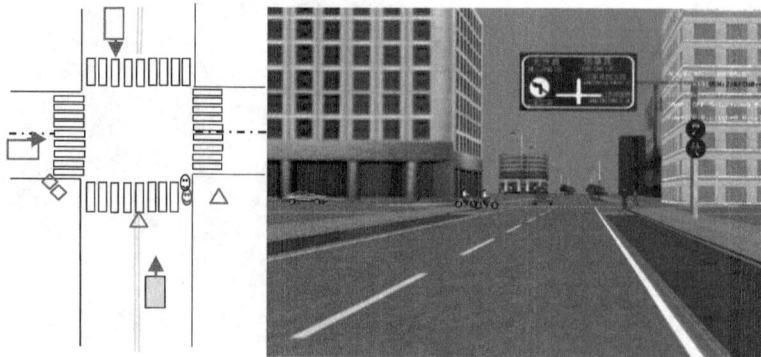

图 10-36　情景 4 设计及效果图

场景 5，如图 10-37 所示。

信息量为 8，信息源包括：电动车、路口行人以及 3 个交通标牌，进一步加大信息量，是测试信息最多的一个场景，信息噪声源也有所增加，包括对向小汽车、左转货车、横穿出租车等正常行驶的噪声信息。

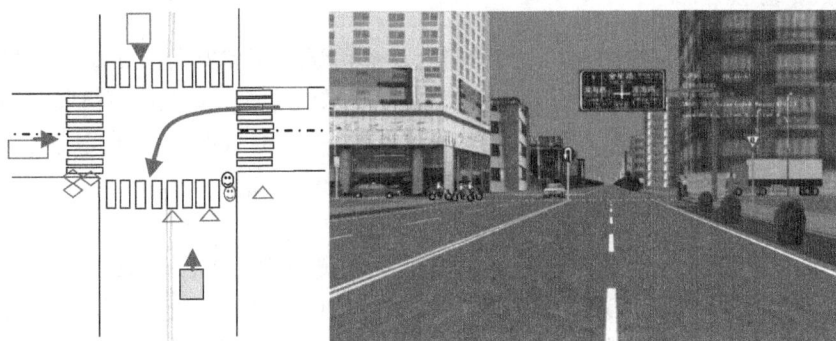

图 10-37　情景 5 设计及效果图

实验场景包含上述 5 个测试地点，为了避免被试者的心理暗示，测试点的信息量任意排序，且在场景中制作了不进行测试的另外 5 个一般路口，与 5 个测试路口混合在一起。

检测方法：要求驾驶人按指定方法行驶，设定限速标志，要求被试者按限速要求自行控制速度。每通过一个测试路口，要求被试者停车做问卷调查，回忆在测试路口前注意到的信息量。并记录通过路口的行驶车速、加减速度和其他操作行为。实验完成后，处理数据，统计分析被试者的注意容量。

实验中，所有测试地点都设置在路口，信息源也基本集中在路口。因此，定义从驾驶人应该注意到信息的地点到通过路口后所用的时间为驾驶人注意的时间。根据实验中被试者通过这一路口的行驶车速，被试者的注意时间为

$$t_i = \frac{L_i}{V_i} \tag{10-2}$$

其中，L_i 为在测试路口 i 处从驾驶人注意到信息，到通过路口后的距离；V_i 为行驶这段距离的平均速度。由式(10-1)可得被试者在测试路口 i 处的注意量：

$$AM_i = \frac{SM_i}{L_i} V_i \tag{10-3}$$

根据注意容量的定义，注意容量是单位时间内驾驶人注意到的最大信息量。通过实验统计分析，计算被试者在每一个测试路口单位时间的注意信息量，选择被试者能够获得的最大注意信息量即为该被试者的注意容量。用 AC 表示被试者的注意容量，因此有

$$AC = AM_{max} \tag{10-4}$$

2. 被试者

选取了 30 名年龄在 23~50 岁的驾驶人作为被试者，其中女性 12 名，男性 18 名，均具有 3 年以上驾龄。在被试者中，再将熟练驾驶人和新手驾驶人分开，熟练驾驶人 15

名,为具有 5 年以上驾龄的出租车驾驶人,新手驾驶人 15 名,为 3 年以下驾龄的大学生。实验前先让被试驾驶人熟悉并适应驾驶模拟器,并在预备路段上进行预驾驶,适应后开始正式实验。

3. 仿真实验

应用上述方法,对驾驶人的注意容量进行实验测试。实验共分五个场景,场景中的信息量呈递增趋势。驾驶人在导语指导下正常驾驶,要求注意相关信息。每行驶过一个场景,由工作人员指导及时填写反馈问卷,再继续行驶至下一个测试点,直到完成全部实验。

10.6.3　实验数据的处理与分析

图 10-38 为驾驶人注意信息量在各信息测试点测取得条形图。其中各信息测试点的信息量按小到大排列。图 10-39 为拟合后驾驶人注意信息量的变化图。从图中可以看出,该样本被试群体驾驶人的平均注意容量约为 3.3 个信息量。图 10-40 和图 10-41 分别为新手和熟练驾驶人的注意信息量,图 10-42 为新手和熟练驾驶人注意信息量对比图。

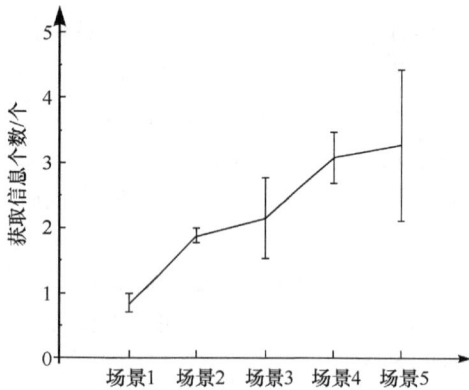

图 10-38　驾驶人注意信息量

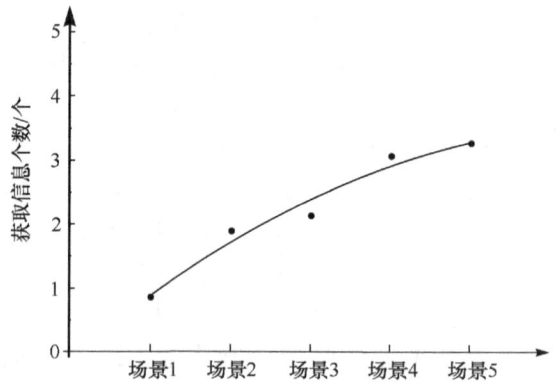

图 10-39　驾驶人注意信息量增长趋势

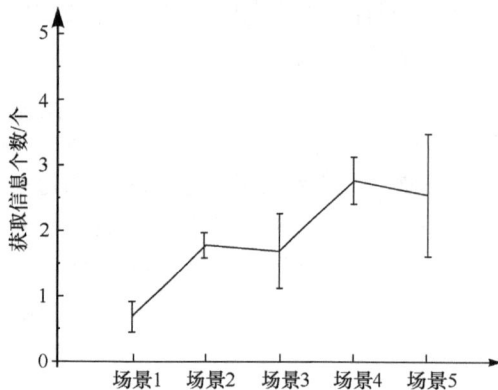

图 10-40　新手驾驶人注意信息量

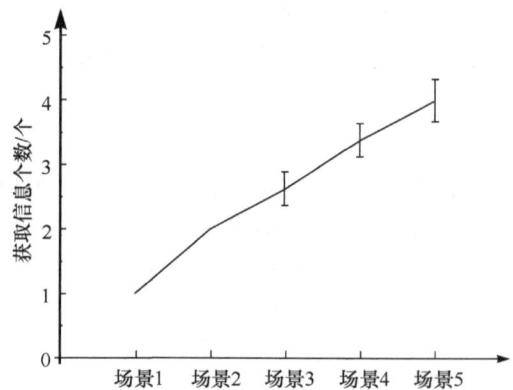

图 10-41　熟练驾驶人注意信息量

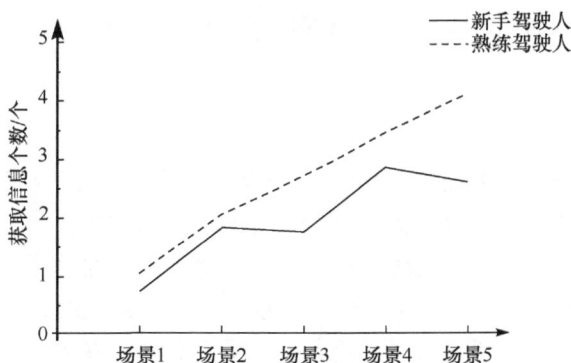

图 10-42　新手和熟练驾驶人注意信息量对比

可以看到，新手和熟练驾驶人对信息的注意量是有区别的。当信息量较少时，两者对信息的获取基本没有什么差别，但当信息逐渐增加时，新手驾驶人的注意信息量就开始低于熟练驾驶人，并且差距随着信息量的增大而增大。从最大容量来看，新手驾驶人的平均注意容量为 2.5 个，而熟练驾驶人的平均注意容量为 4 个。

10.7　驾驶人注意力需求测试实验

10.7.1　实验背景和目的

工作负荷是评价人机系统的一个重要指标。1963 年，Knowles 以 "注意力需求大小决定操作者的工作负荷" 作为测试工作负荷的方法之一。

在车辆行驶过程中，驾驶人的注意是对道路交通产生的方向性意识，这种方向性意识促使驾驶人集中注意力了解车内外的交通信息，并通过对信息的分析判断而采取相应措施，以保障行车安全。驾驶人的不注意就是对道路交通对象不存在方向性意识，或者是对道路交通状态的反应很模糊，这将严重影响驾驶安全。因此，机动车辆的安全驾驶高度依赖于视觉信息的有效获取和注意力的合理分配。

驾驶人面对各种不同的环境条件，所需的注意力程度有所不同。由于驾驶人的总体注意力资源是有限的，在车辆行驶的过程中，驾驶人需要对注意力进行分配，这种分配与道路交通需求、驾驶任务以及驾驶人的主观动机有关。一般情况下，驾驶人不需要投入全部注意力就可完成驾驶任务而使汽车安全正常地行驶，这时驾驶人的注意力是有剩余的。当驾驶任务加重时，驾驶人需要将剩余的注意力也投入到驾驶任务上，以使汽车保持正常行驶而不受影响。

驾驶人的注意力需求取决于道路的复杂程度。道路复杂度包括道路线形、交通标志、运行车速、交通流状况和其他与驾驶相关的因素等，其中道路线形是伴随在驾驶过程中最基本的信息因素。道路线形变复杂时，驾驶任务的难度相应增加，驾驶操作就要花费更多的注意力，而一旦道路线形恢复平缓，驾驶人就会感觉比较轻松，投入的注意力也会相对减少。

本仿真实验通过设计一组模拟实验来测试驾驶人对不同复杂程度道路线形的注意力需求。

10.7.2　仿真实验方法

应用心理学中注意力分配原理,以"驾驶任务"为第一任务,采用"第二任务测量法"实现驾驶人注意力的测定。实验方法采取驾驶模拟实验的方式,利用复杂人机道路虚拟场景完成驾驶第一任务,第一任务从简单到复杂具有梯度变化的设计,驾驶人在保证完成第一任务的前提下,进行第二任务;第二任务可量化,因此通过第二任务可实现驾驶人注意力需求的测定。在实验中,同时采用驾驶人主观感受的测定方法,作为对客观方法的证实和补充,即采用以客观测定为主,主观测定为辅的方法。测试原理如图 10-43 所示。

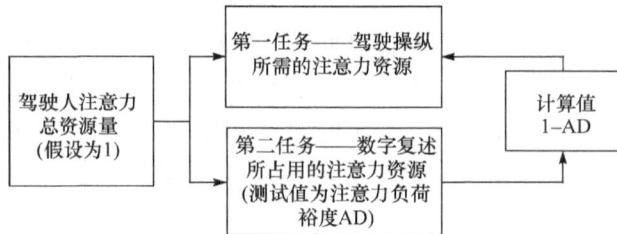

图 10-43　驾驶人注意力需求测试原理

测试原理是基于视觉阻挡的一种特殊表现方式,即驾驶人在保持车辆速度及在车道内正常行驶的条件下完成第二任务。在执行第二任务时,驾驶人需将视线离开道路环境而转向第二任务的测试界面,从而形成对道路环境信息的视觉阻挡。

第一任务即为驾驶任务,由特定的道路线形构成,并具有从简单到复杂的梯度变化,使测定的注意力需求具有一定的分辨率。道路线形的复杂度采用式(10-5)计算:

$$CCPX = HCPX + VCPX = \frac{\sum \Delta_i}{\sum L_i} + \frac{\sum A_i}{\sum L_i} \tag{10-5}$$

其中, HCPX 为平曲线路段的复杂度; VCPX 为纵曲线路段的复杂度; Δ_i 为第 i 段上平曲线偏角(rad); L_i 为第 i 段的长度(km); A_i 为第 i 段上转坡角的绝对值(rad)。

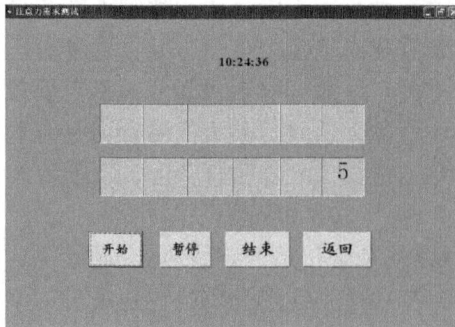

图 10-44　第二任务测试界面

第二任务占用驾驶人的剩余注意力,可根据第二任务的完成质量来确定驾驶人主要任务的注意力需求。本实验第二任务是由驾驶人复述屏幕上产生的随机数,其中产生复述随机数的时间间隔依据被试个体特性进行标定,将被试复述随机数的准确度作为评价指标。图 10-44 为第二任务的测试界面。

实验时,被试驾驶人以要求的速度行驶,在保证有效完成驾驶任务的前提下,测量驾驶人完成第二任务中复述随机数字的准确率。则被试驾驶人在此路段上的注意力需求为

$$AD = 1 - X\% \tag{10-6}$$

其中，AD 为驾驶人完成第一任务的注意力需求；$X\%$ 为驾驶人完成第二任务的准确率。

若 $X\% = 0$，则 $AD = 100\% = 1$，若 $X\% = 1$，则 $AD = 0\% = 0$。利用式(10-6)即求得到驾驶人对道路信息的注意力需求。AD 越大，说明驾驶人对于道路环境分析和驾驶行为判断决策的注意力需求量越高，反之亦然。

1. 虚拟场景设计

依据式(10-5)设计实验道路线形组合如图 10-45 所示，其实验虚拟场景如图 10-46 所示。

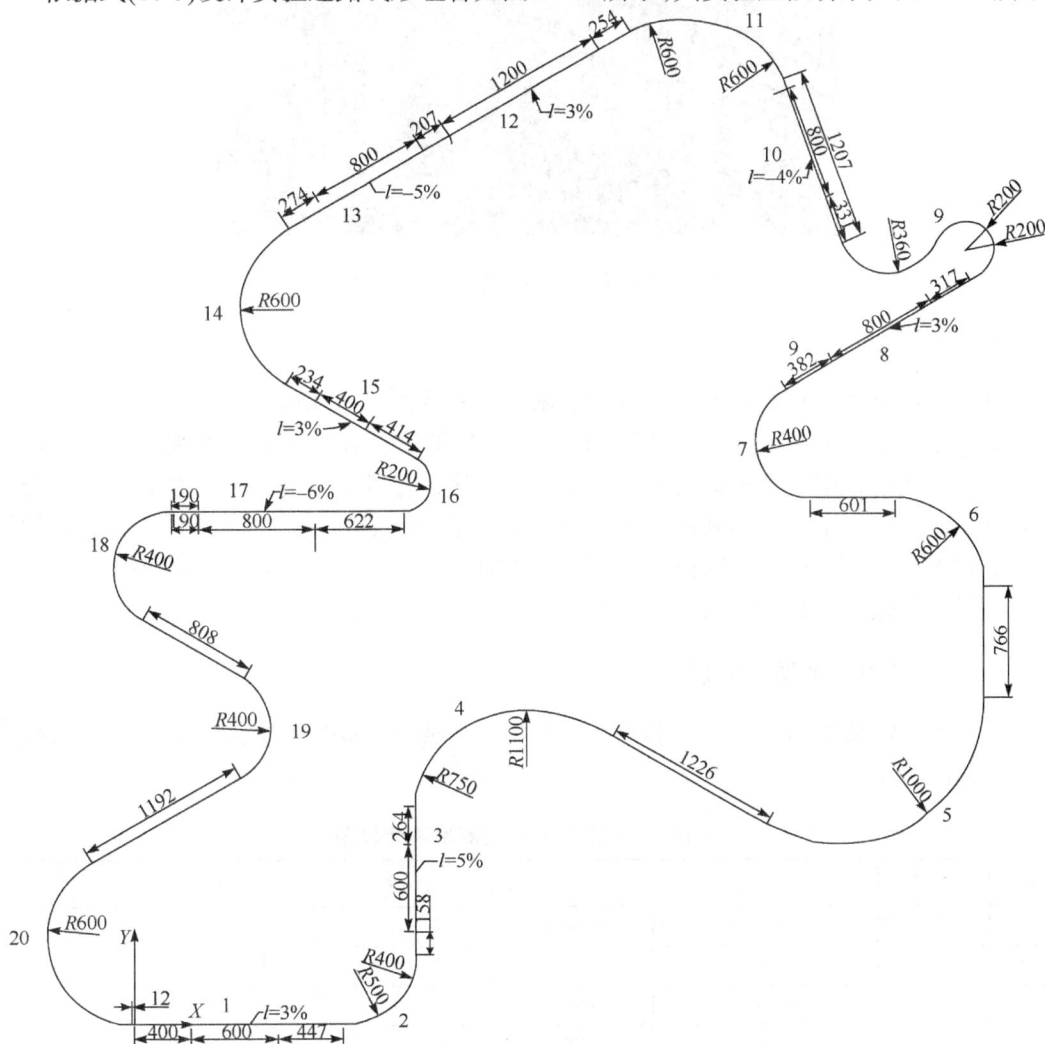

图 10-45　典型几何线形的组合设计(单位：m)

2. 被试者

本实验共选取 23 名驾驶人作为实验对象，其中男性 16 人，女性 7 人，如图 10-46

所示。被试者年龄在 25～58 岁，驾龄为 3～21 年。实验前先让被试驾驶人进行静止状态下的随机数复述，获得该被试对应的产生随机数的时间间隔，然后熟悉并适应驾驶模拟器，并在预备路段上进行预驾驶，适应后开始正式实验。

图 10-46　道路几何线形实验虚拟场景

3. 仿真实验

应用上述方法，对驾驶人的注意力需求进行实验测试。实验场景中包含了不同道路线形复杂度信息，且随机分布在场景中。驾驶人在导语指导下正常驾驶，实验车速为 60km/h。实验过程中，要求保持车速和在行驶车道内行驶，并通过变换视觉尽最大努力完成第二任务。记录车辆驾驶速度和行驶轨迹，用于评估第一任务完成质量；由录像机记录驾驶人完成第二任务的随机数复述，用于时间和正确率的统计。实验完毕后，由工作人员指导驾驶人及时填写问卷，结束实验。

10.7.3　实验数据的处理与分析

整理统计实验数据，并按线形复杂度分类，形成组合路段。各组合路段统计数据结果如表 10-9 所示。

表 10-9　实验单元路段测试统计数据

序号	路段编号	线型组合类型	复杂度	注意需求率	平均复杂度	注意需求率平均值
1	12	L=1200m,i=3%	0.02499	0.5365		
2	8	L=800m,i=3%	0.03749	0.5626		
3	15	L=400m,i=3%	0.07498	0.5631	0.04686	0.5717
4	1	L=600m,i=3%	0.04999	0.6244		
5	10	L=800m,i=−4%	0.04997	0.6123		
6	13	L=800m,i=−5%	0.06245	0.6175	0.06244	0.6156
7	17	L=800m,i=−6%	0.07491	0.6170		
8	3	L=600m,i=5%	0.08326	0.6261	0.08326	0.6261

序号	路段编号	线型组合类型	复杂度	注意需求率	平均复杂度	注意需求率平均值
9	5	非对称基本型	0.98136	0.5772	0.98136	0.5772
10	14	非对称基本型	1.58590	0.6148	1.62565	0.5964
11	6	对称基本型	1.62150	0.5945	1.62565	0.5964
12	20	非对称基本型	1.66954	0.5799		
13	4	卵型	2.21729	0.6565	2.21729	0.6565
14	18	非对称基本型	2.46934	0.6248	2.49438	0.6511
15	7	对称基本型	2.48321	0.6863		
16	19	非对称基本型	2.53060	0.6422		
17	11	C 型	2.78764	0.6530	2.78764	0.6530
18	2	C 型	4.04518	0.6712	4.04518	0.6712
19	16	对称基本型	5.26699	0.7701	5.26699	0.7701
20	9	S 型	5.79511	0.73060	5.79511	0.7306

组合后的线形复杂度与注意力需求，按线形复杂度由小到大的关系画出点状图，如图 10-47 所示，线性回归模型为

$$AD_{linear} = 0.585 + 0.027 \times CCPX$$

相关系数 $R^2 = 0.8$。

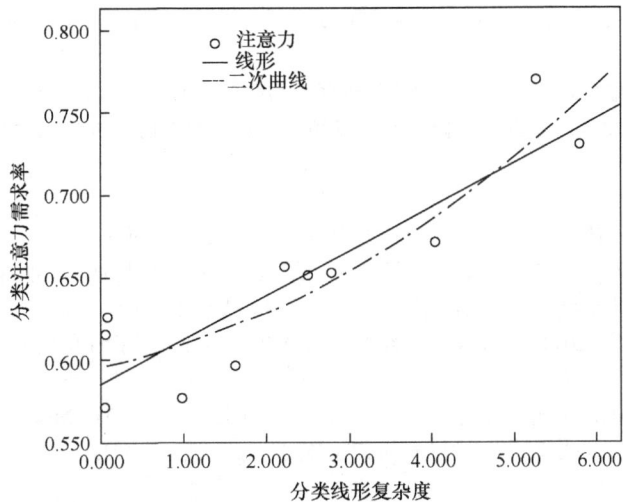

图 10-47　驾驶人注意力需求与线形复杂度的关系

用二次曲线拟合为

$$AD_{Quadratic} = 0.596 + 0.01 \times CCPX + 0.003 \times CCPX^2$$

相关系数 $R^2 = 0.83$ 。

　　从实验结果可以看到，驾驶人的注意力需求是随着道路线形复杂度的增加而近似线性地增加的。在实验车速及模拟环境条件下，当车辆行驶在直路上时(线形复杂度为零)，驾驶人的注意力需求占总注意力的 55%～60%；最复杂的道路线形需要驾驶人付出70%～80%的注意力。这只是单一的道路线形对驾驶人注意力的需求，在实际行驶中，加上交通及相关信息，道路的复杂程度更大，有时候驾驶人需要付出全部的注意力，才能保证行车的安全。

10.8　思　考　题

　　1. 驾驶模拟系统用于车辆的道路或场地实验时应如何考虑其精度和效度？
　　2. 驾驶模拟系统用于道路交通的评价时应如何考虑其精度和效度？
　　3. 驾驶模拟系统用于驾驶行为特征的研究时应如何考虑其精度和效度？
　　4. 驾驶模拟实验的驾驶人在什么情况下称为实验者，什么情况下称为被试者，他们的区别是什么？
　　5. 为什么有的驾驶模拟实验属于心理学实验的范畴？
　　6. 在交通类驾驶模拟实验中，驾驶人作为参与的被试者为什么必须具有一定的样本量？
　　7. 在具有驾驶人参与的模拟实验中，一般需要采用哪些数据统计分析方法？

参　考　文　献

丁立，熊坚，2003. 基于模拟器的道路安全评价方法[J].中国公路学报，16(3)：90-113.

郭凤香，熊坚，刘洪启，等，2011. 隧道中央隔离设施安全效果模拟评价[J]. 武汉理工大学学报(交通科学与工程版)，4：723-727.

郭凤香，熊坚，秦雅琴，等，2011. 山区公路交通安全保障措施模拟评价[J]. 交通运输工程学报，11(5)：120-126.

秦雅琴，2013. 基于注意力需求的驾驶脑力负荷机理及预测模型研究[D]. 昆明：昆明理工大学.

秦雅琴，熊坚，李海琼，2011. 公路平交路口左转专用道设置阈值的仿真研究[J]. 武汉理工大学学报，3：575-578.

任福田，1993. 交通工程心理学[M]. 北京：北京工业大学出版社.

石玲，2009. 基于驾驶人认知的指路标志设计与评价[D]. 昆明：昆明理工大学.

万能，2013. 基于 PID 控制的 ESP 仿真及在驾驶模拟器上的应用[D]. 昆明：昆明理工大学.

谢亚辉，2016. 驾驶人注意容量及相关因素研究[D]. 昆明：昆明理工大学.

熊坚，郭凤香，石玲，等，2011. 城市交通指路标志的认知性心理学实验评价研究[J].武汉理工大学学报，6：1214-1217.

熊坚，曾纪国，宋健，2002. 汽车操纵稳定性虚拟仿真的研究[J]. 汽车工程，24(5)：430-433.

熊坚，万华森，郭凤香，2007. 基于驾驶模拟的高速公路设计一致性评价[J]. 中国交通工程，1: 33-37.